Lösel · Kreuzwege: Ein ökumenisches Gespräch mit Hans Urs von Balthasar

Steffen Lösel

KREUZWEGE

Ein ökumenisches Gespräch mit Hans Urs von Balthasar

Ferdinand Schöningh
Paderborn · München · Wien · Zürich

Gedruckt mit Hilfe der Geschwister Boehringer Ingelheim Stiftung für Geisteswissenschaften in Ingelheim am Rhein

Meiner Großmutter
Theresia Butsch

Die Deutsche Bibliothek – CIP-Einheitsaufnahme

Lösel, Steffen:
Kreuzwege: ein ökumenisches Gespräch mit Hans Urs von Balthasar /
Steffen Lösel. – Paderborn; München; Wien; Zürich: Schöningh, 2001
Zugl.: Tübingen, Univ., Diss, 1999 u.d.T.: Lösel, Steffen:
Kreuzestheologie bei Hans Urs von Balthasar
ISBN 3-506-75238-3

Umschlaggestaltung: Anna Braungart, Regensburg

Gedruckt auf umweltfreundlichem, chlorfrei gebleichtem
und alterungsbeständigem Papier ⊚ ISO 9706

(Verlag Ferdinand Schöningh GmbH, Jühenplatz 1, D-33098 Paderborn)

Internet: www. schoeningh.de

Printed in Germany. Herstellung: Ferdinand Schöningh, Paderborn

ISBN 3-506-75238-3

Inhaltsverzeichnis

ZWEITES KAPITEL: KREUZ UND TRINITÄT

DRITTES KAPITEL: KREUZ UND ERLÖSUNG

VORWORT

Die vorliegende Arbeit wurde im Sommersemester 1999 von der Evangelisch-Theologischen Fakultät der Eberhard-Karls-Universität Tübingen als Dissertation angenommen. Für den Druck wurde das Manuskript geringfügig überarbeitet.

Meine Beschäftigung mit Hans Urs von Balthasar nahm ihren Ausgang in einem Seminar zum Thema „Ästhetik" unter der gemeinsamen Leitung von Prof. Dr. Jürgen Moltmann, seiner Assistentin Carmen Krieg und seinem Assistenten Thomas Kucharz. Auf der Suche nach einer Antwort auf die Frage, ob und wie sich die Heilsgeschichte mithilfe dramatischer Kategorien verstehen lassen könnte, und welche Rolle in einer solchen Konzeption dem Kreuz Christi zukommen müßte, stieß ich auf das Werk Hans Urs von Balthasars. Prof. Moltmann ermutigte mich, Balthasars theodramatische Konzeption der Heilsgeschichte im Rahmen einer Dissertation zu untersuchen. Ihm gebürt mein erster Dank. Von Anfang an ermöglichte er es mir, meinen eigenen theologischen Weg selbständig zu gehen. Er begleitete meine Arbeit stets mit herzlichem Interesse und (doktor-)väterlicher Unterstützung und stand mir immer als theologischer Gesprächspartner zur Verfügung. Seine periodische Frage „Wann sehe ich das nächste Kapitel?" half mir, mich nicht im Dickicht des umfangreichen Balthasarschen Werkes zu verlieren. Für all dies und vor allem auch für seine Freundschaft über den Tag hinaus danke ich ihm von Herzen.

Meinen herzlichen Dank möchte ich auch den Vielen ausdrücken, die mich über die Jahre hinweg begleitet haben: Dr. Carsten Nicolaisen und Prof. Dr. Jan Rohls, deren Unterstützung in den ersten Jahres meines Studiums mir erstes theologisches Selbstbewußtsein gab, Prof. Dr. Otfried Hofius, der mir das Neue Testament auf ganz neue Weise eröffnete und mir darüberhinaus in entscheidendem Moment durch die großherzige Aufnahme an seinem Lehrstuhl finanziell über die Runden half, sowie Prof. Dr. Reinhard Hütter und Prof. Dr. David Tracy, die meine Auseinandersetzung mit Hans Urs von Balthasar während eines langen Forschungsaufenthaltes in Chicago in Seminaren und vielen persönlichen Gesprächen mit freundschaftlichem Interesse begleiteten. Lieben Dank schulde ich meinem guten Freund Armin Kutscher, ohne dessen unermüdliche Hilfe und stete musikalische Herausforderung meine Arbeit nicht zustande gekommen wäre. Nicht zuletzt danke ich besonders auch meinen Eltern Theresia und Max-Eberhard Lösel, nicht nur für ihre fraglose Unterstützung über die Jahre, sondern auch für ihre liebevolle Akzeptanz meines Lebensweges.

Herrn Prof. Dr. Eberhard Jüngel danke ich für die freundliche Übernahme des Zweitgutachtens. Ich danke dem katholischen Theologenkonvikt Wilhelmsstift in Tübingen, das mich über drei Jahre hinweg als ökumenischen Gast in seinen Mauern aufgenommen und in seiner Gemeinschaft willkommen geheißen hat. Hier gewann die Auseinandersetzung mit der katholischen

Theologie für mich eine persönliche Dimension. Dank sei auch der Lutheran School of Theology at Chicago, die mir meinen Forschungsaufenthalt in den USA ermöglichte. Mein Dank geht sodann an die Konrad-Adenauer-Stiftung für die Ermöglichung dieser Arbeit durch die freundliche Gewährung eines Promotionsstipendiums, sowie an die Evangelisch-Lutherische Kirche in Bayern, die Vereinigte Evangelisch-Lutherische Kirche in Deutschland, die Diözese Rottenburg-Stuttgart, die Hans-Urs-von-Balthasar-Stiftung, die Stiftung Landesbank Baden-Württemberg und nicht zuletzt die Geschwister-Boehringer-Stiftung Ingelheim für die großzügigen Druckkostenzuschüsse. Dank sei schließlich Dr. Hans Jacobs vom Ferdinand Schöningh Verlag für die geduldige und gute Zusammenarbeit.

Zuletzt danke ich von Herzen Joy Ann McDougall, meiner Frau. Vielleicht ist es kein Zufall, daß sie mir vor Jahren den ersten Band der Balthasarschen „Herrlichkeit" schenkte und damit meine Neugier auf die geheimnisvolle trinitarische Welt der theologischen Ästhetik, Theodramatik und Theologik weckte. Vielleicht ist es auch kein Zufall, daß sie, während ich bei Prof. Moltmann an meiner Dissertation arbeitete, ihre eigene Dissertation über die Theologie meines Doktorvaters schrieb. Über die Jahre teilten wir Freude und Leid der Arbeit an einer Dissertation: das alltägliche Sitzen hinter Büchern und dem Computer („his and hers") genauso wie die abendlichen kreativen Pausen in der Küche oder die wöchentlichen Wallfahrten zum unvergeßlichen Chicago Symphony Orchestra. Ich danke ihr von Herzen für unsere unzähligen theologischen Gespräche, für ihre stete Ermutigung und für unsere gemeinsame Liebe, für Mozart, Mahler und mehr.

Atlanta, im April 2001 *Steffen Lösel*

Geleitwort

Es war immer mein Wunsch gewesen, die Kreuzestheologie des von mir seit meinem Studium hochverehrten katholischen Theologen Hans Urs von Balthasar mit der *theologia crucis* des jungen Luther, die mich damals tief bewegte, zu vergleichen. Diesen Wunsch hat Steffen Lösel in der vorliegenden Arbeit glanzvoll erfüllt. Wie kaum eine andere katholische Theologie ist Balthasars theologisches Denken auf den Kreuzestod Christi konzentriert. Warum? Auf der einen Seite fühlte er sich dazu herausgefordert durch den jungen Reformator, durch das dialektische Denken des protestantischen Philosophen Georg Friedrich Wilhelm Hegel und nicht zuletzt durch die dialektische Theologie seines evangelischen Kollegen in Basel Karl Barth. In einer tieferen Schicht aber war es die katholische Kreuzesmystik von Therese von Avila bis zu Adrienne von Speyr, die er theologisch zu ermessen suchte und zu der er immer wieder zurückkehrte.

Balthasar war wohl einer der letzten theologischen Universalgelehrten. Er war dialogisch aufgeschlossen für Literatur, Philosophie und Theologie, wo immer und bei wem er sie fand. Er wollte von Anfang an das ökumenische Gespräch. Man findet seinen Namen nicht nur im interkonfessionellen Dialog, sondern auch im christlich-jüdischen Dialog, wie z.B. mit Marin Buber. Besondere Nähe und eigentümlichen Abstand empfand er offensichtlich zu Karl Barth. Wir vedanken ihm die erste gründliche Einführung in die Entwicklung der Theologie Barths: Karl Barth. Darstellung und Deutung seiner Theologie, Köln 1951. Er sah diese Entwicklung in Barths „Wendung von der Dialektik zur Analogie“. Wie immer es mit dieser „Wendung“ historisch bestellt sein mag, sie spiegelt zweifellos auch den Wunsch Balthasars wider. Denn er führte seine Dialoge mit jüdischen Gelehrten, orthodoxen und evangelischen Theologen immer auf der Ebene der „verschiedenen Denkweisen“. So stilisierte er die katholische Theologie auf Erich Przywaras Figur der *analogia entis* und die protestantische Theologie auf das *dialektische Prinzip*. Ist jedoch christliche Theologie nicht mehr von ihrem Gegenstand als von ihren Methoden, die doch wechseln können, geprägt? Besteht Katholizität denn in einer bestimmten „Denkform“? Balthasar kam mit seinem Ansatz immer gut in Gespräche hinein, aber diese fanden auch stets ihre Grenzen in den Differenzen des Formalen.

Hans Urs von Balthasar war einer der wenigen katholischen Theologen, die sich nicht nur mit der eigenen Tradition, sondern auch mit anderen christlichen Traditionen beschäftigten. Er zitierte niemals nur katholische Quellen. Er überschritt die Grenzen des eigenen festen Hauses und begrüßte die Wahrheit, wo immer er sie fand. Noch im Alter hat er sehr aufmerksam die nachbarthianischen evangelischen Theologen wie Wolfhart Pannenberg, Eberhard Jüngel und Jürgen Moltmann gelesen und sich mit ihnen auseinandergesetzt. Ich gewann aus Briefen nach meinem Buch „Der gekreuzigte Gott“ 1972 den Eindruck, daß er im Grunde doch mehr und etwas anderes als nur den Vergleich verschiedener theologischer Denkweisen suchte und schon auf dem wahren ökumenischen Weg in die Tiefe des „Mysterium des Kreuzes Christi“, wie er es nannte, war. Die Vergleiche der verschiedenen Denkweisen sind theologisch wichtig, aber es zeigt sich rasch, daß sie gar nicht mehr mit den Konfessionsgrenzen zusammenfallen. Wichtiger ist es, in der eigenen Tradition auf den gemeinsamen christlichen Grund zu kommen und den Weg in das Geheimnis des Kreuzes Christi zu durchdenken. Die Annäherung der Denkweisen stellt sich von selbst ein, wenn wir die ökumenische Wahrheit realisieren: „Je näher wir zum Kreuz Christi kommen, desto näher kommen wir zueinander.“

Das Ökumenische war für Balthasar im Grunde identisch mit dem Katholischen. Darum bemühte er sich, „das unterscheidend Katholische“ herauszuarbeiten. Es soll nur das als „das Katholische“ verstanden werden, das sich „den Reichtum aller partiellen Standpunkte aktiv einverleibt“, sagte er mit Kardinal Newman. Genau das hat er denn auch mit Luther, Hegel und Barth in seiner Kreuzestheologie versucht. Indem er ihnen „das Partielle“ nimmt, integriert er ihre theologischen Erkenntnisse in „das Katholische“. Nach dem von Balthasar als katholische Denkform verstandenen Analogieprinzip kann „Ähnliches nur von Ähnlichem erkannt“ werden. Also muß er an Luther, Hegel und Barth etwas, dem Katholischen Ähnliches erkennen, um es zu integrieren. Alles „Andere“ verliert damit seine Andersartigkeit und wird als auch eine katholische Möglichkeit vorgestellt. In der Praxis ist das der alte Gedanke der „Rückkehrökumene“, der sich längst als ungeschichtlich und unpraktikabel herausgestellt hat. In der Theorie kam es damit in Balthasars geistiger Welt zu unsachlichen Verzerrungen. Er gewann sein Lutherbild aus dem Buch von *Theobald Beer*, Der fröhliche Wechsel und Streit, Einsiedeln 1980, das selbst von katholischen Lutherforschern kritisiert wurde. Im Blick auf sein Hegelbild läßt sich Entsprechendes feststellen.

Der Verfasser der vorliegenden Arbeit ist sich aller dieser Bedenken bewußt und stellt sie behutsam und klar zugleich heraus. In einer „kleinen Apologie der Kreuzestheologie Luthers“ (81-97) korrigiert er Balthasars Lutherbild umfassend, damit der Dialog von beiden Seiten ohne vorgefaßte Bilder der anderen beginnen kann. Seine ganze Arbeit aber gilt einer protestantischen Wahrnehmung der katholischen Kreuzestheologie Balthasars. Mit großem Einfühlungsvermögen und Lernbereitschaft geht er auf Balthasars „Mysterium Paschale“, die „Theologie der drei Tage“, darin besonders die Karsamstagsmystik, die innertrinitarische Begründung und die mariologische Umrahmung ein. Er sucht in seinem „ökumenischen Gespräch“ keine protestantische Standpunktbehauptung gegenüber katholischen Umarmungen und auch keine Abweisungen katholischer Dogmen, sondern den „Streit um die Wahrheit des Evangeliums“, denn nur diese Wahrheit vereint das Getrennte. Diese eindringliche Untersuchung der Kreuzestheologie Balthasars gipfelt zwar in der These: „Balthasar erweist sich in seiner theologia crucis als katholischer Erbe des Wittenberger Reformators“ (269), das soll jedoch nicht konfessionspolemisch im Rahmen eines konfessionellen Konkurrenzkampfes verstanden werden. Es will sagen: Beide erweisen sich als Schüler des gekreuzigten Christus und finden gemeinsamen Grund jenseits verschiedener Denkweisen in ihm.

Damit sei in diesem GELEITWORT genug zum Untertitel dieses Buches – „Ein ökumenisches Gespräch“ – gesagt. Der Haupttitel zeigt ein zentrales Thema christlicher Theologie an, in dessen Bearbeitung katholische, orthodoxe und evangelische Theologen viel von einander zu lernen haben.

Jürgen Moltmann

EINLEITUNG

I. Konfessionelles Gespräch

„‚Der rätselhafte Riss, der seit 400 Jahren durch die Kirche geht' … muß von jedem, der um das Wesen dieser Kirche weiß, nicht bloß als eine täglich neu schmerzende Wunde, sondern auch als eine täglich neu brennende Schmach empfunden werden. Das Wesen, nicht nur der Name der Kirche ist Agape: Einheit ist Liebe; jeder Abfall von dieser Einheit stellt das Letzte der Kirche selbst in Frage."[1] Diese Worte Hans Urs von Balthasars (1905-1988) sind fünfzig Jahre und ein Konzil später nicht weniger aktuell als im Jahre 1951, als der Schweizer katholische Theologe im beginnenden Herbst der Neuscholastik mit seiner dem Werk Karl Barths gewidmeten Monographie eine neue Epoche des konfessionellen Gesprächs einläutete.[2] Am Ende des 20. Jahrhunderts hat sich die Situation des ökumenischen Dialogs jedoch grundlegend gewandelt. Klagte Balthasar 1951 im Blick auf die katholische Seite noch darüber, „daß man es sich geradezu zugut hält, möglichst wenig von protestantischer Theologie zu wissen", ja, sogar Wetten abzuschließen bereit war, „daß zwei Hände genügen, vielleicht gar eine, um die katholischen Theologen zu zählen, die Barths Dogmatik auch nur zu lesen für nötig ansehen", so hat sich das Bild in der Gegenwart fast umgekehrt.[3] Auf Seiten der katholischen Theologie ist es fast selbstverständlich geworden, sich mit reformatorischen Theologen auseinanderzusetzen, so daß die gegenwärtige katholische Theologie nicht unwesentlich von reformatorischen Theologen beeinflußt wird. Umgekehrt gilt für die evangelische Theologie, zumindest im deutschsprachigen Raum, was Barth schon in den zwanziger Jahren als katholische Einstellung anprangerte, die Ansicht nämlich, „guter, ernster, überzeugter Protestantismus bestehe und zeige sich darin, daß man mit der Frage des Katholizismus fröhlich und entschieden und ein für allemal fertig geworden sei".[4] Wieviele evangelische Theologen, so muß man heute selbstkritisch fragen, halten es für notwendig, Hans Urs von Balthasars theologi-

---

[1] *H. U. v. Balthasar*, Karl Barth: Darstellung und Deutung seiner Theologie, Einsiedeln ^{4}1976 (Köln – Olten ^{1}1951), 15 mit Zitat aus *K. Barth*, Kirchliche Dogmatik, Bd. I,1, 101.

[2] Siehe zu Person und Werk Balthasars einleitend *E. Guerriero*, Hans Urs von Balthasar: Eine Monographie, übertr. v. C. F. Müller, durchges. v. F. Pitschl u. Cornelia Capol, Einsiedeln 1993; *Th. R. Krenski*, Hans Urs von Balthasar: Das Gottesdrama, Mainz 1995 (Theologische Profile); *J. O'Donnell,* Hans Urs von Balthasar, London 1992 (Outstanding Christian Thinkers Series); *A. Scola*, Hans Urs von Balthasar – Ein theologischer Stil: Eine Einführung in sein Werk, übers. v. Friedl Bruckhorst, Paderborn 1996. Eine vollständige Bibliographie zum Werk Balthasars bietet *H. U. v. Balthasar*, Bibliographie 1925-1990, neu bearb. u. ergänzt v. *Cornelia Capol*, Einsiedeln – Freiburg 1990.

[3] KB, 21.

[4] *K. Barth*, Die Theologie und die Kirche, München 1938 [Gesammelte Aufsätze aus der Zeit von 1920-1928], 333-334, zit. n. KB, 26.

sche Ästhetik, Theodramatik oder Theologik überhaupt zu lesen? Es steht zu befürchten, daß es nicht viel mehr sind, als die handvoll katholischer Theologen, die in den fünfziger Jahren bereit waren, sich mit Karl Barth auseinanderzusetzen.

Aber auch das Klima des konfessionellen Gesprächs hat sich nach einer postkonziliaren Epoche des Aufschwungs wieder erstaunlich verschlechtert.[5] Der ökumenische Dialog scheint in eine Sackgasse geraten zu sein, und dies trotz einer ganzen Reihe ermutigender ökumenischer Studien zu allerlei kontroverstheologischen Themen und nun auch einer (allerdings höchst umstrittenen) „Gemeinsamen Erklärung zur Rechtfertigungslehre" der lutherischen Kirchen und der römisch-katholischen Kirche.[6] Ein Vergleich einiger Äußerungen Balthasars aus den Jahren 1951 und 1980 läßt diese Klimaverschlechterung deutlich werden.

In seinem Barthbuch von 1951 bezeichnete Balthasar das konfessionelle Gespräch als „im vollen Sinne notwendig" und meinte sogar, daß es möglich wäre, „wenn Gott seine Gnade schenkt, daß am Ende eines solchen Gesprächs die Frage sich erhöbe, ob es sich verlohnt, die Trennung länger aufrechtzuerhalten".[7] Im dritten Band seiner *Theodramatik* von 1980 beurteilt er die Lage ungleich pessimistischer: „Die Kirchengeschichte ist eine solche wachsenden Zerfalls der kirchlichen Einheit, ohne daß eine entsprechende Bewegung zur Rückkehr in die Einheit sichtbar würde. Sosehr man sich – heute ausdrücklicher als je – in ökumenischer Bewegung um solche Rückkehr bemüht, sie ist von einer geradezu übernatürlichen Schwierigkeit, weil die Beziehungspunkte der anzustrebenden Einheit nicht mehr gemeinsam angestrebt werden können."[8] Wo vor Beginn der ökumenischen Epoche im Zuge der Öffnung der katholischen Kirche und Theologie durch das Zweite Vatikanische Konzil für Balthasar noch begründete Hoffnung auf die Möglichkeiten des konfessionellen Gesprächs bestanden hatte, haben die Erfahrungen der nachkonziliaren Zeit seine Zuversicht offensichtlich zerstört.

Parallel zu seiner pessimistischeren Beurteilung der Chancen des konfessionellen Gesprächs nimmt bei Balthasar zwischen 1951 und 1980 der eigene Wille ab, sich selbst auf einen offenen Dialog mit der reformatorischen Theologie einzulassen. Hieß es im Barthbuch noch in konziliantem Tonfall, „daß die Reintegration sich keineswegs als eine bloß äußerliche Unterwerfung des einen Teils unter den andern vollziehen kann – wie dies fälschlich

---

5 Vgl. *O. H. Pesch*, Das Zweite Vatikanische Konzil (1962-1965): Vorgeschichte – Verlauf – Ergebnisse – Nachgeschichte, Würzburg 1993, 370-372.

6 Vgl. dazu *E. Jüngel*, Um Gottes Willen – Klarheit! Kritische Bemerkungen zur Verharmlosung der kriteriologischen Funktion des Rechtfertigungsartikels – aus Anlaß einer ökumenischen „Gemeinsamen Erklärung zur Rechtfertigungslehre", in: ZThK 94 (1997): 394-406; *H. J. Held*, Ein neues Miteinander: Zur Einordnung der Gemeinsamen Erklärung zur Rechtfertigungslehre, in: EvTh 58 (1998): 161-168; *H. E. J. Kalinna*, Einig in der Rechtfertigungslehre? Zur Gemeinsamen Erklärung des Lutherischen Weltbundes und des Päpstlichen Rates zur Förderung der Einheit der Christen, in: EvTh 58 (1998): 156-161.

7 KB, 30.

8 *H. U. v. Balthasar*, Theodramatik, Bd. III, Die Handlung, Einsiedeln 1980, 425f.

von beiden Seiten oft vorausgesetzt wird –, sondern nur durch die doppelte Demutsbewegung einer gemeinsamen Unterwerfung unter den gemeinsamen Herrn und einer gegenseitigen Annäherung in christlicher Bruderliebe, die das Anliegen des andern ernstnimmt",[9] so gibt es für Balthasar in der *Theodramatik* in fast wörtlichem Gegensatz dazu nur noch ein katholisches Alles oder Nichts: „Denn ein abstrakter Christus ohne die konkrete Gestalt der von ihm untrennbaren Kirche kann nicht allein dieser Beziehungspunkt [sc. der anzustrebenden Einheit] sein. Konkret existiert Christus nur zusammen mit der (in der Immaculata geeinten) Gemeinschaft der Heiligen, zusammen mit der (in Petrus und seinem Nachfolger sichtbar geeinten) Kommunion des Amtes, zusammen mit der (in den großen Kirchenversammlungen und ihren Aussagen immer neu geeinten) lebendigen Tradition. Wo diese Elemente der Integrierung grundsätzlich abgelehnt werden, ist Rückkehr zur Einheit bei allem guten Willen der Partner unmöglich."[10] Von einer doppelten Demutsbewegung einer gemeinsamen Unterwerfung unter den gemeinsamen Herrn kann wohl kaum noch gesprochen werden, wo katholischerseits eine Quasi-Anerkennung der römisch-katholischen Kirche schon als Eintrittsvoraussetzung in das konfessionelle Gespräch genannt wird.

Entsprechend dieser Neubeurteilung dessen, was im ökumenischen Dialog von den evangelischen Partnern erwartet wird, nimmt schließlich auch Balthasars eigene Überzeugung von der theologischen Notwendigkeit des konfessionellen Gesprächs ab. Balthasar scheint selbst zu ahnen, daß unter den von ihm benannten Voraussetzungen kaum noch ein sinnvolles Gespräch möglich ist. Schreibt er im Jahre 1951 noch: „Nur allerletzte, allerwichtigste Gründe – und auch diese werden immer, von einer Seite zumindest, objektiv nur Scheingründe sein können – können Christen subjektiv veranlassen, das kostbarste Erbe Christi preiszugeben und seinem dringendsten Auftrag entgegenzuhandeln ...",[11] so geht er 1980 soweit, seiner Kirche nachgerade anzuempfehlen, ihre Energien anderswohin auszurichten, werde doch im ökumenischen Dialog „eine Menge kirchlicher Kraft, die für die Verkündigung des Evangeliums in der Welt verwendet werden müßte, nach innen beinahe nutzlos vertan."[12] Diese neue Haltung erinnert an das Zeitalter der Gegenreformation, in dem sich die katholische Kirche angesichts des Verlusts der Länder der Reformation der Mission Lateinamerikas zuwandte.

Was ist geschehen? Wir können nur Vermutungen anstellen. Balthasar hat in einem Joseph Kardinal Ratzinger zum 60. Geburtstag gewidmeten Aufsatz über die Bedeutung des Papstamtes für die Einheit der Kirche kritisch angemerkt, daß angesichts des Mangels einer Einheit verbürgenden Instanz auf Seiten der reformatorischen Kirchen das konfessionelle Gespräch mit den Evangelischen gar nicht zu wirklichen institutionellen Folgen führen *kann*. „Gelingt im Gespräch ein mehr als verbaler Akkord mit einer nichtkatholi-

---

[9] KB, 30.
[10] TD III, 426.
[11] KB, 30.
[12] TD III, 426.

schen Gruppe oder Person, was durchaus möglich ist, so werden mit Sicherheit eine oder mehrere andere Gruppen diesem Akkord widersprechen, weil die betreffende partnerische Gruppe nicht die theologische Meinung oder die Meinung der anderen Gruppe vertreten habe.“[13] Beispiele gibt es Balthasar zufolge genug. Er zieht deswegen die für ihn einzig mögliche theologische Folgerung aus diesem Sachverhalt: „Der Pluralismus, in den diese Denominationen meist schon kurz nach ihrem Ausscheiden aus der Catholica zerfallen, ist kein zufälliger, sondern, ob mehr oder minder groß, ein theologisch bedingter.“[14] Ist es die Angst vor dem Pluralismus, die den späten Balthasar dazu bewogen hat, Abstand von seiner Forderung des konfessionellen Gesprächs zu nehmen?

In der Tat fällt auf, daß Balthasar 1951 in Karl Barth tatsächlich einen evangelischen Gesprächspartner gefunden zu haben glaubte, in dem „*zum erstenmal* der echte Protestantismus eine – seine – völlig konsequente Gestalt gefunden hat.“[15] Ist mit Karl Barth und der Auflösung des Barthianismus in der folgenden Generation evangelischer Theologen, von Wolfhart Pannenberg über Jürgen Moltmann bis hin zu Dorothee Sölle, der vermeindlich „echte“ und „konsequente Protestantismus“ verloren gegangen, oder war Balthasar 1951 vielmehr einer illusionären katholischen Hoffnung erlegen, wenn er meinte, in Karl Barth *dem* Protestantismus an sich zu begegnen?

Nun gibt es gute Gründe, die es uns erlauben anzunehmen, daß Balthasar nicht erst in den Jahren nach dem Zweiten Vatikanischen Konzil die Gefahren des Pluralismus in den reformatorischen Kirchen entdeckt hat. Wie hätte ihm der Pluralismus der Reformation je verborgen bleiben können? Es handelt sich wohl eher um innerkatholische Entwicklungen, welche zu einer Neubewertung des konfessionellen Gesprächs führten. In der Tat zeigt sich in den siebziger und achtiger Jahren bei einer ganzen Reihe katholischer Theologen, die vor dem Konzil noch für eine innere Pluralisierung und theologische Öffnung der römisch-katholischen Kirche und Theologie eingetreten waren, eine zunehmende Enttäuschung und Desillusionierung mit den Ergebnissen und vor allem Folgen des Konzils, die sich auch negativ auf das Verhältnis der Kirchen untereinander auswirkte.

Die von Balthasar mitgetragene Gründung der „Internationalen katholischen Zeitschrift Communio“ in den frühen siebziger Jahren ist das deutlichste Zeichen für die wachsende Unzufriedenheit dieser Theologen mit der Richtung, in die sich Kirche und Theologie nach dem Konzil entwickelten, und die sich institutionell in der Zeitschrift „Concilium“ niederschlug. Waren diese zumeist französischen Theologen um Henri de Lubac, Jean Daniélou oder Yves Congar vor dem Konzil gegen die theologische Monokultur der Neuscholastik angetreten und suchten durch den Rückgang auf die der

---

13 *H. U. v. Balthasar,* Der antirömische Affekt als Selbstzerstörung der katholischen Kirche, in: *ders.*, Der antirömische Affekt: Wie läßt sich das Papsttum in der Gesamtkirche integrieren?, 2., erw. Aufl., Einsiedeln – Trier 1989, 5.

14 Ebd.

15 KB, 32.

Tradition eigene Vielfalt („ressourcement“) der katholischen Theologie einen inner-katholischen Pluralismus zu erstreiten, so wurde dieses Anliegen schon auf dem Konzil selbst durch das von Papst Johannes XXIII. in die Diskussion eingeführte Schlagwort vom „aggiornamento“ der Kirche und Theologie an die moderne Welt in den Schatten gestellt. Zwei grundsätzlich unterschiedliche Konzeptionen von Offenheit und Vielfalt standen auf dem Konzil und in der Folgezeit im Widerstreit.

Angesichts dieser Spannung überrascht es nicht, daß es seit Abschluß des Konzils im Bereich der katholischen Theologie zu einem Streit um das wahre Erbe des Konzils gekommen ist.[16] Liberale katholischen Theologen wie Edward Schillebeeckx, Hans Küng, Karl Rahner oder Johann Baptist Metz, lateinamerikanische Befreiungstheologen und schließlich die rasch anwachsende Bewegung der Feministischen Theologie forderten eine viel radikalere Öffnung an die moderne Welt, als dies im Blickfeld der Theologen des „ressourcement“ lag. Nach den Ereignissen von 1968 setzten sich diese liberalen und befreiungstheologisch orientierten Anliegen in der kirchlichen Öffentlichkeit (besonders in Frankreich) durch und führten bei den Vertretern der nouvelle théologie nun umgekehrt zu einer theologischen Kehrtwende. Anstatt, wie vor dem Konzil, die Offenheit von katholischer Kirche und Theologie gegenüber moderner Welt und auch den reformatorischen Kirchen zu propagieren, ging es diesen Theologen fortan darum, die vermeindlich in Gefahr geratene Glaubenssubstanz gegenüber einer allzu radikalen Anpassung an die Welt und damit Auflösung zu bewahren.[17] Unter dem Pontifikat Papst Johannes Pauls II. gelangten eine ganze Reihe von Theologen der nouvelle théologie Bewegung in der Kirche zu Amt und Kardinalswürden: Henri de Lubac, Jean Daniélou, Joseph Ratzinger oder auch Hans Urs von Balthasar selbst. Ist es angesichts deren Sorge um die Glaubenssubstanz der katholischen Kirche verwunderlich, wenn man katholischerseits im konfessionellen Gespräch zunehmend mehr Gefahren als Chancen entdeckt? Wenn man in der einstigen doppelten Demutsbewegung einer gemeinsamen Unterwerfung unter den gemeinsamen Herrn plötzlich die Gefahr einer Selbstaufgabe wittert?

Oder ist es vielleicht die pluralistische Ökumene der reformatorischen Kirchen, die seit 1948 gemeinsam auftritt und der „Ganzheit und Totalität“ der Catholica selbstbewußt eine andere „Ganzheit“ entgegensetzt, welche das „katholische Plus“ in Frage stellt? „Die Catholica“, so klagt Balthasar 1975, „wird zur Unterscheidung als ‚römisch-katholisch‘ etikettiert, als ein Klan also neben andern, und es wirkt ärgerlich, daß sie sich nicht schlankweg dem Ökumenischen Rat der Kirchen (der heute verständlichen Allheit) einordnen will. Ferner ist das Attribut ‚katholisch‘ schon so abgeschliffen, daß jede

---

16 Vgl. *N. Greinacher* u. *H. Küng* (Hg.), Katholische Kirche – wohin? Wider den Verrat am Konzil, München – Zürich 1986 (Serie Piper; 488); *R. Schermann* (Hg.), Wider den Fundamentalismus: Kein Zurück hinter das II. Vatikanische Konzil, Mattersburg – Bad Sauerbrunn 1990.

17 Siehe etwa *J. Ratzinger*, Salz der Erde: Christentum und katholische Kirche an der Jahrtausendwende: Ein Gespräch mit Peter Seewald, Stuttgart ^{3}1996.

Konfession, die das alte Credo beibehält, es für sich einfordert und nach eigenem Verstande deutet.“[18] Schon 1951 sah Balthasar das „katholische Plus“ in einer allumfassenden Ganzheit und Totalität begründet, die dem suchenden Protestant allerdings nicht durch Überheblichkeit zum Ärgernis werden dürfe. Aber schon hier betont Balthasar: „[M]an würde im Grunde das Katholische verleugnen, wenn man [was doch mancher zu tun versucht] auf dieses Plus zu verzichten sich den Anschein gäbe, unter die ‚Suchenden‘ ginge, wo man doch einer ist, der nicht nur gefunden hat, sondern aus seinem Gefundenhaben seine tiefste Sendung empfangen hat.“[19] Wird hier nicht schon früh ein Verständnis des konfessionellen Gesprächs entworfen, daß von vornherein wenig zu einem echten Dialog angetan ist? Suchende und solche, die meinen gefunden zu haben, unterhalten sich zumeist nur schlecht miteinander.

Was auch immer die Gründe dafür sein mögen, daß der späte Hans Urs von Balthasar seine Hoffnung auf die Möglichkeit des konfessionellen Gesprächs aufgab, an der Notwendigkeit eines solchen scheint kein Zweifel bestehen zu können. Der Grund liegt für uns nun allerdings nicht in der römisch-katholischen Vorstellung ekklesiologischer Universalität, welche Balthasars eingangs zitiertem Wort über die in der Liebe begründete Einheit der Kirche zugrunde liegt. Ernst Käsemann hat aus neutestamentlicher Sicht zur Frage nach der theologischen Nicht-Notwendigkeit der kirchlichen Einheit das Notwendige gesagt.[20] Nein, wenngleich eine zunehmende kirchliche Einheit auch aus Sicht der Reformation durchaus wünschenswert bleibt, streng notwendig in einem biblisch-ekklesiologischen Sinne ist sie doch nicht. Es ist ein anderer Grund, der die evangelische Theologie und Kirche unaufhörlich zum konfessionellen Gespräch mit den katholischen Partnern antreiben sollte. Es ist der Grund, der den Apostel Paulus dazu bewogen hat, Petrus in Antiochien ins Angesicht zu widerstehen (vgl. Gal 2), derselbe schließlich auch, der aller Theologie überhaupt erst ihre Existenzberechtigung gibt: der Streit um die Wahrheit des Evangeliums.[21] Die reformatorische Theologie darf sich nicht einfach mit der in knapp fünfhundert Jahren theologisch, institutionell und kulturell etablierten Trennung von der römisch-katholischen Kirche und Theologie zufrieden geben, ohne immer wieder die Frage nach der Wahrheit des Evangeliums zu stellen, sich selbst von den katholischen Brüdern und Schwestern hinterfragen zu lassen, und diese umgekehrt zu hinterfragen.[22]

---

[18] *H. U. v. Balthasar*, Katholisch: Aspekte des Mysteriums, Einsiedeln [3]1993 (Kriterien; 36), 7.

[19] KB, 25.

[20] Vgl. *E. Käsemann*, Begründet der neutestamentliche Kanon die Einheit der Kirche?, in: *ders.*, Exegetische Versuche und Besinnungen, Erster und zweiter Band, Göttingen [6]1970, 214-223. Siehe zu den unterschiedlichen ekklesiologischen Einheitskonzeptionen innerhalb der Ökumene auch aus freikirchlicher Perspektive *M. Volf*, Trinität und Gemeinschaft: Eine ökumenische Ekklesiologie, Mainz u. Neukirchen-Vluyn 1996.

[21] Vgl. zur Bedeutung der Wahrheitsfrage für die Theologie *W. Pannenberg*, Systematische Theologie, Bd. 1, Göttingen 1988, 11-72.

[22] Dies gilt auch und gerade angesichts der Tatsache, daß die konfessionellen Unterschiede durch die säkulare Gleichgültigkeit und vielleicht noch mehr durch die selbstverschuldete Irrelevanz

II. Gespräch mit Hans Urs von Balthasar

Warum treten wir, wenn wir ein Gespräch mit dem Katholizismus führen wollen, in ein Gespräch gerade mit Hans Urs von Balthasar ein? In Abwandlung einer Äußerung Balthasars über Karl Barth könnten wir fragen: Gibt es nicht neben ihm noch andere würdige Vertreter des Katholizismus, vielseitigere vielleicht, solche, die uns näher stehen, mit denen also das Gespräch sich leichter anknüpfen ließe? Und ist es nicht gerade ein Umgang mit dem Mann, der seine Kraft daran setzte, das unterscheidend Katholische in seiner ganzen Fülle neu zu beleben, nicht im vorhinein ein wenig einladendes, weil wenig hoffnungsvolles Unterfangen?[23] Gibt es heute nicht viele andere katholische Theologen, die sich um das konfessionelle Gespräch verdienter gemacht haben, die ein hilfreicheres Verständnis vom ökumenischen Dialog aufweisen, die gegenüber der Reformation weniger Vorurteile besitzen?

Nein, wir wählen das Gespräch mit Balthasar nicht deswegen aus, weil der Schweizer Theologe zum systematisch-theologischen Kopf einer bedeutenden theologischen Bewegung innerhalb der katholische Kirche des zwanzigsten Jahrhunderts wurde, die doch schon längst – wie einst die Dialektische Theologie – in Rückzugsgefechten begriffen ist. „Strömungen sind Zeiterscheinungen, sie schwellen an und verebben."[24] Wir wählen das Gespräch mit Balthasar nicht aus, weil dieser einst von der eigenen Kirche ausgegrenzte Priester spät noch zu den kirchlichen Würden des Kardinalats gelangte und im gegenwärtigen Pontifikat zum bevorzugten Theologen in Rom avancierte.[25] Theologischer Einfluß und kirchliche Ehren waren Balthasars

---

der Kirchen in der Gegenwart dem (post-) modernen Menschen kaum noch einsichtig zu machen sind. Die gemeinsame Bedrohung der Kirchen von außen darf heute so wenig wie früher, wie Balthasar in Zusammenfassung der Position Karl Barths anmerkte, „zu eiligen Kompromissen, zu Irenismus verführen, sondern nur zum unerbittlichen Ernst theologischer Prüfung des eigenen Bekenntnisses antreiben" (KB, 17).

23 Vgl. a.a.O., 30f.

24 A.a.O., 31.

25 Vgl. zu Balthasars frühen Problemen mit seiner Kirche aufgrund der Gründung der Johannesgemeinschaft und seinem im Zusammenhang damit vollzogenen Austritt aus dem Jesuitenorden *Guerriero*, 153-179. Das wachsende Interesse in Rom an der Theologie Balthasars zeigt sich beispielsweise an der zunehmenden Zahl von Dissertationen. Es seien nur einige der Neuerscheinungen der letzten Jahre genannt: *R. Nandkisore*, Hoffnung auf Erlösung: Die Eschatologie im Werk Hans Urs von Balthasars, Rom 1997 (Tesi Gregoriana, Serie Teologia; 22); *A. Toniolo*, La theologia crucis nel contesto della modernità: Il rapporto tra croce e modernità nel pensiero di E. Jüngel, H.U. von Balthasar e G.W.F. Hegel, Mailand 1995; *P. Martinelli*, La morte di Cristo come rivelazione dell'amore trinitario nella teologia di Hans Urs von Balthasar, Vorwort v. R. Fisichella, Mailand, 1994 (già e non ancora; 301), neu veröffentlicht unter dem Titel: Il mistero della morte in Hans Urs von Balthasar: Il mistero paschale come rivelazione dell'amore Trinitario di Dio, Rom 1996; *W. M. Becker*, The Historical Jesus in the Face of His Death: His Comprehension of its Salvific Meaning in the Writings of Edward Schillebeeckx and Hans Urs von Balthasar (Internal, Historical, and Systematic Perspectives), Rom 1994; *V. Holzer*, Le Dieu Trinité dans l'histoire: Le conflit des raisons ‚esthétique' et ‚transcendentale' comme accès aux logiques christologiques de Hans Urs von Balthasar et de Karl Rahner, Rom 1994; *C. Giuliodori*, Intellegenza teologica del maschile e femminile: Problemi e prospettive sulla base di una lettura tematica di Hans Urs von Balthasar e Pàvel Evdokimov, Rom 1990.

Sache nicht, sie gäben auch heute einen schlechten Grund für den ökumenischen Dialog mit ihm ab. Schon gar nicht wählen wir das Gespräch mit Balthasar, weil wir meinen, in Zeiten postmoderner Beliebigkeit die gemeinsame Flucht mit gleichgesinnten Katholiken in ein scheinbar unangreifbares Glaubensbollwerk antreten zu müssen. Eine solche Flucht wäre letztlich nur ein ängstliches Sich-Verschließen vor den Herausforderungen der eigenen Zeit an die wahrheitsgemäße Verkündigung des Evangeliums. All diese Motive scheinen uns keine ausreichende Grundlage für eine wirkliche ökumenische Auseinandersetzung mit Balthasar bieten zu können.

Das konfessionelle Gespräch mit Hans Urs von Balthasar scheint uns deshalb notwendig zu sein, weil im Werk dieses Theologen – und wir sagen dies noch einmal in Umkehrung eines Wortes Balthasars über Karl Barth – der Katholizismus zwar vielleicht nicht zum ersten Mal, aber dennoch in unserer Zeit in wohl unvergleichlicher Weise „eine – seine – völlig konsequente Gestalt gefunden hat."[26] Balthasars gesamtes Lebenswerk versucht wie kein anderes eine Gesamtsynthese der katholischen Tradition zu leisten. Es ist katholisch im besten Sinne, allerdings – auch das muß hier gleich eingestanden werden – oft auch im römischen Sinne des Wortes. Katholisch im besten Sinne des Wortes, weil es der Baseler Theologe wie kein zweiter in diesem Jahrhundert vermochte, eigene theologiegeschichtliche Quellenforschung und systematisch-theologische Darstellung zu verbinden. Andere mögen ebenso sehr oder mehr noch die Quellen der Theologie bei den Kirchenvätern oder im Mittelalter erforscht haben, allen voran die französischen Lehrer Balthasars im Jesuitenscholastikat von Fourvière.[27] Wieder andere – etwa Balthasars theologischer Antipode Karl Rahner – mögen ein gleichermaßen imposantes systematisch-theologisches Werk hinterlassen haben. Doch kaum einer hat vermocht, beides – theologiegeschichtliche Quellenforschung und systematisch-theologisches Denken – auf gleichermaßen hohem Niveau miteinander zu verbinden. Balthasars schier endlose Liste an Veröffentlichungen wird angeführt von einer Fülle eigener Übersetzungen und monographischer Studien zu den Kirchenvätern und auch späteren Theologen, die das Fundament seiner eigenen theologischen Gedanken bilden. Ob er sich mit Irenäus, Origenes, Gregor von Nyssa, Augustinus oder Maximus dem Bekenner, mit Anselm von Canterbury, Thomas von Aquin oder Bonaventura auseinandersetzt, immer kann der Schweizer Theologe auf eigene Forschungen – mal kleine, aber zumeist bedeutende, mal große monographischen Studien – zurückgreifen.[28]

---

[26] KB, 32. Vgl. zur Abgrenzung des Katholischen von „Protestantismus und Orthodoxie" auch *H. Heinz*, Der Gott des Je-mehr: Der christologische Ansatz Hans Urs von Balthasars, Bern u. Frankfurt 1975 (Disputationes Theologicae; 3), 67-72.

[27] Vgl. dazu *Guerriero*, 53-98.

[28] Vgl. beispielsweise *H. U. v. Balthasar*, Origenes: Geist und Feuer: Ein Aufbau aus seinen Schriften, Einsiedeln – Freiburg ³1991 (¹1938); *ders.*, Kosmische Liturgie: Das Weltbild Maximus' des Bekenners, Einsiedeln – Trier ³1988, oder auch *ders.*, Herrlichkeit: Eine theologische Ästhetik, Bd. II, Fächer der Stile, Teil 1, Klerikale Stile, Einsiedeln ³1984 (¹1962). Siehe ferner *C. Kannengiesser*, In der Schule der Väter. Balthasars Beschäftigung mit der patristi-

Aber Balthasar kennt nicht nur die katholisch-theologische Tradition der Kirchenväter und des Mittelalters aus erster Hand, er weiß auch die jahrhundertelang vernachlässigte Tradition der christlichen Mystik in das Projekt seiner katholischen Theologie zu integrieren. Wem auch immer Balthasar sich zuwendet, immer werden seine Quellenforschungen in ihrem Fachgebiet zu Standardwerken. Bahnbrechend ist etwa Balthasars Neuinterpretation der apophatischen Theologie des Dionysius Areopagita unter dem Vorzeichen einer theologischen Ästhetik,[29] seine Äußerungen zum spanischen Mystiker, dem Karmeliten Johannes vom Kreuz oder den beiden französischen Karmelitinnen Therese vom Kinde Jesu und Elisabeth von der Hl. Dreifaltigkeit.[30]

Wo die katholische Theologie nach dem Konzil von Trient zur Neuscholastik erstarrt, dort scheut sich Balthasar nicht, über die Mauern der kirchlichen Theologie hinauszuschauen und die katholische Wahrheit in der Welt der Literatur zu finden, etwa bei den katholischen Schriftstellern Gerard Manley Hopkins, Georges Bernanos, Charles Péguy, Paul Claudel, Gertrud von le Fort oder Reinhold Schneider.[31] Kaum weniger beeindruckend ist Balthasars Integration der Vorstellungswelt des Dramas in die Theologie und seine Besprechung der Dramenliteratur der westlichen Tradition von der Antike bis ins 20. Jahrhundert.[32] Auch auf diesem Gebiet tritt Balthasar durch eigene Forschungen und Übersetzungen hervor, etwa, wenn er Paul Claudels „Seidenen Schuh" aus dem Französischen ins Deutsche überträgt oder Calderón de la Barcas „Großes Welttheater" für eine Bühneninszenierung in Zürich aus dem Spanischen übersetzt.

Nicht zuletzt zeichnet sich Balthasars Katholizität in allen Epochen seines Schaffens durch eine anhaltende und gründliche Auseinandersetzung mit nicht-römisch-katholischen Denkern aus. Auf der Suche nach einer theologischen Ästhetik durchschreitet er selbstbewußt den „Raum der Metaphysik", um sich auf höchstem Niveau mit der philosophischen Tradition vom Altertum bis in die Neuzeit zu beschäftigen.[33] Er studiert reformatorische Denker,

---

schen Theologie, in: *K. Lehmann* u. *W. Kasper* (Hg.), Hans Urs von Balthasar: Gestalt und Werk, Köln 1989, 78-84; *W. Löser*, Im Geiste des Origenes: Hans Urs von Balthasar als Interpret der Kirchenväter, Frankfurt 1976 (Frankfurter Theologische Studien; 23).

29 Vgl. H II,1, 147-214.

30 Vgl. *H. U. v. Balthasar*, Schwestern im Geist: Therese von Lisieux und Elisabeth von Dijon, Einsiedeln [4]1990, und *ders.*, Zur Ortsbestimmung christlicher Mystik, in: *W. Beierwaltes*, *H. U. v. Balthasar* u. *A. M. Haas*, Grundfragen der Mystik, Einsiedeln 1974 (Kriterien; 33), 37-71. Vgl. ferner zu Johannes vom Kreuz *H. U. v. Balthasar*, Herrlichkeit: Eine theologische Ästhetik, Bd. II, Fächer der Stile, Teil 2, Laikale Stile, Einsiedeln [3]1984 ([1]1962), 465-531.

31 Vgl. *H. U. v. Balthasar*, Gelebte Kirche: Bernanos, Einsiedeln – Trier [3]1988; *ders.*, Nochmals – Reinhold Schneider, Neuausgabe v. *ders.*, Reinhold Schneider: Sein Weg und sein Werk, vom Vf. überarb. u. erg., Einsiedeln – Freiburg 1991. Vgl. zu Charles Péguy H II,2, 769- 880. Dort auch Abhandlungen zu Dante, Vladimir Solowjew oder Gerard Manley Hopkins. Siehe zu Balthasars Umgang mit den Dichtern kritisch *K-J. Kuschel*, Theologen und ihre Dichter. Analysen zur Funktion der Literatur bei Rudolf Bultmann und Hans Urs von Balthasar, in: ThQ 172 (1992): 98-116.

32 Vgl. *H. U. v. Balthasar*, Theodramatik, Bd. I, Prolegomena, Einsiedeln 1973.

33 Vgl. *H. U. v. Balthasar*, Herrlichkeit: Eine theologische Ästhetik, Bd. III, 1, Im Raum der Metaphysik, Teil 1, Altertum, u. Teil 2, Neuzeit, Einsiedeln [2]1965.

wie J. G. Hamann oder Jürgen Moltmann,[34] hält „Einsame Zwiesprache" mit dem jüdischen Religionsphilosophen Martin Buber,[35] oder legt 1951 die schon mehrfach zitierte Barthmonographie vor, welche nicht nur einen Meilenstein für das ökumenische Gespräch, sondern auch für die Barthforschung selbst darstellte.[36] Seit Beginn seines literarischen Schaffens ist es aber vor allem die Beschäftigung mit dem Deutschen Idealismus, und hier insbesondere mit Georg Wilhelm Friedrich Hegel, die sein theologisches Denken bewegt und trotz aller kritischen Auseinandersetzung beeinflußt.[37] Man könnte Balthasars theologisches Gesamtwerk nachgerade als katholische Antwort auf die dialektische Philosophie Hegels bezeichnen.[38]

Balthasars Werk ist also katholisch im besten Sinne des Wortes. Es ist aber auch katholisch in seinem römischen Sinne. Dieser Aspekt, der das konfessionelle Gespräch mit dem Baseler Theologen durchaus nicht immer befördert, darf hier nicht verschwiegen werden. Balthasar ist unapologetisch in seinem Festhalten an den Grundfesten *römisch*-katholischen Glaubens, wenngleich er bemüht ist, die Fähigkeit des katholischen Glaubens herauszustellen, Wahrheitsmomente in den Einsichten seiner Kritiker in seine eigene Theologie zu integrieren. Diese integrative römische Katholizität zeigt sich etwa gegenüber der Reformation auf dem Gebiet der Rechtfertigungslehre, wenn Balthasar auf der Willensfreiheit des Menschen insistiert, gleichzeitig aber auch die Allwirksamkeit der Gnade anerkennt. Sie zeigt sich nochmal gegenüber der Orthodoxie auf dem Gebiet der Trinitätslehre, wenn Balthasar standhaft den Hervorgang des Heiligen Geistes aus dem Vater und dem Sohn (Filioque) betont, nicht jedoch ohne dem alleinigen ex Patre procedit des Ostens ein relatives Recht für die ökonomische Trinität einzuräumen. Die integrative römische Katholizität Balthasars zeigt sich schließlich

---

34 Vgl. jeweils H II,2, 603-643 und *H. U. v. Balthasar*, Theodramatik, Bd. IV, Das Endspiel, Einsiedeln 1983, 148-155.

35 Vgl. *H. U. v. Balthasar*, Einsame Zwiesprache: Martin Buber und das Christentum, Einsiedeln – Freiburg ²1993.

36 Vgl. *G. Hunzinger*, Who to Read Karl Barth: The Shape of His Theology, New York – Oxford 1991, 6-9; siehe auch *H. G. Pöhlmann*, Analogia entis oder Analogia fidei? Die Frage der Analogie bei Karl Barth, Göttingen 1965 (Forschungen zur systematischen und ökumenischen Theologie; 16).

37 Vgl. *H. U. v. Balthasar*, Apokalypse der deutschen Seele: Studien zu einer Lehre von letzten Haltungen, 3 Bde, Salzburg – Leipzig 1939. Balthasar hat später den ersten Band dieses Werkes neu herausgegeben unter dem Titel Prometheus: Studien zur Geschichte des deutschen Idealismus, Heidelberg 1947. Siehe ferner *A. M. Haas*, Hans Urs von Balthasars „Apokalypse der deutschen Seele". Im Spannungsbereich von Germanistik, Philosophie und Theologie, in: *K. Lehmann* u. *W. Kasper* (Hg.), Hans Urs von Balthasar: Gestalt und Werk, Köln 1989, 62-77.

38 K. J. Wallner spricht von einem „Motiv des beständigen, konfrontativen Dialogs, den Balthasar mit Hegel führt", ja geradezu von einem „Anrennen gegen Hegel" (*K. J. Wallner*, Gott als Eschaton: Trinitarische Dramatik als Voraussetzung göttlicher Universalität bei Hans Urs von Balthasar, Heiligenkreuz 1992 [Heiligenkreuzer Studienreihe der Philosophisch-Theologischen Hochschule Heiligenkreuz; 7], 71 u. 385). Vgl. auch a.a.O., 77, 141-143, 170-176, 208 u. 224-269. Siehe auch *J. B. Quash*, „Between the Brutely Given, and the Brutally, Banally Free": von Balthasar's Theology of Drama in Dialogue with Hegel, in: MoTh 13 (1997): 293-318.

auch gegenüber feministischem Denken, wenn der Autor unangefochten von allen Einwänden an einer dualistischen Geschlechteranthropologie festhält und dabei doch bemüht ist, die gleichberechtigte Würde der Frau herauszustellen.[39] Ob seine Versuche, den jeweiligen theologischen Gegnern entgegenzukommen, aus deren Sicht zufrieden stellen, mag bezweifelt werden. Sie sind jedoch ein deutliches Merkmal seines schillernden Verständnisses von Katholizität: „Nur dann darf das Katholische sich als Ganzheit und Totalität verstehen, wenn es, nach einer bekannten Darstellung Newmans, wirklich alles getan hat, sich den Reichtum aller partiellen Standpunkte aktiv einzuverleiben."[40] Abweichende theologische Meinungen werden in ihrem je eigenen Recht von der „Catholica" anerkannt, und doch fällt auf, daß gegnerischen Standpunkten nur das Recht des „Partiellen" eingeräumt wird, das vom umfassenden römisch-katholischen Verständnis der Wahrheit absorbiert werden muß.

Insofern sich Balthasars theologisches Werk als katholische Antwort auf die dialektische Philosophie Hegels versteht, dessen gedankliche Wurzeln Balthasar bei niemand anderem als dem Wittenberger Reformator selbst entdeckt, ist es, weit über die bloße Verwendung vielfältiger Quellen hinaus, auch in einem viel eigentlicheren Sinne katholisch. Es ist katholisch, insofern es dem, was Balthasar als Strukturprinzip des „Protestantismus" auszumachen können glaubt, der theologischen Dialektik nämlich, das Strukturprinzip des Katholizismus entgegenstellt: die „Denkform"[41] der Analogie. Man hat Balthasars Theologie zu Recht mit dem „Deutungsschlüssel" der „Analogia Caritatis" verstanden,[42] sie als „trinitarische Kreuz-Analogie" oder „Analogie des Je-Mehr" gedeutet,[43] auf die Bedeutung der „Analogy of Freedom"[44] für die Konzeption seines Theodramas aufmerksam gemacht, die „Analogia exinanitionis als hermeneutisch-strukturelles Deuteprinzip theologischer Passiologie"[45] entdeckt, oder die christologische analogia entis als ihre theologische Methode erkannt.[46] Die auf dem Vierten Laterankonzil de-

---

[39] Vgl. dazu *H. U. v. Balthasar*, Theodramatik, Bd. II, Die Personen des Spiels, Teil 1, Der Mensch in Gott, Einsiedeln 1976, 334-350; *ders.*, Theodramatik, Bd. II, Die Personen des Spiels, Teil 2, Der Mensch in Christus, Einsiedeln 1978, 260-330; TD III, 327-337. Siehe dazu ferner *S. Greiner*, Die Würde der Frau. Ihre Bedeutung in der Theologie Hans Urs von Balthasars, in: *K. Lehmann* u. *W. Kasper* (Hg.), Hans Urs von Balthasar: Gestalt und Werk, Köln 1989, 285-297; *E. T. Oakes*, Pattern of Redemption: The Theology of Hans Urs von Balthasar, New York 1994, 254f.

[40] KB, 22.

[41] A.a.O., 263.

[42] *M. Lochbrunner*, Analogia Caritatis: Darstellung und Deutung der Theologie Hans Urs von Balthasars, Freiburg – Basel – Wien 1981 (Freiburger Theologische Studien; 120), 7.

[43] *S.-M. Wittschier*, Kreuz, Trinität, Analogie: Trinitarische Ontologie unter dem Leitbild des Kreuzes, dargestellt als ästhetische Theologie, Würzburg 1987 (Bonner Dogmatische Studien; 1), 78; vgl. a.a.O., 78-96.

[44] *J. R. Sachs*, Spirit and Life: The Pneumatology and Christian Spirituality of Hans Urs von Balthasar, Tübingen, Univ., Diss., 1984, 103; vgl. a.a.O., 103-110.

[45] So der Titel des 5. Kapitels von *Th. R. Krenski*, Passio Caritatis: Trinitarische Passiologie im Werk Hans Urs von Balthasars, Einsiedeln 1990 (Sammlung Horizonte, Neue Folge; 28), 345-370.

[46] *A. G. Nnamani*, The Paradox of a Suffering God: On the Classical, Modern-Western and Third World Struggles to Harmonise the Incompatible Attributes of the Trinitarian God, Frankfurt

finierte Seinsanalogie, derzufolge bei aller Ähnlichkeit zwischen Gott und Welt eine immer noch größere Unähnlichkeit herrscht, liegt in der Tat jedem einzelnen Teil der Balthasarschen Trilogie aus theologischer Ästhetik, Theodramatik und Theologik zugrunde.[47] Ohne sie könnte in Bezug auf das Sich-Zeigen Gottes vor der Welt nicht von Herrlichkeit, in Bezug auf das Sich-Geben Gottes an die Welt nicht von Theodrama und in Bezug auf das Sich-Aussprechen Gottes in der Welt nicht von Wahrheit gesprochen werden. Die Seinsanalogie ist das A und O von Balthasars Denkens, ohne die er schlechterdings nicht verstanden werden kann.[48] Indem die Denkform der Analogie selbst zum alles beherrschenden Strukturprinzip der Balthasarschen Theologie wird, erweist sich diese Theologie ein weiteres Mal als durch und durch „katholisch".

So erlauben wir uns ein letztes Mal, unsere „Variationen über ein Thema von Balthasar" anklingen zu lassen, wenn wir in seiner Theologie beides entdecken: stärkste Durchbildung des Katholischen und stärkste Annäherung an das Reformatorische.[49] Stärkste Durchbildung des Katholischen im Rückgang auf die Quellen, in Verteidigung dogmatischer Inhalte gegen Reformation, Orthodoxie und Moderne und schließlich in der Ausbildung der katholischen Denkform. Stärkste Annäherung an das Reformatorische in der intensiven Auseinandersetzung mit reformatorischen Denkern, allen voran Luther, Hegel, Kierkegaard, Barth und Moltmann, und dem (vermeindlich) reformatorischen Strukturprinzip der Dialektik.[50] Stärkste Annäherung an das Reformatorische, wie wir im folgenden Abschnitt zeigen werden, schließlich auch in der formalen und inhaltlichen Ausrichtung seiner Theologie an dem einen Grunddatum aller christlichen Theologie, dem Kreuz von Golgatha: Balthasars Theologie ist wie vielleicht keine andere katholische Theologie in der Geschichte der nachreformatorischen katholischen Kirche „Theologie des Kreuzes". Aber wir greifen vor.

Bevor wir uns mit der Frage nach der Kreuzestheologie beschäftigen, welche das Thema unseres konfessionellen Gesprächs mit Hans Urs von Baltha-

---

u.a. 1995 (Studien zur interkulturellen Geschichte des Christentums; 95), 185-188. Siehe ferner *G. de. Schrijver*, Le merveilleux accord de l'homme et de dieu: Étude de l'analogie de l'être chez Hans Urs von Balthasar, Leuven 1983 (Bibliotheca ephemeridum theologicarum lovaniensium; 63).

[47] Vgl. *H. Denzinger*, Kompendium der Glaubensbekenntnisse und kirchlichen Lehrentscheidungen (Enchiridion symbolorum definitionum et declarationum de rebus fidei et morum, verb., erw., ins Dt. übertragen u. unter Mitarbeit v. H. Hoping hg. v. *P. Hünermann*, Freiburg [37]1991, Nr. 806: „... inter creatorem et creaturam non potest tanta similitudo notari, quin inter eos maior sit dissimilitudo notanda."

[48] Siehe zum prägenden Einfluß Erich Przywaras auf Balthasar in dieser Frage *Oakes*, 15-44; *Krenski*, Gottesdrama, 34-54.

[49] Vgl. KB, 33.

[50] Schon in seiner 1939 unter dem Titel *Apokalypse der deutschen Seele* erschienenen Dissertation beschäftigte sich Balthasar nicht nur mit den Denkern des Deutschen Idealismus, sondern widmete ein ganzes Kapitel der Theologie Karl Barths. Vgl. Apokalypse, Bd. 3, 316-391. Vgl. zur Bedeutung Balthasars für das ökumenische Gespräch auch *C. Schönborn*, Hans Urs von Balthasars Beitrag zur Ökumene, in: *K. Lehmann* u. *W. Kasper* (Hg.), Hans Urs von Balthasar: Gestalt und Werk, Köln 1989, 334-348.

sar sein wird, müssen wir noch auf einige Verstehensschwierigkeiten Balthasarscher Theologie aufmerksam machen. Es ist in der Tat kein Zufall, daß diese heutzutage im evangelischen Bereich kaum bekannt ist. Hatte Balthasars Barthbuch auf evangelischer Seite noch beachtliche Reaktionen hervorgerufen,[51] so blieb die langsame aber stete Ausbildung seines voluminösen theologischen Gesamtwerkes, die sich von den fünfziger Jahren bis in die achtziger Jahre hinein erstreckte, evangelischerseits weitgehend unbeachtet.[52] Dies ist umso überraschender, als sich Hans Urs von Balthasar von Anfang an als Theologe im Dialog mit seinen Zeitgenossen verstand und vehement gegen die Burgmentalität der Neuscholastik zu Felde zog, welche die erste Hälfte seines theologischen Lebens so sehr bestimmte.[53]

Fragt man angesichts der ökumenischen Ausrichtung des Balthasarschen Werkes nach den Gründen für die ermangelnde Auseinandersetzung mit seiner Theologie auf evangelischer Seite, so tun sich bald eine ganze Reihe von Schwierigkeiten auf, welche den Zugang zum Werk dieses Theologen sichtlich erschweren. Zuerst ist in diesem Zusammenhang die „barocke" Fülle seines Oeuvres zu nennen. R. Gawronski merkt zu Recht an: „Perhaps more than of any other writer in this century can it truly be said of him that he wrote more in his lifetime than most people ever read."[54] Eine Seitenzählung der größeren Werke Balthasars, die M. Lochbrunner schon 1975 durchführte, bestätigt diese Aussage. Lochbrunner kam schon lang vor Abschluß des Balthasarschen Werkes auf 10788 Seiten, wobei er Aufsätze und kleinere Veröffentlichungen nicht einschloß![55] Es überrascht angesichts dieser Zahl nicht, daß der französische Theologiegeschichtler und spätere Kardinal Hen-

---

[51] Vgl. beispielsweise *G. Foley*, The Catholic Critics of Karl Barth. In Outline and Analysis", in: SJTh 14 (1961): 136-155; *W. Kreck*, Analogia Fidei oder Analogia Entis, in: Antwort (FS Karl Barth), Zollikon-Zürich 1956, 272-286; *W. Pannenberg*, Zur Bedeutung des Analogiegedankens bei Karl Barth: Eine Auseinandersetzung mit Urs von Balthasar, in: ThLZ 78 (1953): Sp. 17-24.

[52] Eine Ausnahme bildet in gewisser Weise Jürgen Moltmann, der sich schon in seinem 1973 erschienenen Buch *Der gekreuzigte Gott* auf die Theologie Balthasars bezog und auch später nochmals ausdrücklich den Einfluß der Balthasarschen Theologie auf sein Werk anerkannte. Vgl. *J. Moltmann*, Der gekreuzigte Gott: Das Kreuz Christi als Grund und Kritik christlicher Theologie, München [5]1987 (Kaiser-Traktate, Neue Folge; 16), 186, 190 u. 228; *ders.*, Das Kommen Gottes: Christliche Eschatologie, Gütersloh 1995, 362, Anm. 33. Die erste (deutschsprachige) Dissertation auf evangelischer Seite, die sich Balthasars Theologie widmet, ist m.W. *V. Spangenberg*, Herrlichkeit des Neuen Bundes: Die Bestimmung des biblischen Begriffs der „Herrlichkeit" bei Hans Urs von Balthasar, Tübingen 1993 (WUNT, 2. Reihe; 55). Ein Jahr früher wurde in den USA die Dissertation des Lutheraners *D. S. Yeago*, The Drama of Nature and Grace: A Study in the Theology of Hans Urs von Balthasar, Ann Arbor, Mi. 1992, veröffentlicht. Einen hilfreichen werkgeschichtlichen Überblick der Schaffensperioden Balthasars bis 1981 bietet neben der Monographie E. Guerrieros auch *Lochbrunner*, 27-52.

[53] Siehe *H. U. v. Balthasar*, Schleifung der Bastionen: Von der Kirche in dieser Zeit, mit einem Nachwort v. C. Schönborn, Einsiedeln – Trier [5]1989 (Christ Heute, Zweite Reihe; 9). Vgl. dazu *H. G. Pöhlmann*, Hans Urs von Balthasar, in: *ders.*, Gottes Denker: Prägende evangelische und katholische Theologen der Gegenwart, Reinbeck b. Hamburg 1984, 230f.

[54] *R. Gawronski*, Word and Silence: Hans Urs von Balthasar and the Spiritual Encounter between East and West, Edinburgh 1995, xiii.

[55] Vgl. *Lochbrunner*, 19f.

ri de Lubac sagen konnte, „Balthasar ist vielleicht der gebildetste Mann seiner Zeit.“[56] So reich die Fülle an Gesprächspartnern und Gedankengängen ist, im Dialog mit denen Balthasar seine Theologie entwickelt, so erschlagend kann diese doch zuweilen auf den Leser wirken und von einer Lektüre abhalten.

Balthasars Werk macht den Lesenden das Verstehen aber nicht nur durch seinen Umfang, sondern auch durch seine innere Struktur schwer. Der Baseler Theologe behandelt die verschiedenen theologischen Loci nicht im herkömmlichen Rahmen einer kirchlichen Dogmatik, systematischen Theologie oder auch Glaubenslehre, sondern ordnet das Ganze der Theologie unter dem Gesichtspunkt der Seinstranszendentalien des Schönen, Guten und Wahren in einer theologischen Ästhetik, Dramatik und Logik völlig neu an. Einzelne Themen werden dabei immer wieder von neuem angesprochen, weiterentwickelt und schrittweise vertieft, so daß der Balthasarneuling einige Mühe hat, sich zurechtzufinden. Letztlich muß er oder sie sich zumindest auf einen der drei Teile der Trilogie, vorzugsweise die fünf Bände ihres zentralen Mittelteils, der *Theodramatik*, einlassen, um einen verläßlichen Einblick über Balthasars theologisches Denken zu bekommen.[57]

Schließlich bildet auch die nicht nur evangelischen Lesern und Leserinnen völlig fremde Sprach- und Vorstellungswelt der Balthasarschen Theologie eine erhebliche Verstehenshürde. Diese hermetische Sprachwelt ist vor allem auf Balthasars Abhängigkeit von der Spiritualität der Mystikerin Adrienne von Speyr zurückzuführen, die über weite Strecken hinweg ausladend bildhaft, ja geradezu mythologisch anmutet. Balthasar war mit A. von Speyr seit dem Jahre 1940, als sie unter seinem Einfluß vom reformierten zum katholischen Glauben konvertierte, aufs Engste verbunden.[58] Sein Werk ist über weite Strecken hinweg Zitat oder zumindest Paraphrase ihrer Werke. Diese literarische Abhängigkeit gewinnt eine zusätzliche Dimension durch die Tatsache, daß Adrienne von Speyr viele ihrer Werke nicht selbst niederschrieb,

---

[56] *H. de Lubac*, Ein Zeuge Christi in der Kirche: Hans Urs von Balthasar, in: IKaZ 4 (1975): 392.

[57] Vgl. zur Bedeutung der *Theodramatik* im Ganzen der Trilogie *M. Kehl*, Einführung. Hans Urs von Balthasar. Ein Portrait, in: *ders.* u. *W. Löser* (Hg.), In der Fülle des Glaubens: Hans Urs von Balthasar-Lesebuch, Freiburg 1980, 54; *P. Henrici*, Erster Blick auf Hans Urs von Balthasar, in: *K. Lehmann* u. *W. Kasper* (Hg.), Hans Urs von Balthasar: Gestalt und Werk, Köln 1989, 50.

[58] Beide begründeten 1950 aufgrund visionärer Erlebnisse A. von Speyrs die Johannesgemeinschaft, kirchenrechtlich als Säkularinstitut anerkannt, welche Balthasar zum Austritt aus dem von ihm geliebten Jesuitenorden zwang und in schwere Nöte gegenüber der kirchlichen Hierarchie brachte. Balthasar war maßgeblich an der Niederschift und Herausgabe des Werkes A. von Speyrs beteiligt, wozu er eigens ein Verlagshaus (Johannes Verlag) gründete. Siehe zu Adrienne von Speyr *H. U. v. Balthasar*, Erster Blick auf Adrienne von Speyr, Einsiedeln – Trier [4]1989. Vgl. ferner *Barbara Albrecht*, Eine Theologie des Katholischen: Einführung in das Werk Adriennes von Speyrs, Bd. 1, Durchblicke in Texten, Bd. 2, Darstellung, Einsiedeln 1972-73; *Guerriero*, 127-179; *Kehl*, 49-52; *J. G. Roten*, Die beiden Hälften des Mondes. Marianisch-anthropologische Dimensionen in der gemeinsamen Sendung von Hans Urs von Balthasar und Adrienne von Speyr, in: *K. Lehmann* u. *W. Kasper* (Hg.), Hans Urs von Balthasar: Gestalt und Werk, Köln 1989, 104-132; *P. R. Sindoni,* Adrienne von Speyr (1902-1967): Storia di una esistenza teologica, Torino 1996.

sondern in oft täglichen Treffen Balthasar diktierte.[59] Balthasar legt immer wieder Wert darauf, daß sein Werk von dem Adrienne von Speyrs nicht zu trennen ist, was in der Balthasar-Forschung zu der Frage führte, ob seine Theologie von der ihren abhängig ist oder aber auch ohne ihre Mystik interpretiert werden kann.[60] Wir werden uns mit dieser Frage der katholischen Balthasar-Forschung nicht beschäftigen können. Wie auch immer die literarische Abhängigkeit des katholischen Theologen von der ursprünglich reformierten Mystikerin zu beurteilen ist, sie führt dazu, daß Balthasars Sprache zutiefst esoterisch wirkt.[61] Sie kann kaum in ein anderes theologisches „Sprachspiel“ übersetzt werden. Diese Sprachesoterik bringt Balthasars Interpreten immer wieder in die Verlegenheit, darlegen zu müssen, warum sie sich in ihren Darstellungen seiner Theologie eng an seine Formulierungen anschließen.[62] Auch diese Untersuchung unterscheidet sich an diesem Punkt nicht von anderen.

---

59 Vgl. Erster Blick, 86; *H. U. v. Balthasar*, Unser Auftrag: Bericht und Entwurf, Einsiedeln 1984, 47-53.

60 Vgl. die folgende oft zitierte Bemerkung Balthasars: „Ihr Werk und das meine sind weder psychologisch noch philosophisch auseinanderzutrennen, zwei Hälften eines Ganzen, das als Mitte eine einzige Gründung hat“ (*H. U. v. Balthasar*, Rechenschaft, zit. n. *Kehl*, 49), wobei mit der Gründung die Johannesgemeinschaft gemeint ist. Das komplizierte Verhältnis der Theologie Balthasars zum Werk Speyrs ist in der Balthasarforschung noch nicht einmal im Ansatz geklärt. Einerseits wird davon ausgegangen, daß Speyr die entscheidende Quelle hinter den theologischen Einsichten Balthasars darstellt, andererseits argumentiert, daß Balthasars theologische Einsichten zeitlich schon vor dessen Bekanntschaft mit A. von Speyr literarisch nachzuweisen sind. Vgl. dazu *Wallner*, 25f. Vgl. zur Frage Unser Auftrag, 30-97; *Kehl*, 49-52; *Roten*, 104-132. Kritisch äußerte sich auf katholischer Seite zur Abhängigkeit Balthasars von A. v. Speyr *R. Schwager*, Der wunderbare Tausch: Zur Geschichte und Deutung der Erlösungslehre, München 1986, 303, Anm. 177: „Aufgabe der Theologie dürfte es nun kaum sein, sich mit einer der christlich und kirchlich möglichen Spiritualitäten ganz zu identifizieren, auch wenn das Anliegen Balthasars, Spiritualität und Theologie einander anzunähern, sehr wohl Unterstützung verdient.“ Noch deutlicher *E. Biser*, Dombau oder Triptychon? Zum Abschluß der Trilogie Hans Urs von Balthasars, in: ThRv 84 (1988): Sp. 182, der im Blick auf Balthasars Lehre vom Höllenabstieg Christi bemerkt, „daß B.s luzide Denk- und Sprachgestalt hier wie auch andernorts von einer irritierenden Bilderwelt überwuchert wird, die, so insistent er sich mit ihrer Urheberin identifiziert, doch als Fremdkörper wirkt, zumal er damit eine theologisch nicht zu rechtfertigende Erkenntnisquelle einführt und in Anspruch nimmt.“

61 Vgl. *Wallner*, 26: „Was aber ohne jeden Zweifel als vermittelnder Beitrag Adriennes angesehen werden kann, ist die Tendenz zur ‚Veranschaulichung‘, wie sie sich beispielsweise in der plastischen Schilderung trinitarisch-göttlicher Vorgänge unter Beiziehung einer personologischen Terminologie am auffälligsten (und anstößigsten) zeigt.“

62 Vgl. etwa *Spangenberg*, 3: „Fremd muten Stil und Sprache v. Balthasars an. Niegehörte Neologismen beherrschen das Feld. Dem muß die Beschäftigung mit den Balthasarschen Arbeiten Rechnung tragen. Die vorliegende Untersuchung – aber nicht nur diese – tut das, indem sie in stärkerem Maße als sonst vielleicht üblich an die Schriften des zu interpretierenden Autors angelehnt ist.“ Ähnlich *M. Albus*, Die Wahrheit ist Liebe: Zur Unterscheidung des Christlichen nach Hans Urs von Balthasar, Freiburg 1976, 14f: „Der beschriebene Grundstil und das Gliederungsprinzip erfordern einen narrativen Stil. Er hat an manchen Stellen den Schein der Nacherzählung an sich, ohne daß er aber eine Kopie der Gedanken Balthasars wäre. Der narrative Stil erscheint deshalb notwendig, weil nur im Entlanggehen an Balthasars Denkweg die innere Stringenz des Zugleich von Eigenkontur und Differenzierung sichtbar wird. Diese Methode und dieser Stil wären bei einer anderen vorgegebenen Werk- und Denkstruktur … nicht

III. Zur Thematik eines konfessionellen Gesprächs mit Balthasar

Wo soll ein ökumenisches Gespräch mit Urs von Balthasar beginnen? Wo bietet sich im Werk dieses katholischen Theologen ein Ansatzpunkt für ein Gespräch mit der reformatorischen Theologie? Wir werden vom Proprium der reformatorischen Theologie ausgehen, denn es entscheidet sich für uns an den für die Reformation zentralen Punkten die Möglichkeit einer ökumenischen Annäherungen zwischen den Kirchen.

Walther von Loewenich hat in seiner bahnbrechenden Studie von 1929 die Theologie Martin Luthers im Anschluß an dessen *Heidelberger Disputation* als „Theologia Crucis" gekennzeichnet.[63] „CRUX sola est nostra Theologia", sagt Luther in seiner zweiten Psalmenvorlesung und bestimmt damit nicht nur einen einzigen Locus, sondern das Ganze der Theologie neu.[64] Loewenich faßt diesen Sachverhalt wie folgt zusammen: „Theologia crucis ist nicht ein *Kapitel der Theologie*, sondern eine bestimmte *Art von Theologie*. Das Kreuz Christi ist hier nicht nur von Bedeutung für die Frage nach der Erlösung und Heilsgewißheit, sondern ist die perspektivische Mitte aller theologischen Aussagen."[65] In seinem einflußreichen Buch *Der gekreuzigte Gott* hat Jürgen Moltmann diese Einsicht der Gegenwart erneut einzuschärfen versucht: „Es kommt heute darauf an, daß sich Kirche und Theologie auf den gekreuzigten Christus besinnen, um der Welt seine Freiheit zu zeigen, wenn anders sie werden wollen, was sie zu sein behaupten: nämlich die Kirche Christi und christliche Theologie."[66]

Wenn wir im Anschluß an Loewenich und Moltmann das Proprium des reformatorischen Glaubens hier als theologia crucis bestimmen, so scheint die oben gemachte Aussage, daß es bei Balthasar zur stärksten Annäherung an das Reformatorische kommt, zunächst paradox. Der Reformator grenzt sich mit der These, daß alle rechte christliche Theologie Kreuzestheologie sein müsse, schließlich von dem theologischen Modell der Scholastik ab, die er

---

in diesem Ausmaß erforderlich – wohl aber hier." Oder *Wallner*, 21: „... über Balthasar kann nicht ohne reichhaltige Zitierung gearbeitet werden, sofern seine ästhetisch-wuchtige Sprache und die sich darin ‚verflüssigende' Begrifflichkeit konstitutive Momente seiner Theologie sind."

[63] *W. v. Loewenich*, Luthers Theologia Crucis, Bielefeld [6]1982.

[64] *M. Luther*, Operationes in Psalmos, 1519-1521, in: *ders.*, Werke, Kritische Gesamtausgabe, Bd. 5, Weimar 1892, 176, 32-33. Eine Minderheit unter den Lutherforschern ordnet die Kreuzestheologie allerdings noch der vorreformatorischen Zeit Luthers zu. Vgl. dazu *H. Blaumeiser*, Martin Luthers Kreuzestheologie: Schlüssel zu seiner Deutung von Mensch und Wirklichkeit: Eine Untersuchung anhand der Operationes in Psalmos (1519-1521), Paderborn 1995 (Konfessionskundliche und kontroverstheologische Studien; 60), 12, Anm. 3.

[65] *Loewenich*, 18. Vgl. a.a.O., 14f (bei Loewenich hervorgehoben): „die theologia crucis ist ein Prinzip der gesamten Theologie Luthers, sie darf nicht auf eine besondere Periode seiner Theologie eingeschränkt werden." Neuerdings hat von katholischer Seite *H. Blaumeiser* in seiner schon erwähnten Monographie die Kreuzestheologie als Ausgangspunkt seiner Deutung der Theologie Luthers genommen.

[66] *Moltmann*, Der gekreuzigte Gott, 7.

als theologia gloriae verurteilt. Man hat zu Recht darauf aufmerksam gemacht, daß es sich bei Luthers Terminus um einen antischolastischen, antimystischen, antimönchischen und antiphilosophischen, kurzum, um einen polemischen Kampfbegriff handelt.[67] Balthasars Theologie ist jedoch durchaus scholastisch, mystisch, mönchisch und philosophisch. Wenn man darüber hinaus den Titel der theologischen Ästhetik Balthasars (*Herrlichkeit*) bedenkt, so scheint Balthasars theologia gloriae vollends Welten von dem entfernt, was Luther als theologia crucis verstanden wissen wollte. Ist hier ein ökumenisches Gespräch nicht von vornherein zum Scheitern verurteilt?

Dieser erste negative Eindruck wird noch bestätigt, wenn man Balthasars polemische Abgrenzungen gegenüber denjenigen reformatorischen Denkern in Betracht zieht, die sich selbst als Kreuzestheologen begreifen, oder zumindest in der einen oder anderen Weise als solche verstanden werden können. Ob Luther, der frühe Barth oder Moltmann: Balthasars Urteil über die reformatorische Theologie ist immer dann entschieden negativ, wenn aus dem Kreuzesgeschehen die Forderung nach einer theologischen Dialektik abgeleitet wird.[68] Nicht anders fällt das Urteil Balthasars über Hegels Philosophie vom „Tode Gottes“ aus, in dessen Dialektik Balthasars eigentlicher Gegner zu suchen ist, auf den hin oder von dem her alle reformatorischen Denker gelesen werden.

Trotz dieser negativen Abgrenzungen legt Balthasar wie vielleicht kein anderer katholischer Theologe eine Kreuzestheologie vor, die sich bei aller Polemik zutiefst der Auseinandersetzung mit dem Wittenberger Reformator verdankt, von der Hegelschen Philosophie mitbestimmt und Barth zutiefst verpflichtet ist, und für die schließlich gilt, wie ein Kommentator anmerkte, daß Moltmanns Theologie „is in many important respects closer in feeling to Balthasar than many other contemporaries.“[69] Balthasars dreifach in theologische Ästhethik, Theodramatik und Theologik gegliedertes Programm präsentiert sich als eine onto-theologische Ausfaltung einer Theologie des Kreuzes in Hinsicht auf die klassischen Transzendentalien des Seins.[70] Der katholische Theologe begreift Gott scholastisch als „esse ipsum per se subsi-

---

[67] So in Zusammenfassung der Ergebnisse Loewenichs *W. Hülsbusch*, Elemente einer Kreuzestheologie in den Spätschriften Bonaventuras, Düsseldorf 1968 (Themen und Thesen der Theologie), 1.

[68] Aus diesem Grunde fällt Balthasars Urteil über die Theologie E. Jüngels z.B. relativ positiv aus, da Jüngel nicht von Dialektik, sondern von einer „evangelischen Analogie“ spricht (derzufolge bei aller Unähnlichkeit eine je größere Ähnlichkeit zwischen Gott und Mensch besteht). Vgl. dazu *E. Jüngel*, Gott als Geheimnis der Welt: Zur Begründung der Theologie des Gekreuzigten im Streit zwischen Theismus und Atheismus, Tübingen 1978, 393; *H. U. v. Balthasar*, Theologik, Bd. II, Wahrheit Gottes, Einsiedeln 1985, 247f, Anm. 3. Vgl. zum Verhältnis Balthasars zu Jüngel *Henriette Danet,* Gloire et croix de Jésus-Christ: L'analogie chez H. Urs von Balthasar comme introduction à sa Christologie, Paris 1987 (Collection „Jésus et Jésus-Christ“; 30), 53-82.

[69] *D. MacKinnon*, Some Reflections on Hans Urs von Balthasar's Christology with Special Reference to Theodramatik II/2, III and IV“, in: *J. Riches* (Hg.), The Analogy of Beauty: The Theology of Hans Urs von Balthasar, Edinburgh 1986, 167.

[70] Vgl. *Wittschier*, 78-108.

stens“ oder „Sein an sich“, das sich philosophisch durch die vier Transzendentalien als das Eine, das Schöne, das Gute und das Wahre charakterisieren läßt. Gott zeigt sich am Kreuz der Welt und erweist sich darin als (in der Liebe) *schön*, weswegen Balthasar vom Kreuz her eine theologische Ästhetik entfaltet. Gott gibt sich in der Person des menschgewordenen Sohnes am Kreuz für die Welt hin und erweist sich damit als (in der Liebe) *gut*, weswegen Balthasar vom Kreuz her eine Theodramatik entfaltet. Gott sagt sich am Kreuz für die Welt aus und erweist sich so als (in der Liebe) *wahr*, weswegen Balthasar vom Kreuz her eine Theologik entfaltet. In seinem Selbsterweis, seiner Selbsthingabe und seiner Selbstaussage am Kreuz erweist sich Gott schließlich als (in der Liebe) drei-*einig*, weswegen Balthasar die Trinitätslehre als alles umgreifendes Strukturprinzip seiner Theologie entfaltet. In allen Teilen seines opus magnum fungiert das Kreuz als Ausgangs- und Angelpunkt des theologischen Denkens Balthasars. Sein theologisches Programm *muß* als „Kreuzestheologie“ verstanden werden, andernfalls wird es falsch verstanden.

Angesichts der zentralen Bedeutung des Kreuzes für die Theologie Hans Urs von Balthasars ist es der Sache angemessen, ins konfessionelle Gespräch gerade mit diesem katholischen Theologen und gerade an diesem Punkte einzutreten. Dies zu tun, mit Balthasar also über die Bedeutung des Kreuzes von Golgatha für Form und Inhalt einer der Offenbarung Gottes in Jesus Christus angemessenen christlichen Theologie zu diskutieren, ist das Ziel dieser Arbeit. Dabei geht es uns nicht darum, einen Nachweis zu führen, daß Balthasars Kreuzestheologie in allen Punkten mit der reformatorischen Lehre übereinstimmt. Ein solcher Nachweis dürfte schwerlich gelingen und ist unseres Erachtens auch nicht der Sache des ökumenischen Dialogs dienlich, insofern dieser nicht von der Frage nach der Einheit der Kirche, sondern vielmehr von der Wahrheitsfrage her angegangen werden muß. Obgleich wir bemüht sein werden, Punkte der Übereinstimmung hervorzuheben, werden wir an anderen Stellen aus reformatorischer Sicht unseren Einspruch gegen Balthasars Theologie zum Ausdruck bringen müssen. Wir werden jedoch auch dies immer im Sinne des besseren gegenseitigen Verstehens im konfessionellen Gespräch tun.

Materialiter werden wir uns in unserer Untersuchung auf drei Themenkomplexe beschränken, die im Zusammenhang mit einer Theologie des Kreuzes unseres Erachtens von zentraler Bedeutung sind. Erstens, die hermeneutische Frage nach einer dem Kreuz angemessenen menschlichen Gotteserkenntnis: Welche Bedeutung hat das Kreuz für unser Wissen um und Reden von Gott? Zweitens, die theologische Frage nach einer dem Kreuz angemessenen Gotteslehre: Welche Bedeutung hat das Kreuz für Gott selbst? Und drittens, die soteriologische Frage nach einer dem Kreuz angemessenen Erlösungs- und Rechtfertigungslehre: Welche Bedeutung hat das Kreuz für des Menschen Erlösung, Rechtfertigung und Heiligung? Bei allen diesen Fragen kann es für uns nicht darum gehen, die *historische Genese* der Balthasarschen Theologie nachzuzeichnen, also eine interne oder werkimmanente Darstellung zu liefern. Unsere Fragerichtung versteht sich vielmehr als ökumenische Auseinandersetzung mit der „Vollgestalt" der Balthasarschen Theologie.[71]

Wir fragen im ersten Kapitel nach der Bedeutung des Kreuzes für die menschliche Gotteserkenntnis. Welche Bedeutung hat die Selbstoffenbarung Gottes am Kreuz von Golgatha für das menschliche Wissen um Gott? Kann und muß hier von einer ganz eigenen Gotteserkenntnis *sub contraria specie* gesprochen werden, die allen anderen Arten menschlicher Gotteserkenntnis diametral widerspricht, wie Luther dies annimmt, oder läßt sich von Gottes Offenbarung am Kreuz *in analoger Weise* auf Gott zurückschließen, so daß die Kreuzesoffenbarung selbst in einen größeren Zusammenhang göttlicher Offenbarung(en) integriert werden müßte? Muß die Kreuzesoffenbarung nur als Verhüllung Gottes verstanden werden, oder handelt es sich vielmehr auch um eine tatsächliche Enthüllung Gottes?

Im Kontext dieser Fragen wird uns zuerst der heilsgeschichtliche Rahmen – katholisch ausgedrückt: das Problem der Zuordnung von Natur und Gnade – interessieren, in den Balthasar die Frage nach der menschlichen Gotteserkenntnis einordnet. Wir werden sein von Barth her beeinflußtes Plädoyer für die christologische Einheit der Heilsordnung untersuchen und fragen, inwiefern diese christologische Zentrierung der Heilsordnung für Balthasar zum Ausgangspunkt seiner Denkform der Analogie werden kann. In einem zweiten Abschnitt werden wir der Frage nach der spezifischen Form der menschlichen Gotteserkenntnis nachgehen, die Balthasar im Rahmen einer theologischen Ästhetik behandelt. Wir fragen hier nach Balthasars Verständnis der Gestalthaftigkeit des menschlichen Erkennens im allgemeinen und der göttlichen Offenbarung im speziellen. Besondere Aufmerksamkeit werden wir aus reformatorischer Perspektive sodann auf die Frage nach der Bedeutung des Glaubens und der menschlichen Freiheit im Prozeß menschlicher Gotteserkenntnis verwenden. Wir schließen unsere Darstellung mit einer Reflexion auf das Problem der Dialektik von Enthüllung und Verhüllung der göttlichen Herrlichkeit am Kreuz. Im dritten und abschließenden Teil unseres ersten Kapitels werden wir aus reformatorischer Sicht einige kritische Anfragen an Balthasars theologische Erkenntnislehre richten.

„Was bedeutet das Kreuz Jesu für Gott selbst?"[72] fragte Jürgen Moltmann in seinem Buch *Der gekreuzigte Gott* und stieß damit eine heftige Diskussion um die Frage an, ob und wie die Trinitätslehre vom Geschehen auf Golgatha her entwickelt werden könne. Die Frage ist für Balthasars Theologie nicht weniger relevant als für die Theologie Moltmanns. Unser zweites Kapitel beschäftigt sich mit der Bedeutung des Kreuzes für das christliche Gottesverständnis, wobei im Zusammenhang mit der Behandlung der Trinitäts-

---

[71] Vgl. zur geschichtlichen Genese der Balthasarschen Kreuzestheologie *M. Jöhri,* Descensus Dei: Teologia della croce nell'opera di Hans Urs von Balthasar, Rom 1981 (Corona Lateranensis; 30), 97-365.

[72] *Moltmann*, Der gekreuzigte Gott, 185 (bei Moltmann hervorgehoben). Vgl. zur Diskussion der Thesen Moltmanns *M. Welker* (Hg.), Diskussion über Jürgen Moltmanns Buch „Der gekreuzigte Gott", eingel. v. M. Welker, München 1979.

lehre auch einige Fragen der Christologie und, am Rande, auch der Anthropologie zu klären sind. Wir werden in diesem zweiten Kapitel zum besseren Verständnis der Balthasarschen Gotteslehre allerdings zuerst ganz allgemein auf die Rekonzeptionalisierung der christlichen Theologie im Rahmen einer „Theodramatik" eingehen, welche den Rahmen für Balthasars Beschäftigung mit Christologie, Anthropologie und Trinitätslehre vorgibt. Inwiefern läßt sich „Drama" als theologische Kategorie begreifen? Mit welchem Recht dürfen dramaturgische Kategorien aus der Welt des Theaters auf eine theologische Konzeption der Heilsgeschichte Gottes mit der Menschheit übertragen werden? Inwiefern läßt sich die Heilsgeschichte überhaupt als „Drama" zwischen Gott und Mensch verstehen?

In einem zweiten Abschnitt wird uns die Frage nach der Immanenz und Transzendenz Gottes im und über dem Theodrama auf der Weltbühne beschäftigen. Die Frage der göttlichen Immanenz werden wir im Rahmen christologischer, die Frage nach der göttlichen Transzendenz „über" dem Theodrama im Rahmen trinitätstheologischer Überlegungen betrachten. Dabei werden wir im Zusammenhang der Trinitätslehre zuerst auf die Ableitung der Dreipersonalität aus dem Christus- bzw. Kreuzesgeschehen eingehen und anschließend nach Balthasars Lehre von der immanenten Trinität fragen, welche von der ökonomischen Trinität abgeleitet wird. In einem dritten Abschnitt werden wir wieder einige kritische Anfragen an Balthasar richten, hier an seine Anthropologie, Christologie und Trinitätslehre.

Im dritten Kapitel beschäftigen wir uns schließlich mit der soteriologischen Bedeutung des Kreuzesgeschehens, wobei Aspekte der Rechtfertigungslehre, der Ekklesiologie und der Mariologie Beachtung finden. Zuerst wenden wir uns fünf soteriologischen Motiven in der Schrift und einigen klassischen Modellen der Tradition zu, welche Balthasar als Hintergrund und Kriterium zur Entfaltung seiner eigenen „Dramatischen Soteriologie" dienen. In einem zweiten Abschnitt werden wir diese selbst untersuchen und nach dem Erlösungshandeln Gottes fragen, welches Balthasar in einer „Theologie der drei Tage" entfaltet. Wir befassen uns nacheinander mit den Ereignissen von Karfreitag, Karsamstag und Ostern, m.a.W. mit Jesu Sterben am Kreuz, seinem Gang durch die Hölle und seiner Auferstehung. Diese Ereignisse bilden für Balthasar die Eckpunkte der objektiven Seite der Erlösung. Fernerhin betrachten wir die subjektive Ergänzung des objektiven Heilsgeschehens durch die kirchliche Vermittlung des ein für allemal vollbrachten Heils und die in diesem Zusammenhang sich eröffnende Frage nach der menschlichen Mitwirkung im Erlösungsgeschehen. Balthasar reflektiert hier über die Person der Gottesmutter Maria, die Eucharistie und schließlich das persönliche Leben innerhalb der communio sanctorum. Wir werden auch dieses dritte und letzte Kapitel wiederum mit kritischen Anfragen abschließen. Dabei werden wir uns noch einmal mit dem Lutherverständnis Balthasars auseinandersetzen, bevor wir uns einigen Aspekten der Balthasarschen Soteriologie und der Frage nach der menschlichen Mitwirkung im Erlösungsgeschehen zuwenden.

Erstes Kapitel: Kreuz und Gotteserkenntnis

Einleitung: Die theologische Erkenntnislehre Hans Urs von Balthasars

Spätestens seit Martin Luthers *Heidelberger Disputation* von 1518 steht der Begriff der Kreuzestheologie nicht nur für eine sachlich umgrenzte dogmatische Lehre über die vielfältigen Bedeutungsinhalte des Kreuzes Christi, sondern darüber hinaus und viel grundsätzlicher für eine bestimmte Art, Theologie zu betreiben.[1] Luther verkündet in seinen Heidelberger Thesen programmatisch die Notwendigkeit einer theologia crucis, welche dem neuplatonischen Stufendenken der Scholastik eine evangeliumsgemäße Theologie entgegenstellt, die sich auf Gottes Offenbarung am Kreuz sub contraria specie begründet. „Non ille digne Theologus dicitur, qui invisibilia Dei per ea, quae facta sunt, intellecta conspicit, Sed qui visibilia et posteriora Dei per passiones et crucem conspecta intelligit."[2] Dem der Sünde verfallenen Menschen ist für Luther eine Gotteserkenntnis auf dem direkten Wege, etwa vermittelt durch die sichtbaren Werke der Schöpfung, verschlossen. Luther bezeichnet diesen Weg kritisch als theologia gloriae. Vielmehr gilt es, sich an Gottes Selbstoffenbarung in Leiden und Kreuz zu halten, an die Offenbarung von Gottes Rückseite sozusagen, wie Luther in Anspielung auf Moses' Begegnung mit Gott (vgl. Ex 33,18ff) bemerkt.[3]

In ähnlich grundsätzlicher Weise sieht auch Karl Barth in der theologisch so andersgearteten Landschaft des 20. Jahrhunderts das Grundproblem im ökumenischen Gespräch mit der katholischen Theologie weniger von dogmatischen Lehrinhalten der Theologie bestimmt, als vielmehr von der Art und Weise, wie christliche Theologie zu treiben ist. Barths Kritik an der katholischen Theologie richtet sich gegen das, was er, in Übernahme eines Begriffes des katholischen Fundamentaltheologen Erich Przywara, als das katholische Formalprinzip der analogia entis bezeichnet. Ging es Luther um die Legitimität theologischer Rückschlüsse aus dem Sein der Schöpfung auf das Sein Gottes, so stößt sich Barth an der Zusammenordnung von Gott und Welt unter dem gemeinsamen Oberbegriff des Seins. „Ich halte die *analogia entis* für *die* Erfindung des Antichrist und denke, daß man i h r e t w e g e n n i c h t katholisch werden kann. Wobei ich mir zugleich erlaube, alle anderen Gründe, die man haben kann, nicht katholisch zu werden, für kurzsichtig und

1 Vgl. *Loewenich*, 18.

2 *M. Luther*, Disputatio Heidelbergae habita, 1518, in: WA 1 (1883), 354, 17-20. Vgl. *A. E. McGrath*, Luther's Theology of the Cross: Martin Luther's Theological Breakthrough, Oxford – Cambridge (USA) 1985, 161-175.

3 Vgl. *Loewenich*, 20.

unernsthaft zu halten."[4] Der Barthsche Vorwurf an die katholische Theologie kulminiert, wie Hans Urs von Balthasar resümiert, in dem Schlagwort des „Griffs nach Gott".[5] Indem der Mensch sowohl Gott als auch die Welt unter dem philosophischen Begriff des Seins verortet, maßt er sich Barth zufolge ein Wissen um Gott an, das ihm, dem endlichen und sündigen Geschöpf, nicht zusteht. Anstatt gehorsam Gottes Selbstoffenbarung abzuwarten, bemächtigt sich der Mensch in illegitimer Weise Gottes.

Balthasar versteht seine eigene Theologie und ihre Methode als eine grundlegende Auseinandersetzung mit diesen Vorwürfen. Er will eine katholische Antwort auf die reformatorische Kreuzestheologie bieten, wie sie von Luther in ihrer streng dialektisch denkenden Form begründet wurde und sich Balthasar zufolge durch die gesamte reformatorische Theologiegeschichte bis hinein in die Gegenwart verfolgen läßt. Balthasar sieht sein eigenes theologisches Unternehmen als Antwort auf den reformatorischen Vorwurf der Gottesbemächtigung. Im Lichte dieser Kritik fragt er selbstkritisch, „ob die Gesamtheit der katholischen Einzellehren, das katholische ‚Plus' sich *eindeutig* und undialektisch als Erscheinungsformen eines Prinzips auslegen lassen muß, das selbst *eindeutig* und undialektisch als eine Vergewaltigung der Gnade, als ein ‚Griff nach Gott', somit als objektive ‚Sünde' zu entlarven ist."[6] Balthasar vertritt eine christologisch zugespitzte Form der klassischen katholischen Lehre von der analogia entis, die er mithilfe eines Durchgangs durch die theologische Tradition seit der Patristik und in Auseinandersetzung mit der Lehre von der analogia fidei in Karl Barths *Kirchlicher Dogmatik* gegen die Einwände von reformatorischer Seite zu verteidigen sucht. Umgekehrt kritisiert er die Methode, welche er als das „protestantische Prinzip" glaubt identifizieren zu können: die von Luther über Hegel und Kierkegaard bis zu Barth und Moltmann in der reformatorischen Theologie immer wieder durchbrechende theologische Dialektik.

Es ist die Aufgabe dieses Kapitels, Balthasars theologische Erkenntnislehre nachzuzeichnen. Zu diesem Zweck ist es notwendig, zuerst den heilsökonomischen Rahmen aufzuzeigen, welcher die theologische Voraussetzung der Balthasarschen Erkenntnislehre bildet. In einem zweiten Teil wird dann die theologische Erkenntnislehre als theologische Ästhetik sowohl in ihrem innerweltlichen Aspekt als auch im Blick auf Gott entfaltet werden. Dabei wird der Schwerpunkt der Darstellung auf Balthasars Verständnis der Gestalthaftigkeit der Offenbarung und ihrer Wahrnehmung mithilfe des übernatürlichen Glaubenslichtes liegen. Im Anschluß an diese allgemeine Darstellung des Balthasarschen Verständnisses der menschlichen Gotteserkenntnis wird auf die zu Beginn im Anschluß an Luther aufgeworfene Frage nach der Verhüllung Gottes sub contrario zurückzukommen und Balthasars eigenes Verständnis der Enthüllungs-Verhüllungs-Dialektik in der menschlichen

---

4 *K. Barth*, Die Kirchliche Dogmatik, Bd. I, Die Lehre vom Wort Gottes: Prolegomena zur Kirchlichen Dogmatik, Erster Halbband, Zollikon-Zürich [5]1947, VIII-IX.

5 KB, 59.

6 A.a.O., 60.

Wahrnehmung der göttlichen Offenbarung zu besprechen sein. Es ist aufzuzeigen, inwiefern sich Balthasar in der Lage sieht, eine offenbarungstheologisch negative Theologie entwickeln und zugleich mithilfe analogischer Denkstrukturen tief in das Geheimnis Gottes eindringen zu können. Die als Knotenpunkt der Balthasarschen Analogienlehre darzustellende „konkrete Analogia Entis“[7] im menschgewordenen Gottessohn wird uns als Ausgangspunkt dienen, um im zweiten Kapitel Balthasars Erkundungen des durch das Kreuz eröffneten trinitarischen Geheimnisses kennenzulernen.

I. Quellen

Wenn Balthasars Auseinandersetzung mit der evangelischen Theologie, und hier insbesondere mit Karl Barth, auf sein eigenes Werk einen bleibenden Eindruck hinterlassen hat, so ist dies wohl am eindeutigsten in seiner Einsicht in die Notwendigkeit einer christologischen Zentrierung der Theologie der Fall.[8] Wenngleich Balthasar in seinem Barthbuch argumentiert, daß die durch Barth eingeklagte „Christozentrik“ mit den Dokumenten des Ersten Vatikanischen Konzils vereinbar und zudem innerhalb der zeitgenössischen katholischen Theologie durchaus weit verbreitet sei,[9] so stellt er sich Ende der fünfziger Jahre mit seinem Programm einer christozentrischen Theologie dennoch auf die Seite einer kleinen, noch weitgehend theologie*geschichtlich* arbeitenden Gruppierung innerhalb der katholischen Theologie des 20. Jahrhunderts. Diese hatte es sich im Rückgang auf die patristische und scholastische Tradition zur Aufgabe gemacht, die verloren gegangene christologische Ausrichtung der Theologie für die katholische Tradition neu zur Geltung zu bringen.

In Einklang mit dieser theologiegeschichtlichen Vorgehensweise verteidigt Balthasar das Barthsche Desiderat einer christozentrischen Theologie gegen etwaige Einwände katholischer Kollegen durch einen historischen Abriß zur Frage nach dem Verhältnis von Natur und Gnade innerhalb der katholischen Tradition. Er versucht dabei aufzuzeigen, daß auch der Katholizismus ein Denken kennt, das sich an der konkreten, in Christus vollzogenen Heilsordnung orientiert. Es empfiehlt sich, die wesentlichen Stationen der katholischen Theologiegeschichte mit Balthasar abzuschreiten, um sein eigenes Konzept im Kontext der innerkatholischen Diskussion des 20. Jahrhunderts verorten zu können.

---

7 *H. U. v. Balthasar*, Theologie der Geschichte: Ein Grundriß, Neue Fassung, Einsiedeln [5]1959 (Christ Heute, Erste Reihe; 8), 53, Anm. 1 (bei Balthasar hervorgehoben); *ders.*, Merkmale des Christlichen, in: *ders.*, Verbum Caro: Skizzen zur Theologie I, Einsiedeln – Freiburg [3]1990, 174 u. 191; TD II,1, 242f u. 373; TD II,2, 203.

8 Siehe zum Verhältnis Balthasars zu Barth *J. Thompson*, Barth and Balthasar: An Ecumenical Dialogue, in: *B. McGregor* u. *Th. Norris* (Hg.), The Beauty of Christ: A Introduction to the Theology of Hans Urs von Balthasar, Edinburgh 1994, 171-192.

9 Vgl. KB, 314-386.

1. Die verlorene Einheit der Heilsordnung

Die katholische Theologie verhandelt das Verhältnis von Natur und Gnade traditionellerweise zusammen mit dem Thema von der Einheit des göttlichen Heilswillens in der Doppelung von natürlicher und übernatürlicher Heilsordnung. Insofern die katholischen Theologen durchweg voraussetzen, daß das christliche Leben nur durch die Gnade vollendet wird, handeln sie von der menschlichen Natur nie unter Absehung von der Gnade. Meinungsunterschiede innerhalb der katholischen Theologie entstanden im Laufe der Geschichte hinsichtlich der Frage, wie die Natur definiert werden sollte und wie sie auf die übernatürliche Ordnung zu beziehen sei. Gemeinsam ist dabei allen katholischen Konzeptionen eine *teleologische* Denkrichtung, welche die geschöpfliche Natur grundsätzlich durch ihr Endziel definiert.

In Patristik und Hochscholastik, so weist Balthasar nach, denkt die Theologie unter der Voraussetzung des „unicus ordo realis supernaturalis",[10] demzufolge die Welt ausgerichtet ist auf ihre übernatürliche, gnadenhafte Vollendung im dreifaltigen Gott. Noch Thomas von Aquin kennt nur ein einziges, übernatürliches Ziel des Menschen, nämlich die gnadenhaft zu empfangene visio beatifica.[11] Eine rein natürliche Theologie, so betont Balthasar, kommt für die patristische und scholastische Tradition nicht in Frage, ebenso wenig wie ein auch nur hypothetisch behauptetes Endziel einer nicht durch die Gnade zur Gottesschau berufenen, menschlichen Natur. Alles seinsanalogische Denken ist für die vortridentinische Tradition somit eingeordnet in die analogia fidei, welche die übernatürliche Ordnung immer schon voraussetzt.

Dieses intrinsezistische Modell, demzufolge der Mensch innerlich auf Gott ausgerichtet ist, stellt für Thomas und seine Vorgänger kein Problem hinsichtlich der Frage nach der Ungeschuldetheit der Gnadenordnung dar. Zu einem solchen wird es, als im 16. Jahrhundert Michael de Bay (Baius; 1513-1589) die Ausrichtung der menschlichen Natur auf die Gnade mit dem rechtlichen Begriff des debitum umschreibt. Ist für die Väter und noch für Thomas die Einheit von geschöpflichem Sein und dessen Begnadigung eine zwar faktische, keineswegs aber notwendige Synthese, so versteht Baius diese faktische Synthese als notwendige. Dies zeigt sich philosophisch vor allem darin, daß er den aristotelisch-scholastischen Naturbegriff auf die menschliche Hingeordnetheit auf Gott anwendet.

Nach dem Naturbegriff, der auf Aristoteles zurückgeht und durch die Stoa weiterentwickelt wurde, gehört zur Natur einer Sache nicht nur ihre Wesenheit (Balthasar spricht hier von einem „statischen" Naturbegriff), sondern auch all das, was diese Natur wesenhaft zu ihrem Bestande braucht (Balthasar bezeichnet dies als „dynamisch-teleologischen" Naturbegriff). Insofern der Mensch nach christlicher Lehre zur unmittelbaren Gottesschau berufen

---

[10] KB, 273.

[11] Vgl. a.a.O., 279. Siehe zur Geschichte der katholischen Gnadenlehre *H. Rondet*, Gratia Christi. Esquisse d'une histoire de la théologie de la grâce, Paris 1948; *ders.*, Essais sur la théologie de la grâce, Paris 1964.

ist, begreift Baius in Anwendung dieses aristotelisch-scholastischen Naturverständnisses alles, was der Mensch zur Erreichung dieses Zieles bedarf, als Teil der menschlichen Natur: die Gnade vor allem, um Willen und Verstand zu erleuchten, die theologischen Tugenden oder auch das göttliche Gesetz.[12] Damit aber hat die menschliche Natur in Baius' Theologie ein Anrecht auf die Gnade. Diese stellt einen integralen Bestandteil der menschlichen Natur dar, ohne den diese unvollständig ist. „Nur im begnadeten Menschen wird klar, was Menschsein im Vollsinn heißt."[13] Geht der Mensch der Gnade verlustig, so kommt dies einer Zerstörung seines Menschseins gleich. „Die Sünde *ruiniert* die Natur."[14]

Baius wendet in Balthasars Sicht die philosophische Definition der Natur univok auf das Gottesverhältnis des Menschen an, ohne dessen Grenzen zu erkennen. Diesem argumentativen Schritt hat die theologische Tradition – Balthasar zufolge zu Recht – widerstanden. Wohl ist es für Balthasar statthaft, den aristotelischen Naturbegriff auf die übernatürliche Ausrichtung des Geschöpfs auf seine Vollendung in Gott anzuwenden, jedoch könne dies aus *theologischen* Gründen nur analog geschehen.[15] Beschließt Gott, sich dem Menschen zu offenbaren und ihn zur beseligenden Gottesgemeinschaft zu berufen, so kann daraus für Balthasar nie ein Recht des Geschöpfs auf die Gnade abgeleitet werden, auch wenn dies einer philosophischen Denkfigur entspreche. Aus theologischen Überlegungen heraus müsse die Gratuität der Gnade gegenüber der Natur gewahrt werden.

Diesen Schritt sieht Balthasar in der Entwicklung der Lehre vom „duplex ordo naturalis et supernaturalis der Neuzeit"[16] vollzogen, wie er zuerst von katholischen Theologen des 16. Jahrhunderts in Entgegnung auf die Theologie des Baius und der Reformatoren entwickelt wird. Die Nötigung, die Ungeschuldetheit der Gnade gegenüber der Schöpfung zu verteidigen, führt Theologen wie Cajetan, Johannes vom Heiligen Thomas oder Suarez dazu, die „extrinsezistische" Position zu entwickeln, welche die römisch-katholische Theologie bis ins 20. Jahrhundert dominierte. Diese Theologen antworten auf die Thesen des Baius, indem sie den hypothetischen Zustand einer natura pura und infolgedessen eine doppelte Finalität des Menschen behaupten. „Das Nein, das die Kirche gegen diese Verhärtung und Vergröberung des Gnadengeheimnisses und seiner Gesetze und Necessitäten aussprechen mußte, umschrieb sich jetzt in der Aussage: weil auch der konkreten Natur gegenüber Gnade immer das Freie und Ungesollte bleibt, darum ‚braucht' Gott keiner Natur die Gnade zu geben, und es kann eine Naturordnung ohne Gnade von Gott aus möglich und darum sinnvoll sein."[17] Gemäß dieser bis zur Neuscholastik des ausgehenden 19. und beginnenden 20. Jahr-

---

12 Vgl. KB, 285f.
13 A.a.O., 283.
14 Ebd.
15 Vgl. a.a.O., 286f.
16 A.a.O., 274.
17 A.a.O., 281.

hunderts verteidigten Position ist die menschliche Natur zwar auf ein übernatürliches Ziel ausgerichtet, aber hätte von Gott ebenso in ihrer Ausrichtung auf ein rein natürliches Ziel belassen werden können, welches die spätere Neuscholastik als „unmittelbaren Selbstbesitz" oder „reditio completa in seipsum" versteht.[18] In Einklang mit dem aristotelischen Axiom, daß das Ziel einer geschöpflichen Natur nicht dessen eigene Möglichkeiten überschreiten könne, wäre der Mensch dem neuscholastischen Gedankenexperiment zufolge in der Lage, sein natürliches Ziel aus seinen eigenen Anlagen des Willen und Intellekts heraus zu erreichen. Der Mensch fände hier post mortem Erfüllung in dem ihm innerhalb der Naturordnung vergönnten Wissen von und der entsprechenden Liebe zu Gott als seinem principium et finis.[19]

Die Lehre vom duplex finis erlaubt es den thomistischen Theologen, jeglichen Anspruch der Natur auf ihre Erfüllung durch die Gnade in der visio beatifica, wie er von Baius vertreten wird, von der Hand zu weisen. Die menschliche Natur kann als abgeschlossene Größe behauptet werden, die aus sich selbst heraus in der Lage ist, natürliche Glückseligkeit in der Kontemplation Gottes als ihrer Erstursache zu finden. Die Erhöhung des menschlichen Intellekts in den Stand der Gnade kommt daher für die nachtridentinischen Theologen einem wahrhaft gnadenhaften und freien Akt der ewigen Erwählung Gottes gleich.

Die thomistischen Schulen der Barocktheologie und der Neuscholastik verwerfen durch die Unterscheidung einer doppelten Finalität des Menschen nicht allein das natürliche Bedürfnis nach der unmittelbaren Gottesschau, sondern zugleich auch das Theologumenon von der inneren Ausrichtung des Menschen auf Gott. Die Gnade ist ihnen, wie es Karl Rahner ausdrückt, „ein bewußtseinsjenseitiger Überbau hinsichtlich des bewußten Daseins des geistigen und sittlichen Menschen, wenn sie natürlich auch ein gewußter Gegenstand seines Glaubens ist und als das Höchste und Göttliche, das allein Heilskräftige im Menschen anerkannt wird."[20] Für die posttridentinische Theologie bleibt die Gnade der menschlichen Erfahrung gegenüber vollkommen transzendent. Die Thomisten argumentieren unter Anwendung der aristotelischen Definition der Natur, daß sich der Mensch der Gnade nicht bewußt sein könne, da die Gottesschau nicht das natürliche Ziel des Menschen darstelle. Der Mensch wisse von seinem übernatürlichen Ziel nur durch die Offenbarung und sei nur durch die Gnade und die eingegossenen Tugenden in der Lage, dieses Ziel zu erreichen.

Die menschliche Erfahrung, einschließlich all dessen, was der Mensch durch seine philosophischen Anstrengungen ohne die Offenbarung wissen

---

18 *K. Rahner*, Natur und Gnade, in: *ders.*, Schriften zur Theologie, Bd. IV, Einsiedeln – Zürich – Köln ⁵1967, 212.

19 Vgl. *G. A. McCool*, The Explosion of Pluralism: The ‚New Theology' Crisis, in: *ders.* (Hg.), From Unity to Pluralism: The Internal Evolution of Thomism, New York 1989, 201: „After his death, in place of the Beatific Vision, his immortal soul would have found its happiness in the natural knowledge and love of God of which the unelevated human intellect and will are capable."

20 *Rahner*, Schriften, Bd. IV, 210.

kann, muß dann folgerichtig als Bestandteil der menschlichen Natur verstanden werden. Die durch die Gnade erhöhten menschlichen Fähigkeiten des Willens und Intellekts beziehen sich auf das übernatürliche Objekt von Glaube, Hoffnung und Liebe nur in kategorialer Weise. Alle menschlichen Akte sind in sich natürlich. Nur durch den Glauben weiß der Christ, daß sie ontologisch durch die Gnade erhöht sind. „Kurz, das Verhältnis zwischen Natur und Gnade wird so gedacht, daß sie wie zwei vorsichtig übereinandergelagerte Schichten erscheinen, die sich möglichst wenig durchdringen."[21]

2. Die neu gefundene Einheit der Heilsordnung

Gegen Ende des 19. Jahrhunderts rückt das Problem von Natur und Gnade wieder ins Zentrum der katholisch-theologischen Diskussion. Die Gründe dafür sind vielfältig. In Frankreich kommt es zu einer Wiederbelebung historischer Studien, unter katholischen Theologen wächst das Interesse, mit dem Protestantismus ins Gespräch zu kommen, und vor allem entsteht mit der Schule von Joseph Maréchal innerhalb des Thomismus eine transzendental-philosophische Richtung, welche die Scholastik mit der modernen Philosophie der Aufklärung und des Deutschen Idealismus in Einklang zu bringen trachtet.[22]

Im Bemühen, die Philosophie und Theologie des Thomas von Aquin für die Moderne neu zu interpretieren, verteidigt Joseph Maréchal gegenüber dem Neuthomismus das Theologumenon vom desiderium naturale visionis beatificae des Menschen als eines geistigen Wesens. Maréchals Argument ist philosophisch angelegt. Er behauptet, daß man den aus Intellekt und Willen bestehenden endlichen Geist als transzendentale Dynamik auf das Absolute hin verstehen müsse.[23] In jedem kategorialen Urteil über ein endliches Ding habe der menschliche Geist a priori eine *„intuition de l'Etre"*.[24] Das Wissen um endliche Dinge beinhaltet für Maréchal eine Dynamik des menschlichen Geistes auf das absolute Sein hin, ein intuitives Wissen sozusagen um das Sein als solches.[25] Maréchal macht deswegen geltend, daß unsere Wahrnehmung des Daseins eines bestimmten Objektes durch die gleichzeitige Wahrnehmung des Seins an sich oder des absoluten Seins ermöglicht wird. Die Notwendigkeit der Existenz Gottes ergibt sich also aus unseren spekulativen Urteilen. Gottes transzendente Existenz ist eine notwendige Vorbedingung des menschlichen kategorialen Wissens.

---

21 A.a.O., 212.

22 Vgl. a.a.O., 214-219.

23 Eine kurze Zusammenfassung des philosophischen Hintergrunds von Maréchal findet sich in *G. A. McCool* (Hg.), A Rahner Reader, New York 1975, xiii-xvi.

24 *J. Maréchal*, Études sur la psychologie des mystiques, Bd. I (1924), 179, zit. n. KB, 303.

25 Diese Dynamik, so bemerkt McCool, „demands that its goal or term also be real. It follows therefore that, if the mind's real striving toward the Infinite Absolute is one of the a priori conditions of the speculative reason's objective judgments, God's real existence is an a priori condition of possibility for every categorical judgment of the speculative reason" (*McCool*, A Rahner Reader, xv).

Maréchal zufolge umschreibt diese Dynamik, obwohl sie Teil der menschlichen Natur ist, den Punkt, an dem sich der endliche Geist und der unendliche Gott in Gnade treffen. Maréchal verwendet an dieser Stelle den neuthomistischen Terminus vom desiderium inefficax et conditionale oder spricht einfach von einer velleitas (Offenheit). Die Dynamik der menschlichen Natur verlangt nicht nach der Gottesschau, um sinnvoll zu sein. Da der menschliche Geist durch seine Dynamik zumindest zu einem natürlichen Wissen Gottes (als Erstursache und absolutem Sein) gelangt, wäre dieser Dynamismus auch dann nicht sinnlos, wenn Gott entscheiden sollte, den Menschen nicht zur Gottesschau zu erheben. Damit bleibt für Maréchal die Frage offen, ob Gott den Menschen in der Gnade zu einem übernatürlichen Ziel erhöhen will. Unsere Dynamik auf das absolute Sein hin ist für ihn lediglich eine Offenheit für die Möglichkeit der unmittelbaren Gottesschau. Somit beschränkt die Dynamik der menschlichen Natur keineswegs Gottes „Freiheit der tatsächlichen Berufung zur unmittelbaren Gottesschau durch die Gnade“.[26] Gleichzeitig läßt die Dynamik des endlichen Geistes auf das Unendliche oder Absolute hin den Menschen zu dem werden, „als was er sich erfährt und was er letztlich nur schuldhaft niederhalten und verdrängen kann, weil es auch dann noch in jedem Akt seines geistigen Daseins (wenn auch als implizites transzendentales Apriori) bejaht wird.“[27] Die menschliche Natur kann für Maréchal nicht in Absehung von ihrer Beziehung zu Gott definiert, Anthropologie nicht von der Theologie getrennt werden. Der Mensch erfährt sich immer in einer Beziehung zu Gott, die er entweder (im Gottesdienst) anerkennt oder (schuldhaft) ablehnt.

In der Mitte dieses Jahrhunderts übernimmt eine Gruppe hauptsächlich französischer Theologen dieses neue Verständnis von der Hingeordnetheit des menschlichen Geistes auf das Absolute. Diese Theologen um Henri de Lubac, Jean Daniélou, Yves de Montcheuil, Marie-Dominique Chenu, Yves Congar oder André Marie Dubarlé sind von der Maréchalschule beeinflußt und ebenso wie Maréchal daran interessiert, die katholische Theologie ins Gespräch mit der modernen Philosophie zu bringen. Sie fragen, ob die zeitlosen ontologischen Kategorien des scholastischen und neuscholastischen Denkens in der Lage sind, ins Gespräch mit einer philosophischen Welt zu kommen, die hauptsächlich in personalistischen und historischen Begriffen denkt. Man kritisiert, daß es die neuscholastische Position versäumt habe, sich mit den legitimen Anliegen der modernen Philosophie auseinanderzusetzen. Darüber hinaus sucht man durch historische Forschungen nachzuweisen, daß der Neuthomismus keineswegs die Fülle des christlichen theologischen Erbes zur Geltung bringt. De Lubac und seine Mitstreiter halten es für vielversprechender, sich mit den Kirchenvätern auseinanderzusetzen, um zu den Themen der modernen Welt zu sprechen.

Was als rein historisches Projekt begann, gewinnt bald grundsätzliche Bedeutung für die Frage nach einer angemessenen Theologie im Zeitalter der

---

[26] *Rahner*, Schriften, Bd. IV, 214.

[27] A.a.O., 215.

Moderne. Im Zusammenhang der Natur-Gnade-Problematik stellen die französischen Theologen ganz grundsätzlich den Anspruch der Neuscholastik in Frage, für den katholischen Bereich die einzige orthodoxe Position zu formulieren. Man fragt, ob die Theologen des 16. und 17. Jahrhunderts die scholastische Tradition zutreffend interpretierten, und „lernte sehen, daß der heutige theologische Begriff des Übernatürlichen (und damit der Naturbegriff als Gegenbegriff zum Übernatürlichen) sich erst langsam entwickelt hat und die Anwendung dieser Begriffe auf die vielen einzelnen theologischen Fragen ... nur sehr langsam vollzogen wurde."[28] Damit untergraben die französischen Theologen das zuvor unangefochtene Monopol der Neuscholastik auf die Thomasinterpretation.

Als bedeutendste Publikation nach dem Zweiten Weltkrieg hat in diesem Zusammenhang Henri de Lubacs Werk *Surnaturel* zu gelten.[29] Es ist sein Hauptverdienst, aufgezeigt zu haben, daß die Interpretation, welche nachtridentinische Theologen, wie Kardinal Cajetan, Johannes vom Heiligen Thomas, Suarez und andere, der Gnadenlehre des Aquinaten und seiner Vorgänger gaben, die Kernpunkte des früheren scholastischen Denkens verfälschte. De Lubac weist nach, daß die Scholastik im Gegensatz zu ihrer nachtridentinischen Interpretation keine doppelte Finalität der menschlichen Natur kannte, sondern deren Vollendung einzig in der unmittelbaren Gottesschau sah.[30]

De Lubac zeigt aber nicht nur auf, daß die nachtridentinische Interpretation die mittelalterliche Scholastik falsch interpretierte, sondern bringt darüber hinaus Argumente zur Geltung, die aufzeigen sollen, daß die spätere Interpretation aus theologischer Sicht problematisch ist. Wenn der Mensch sich lediglich als Teil der Naturordnung erfährt, ist es nach de Lubac nur folgerichtig, eine rein philosophische Anthropologie zu entwickeln, in welcher der göttliche Ruf zu einem übernatürlichen Ziel keinen Platz hat.[31] Wäre ein rein philosophisches Verständnis der menschlichen Natur ohne Bezug auf ihren göttlichen Ursprung möglich, dann ist der göttliche Ursprung der menschlichen Person unweigerlich äußerlich. Letztendlich könnte das menschliche Leben ohne Gott nicht als defizient erfahren werden.

De Lubacs eigene theologische Position zur Natur-Gnade-Frage geht wie die der Väter und mittelalterlichen Lehrer davon aus, daß die unmittelbare Gottesschau das Endziel darstellt, welches Gott für den Menschen vorgesehen hat. De Lubac argumentiert, daß die Theologie, statt sich auf einen menschlichen Standpunkt zu stellen, Gottes Absicht in der gesamten Heilsgeschichte als den Ausgangspunkt ihres Denkens anerkennen soll. Er bezieht damit erneut die anselmische Position des fides quaerens intellectum, was

---

28 A.a.O., 216.

29 *H. de Lubac*, Surnaturel: Études historiques, Paris 1946. Siehe zu Person und Werk de Lubacs *H. U. v. Balthasar*, Henri de Lubac: Sein organisches Lebenswerk, Einsiedeln 1976.

30 Vgl. *McCool*, Explosion, 203.

31 Vgl. *K. Rahner*, Über das Verhältnis von Natur und Gnade, in: *ders.*, Schriften zur Theologie, Bd. I, Einsiedeln – Zürich – Köln [8]1967, 326.

gegenüber der neuscholastischen Theologie eine dramatische methodische Wende darstellt. Von seinem Ausgangspunkt aus, der dem Glauben verpflichtet ist, weigert er sich, die Möglichkeit auch nur in Erwägung zu ziehen, daß Gott eine andere Welt mit einem rein immanenten, natürlichen Endziel des Menschen hätte erschaffen können. Balthasar bringt de Lubacs Argument auf den Punkt: „Von jenem Apriori her denken heißt, die Selbstmitteilung Gottes bis zur Eröffnung des innern Lebens in Jesus Christus als den Angelpunkt aller Überlegungen ansetzen, als den Punkt, hinter und unter den auf keinen Fall zurückgegangen werden darf."[32] Dann gibt es aber für de Lubac keine Notwendigkeit, einen hypothetischen Stand der natura pura in Erwägung zu ziehen.

De Lubacs Argument ähnelt an diesem Punkt der Forderung Maréchals, daß eine Anthropologie unabhängig von der Theologie nicht möglich sei. Während Maréchal die Einheit von Anthropologie und Theologie jedoch aus philosophischen Gründen fordert, nämlich unter Hinweis auf die natürliche Dynamik des menschlichen Geistes, argumentiert de Lubac theologisch. Er begründet seine These mit der Priorität der Gnadenordnung gegenüber der Naturordnung im ewigen göttlichen Willen. Der menschliche Geist hat zwar eine natürliche Dynamik, wie Maréchal vorschlug, diese Dynamik ist jedoch, wie die Kreatur an sich, immer schon in der Natur- und in der Gnadenordnung angesiedelt. Daher kann für de Lubac keine klare Unterscheidung zwischen beiden Ordnungen getroffen werden.

De Lubac versucht nun, die Gratuität der Gnade zu verteidigen, indem er den Begriff des desiderium naturale analog anwendet, wenn er vom desiderium naturale visionis beatificae spricht. Die Begriffe theologischer Propositionen können für ihn nicht univok zu rein philosophischen Sätzen angewendet werden. „Ce qu'il nous faut seulement observer ici, c'est que le désir naturel est déjà tout autre chose que ce ‚désir biologique' sous les traits duquel il arrive qu'on le représente."[33] Während die menschliche Natur weltimmanent nach ihrer Erfüllung strebt und daher die Existenz all dessen erfordert, wessen sie zu ihrer Erfüllung bedarf, ist das natürliche Bedürfnis nach der unmittelbaren Gottesschau auf seine Erfüllung nur als frei gegebenes Geschenk angelegt. „En ce cas, l'on devra dire que l'unique exigence de l'esprit, c'est ici de ne rien exiger. Il exige que Dieu soit libre dans son offre, comme il exige d'être libre lui-même (en un tout autre sens) dans l'acceptation de cette offre."[34] De Lubac wendet diese Einsicht auf die Definition der Gnade an, indem er diese in sich selbst definiert, anstatt sie durch ihr Verhältnis zur Natur (als frei und ungeschuldet) zu umschreiben. Gnade ist ihm zuerst und vor allem die Selbstmitteilung des persönlichen Gottes. Als solche kann sie nur frei und ungeschuldet sein.

---

[32] KB, 306.
[33] *Lubac*, Surnaturel, 483.
[34] Ebd.

II. Voraussetzungen

1. Christologische Zentrierung der Heilsordnung

Balthasar schließt sich in der Natur-Gnade-Diskussion weitestgehend der Position Henri de Lubacs an. Wohl erkennt er in der Entwicklung des Theologumenons vom duplex ordo naturalis et supernaturalis, wie sie in den Dokumenten des Ersten Vatikanischen Konzils ihren dogmatischen Abschluß fand, einen notwendigen Schritt zur „endgültige[n] Sicherstellung der gesamten Gnadenordnung".[35] Diese dogmengeschichtliche Entwicklung sei in der Tat von einer solchen inneren Notwendigkeit gekennzeichnet, daß Thomas von Aquin in seiner eigentümlichen Mittelstellung zwischen Patristik und Neuzeit in dieser „historisch unumkehrbaren *Marschrichtung* zu deuten und zu lesen ist".[36] Die Lehre des duplex ordo klärt Balthasar zufolge die „sachliche Doppelsinnigkeit" innerhalb des Naturbegriffs der Väter auf, welche die Wesenheit des Menschen und seine Begnadung in ihrer faktischen Einheit als Natur begriffen. Mit der Einführung des duplex ordo werde eine terminologisch klare Unterscheidung zwischen der menschlichen Natur und der übernatürlichen Gnade getroffen.

Das bedeutet für Balthasar jedoch nicht, daß auch dort noch den Theologen des Barocks bis hin zur Neuscholastik gefolgt werden müsse, wo diese innerhalb des duplex ordo eine natura pura mit einem ihr eigenen, rein natürlichen Endziel des Menschen behaupten. Die geschöpfliche Natur sei dem theologischen Denken immer nur in ihrem faktischen, durch die Berufung der Gnade schon übernatürlich erhöhten Zustand zugänglich und könne in ihrem „ursprünglichen" Reinzustand nicht rekonstruiert werden. „Gottes tatsächliche Weltordnung ist die *faktische* Einheit von zwei *sachlich* unterscheidbaren und auch in ihrer faktischen Einigung *unter*schiedenen, aber nicht *ge*schiedenen, nicht trennbaren Ordnungen."[37] Hier hilft nach Ansicht Balthasars auch die Philosophie nicht weiter, da auch sie immer schon im Raum der dem Menschen angebotenen Gnade denkt und somit eine Art von Kryptotheologie darstellt.[38]

Kann ein theologischer Naturbegriff für Balthasar nicht philosophisch oder „von unten" her gewonnen werden, so bleibt nur die Möglichkeit, ihn „von oben", von der Gnade her zu gewinnen. Aus dem Glauben heraus muß festgelegt werden, „was Gnade und Offenbarung in sich selbst sind und wie *sie selbst* sich gegen den Bereich abgrenzen, den wir – nunmehr theologisch – Natur nennen können."[39] Die theologische Definition der Natur bestimmt dann dasjenige, „*woran* Gnade ergehen kann"[40], den Rezipienten der Gnade also.

---

[35] KB, 284.
[36] A.a.O, 275.
[37] A.a.O., 291.
[38] Vgl. a.a.O., 291.
[39] A.a.O., 287.
[40] Ebd.

Wird Gnade gemäß ihrem offenbarten Selbstverständnis als Teilnahme am Leben Gottes verstanden, so muß die Natur in der faktischen Heilsordnung a posteriori mittels einer „Substraktion“[41] bestimmt, d.h. „aus einem zunächst gegebenen Ganzen herausgetrennt, ‚abstrahiert‘ werden“.[42] Da die Schöpfungsordnung aber immer schon „im übersetzten, erhobenen ‚Modus‘ der Begnadung“[43] existiert und somit von der Erlösungsordnung, d.h. von der ergangenen Gnade oder auch von der durch den Fall verloren gegangenen Gnade, nicht abgegrenzt werden kann, ist nach Balthasar der theologische Naturbegriff nur ein „primär negativer, grenzziehender Begriff“,[44] dessen Inhalt „nicht exakt anschaulich zu machen“[45] ist.

Will man die Natur dennoch zumindest annähernd beschreiben, so muß für Balthasar von der „komplexen Gesamtordnung dieser Welt“ mit „der erfolgten Berufung in die Gnade und der je schon ausgespendeten Gnade“ zurückgegangen werden zur „Anerkennung der totalen Ungeschuldetheit dieser Gnade, der Unwürdigkeit des Geschöpfs, sie zu empfangen“ und zuletzt der „Anerkennung des Knechtseins“ des Menschen.[46] Dieses die Natur des Menschen umschreibende Knechtsein kann für Balthasar als dasjenige „*Minimum*“[47] gefaßt werden, welches notwendig ist, damit die Gnade den Menschen zum Offenbarungsempfänger, zum „Hörer des Wortes“[48] werden lassen kann. Es handelt sich dabei für Balthasar konkret um „jene Züge“, die dem Menschen „auf Grund seiner Geschaffenheit in Absehung von seiner Berufung zur Teilnahme am Leben Gottes zukommen“,[49] m.a.W. um das die Offenbarung nicht einschließende Geschöpfsein des Menschen als solchem. Balthasar spricht in diesem Zusammenhang von einem „*formalen Naturbegriff*“[50] und kommt mit seinem Konzept Karl Rahners Wort vom theologischen Naturbegriff als einem „Restbegriff“[51] nahe.

Wenn Balthasar von der Natur als einer notwendigen Voraussetzung für die ergehende Gnade spricht, grenzt er sich kritisch von Karl Barths Verständnis der Schöpfung ab.[52] Barth erkenne in seiner *Kirchlichen Dogmatik* zwar zu Recht die Notwendigkeit einer Schöpfungsvorstellung als Voraussetzung für den Bund an und sehe auch, daß diese Schöpfungsvorstellung

---

41 A.a.O., 294.

42 A.a.O., 291.

43 A.a.O., 292.

44 A.a.O., 294.

45 Ebd.

46 A.a.O., 295.

47 Ebd.

48 Vgl. zu diesem Begriff *K. Rahner*, Hörer des Wortes: Zur Grundlegung einer Religionsphilosophie, neu bearb. v. J. B. Metz, München ^{2}1969.

49 KB, 291.

50 A.a.O, 295.

51 Vgl. *Rahner*, Schriften, Bd. I, 340 u. 327ff. Eine umfassende Verhältnisbestimmung der Theologien Balthasars und Rahners bietet *V. Holzer*, Le Dieu Trinité dans l'histoire: Le différend théologique Balthasar – Rahner, Paris 1995 (Cogitatio Fidei; 190).

52 Vgl. zur Schöpfungslehre Barths *K. Barth*, Die Kirchliche Dogmatik, Bd. III, Die Lehre von der Schöpfung, Erster Teil, Zollikon-Zürich ^{4}1970, 103-258 u. 258-377. Vgl. dazu auch KB,139-147 u. 253-257.

nicht aus der Erlösungsordnung abgeleitet werden darf; er führe dieses Programm aber letztlich nicht konsequent durch.[53] Infolgedessen kommt es für Balthasar in der Barthschen Theologie zu einer christologischen „Engführung",[54] insofern die Schöpfungsordnung doch aus der Erlösungsordnung abgeleitet werde.

In Balthasars eigener Konzeption ist, ähnlich wie bei Barth, der Naturbegriff „Voraussetzung aller Gnade, weil seine *Necessität* der *Faktizität* aller Offenbarung vorausliegen muß."[55] Balthasar betont in Einklang mit Barths Position auch, daß die durch die Gnade vorausgesetzte Necessität „keine absolute, von Gottes majestätischer Entscheidung unabhängige"[56] ist, sondern vielmehr selbst abhängig ist von der Entscheidung Gottes, eine Welt zu erschaffen. Die der Gnade vorausgesetzte Natur dürfe nicht als „eine Art Fundament" mißverstanden werden, auf dem die übernatürliche Erlösungsordnung „aufruht".[57] Vielmehr wird das notwendige Verhältnis des Geschöpfs zu Gott selbst getragen von der faktisch ergangenen Offenbarung, ohne daß beide deshalb identisch wären. „Das Verhältnis von Necessität und Faktizität verdeutlicht sich ... dahin, daß der Abstand der formalen Natur eine *echte Voraussetzung* für den Abstieg des Wortes Gottes ins Fleisch ist, daß aber diese gleiche formale Natur auf *höherer* Ebene den Abstiegswillen des Sohnes in die Schöpfung zur Voraussetzung hat."[58]

Balthasar grenzt seine Konzeption von der Barthschen allerdings insofern ab, als er nachdrücklich betont, daß die Schöpfungsordnung nicht aus der Gnade abgeleitet werden kann. Er will deswegen den theologischen Naturbegriff mithilfe der analogia entis umschreiben.[59] Die Natur ist demnach grundlegend die Geschöpflichkeit als solche. Der potentielle menschliche Offenbarungsempfänger muß als Geschöpf „das bewußte und freie Subjekt"[60] sein, das durch die Einheit von Geist und Leib gekennzeichnet ist. Der geschaffene Geist muß sich als ein solcher erkennen können, was die durch das Erste Vatikanische Konzil dogmatisierte Möglichkeit der natürlichen Erkenntnis Gottes als „'principium et finis' [Dz 1785] der Welt" und eine „Ethik des Geschöpfseins als solchen ['religio']" einschließt.[61] Nach oben hin kann dem theologischen Naturbegriff für Balthasar keine inhaltliche Grenze gesetzt werden. Wenngleich das Formalobjekt der Philosophie als das Wesen der kreatürlichen Welt beschrieben werden muß, hat die Philoso-

53 Vgl. KB, 129-147. *J. Schmid*, Im Ausstrahl der Schönheit Gottes: Die Bedeutung der Analogie in „Herrlichkeit" bei Hans Urs von Balthasar, Münsterschwarzach 1982 (Münsterschwarzacher Studien; 35), 229, übersieht dies, wenn er meint, daß sich Balthasar der Barthschen Zuordnung von Schöpfung und Bund schlicht anschließt.

54 KB, 253 (bei Balthasar hervorgehoben). Balthasar zeigt dies an der Entwicklung des Barthschen Freiheitsbegriffs auf. Vgl. a.a.O., 139-147.

55 A.a.O., 295.

56 A.a.O., 295f.

57 A.a.O., 296.

58 A.a.O., 298.

59 Vgl. a.a.O., 295.

60 A.a.O., 301.

61 Ebd.

phie doch „kein reinlich isolierbares Materialobjekt".[62] Materialiter beziehen sich Philosophie und Theologie auf dieselbe einheitliche, zur Gnade berufene Wirklichkeit.[63]

2. Die katholische Denkform

Für Balthasar ergänzt sich diese philosophische analogia entis innerhalb der Gesamtordnung der Welt durch eine auf ihr aufbauende und ihr gleichzeitig zugrunde liegende theologische analogia fidei. Wohl ist der Mensch im Voraus zum Empfang der ihn berufenden und an ihn ergehenden Gnade von Natur aus Subjekt, dennoch wird dieses Subjektsein durch die Gnade in sich selbst verwandelt, insofern der Mensch *„im Anruf* der Gnade … zum Partner Gottes befähigt, zum Hörer des Wortes erhoben wird."[64] Eine ähnliche Beobachtung läßt sich im Blick auf die Distanz zwischen dem menschlichen und dem göttlichen Subjekt machen: Obwohl diese Distanz durch die Gnadenordnung nicht erst geschaffen wird, so hat sie doch „ihr tiefstes Fundament in der innergöttlichen Distanz der Personen, die erst in der Gnade sichtbar wird und durch deren Mitteilung erst die gott-geschöpfliche Distanz für ein wirkliches Gespräch zwischen Wort und Glaube fähig und fruchtbar wird."[65] Die Partizipation des Menschen am Leben des dreieinigen Gottes ist in der konkreten Heilsordnung damit nicht nur das einzige, übernatürliche Ziel der Schöpfung, sondern darüber hinaus auch deren „Grund und Ermöglichung".[66] Dennoch ist es für Balthasar nicht zulässig, die Natur des Menschen, sei es dessen Subjekthaftigkeit oder seine ontologische Distanz zum Schöpfer, aus der übernatürlichen Gnadenordnung abzuleiten.[67]

Insofern die philosophische Seinsanalogie in der theologischen Glaubensanalogie begründet und aufgehoben ist, stellt sich für Balthasar die Frage nach dem Verhältnis der beiden Analogien. Er betont, daß die theologische Analogie die philosophische weder aufhebt noch vollendet. Vielmehr kommt sie einer Vertiefung der philosophischen Analogie gleich, insofern sie beide Pole der Seinsanalogie – Ähnlichkeit und je größere Unähnlichkeit zwischen Gott und Mensch – verschärfend betont. Die durch den Begriff des Seins konstituierte Ähnlichkeit zwischen Schöpfer und Geschöpf wird vertieft, insofern der Mensch durch die gnadenhafte participatio divinae naturae im göttlichen Sohn zur Sohnschaft berufen wird und dadurch am dreieinigen Leben Gottes teilnimmt. Die je größere Unähnlichkeit zwischen Gott und

---

[62] A.a.O., 302.

[63] Daher kann auch in deren Begrifflichkeit nicht reine Äquivozität, sondern Analogie herrschen. Vgl. a.a.O., 291.

[64] A.a.O., 302.

[65] Ebd. Vgl. TD II,1, 242.

[66] KB, 302.

[67] Vgl. zur Spannung zwischen den Einflüssen K. Barths und E. Pryzwaras auf Balthasars Denken *R. Chia*, Theological Aesthetics or Aesthetic Theology? Some Reflexions on the Theology of Hans Urs von Balthasar, in: SJTh 49 (1996): 91.

Geschöpf wiederum wird vertieft, insofern die Offenbarung Gottes in Gestalt des am Kreuz hingerichteten, gottverlassenen Sünders stattfindet und damit „in die ‚forma peccati', in das naturhaft Unähnlichste zu Gott"[68] führt. Die theologische Analogie macht im Blick auf die philosophische Analogie deutlich, „was Ähnlichkeit hier heißen kann [nämlich Teilnahme und Sohnschaft] und bis wohin Unähnlichkeit gehen kann [nämlich bis zur Gottverlassenheit Gottes selbst]."[69] Balthasar weist mit dieser Vertiefungsthese jene Vorstellung ab, welche die Unähnlichkeit im Verhältnis Gottes zum Geschöpf der natürlichen Seite, die Ähnlichkeit der übernatürlichen Seite zuschreibt und damit in die Denkschemata des Baius gerät.[70]

Diese Fundiertheit der philosophischen Seinsanalogie innerhalb der theologischen Glaubensanalogie erlaubt es Balthasar, in begrenzter Weise weltliche Begriffe auf Gott und das göttlich-menschliche Verhältnis anzuwenden, ohne deswegen dem Barthschen Verdikt zu verfallen, daß der Mensch mithilfe der Analogienlehre einen eigenmächtigen Griff nach Gott tätigt. In seiner Trilogie von theologischer Ästhetik, Theodramatik und Theologik fühlt sich Balthasar berechtigt, von weltlicher Schönheit auf die göttliche Herrlichkeit, von der weltlich-endlichen auf die göttlich-unendliche Freiheit und von der geschöpflichen auf die göttliche Wahrheit zurückzuschließen, da zwischen beiden Polen „nicht reine Diskontinuität, sondern innerer Zusammenhang" herrscht.[71] „Theologische Erkenntnisse über Gottes Herrlichkeit, Güte, Wahrheit setzen naturgemäß eine nicht nur formalistische oder gnoseologische, sondern ontologische Struktur des weltlichen Seins voraus: ohne Philosophie keine Theologie".[72] Gott findet, will er sich denn tatsächlich in seiner Menschwerdung der Welt offenbaren, weltliche Formen der Darstellung, wenngleich diese immer „prekär und zweideutig"[73] sind, also bei aller Ähnlichkeit eine immer noch größere Unähnlichkeit aufweisen und deswegen im Glauben transzendiert werden müssen. Insofern sie aber für Gott zur Ausdrucksgestalt seiner Offenbarung werden dürfen, erlauben sie dennoch Rückschlüsse auf das göttliche Sein.[74]

Balthasar spricht hier vorsichtig davon, daß es sich bei den Rückschlüssen von den weltlichen Formen der Ästhetik, Dramatik und Logik um ein „Vorverständnis, aber keinesfalls ein adäquates Begreifen"[75] handelt. Theologische Ästhetik, Theodramatik oder Theologik können daher auch nicht „von unten" entwickelt werden, als „Synthese, als ... Krönung eines von der Erde aus begonnenen und in den Himmel ragenden Turmes".[76] Vielmehr müssen

---

[68] KB, 297.

[69] Ebd.

[70] Vgl. a.a.O., 296.

[71] TD I, 19.

[72] *H. U. v. Balthasar*, Theologik, Bd. I, Wahrheit der Welt, Einsiedeln 1985, VII (bei Balthasar hervorgehoben).

[73] TD I, 103.

[74] Vgl. *H. U. v. Balthasar*, Herrlichkeit: Eine theologische Ästhetik, Bd. I, Schau der Gestalt, Einsiedeln – Trier [3]1988 ([1]1961), 26-27 u. 33.

[75] TD I, 18.

[76] TD II,1, 47.

alle drei Teildisziplinen der Theologie von der ergangenen Offenbarung Gottes in Jesus Christus ausgehen, um von dorther zu bestimmen, inwieweit Gott Gebrauch von weltlichen Ausdrucksformen macht.

Mit seinem doppelten Verständnis der gott-geschöpflichen Analogie als analogia entis und analogia fidei versucht Balthasar das ökumenische Gespräch mit der reformatorischen Theologie dort aufzunehmen, wo diese, wie Karl Barth in seiner *Kirchlichen Dogmatik*, vom strengen dialektischen Denken auf ein analogisches Denken umsteigt. Balthasar stellt zwar zwischen dem von ihm dargelegten katholischen Ansatz und dem Barthschen „keine vollständige Deckung"[77] fest, aber die Unterschiede sind für ihn nicht wesentlich und jedenfalls nicht größer als die Differenzen innerhalb des reformatorischen Lagers. Sowohl die katholische als auch die evangelische Seite müssen Balthasar zufolge anerkennen, daß die christliche Theologie innerhalb der einheitlichen, christozentrisch orientierten Heilsordnung zu denken hat.[78] Barth müsse in diesem Punkt auf ganzer Linie Recht gegeben werden.[79] Alle Theologie muß von der konkreten Menschwerdung aus denken, wenn sie allgemeine Aussagen über das Wesen Gottes, der Welt und des Menschen machen will. Balthasar betont aber umgekehrt auch, daß Barth das Wahrheitsmoment der katholischen Position eingestanden hat. Die Theologie wird demzufolge die Notwendigkeit einer positiven Schöpfungsvorstellung festhalten, die a priori zum Begriff der Sünde entwickelt werden muß. Insofern beide Seiten in Konsequenz dieser zwei Grundannahmen eine innerhalb der Glaubensanalogie geborgene Seinsanalogie kennen, ist es nach Ansicht Balthasars beiden möglich, Rückschlüsse vom weltlichen auf das göttliche Sein zu ziehen.[80]

Der Balthasar zufolge weitestgehend terminologische Streit um analogia entis oder analogia fidei, der zwischen Barth und der katholischen Theologie ausgefochten wird, erweist sich angesichts der genannten Konvergenzen als „Scheinfront": „Nicht Formeln kämpfen gegeneinander – analogia fidei gegen analogia entis –, zwei Arten, die eine Offenbarung Gottes in Christo zu verstehen, messen sich aneinander."[81] Barth denke vom christologischen Concretissimum zur Schöpfung zurück, so daß die analogia fidei die analogia entis umfaßt.[82] Die katholische Theologie beginne dagegen bei der analogia entis, um diese „ihre Konkretheit nur innerhalb der umgreifenden ‚analogia fidei' [im weitesten Sinn] gewinnen" zu lassen.[83] Beiden sei aber

---

77 KB, 389.

78 Vgl. a.a.O., 320f.

79 Vgl. a.a.O., 392: „Die Naturordnung … steht dann im letzten auf der Spitze dieses freiesten Ereignisses, der Menschwerdung, und der auf sie hin und von ihr her laufenden Geschichte Gottes mit dem Menschen. Diese Geschichte ist … immer das Concretissimum, von dem durch Abstraktion sich zu distanzieren unmöglich, ja geradezu sündhaft ist."

80 Zu Barths Verständnis von analogia entis und analogia fidei vgl. a.a.O., 175-180.

81 KB, 390.

82 Vgl. ebd.

83 Ebd. Zur evangelischen Kritik der Balthasarschen Barthinterpretation siehe die oben in der Einleitung, Anm. 51, angegebene Literatur. Kritisch der in diesen Beiträgen vertretenen Barthinterpretation gegenüber äußert sich wiederum *Jüngel*, Gott als Geheimnis der Welt, 367ff.

gemeinsam, der Glaubensanalogie die logische Priorität vor der Seinsanalogie bzw. der Erlösungsordnung in Christus die logische Priorität vor der Schöpfungsordnung zuzugestehen.

III. Gestalt

Die von Balthasar festgestellten Konvergenzen mit Teilen der reformatorischen Theologie müssen sich als tragbar erweisen, wenn wir im Folgenden die theologische Erkenntnislehre Balthasars untersuchen. Bevor wir uns jedoch nähergehend mit der ökumenischen Dimension der Balthasarschen Theologie beschäftigen, muß zuerst seine theologische Erkenntnislehre in ihrem eigenen Recht besprochen werden.

1. Die Gestaltgebundenheit menschlicher Seinserkenntnis

Balthasar betrachtet die Christusoffenbarung im Rahmen einer theologischen Ästhetik. Das heißt für ihn, neben den Aspekten ihrer Wahrheit und Gutheit auch den Aspekt ihrer Schönheit zu untersuchen. Der katholische Theologe greift zur Beschreibung eines Gegenstandes menschlicher Erkenntnis auf traditionelle Kategorien der Ästhetik in Kants Sinne einer Lehre von der Wahrnehmung der Gestalt zurück, welche er jedoch im Anschluß an die Terminologie des Thomas von Aquin formuliert.[84] Balthasar sieht einen Gegenstand der menschlichen Erkenntnis durch die beiden Aspekte Gestalt (species, forma) und Glanz (splendor, lumen) definiert.[85] Während die Gestalt die dem tätigen Verstand (intellectus agens) des Menschen zugängliche Erscheinung eines seienden Gegenstandes (eines „Seienden") meint, verweist der von der Gestalt ausgehende Glanz auf die hinter dem Seienden anwesende Seinstiefe. Eine Gestalt ist „elementar die Anzeige und Erscheinung einer Tiefe und Fülle, die an sich und abstrakt genommen unfassbar, unsichtbar bleibt."[86]

---

[84] Vgl. H I, 118. Vgl. ferner zur Abgrenzung des Balthasarschen Ästhetikverständnisses von demjenigen der Aufklärung bei I. Kant und vor allem A.G. Baumgarten *Schmid*, 25-33 und *Lochbrunner*, 161f. Lochbrunner macht ebd. zu Recht darauf aufmerksam, daß diese philosophischen Theorien des Schönen und der Künste „im Entwurf Balthasars im weiten Vorfeld liegen, das zwar zur Kenntnis genommen wird, aber kaum bis in die bestimmenden, strukturierenden Elemente seines (theologischen!) Entwurfes reicht."

[85] Zur Bedeutung der Morphologie J. W. von Goethes für den Balthasarschen Gestaltbegriff vgl. *Lochbrunner*, 166-174; *J. Disse,* Metaphysik der Singularität: Eine Hinführung am Leitfaden der Philosophie Hans Urs von Balthasars, dt. Erstausg., Wien 1996 (Philosophische Theologie; 7), 122-132; *P. Ide,* Être et mystère: La philosophie de Hans Urs von Balthasar, Préface de *J. Doré*, Bruxelles 1995 (Présences; 13), 177-180; *U. Simon,* Balthasar on Goethe, in: *J. Riches* (Hg.), The Analogy of Beauty: The Theology of Hans Urs von Balthasar, Edinburgh 1986, 60-76.

[86] H I, 111.

Die Dialektik zwischen Gestalt und Glanz ergibt sich innerhalb der thomanischen Ontologie aus der als Realdistinktion bezeichneten Unterscheidung zwischen Wesen (essentia) und (Da-)Sein (esse) einer Sache.[87] Dieser Unterscheidung zufolge existieren alle seienden Dinge durch ihre Teilnahme an der Gesamtheit des geschaffenen Seins (ens commune), ohne dieses selbst zu umfassen. Das Sein (ens commune) verleiht dem Seienden seine Existenz (esse), indem es dieses an sich partizipieren läßt. Das Sein selbst (ens commune) wiederum existiert aber nicht anders als in der unendlichen Gesamtheit aller seienden Dinge, ist also nie direkt, „an sich", außerhalb seiner Erscheinung im Seienden zugänglich.

Insofern nun jedes einzelne Seiende das Sein in seiner jeweiligen Gestalt präsent macht, verweist es mit seiner eigenen Erscheinung auf das in ihm anwesende, aber gleichwohl hinter ihm verborgen bleibende Sein.[88] Dieser Verweis auf die hinter ihm aufscheinende Seinstiefe gibt dem Seienden einen geheimnisvollen Charakter, verleiht ihm seinen Glanz oder Licht. „Wir ‚erblicken' die Gestalt, aber wenn wir sie wirklich erblicken, dann nicht nur als abgelöste Gestalt, sondern die an ihr aufscheinende Tiefe, wir sehen sie als Glanz, als Herrlichkeit des Seins. Wir werden schauend von dieser Tiefe ‚entzückt' und in sie ‚entrückt', aber … nie so, dass wir die (horizontale) Gestalt hinter uns liessen, um (vertikal) in die nackte Tiefe zu tauchen."[89] Die im Glanz des Seienden aufscheinende Tiefe ist wie das Sein (ens commune) nie an sich selbst ansichtig, sondern unablösbar an die gestalthafte Erscheinung des einzelnen Seienden gebunden. Der menschliche Verstand ist nur durch die Erfassung einzelner Gegenstände in der Lage, das Sein selbst zu erfassen.[90]

Die Wahrnehmung der Gestalt und des von ihr ausstrahlenden Lichtes bzw. der in ihr anwesenden und doch verborgen bleibenden Tiefe ist dem tätigen Verstand des Menschen gemäß der thomanischen Erkenntnistheorie nur möglich, da der Mensch als ein Seiendes selber an der allem Seienden gemeinsamen Seinstiefe teilhat. Diese Teilhabe am Sein verleiht dem Menschen ein Seins- oder Vernunftlicht, welches als Rezeptivität für das aus anderen Seienden aufscheinende Licht verstanden werden muß. Mithilfe dieser für das Seinslicht rezeptiven Kapazität ist es dem tätigen Verstand im Wechselspiel mit dem sich offenbarenden Objekt möglich, Objekte wahrzunehmen und zu erkennen. Umgekehrt bedarf es aber der Hinwendung zum einzelnen Gegenstand, der conversio ad phantasma, damit der Mensch das Sein an sich erkennen kann.

---

[87] Vgl. zur Realdistinktion bei Thomas von Aquin *Disse*, 181-191. Zur Bedeutung dieser thomanischen Lehre für Balthasar vgl. ferner a.a.O., 191-198. Einen geschichtlichen Abriß über die wichtigsten philosophischen Quellen Balthasars zur Frage (Aristoteles, Thomas, Kant, Hegel und Heidegger) bietet *Ide*, 111-136.

[88] Vgl. H I, 111: „Die Erscheinung als Offenbarung der Tiefe ist unauflösbar beides zugleich: wirkliche Anwesenheit der Tiefe, des Ganzen, und wirklicher Verweis über sich hinaus auf diese Tiefe."

[89] A.a.O., 112.

[90] Vgl. a.a.O., 138.

2. Die Gestaltgebundenheit menschlicher Gotteserkenntnis

a. Objektive Evidenz: Die Offenbarungsgestalt

Balthasar überträgt nun diese im Anschluß an Thomas von Aquin formulierte Ästhetik oder „Erblickungslehre"[91] auf die göttliche Offenbarung in und an der Welt. Diese Übertragung ist für ihn nicht nur sachdienlich, sondern von der Offenbarung her auch erforderlich, denn es gilt: „In der Tat vollendet die Menschwerdung Gottes die ganze Ontologie und Ästhetik des geschaffenen Seins, dessen sie sich in einer neuen Tiefe als einer Sprache und eines Ausdrucks für das göttliche Sein und Wesen bedient."[92] Balthasar beruft sich auf die johanneischen Schriften, vor allem den Ersten Johannesbrief, welche sich aus zwei Gründen als ästhetisch kennzeichnen ließen. Einerseits erscheine die göttliche Herrlichkeit hier „in einer einzigen, absolut privilegierten endlichen Gestalt ‚im Fleisch'"[93] und könne als solche weder überholt noch spiritualisiert werden. Andererseits sei in dieser endlichen Gestalt „das absolute Sein selber" präsent.[94] Gott offenbart sich für Balthasar der Welt in einer endlichen Gestalt, welche den unendlichen Gott in der Welt wirklich anwesen läßt und ihm doch seine Tiefendimension über diese Gestalt hinaus beläßt. Balthasar wird diese ästhetische Dialektik mit Hilfe der Trinitätslehre in theologische Terminologie übersetzen, wie wir später sehen werden.

Die Offenbarungsgestalt Gottes umfaßt für Balthasar vornehmlich die Person Jesu von Nazareth, aber ebenso den Seinszusammenhang aus alttestamentlicher Verheißung, neutestamentlicher Erfüllung und erneuter Verheißung, in den Jesus als geschichtlich existierendes Wesen eingebunden ist.[95] Zur Gestalt Christi gehört besonders die Kirche, deren Aufgabe es ist, die Verherrlichung des Vaters durch den Sohn in der Weltgeschichte zu verlängern, zu verkörpern und sichtbar werden zu lassen.[96]

Balthasar ist sich bewußt, daß eine Übertragung innerweltlicher Erkenntnisstrukturen auf die Gottes- und Offenbarungserkenntnis nicht in univoker, sondern lediglich in analoger Weise geschehen kann. Gott ist „weder ein ‚Seiendes' (unter dem Sein) noch das ‚Sein' selbst ..., wie es sich in allem Erscheinenden und Gestalthaften wesensmässig anzeigt und offenbart."[97] Der reformatorischen Theologie sei daher Recht zu geben, wo sie die Übertragung des Schemas von Seinsgrund und Seinserscheinung, wie es sich in der vorchristlichen, vor allem griechischen Philosophie findet, auf die biblische Offenbarung ablehne. Balthasar hält dennoch daran fest, daß Schöpfung, Versöhnung und Erlösung Gottes die „echte Selbstdarstellung und

---

91 A.a.O., 118.
92 A.a.O., 26.
93 A.a.O., 224.
94 A.a.O., 225. Vgl. zur Frage *Spangenberg*, 165-208.
95 Vgl. H I, 27, 30 u. 204. Vgl. dazu auch *Spangenberg*, 47-164.
96 Vgl. H I, 191.
97 A.a.O., 112.

Selbstauslegung im weltlichen Stoff von Natur, Mensch und Geschichte" bieten, daß sogar von einer „Erscheinung, Epiphanie" Gottes gesprochen werden kann.[98] Dies bedeutet für ihn, daß sich Gott in Natur, Geschichte und – insofern der Mensch das Wesen ist, in welchem die Fülle des welthaften Seins im Kosmos „zu sich selber gelangt"[99] – vor allem in der Menschwerdung *gestalthaft* offenbart.[100] Sowohl die Kunstschönheit als auch die Naturschönheit böten dann Analogien für das gestalthafte göttliche Offenbarungshandeln an, wobei die Kunst den Aspekt der göttlichen Freiheit hervorhebt, die Natur aber die Tatsache, daß das Offenbarungswerk in einem notwendigen inneren Zusammenhang mit dem offenbarenden Gott steht (der bei einem Kunstwerk so nicht gegeben ist).[101]

Wenn Balthasar von der Gestalthaftigkeit der Christusoffenbarung spricht, so wendet er sich gegen ein Offenbarungsverständnis, das sich in unterschiedlicher Weise bei Vertretern sowohl der extrinsezistischen als auch der intrinsezistischen Gnadenlehre findet. Beiden theologischen Traditionen sei ein Verständnis der Offenbarungstatsachen im Sinne bloßer Zeichen gemeinsam, die lediglich auf ein hinter ihnen liegendes Bezeichnetes, Gott, verweisen, ohne selbst im Sinne des oben erläuterten Gestaltbegriffs als wirkliche und unübergehbare Anwesenheit des Bezeichneten, Gottes, gelten zu können.

Im Extrinsezismus der Barocktheologie und Neuscholastik gelten, wie Balthasar verdeutlicht, die Offenbarungstatsachen als Erscheinungszeichen, deren Vernünftigkeit den Menschen auf rationalem Wege zum Glauben führen sollen. Damit stehen die Offenbarungstatsachen aber für Balthasar nicht selbst „im Licht des göttlichen Seins",[102] lassen also nicht selbst die Tiefe des dreieinigen Seins an sich selbst mit aufscheinen. Sie verweisen nur darauf. Von der Erfassung Jesu als Mensch kann Balthasar zufolge jedoch kaum rational auf seine Göttlichkeit geschlossen werden. Die durch den Rationalismus hervorgerufene Verdrängung des theologischen Interesses an der ästhetischen Wahrnehmung der göttlichen Offenbarungsgestalt durch die Fixierung auf die logische Frage nach der Beweisbarkeit der von dem Menschen Jesus behaupteten und durch die Vernunft nicht verifizierbaren Wahrheiten führe die menschliche Suche nach Gott lediglich in eine Sackgasse: „Wer so fragt, hat eigentlich schon verloren, er gerät in das unauflösliche Dilemma, entweder auf Grund hinreichender Vernunftgewissheit zu glauben,

---

98 Ebd. Balthasar weist aber darauf hin, daß es schon im innerweltlichen Bereich analoge Stufen der Seinserscheinung gibt, insofern sich etwa geistige Wesen anders äußern als die organisch-untergeistige Natur.

99 A.a.O., 164.

100 Vgl. a.a.O., 33: „Wie immer dieses Gestaltgesetz sich von dem innerweltlicher Schönheit abheben mag ...: wenn das Ziel der göttlichen Gestaltbewegung sich wirklich auf den Menschen richtet, so wie Gott ihn in Wahrheit gestaltet haben will, ... so scheint es unmöglich, eine Analogie zwischen dem Formungswerk Gottes und den Formkräften der zeugenden und gebärenden Natur und des Menschen zu leugnen."

101 Vgl. dazu a.a.O., 425f.

102 A.a.O., 143.

dann glaubt er aber nicht auf Grund der göttlichen Autorität, und sein Glaube ist kein christlicher Glaube, – oder, um einen solchen Glauben zu leisten, auf die Vernunftgewissheit zu verzichten und auf blosse Wahrscheinlichkeit hin zu glauben, dann ist sein Glaube nicht wirklich vernünftig."[103]

Für Balthasar kann aber auch das intrinsezistische Gnadenmodell das genannte Problem nicht lösen. Hier werde zwar anerkannt, daß die ewige Wahrheit Gottes, wie sie sich in der Offenbarung kundtut, das Formalobjekt des Glaubens sei. Der Glaube ist also nicht wie beim extrinsezistischen Modell nur ein bewußtseinstranszendenter Überbau. Eingestanden wird zudem, daß dem Menschen das Gnadenlicht und damit die Teilnahme an der dreieinigen, göttlichen Tiefe verliehen sei; die Offenbarungstatsachen würden aber lediglich so auf das Gnadenlicht „durchsichtig, dass im Zeichen nur das Bezeichnete, im Historischen nur das Ewiggültige interessiert."[104] Die Offenbarungsgestalt wird nicht noch einmal selbst auf das in ihr aufscheinende Glaubenslicht hin durchsichtig.

In beiden Offenbarungsmodellen kommt es also für Balthasar durch ein mangelhaftes Verständnis der Offenbarungstatsachen, nämlich ihrer ausschließlichen Betrachtung unter den Aspekten ihrer Wahrheit und Gutheit, zu einem „Nebeneinander von hinweisendem Zeichen und bezeichnetem innern Licht",[105] von Offenbarendem und Offenbartem. Diese Dialektik zwischen einem in sich selbst uneinsichtigen Inhalt und den für diesen Inhalt plädierenden Zeichen oder zwischen der uns aus der Geschichte entgegentretenden Gestalt und ihrer Bedeutung für den Glauben müsse jedoch überwunden werden. Dies ist Balthasar zufolge erst bei Betrachtung der ästhetischen Dimension der Offenbarungsgestalt möglich. Die Offenbarungstatsachen dürfen nicht nur als bloße Zeichen, sondern müssen unter Heranziehung der dritten Transzendentalie der Schönheit als Gestalt verstanden werden.[106] Das bedeutet aber, daß die Offenbarungstatsachen das zu ihrem Verständnis notwendige Gnaden- oder Glaubenslicht aus sich selbst ausstrahlen: „Das Schöne ist vor allem eine *Gestalt*, und das Licht fällt nicht von oben und aussen

---

103 A.a.O., 166.

104 A.a.O., 143. Von hier aus versteht sich Balthasars Kritik an Karl Rahners Theologumenon vom „anonymen Christen". Der Begriff setzt eine Trennung der Gnadengabe von der konkreten Offenbarungsgestalt Christi voraus. Vgl. dazu *K. Rahner*, Die anonymen Christen, in: *ders.*, Schriften zur Theologie, Bd. VI, Neuere Schriften, Einsiedeln – Zürich – Köln 1965, 545-554; *ders.* Anonymer und expliziter Glaube, in: *ders.*, Schriften zur Theologie, Bd. XII, Theologie aus Erfahrung des Geistes, bearb. v. K. H. Neufeld, Einsiedeln – Zürich – Köln 1975, 76-84; *ders.*, Bemerkungen zum Problem der „anonymen Christen", in: *ders.*, Schriften zur Theologie, Bd. X, Einsiedeln – Zürich – Köln 1972, 531-546; *H. U. v. Balthasar*, Cordula oder der Ernstfall, Einsiedeln – Trier ^{4}1987 (^{1}1967). Dazu *R. Williams*, Balthasar and Rahner, in: *J. Riches*, The Analogy of Beauty: The Theology of Hans Urs von Balthasar, Edinburgh 1986, 11-34.

105 H I, 144.

106 Vgl. a.a.O., 420: „Jesus der Mensch in der Sichtbarkeit ist nicht ein Zeichen, das über sich hinausweist auf einen unsichtbaren ‚Christus des Glaubens', mag diese Konzeption nun mehr platonisierend-katholisch oder kritizistisch-protestantisch abgeschattet sein." Vgl. a.a.O., 146 u. 416.

auf diese Gestalt, sondern bricht aus ihrem Innern hervor. Species und lumen sind in der Schönheit eins ..."[107]

In Analogie zur innerweltlichen Dialektik zwischen dem Seienden und der Seinstiefe nimmt das göttliche Sein in Christus Gestalt in der Welt an und ist in Christus in seiner absoluten Seinsfülle wirklich anwesend. Die Gestalt Christi verweist als Erscheinung Gottes auf die je größere Tiefe des göttlichen Seins, welche in und an ihm aufleuchtet und ihm dadurch göttlichen Glanz verleiht. Dogmatisch kommt diese Tiefendimension der Erscheinung Christi für Balthasar in der Trinitätslehre zum Ausdruck.[108] „Indem das Erscheinende sich keineswegs als ein phainomenon des einfachen Eins gibt, sondern als das Sichtbar- und Erfahrbarwerden des in sich selbst dreieinigen Gottes, ist die Offenbarungsgestalt nicht Erscheinung als Grenze ... einer unendlichen Ungestalt ..., sondern die einer unendlich bestimmten Über-Gestalt."[109] Der menschgewordene Gottessohn verweist nicht auf sich selbst als Gott, sondern er verkündet den göttlichen Vater und sendet den Heiligen Geist.[110]

Balthasar betont, daß, philosophisch gesehen, die Möglichkeit, daß Gott sich in einem privilegierten Seienden offenbart, nicht von vornherein abzuweisen ist, ohne damit „unter die Ebene der (‚natürlichen') Religion zurückzusinken oder sie schulmeisterlich, rationalistisch aufzulösen."[111] Die Zeugnisse der christlichen Offenbarung, besonders die johanneischen Schriften, gingen einen entscheidenden Schritt über die Denkmöglichkeit der philosophischen Ontologie hinaus, insofern sie ontologische und personale Kategorien miteinander verbinden. Ist die Menschwerdung des göttlichen Sohnes Ausdruck der Liebe des dreieinigen Gottes, dann ist die Gestalt Christi mit dem Licht der göttlichen Liebe identisch. Dies zeigt sich besonders deutlich bei Johannes: „diese sich verströmende Liebe ist *das* Licht, *die* Wahrheit, was beides dasselbe sagt: die sich selber und allen, die ihrer ansichtig werden, bis zum Grund durchsichtige Wirklichkeit."[112] Wird die Seinsoffenbarung aber personal verstanden, sei es nur konsequent, wenn sich die neutestamentlichen Autoren, insbesondere Johannes, weigerten, den Schritt über die Gestalt hinaus zu einem absoluten Wissen zu vollziehen. Hier tut sich der ganze Gegensatz zwischen dem biblischen Denken auf der einen Seite und dem idealistischen Denken Hegels auf der anderen Seite auf. Hegel erkennt zwar, wie Balthasar meint, die Bedeutung der johanneischen Theologie, aber läßt in seiner Philosophie das Endliche doch zugunsten des Absoluten hinter sich.[113]

---

107 A.a.O., 144.

108 Vgl. a.a.O., 415f.

109 A.a.O., 416. Vgl. a.a.O., 314.

110 Vgl. a.a.O., 27: „Er ist, was er ausdrückt, nämlich Gott, aber er ist nicht der, den er ausdrückt, nämlich der Vater. Unvergleichliche Paradoxie als Quellpunkt der christlichen und mithin aller Ästhetik!" Vgl. a.a.O., 164, 167 u. 420.

111 A.a.O., 178.

112 A.a.O., 226. Der Erste Johannesbrief findet Balthasar zufolge seine Bestätigung im Wort der Johannesapokalypse, welche von der Herrlichkeit Gottes nur im Zusammenhang des Lammes spricht. Vgl. a.a.O., 421f.

113 Vgl. a.a.O., 227: „Die glaubende Liebe selbst ist ihm die unüberbietbare Gnosis. Die auf der Ebene des Seinsdenkens gesetzte Immanenz des Seins in allem Seienden (bei bleibender

Die gläubige Wahrnehmung Gottes durch den Menschen muß für Balthasar im Anschluß an die neutestamentlichen Schriften sowohl mit personalen als auch mit ontologischen Kategorien beschrieben werden. Der Glaube kann dann personal als Akt der Liebe von Person zu Person und transpersonal als Seinsliebe verstanden werden. Die Liebe des Glaubenden zu Gott ist der Liebe zwischen zwei Menschen bei aller Ähnlichkeit doch auch immer noch unähnlicher. In der Betrachtung Christi unter dem Aspekt der Gestalt wird für Balthasar deutlich, daß „der im Sohn sich offenbarende trinitarische Gott nicht ein ‚Seiender' ist, der univok mit den Geschöpfen zusammen unter die Kategorie der Personalität fällt, sondern dass die je grössere Unähnlichkeit der Analogie auch durch den Personbegriff hindurchschneidet."[114] Der christliche Glaube überbietet in seinem Gottesverständnis aber auch den Pantheismus, indem er „das menschlich ewig Unvereinbare zusammenknüpft: die Liebe zu einem Seienden mit der Liebe zum Sein."[115] In der Anschauung der Offenbarungsgestalt wird die trinitarische Tiefe der Gottheit miterkannt, die über die einfache Personalität Christi hinausreicht. Die in Christus aufleuchtende trinitarische Tiefe der Gottheit überbietet die Weise, in der das Sein (ens commune) im einzelnen Seienden aufscheint. Der menschgewordene Sohn kann nicht isoliert von Vater und Heiligem Geist betrachtet werden.[116]

Kann die göttliche Seinstiefe in der Welt nicht anders als in Gottes Offenbarungserscheinung wahrgenommen werden, dann ist die menschliche Gotteserkenntnis unauflöslich an die Gestalt Christi gebunden. Mit der leiblichen Auferstehung Jesu von den Toten kann dieser ästhetische Offenbarungsweg auch nicht mehr in eine höhere Form der Philosophie oder Gnosis transzendiert werden. „Der ‚gestaltlose' Vater ist nicht so das Ende aller Weltwege, dass dabei der gestaltete Sohn überholt würde."[117] Der Mensch kann „den le-

ontologischer Differenz) bleibt ihm freie, gnadenhafte, liebende Einwohnung Gottes im Menschen und darauf gründend des Menschen in Gott."

114 A.a.O., 187f.

115 A.a.O., 186. Vgl. a.a.O., 186f: „Philosophisch kann der Akt, in dem die endliche Person sich dem unendlichen Licht des Seins überantwortet, zwar den Charakter eines unendlichen Anerkennens und Vertrauens zur bergenden Schossgewalt … sein; … ein Akt personaler Liebe kann er doch nicht werden. Zwischen der Personliebe unter endlichen Wesen und der Seinsliebe zu dem alle Wesen begründenden, ihnen aber auch unbegreiflich überlegenen Grund kann bestenfalls eine Art monistisch-pantheistisches Band geschlungen werden, das dann als der positivste erreichbare Entwurf natürlicher philosophischer Religion und Mystik angesehen werden muss. Es ist zu billig, als Christ zu sagen, der Pantheismus sei falsch, denn man übersieht dabei, dass die christliche Auskunft nicht *unter* den Pantheismus als Systementwurf zurückgeht, sondern jenen Schritt über ihn hinaus tun muss, der nur aus der freien Offenbarung Gottes erwirkt werden kann, und den pantheistischen Entwurf aus seinem inneren Widerspruch erlöst."

116 Der trinitarische Zusammenhang der Gestalt Christi wurde in der Theologiegeschichte von Origenes über Scotus Eriugena, Eckhart, Nikolaus Cusanus bis zu Jakob Böhme und Hegel nicht zufällig immer wieder unter Verwendung neuplatonischer Begrifflichkeit erläutert. Balthasar will diesen Schritt nicht nachgehen, hält aber dennoch daran fest, daß die Liebe des Geschöpfs zu Gott nicht nur eine personale, sondern eben auch eine transpersonale Wirklichkeit beschreibt. Vgl. a.a.O., 188.

117 A.a.O., 242. Vgl. a.a.O., 148: „Wäre die Auferstehung des Fleisches nicht, so hätte die Gnosis recht und jeder Idealismus bis zu Schopenhauer und Hegel, für den das Endliche wirklich

bendigen Gott nie anders als durch seinen menschgewordenen Sohn, aber durch ihn wirklich in sich erreichen", weswegen gilt, daß „von der Schönheit Gottes auch nie in Abstraktion von seiner heilsgeschichtlichen Gestalt und Erscheinung geredet werden darf."[118] Die menschliche Gotteserkenntnis ist damit bleibend auf die Christusoffenbarung verwiesen. Sie kann sich nicht über die Gestalt Christi hinausgehend zum unsichtbaren oder verborgenen Gott erheben.

b. Subjektive Evidenz: Das Glaubenslicht

Die Wahrnehmung der Offenbarungsgestalt und der in und hinter ihr aufscheinenden göttlichen Tiefe ist dem Menschen allerdings nicht von Natur aus möglich. Schon im innerweltlichen Bereich ermöglicht ja erst die dem erkennenden Subjekt und dem zu erkennenden Objekt gemeinsame Teilnahme am Sein den Erkenntnisakt. Erst aufgrund dieser Teilnahme am Sein ist dem tätigen Verstand des Menschen das Seins- oder Vernunftlicht gegeben. In analoger Weise ist für Balthasar den Menschen die Teilhabe an der göttlichen Tiefe, wie sie in der göttlichen Offenbarungsgestalt aufscheint, oder anders die Teilnahme am dreieinigen göttlichen Leben notwendig, damit sie die Offenbarungsgestalt als Offenbarung Gottes zu erkennen vermögen.[119] Diese Teilhabe an der göttlichen Tiefe ist den Menschen durch das ihnen verliehene Glaubens- oder Gnadenlicht gegeben.

Balthasar verweist in diesem Zusammenhang auf die Präfation zum Weihnachtsfest aus der Liturgie: „Quia per incarnati Verbi mysterium nova mentis nostrae oculis lux tuae claritatis infulsit: ut dum visibiliter Deum cognoscimus, per hunc in invisibilium amorem rapiamur".[120] Durch die Menschwerdung des göttlichen Sohnes wird den Menschen ein „neues Licht" verliehen, welches ihnen ermöglicht, den offenbaren Gott zu erkennen, auf daß sie durch diese Erkenntnis zur erotisch-ekstatischen Liebe zum unsichtbaren Gott geführt werden. Hier ist für Balthasar von einem wirklichen *Schauen* die Rede, wenn auch einem Schauen, das eines besonderen Gnadenlichtes bedarf, das „zugleich Ermöglichung der Schau wie selbst Mit-Gegenstand der Schau ist."[121] Gegen Luther betont Balthasar, daß der Mensch durch die Offenbarung nicht zu ei-

zu-Grunde gehen muss, um geistig-unendlich zu werden." Ferner a.a.O., 208: „Das ganze Geheimnis des Christentums, worin es sich radikal von jedem andern Religionsentwurf unterscheidet, ist, dass die Gestalt, weil sie von Gott her gesetzt und bejaht wird, nicht im Gegensatz steht zum unendlichen Licht, und, obwohl sie als endliche und weltliche Gestalt sterben muss, wie alles Schöne sterben muss auf Erden, dennoch nicht ins Gestaltlose untergeht, ... sondern zu Gott hin *als Gestalt* aufersteht, als die Gestalt, die nun endgültig in Gott selber eins geworden ist mit dem göttlichen Wort und Licht, das Gott der Welt zugedacht und geschenkt hat. Die Gestalt selbst macht den Prozess von Tod und Auferstehung mit, und wird so koextensiv dem Licht-Wort-Gottes."

118 A.a.O., 117. Vgl. a.a.O., 302.

119 Vgl. a.a.O., 146.

120 Praef. de Nat., zit. n. H I, 112.

121 H I, 113.

nem Glauben ohne Verstehen aufgefordert wird. Die Offenbarung sei keinesfalls nur eine unbegreifliche Verhüllung sub contraria specie. Sie ist vielmehr lesbar und verstehbar und dadurch auf das in ihr anwesende göttliche Geheimnis durchsichtig. Glaube darf daher für Balthasar keinesfalls als reine Widerspruchsdialektik verstanden werden, wenngleich eine Dialektik zwischen der Gestalt und der in ihr aufscheinenden Tiefe durchaus besteht.

Der menschliche Geist bedarf, so sagten wir, zur Deutung der übernatürlichen Offenbarung Gottes des Lichtes der Gnade, welches dem Menschen die Sicht schenkt und das Auge des Glaubens dem Glaubensgegenstand „proportioniert".[122] Nur das innere Glaubenslicht vermittelt dem Menschen eine ausreichende Glaubensgewißheit. Alle äußeren Glaubensgründe bleiben demgegenüber unzureichend. „Wir könnten und dürften niemals ein historisch Seiendes auf Grund göttlicher Bezeugung glauben, wenn wir es nicht kraft des sich selber bezeugenden Seins Gottes, das uns im inneren Gnadenlicht aufleuchtet, glaubten."[123] Jesu Gottessohnschaft kann nicht rational aus beobachteten „Anzeichen" erschlossen werden, sondern muß dem innerlichen Zeugnis Gottes für den Sohn selbst entspringen, das mit dem Glauben identisch ist: „Der Gottessohn ... überzeugt uns nur, weil wir Gottes Zeugnis in uns selber haben".[124] Es gilt die aristotelische Regel, derzufolge Gleiches nur von Gleichem, Gott also nur von Gott erkannt wird.[125] Diese erkenntnistheoretische Maxime des Aristoteles liegt für Balthasar ganz auf der Linie des Neuen Testaments, demzufolge Jesus nur von denen erkannt werde, die glauben und ihn als den Sohn Gottes bekennen.[126]

Nun sind Balthasar zufolge alle Menschen von vornherein in die Lage versetzt, das zur Erkenntnis der Offenbarung in Jesus Christus nötige Gnaden- oder Glaubenslicht wahrzunehmen. Durch die Erhebung der Schöpfungs- in die Erlösungsordnung ist nämlich der Heilige Geist, der für die Erkenntnis der Offenbarungsgestalt notwendig ist, allen Menschen gegeben. Das Glaubenslicht ist allerdings an die ihm zugeordnete Erscheinung Gottes gebunden; es kann daher auch nur dann wirksam werden, wenn sich die Menschen bemühen, die rechte Offenbarungsgestalt zu finden.[127] Das innere Glaubenslicht muß auf die äußere Offenbarungsgestalt fallen, damit Glauben entstehen kann. Ohne die innere Gabe des Heiligen Geistes gibt es ebenso wenig Glauben wie ohne die äußere Gestalt Jesu Christi. Inneres und äußeres Glaubenslicht, die Gabe des Heiligen Geistes und die Gestalt Jesu Christi, müssen aufeinandertreffen, um zum Glauben zu führen.[128]

---

[122] A.a.O., 169. Vgl. a.a.O., 168.

[123] A.a.O., 155.

[124] Ebd.

[125] Vgl. a.a.O., 149.

[126] Vgl. a.a.O., 146.

[127] Vgl. a.a.O., 172.

[128] Siehe zur Abgrenzung der Balthasarschen Lehre vom allen Menschen verliehenen Glaubenslicht von Karl Rahners Lehre vom „übernatürlichen Existential" und den „anonymen Christen" *L. Lamadrid*, Anonymous or Analogous Christians? Rahner and von Balthasar on Na-

Hier ist für Balthasar das Gnadenlicht wiederum analog zum Seins- oder Vernunftlicht zu verstehen, insofern auch dieses letztlich nicht das eigene Licht der Vernunftnatur des Menschen ist, sondern „sein Offensein für das ihm einleuchtende Licht des Seins selbst."[129] Der tätige Verstand nimmt das aus dem Objekt aufstrahlende Seinslicht auf und vermag so dessen Gestalt zu erkennen. Analog muß der Mensch das aus der Offenbarungsgestalt aufleuchtende Licht wahrnehmen, um die Offenbarungsgestalt zu erkennen.[130] Allerdings darf hier nicht die bei aller Ähnlichkeit immer noch größere Unähnlichkeit der theologischen Erkenntnis Gottes zur Analogie des natürlichen Seinslichts vergessen werden. Während nämlich der Mensch weltliche Gegenstände durch das ihm eigene, ihm aber nur in der Hinwendung zum Objekt aufleuchtende Seinslicht erkennt, „leuchtet in der Hinwendung des Menschen zu Christus nicht sein eigenes Glaubensvermögen auf, sondern das Vermögen Christi, dem Unvermögenden an seinem Licht und seiner Kraft teilzugeben. Das Licht des Seins hüllt Subjekt und Objekt ein und ist im Akt ihre übergreifende Identität. Das Licht des Glaubens stammt aus dem Objekt, das sich dem Subjekt offenbart und es über sich hinaus (sonst wäre es ja nicht Glaube) in die Sphäre des Objekts hineinzieht."[131] Der Glaube ist und bleibt also immer göttliches Geschenk, er kann nie zur eigenen Möglichkeit oder gar zu einem Besitzstand des Menschen werden. Die fides qua creditur ist m.a.W. ganz und gar an die fides quae creditur gebunden. Der Glaube wird nie an sich selbst gegenständlich, sondern nur im Vollzug.[132] In Jesus Christus als der dem Glaubenslicht zugemessenen Offenbarungsgestalt liegt für Balthasar daher eine Kraft, welche den Glaubensakt überhaupt erst ermöglicht.

Bis hierher könnte man Balthasars Glaubensverständnis als gut reformatorisch bezeichnen. Das gilt auch dort noch, wo das Verstehen der Offenbarungsgestalt für Balthasar durchaus schon in der natürlichen Vernunft des Menschen beginnt. Die Vernunft, so der katholische Theologe, kann in der Offenbarungsgestalt eine ganze Reihe von inneren Proportionen und Harmonien feststellen, welche sie mit Notwendigkeit zur Frage nach Gott führen. Der Glaubensakt baut also auf der Vernunfterkenntnis auf und setzt diese voraus, ohne jedoch auf sie reduziert werden zu können. Es gilt das scholastische Wort: Gratia non destruit, sed supponit et perficit naturam.[133] Die Er-

---

ming the Non-Christian, in: MoTh 11 (1995): 363-384. Siehe zu Balthasars Kritik an Rahners Theologumenon vom „anonymen Christen" *E. Conway*, The anonymous Christian (a relativised Christianity? An Evaluation of Hans Urs von Balthasar's criticisms of Karl Rahner's theory of the anonymous Christian, Frankfurt u.a. 1993 (European University Studies, Reihe XXIII, Theologie; 485).

129 H I, 158.

130 Vgl. a.a.O., 163: „Wenn das Seinslicht des tätigen Verstandes nur in der Hinwendung zum Phantasma zur Gegebenheit kommen kann, dann gelangt das höchste Licht Gottes nur dann zur Gegebenheit, wenn es nicht auf eine beliebige weltliche Erscheinung fällt ..., sondern auf die Erscheinung, die es sich selber zugestaltet hat, um daran wahrhaft aufzuscheinen."

131 A.a.O., 174.

132 Vgl. ebd.

133 Siehe dazu *E. Przywara*, Der Grundsatz „Gratia non destruit, sed supponit et perficit naturam". Eine ideengeschichtliche Interpretation, in: Scholastik 17 (1942): 178-186.

kenntnis der Offenbarungsgestalt durch die Vernunft ist aber eine nur inchoative, der mehr Fragen offen bleiben als beantwortet werden. Der menschliche Verstand muß daher geradezu nach dem Glauben fragen und kann diese Frage, hat er erst einmal die Offenbarungsgestalt wahrgenommen, nur schuldhaft unterlassen.[134]

Nun räumt Balthasar allerdings ein, daß das Gnadenlicht bei der menschlichen Suche nach der Offenbarungsgestalt auf „Gebilde menschlicher Einbildungskraft (Mythen) und Spekulation (Philosophien)“[135] fallen und den Sohn Gottes damit verfehlen kann, ohne deswegen zu erlöschen. Diese Behauptung überrascht angesichts Balthasars Versicherung, daß das Glaubenslicht dem Menschen selbst nicht zu Eigen ist, sondern nur aus der einzig ihm zugeordneten Glaubensgestalt aufleuchtet. Die scheinbar unauflösliche Verbindung von innerem und äußerem Glaubenslicht, von der Gabe des Heiligen Geistes und der Offenbarungsgestalt Christi, wird hier also gelockert.

Balthasar erklärt die bleibende Anwesenheit des Glaubenslichtes auch bei Abwesenheit der ihm zugeordneten Offenbarungsgestalt mit der doppelten Lehre des natürlichen religiösen und des übernatürlichen theologischen Aprioris. Alle Menschen besitzen schon im Rahmen der Natur- oder Schöpfungsordnung ein religiöses Apriori, mit dessen Hilfe sie in die Lage versetzt sind, „alles Seiende im Licht des (analogen, auf Gott verweisenden) Seins zu verstehen.“[136] Das religiöse Apriori bezeichnet m.a.W. die natürliche Fähigkeit des Menschen, vom Sein der Schöpfung auf die Existenz eines göttlichen Seins zu schließen, wenngleich dieses der Vernunft in sich selbst unzugänglich bleibt. Dieses religiöse Apriori wird nun nach Balthasar durch die Überhöhung der Natur- in die Gnadenordnung selbst übernatürlich überhöht, nämlich durch eine „seins- wie erkenntnishafte Erhebung und Durchstrahlung dieses Apriori durch das Licht der sich offenbarenden innern Lebensfülle Gottes.“[137] Gott verleiht allen Menschen das Gnadenlicht, so daß sie Gott im Sein der Welt nicht nur als deren principium et finis, sondern unter bestimmten Bedingungen zumindest bruchstückhaft in seinem göttlichen Sein selbst erkennen können. Die verschiedenartigen Produkte der religiösen Erfahrung des Menschen, ob in außerchristlichen Religionen, Philosophien oder der Kunst, kommen daher für Balthasar nicht ohne ein Wirken der göttlichen Gnade zustande. Sie verweisen „mehr oder weniger eindeutig auf einen Gehorsam gegenüber dem Licht des sich offenbarenden Gottes“.[138] Das innere Licht der nichtchristlichen Religionen kann für Balthasar zumindest ansatzweise als dasselbe angesprochen werden wie das innere Glaubenslicht

---

134 Vgl. H I, 183: „Und so muss der Geist hypothetisch fragend … die Glaubenslösung vorstrecken: wie sähe die Figur aus, wenn man in christlicher Weise sie glaubend bejahen würde? … Einsetzen kann die Vernunft den Schlusstein nicht, ausser indem sie ihn selber, durch den Glaubensakt, liefert.“

135 A.a.O., 149.

136 A.a.O., 160.

137 Ebd.

138 A.a.O., 161. Balthasars theologisches Apriori übt in diesem Punkte die gleiche Funktion aus wie K. Rahners „übernatürliches Existential“. Vgl. dazu *Rahner*, Schriften, Bd. I, 323-345.

der Christen. Die menschlichen Mythen, Philosophien und Künste der Menschen besitzen deswegen eine „partielle Wahrheit“,[139] die zum Gott der Offenbarung führen kann.

Dennoch kann das innere Gnadenlicht nur dort den Menschen in seiner ganzen Fülle aufleuchten, wo es auf dem ihm ganz und gar entsprechenden Gegenstand fällt. Nur hier wird es mit dem äußeren, aus der Offenbarungsgestalt aufglänzenden Licht identisch. Der Mensch bleibt deswegen Balthasar zufolge aufgefordert, nach dieser einzigen Gestalt zu suchen, die dem Glaubenslicht zugeordnet ist.[140] Die außerchristlichen Religionen, die Philosophie oder die Kunst sind zwar Produkte solchen genuin menschlichen Suchens nach Gott, welches selbst nicht ohne die Gnade zustande kommt, aber im Gegensatz zur christlichen Offenbarung sind sie für Balthasar eben keine „unmittelbare Selbstbezeugung Gottes in geschichtlicher Gestalt“.[141] In ihnen kommt es immer wieder zu „Verunklärungen“ des göttlichen Glaubenslichts, welche nur dort ausgeschlossen sind, wo Glaubenslicht und Glaubensgestalt eine Einheit bilden.[142] Dies aber ist nur in der göttlichen Selbstoffenbarung in Christus der Fall. Nur in Christus sind menschliche Übermalungen der göttlichen Offenbarungsgestalt ausgeschlossen, nur in Christus „begegnet das innere Gnaden- und Glaubenslicht seiner einzig gültigen Verifikation“.[143] Die göttliche Offenbarungsgestalt hebt sich von Produkten menschlicher Religiösität dadurch ab, daß nur sie in sich völlig stimmig und unverwechselbar in den Gesamtzusammenhang der Geschichte eingeordnet ist. Ihr eignet also eine objektive, weil ästhetische Evidenz. Nur von Christus kann deswegen gesagt werden, daß er „*als* geschichtliche Gestalt Glaube für sich einfordert“.[144] Diese ästhetische Evidenz der Offenba-

---

139 H I, 149.

140 Vgl. a.a.O., 183. Balthasar verweist in diesem Zusammenhang auf Joh 1,45; 6,68f und 14,8. Gegen Rahners Transzendentalismus vom anonymen Christen betont er: „Weil das Glaubenslicht als Vermögen, dem Göttlichen Gottes zu begegnen einerseits als Gnade geschenkt und eingegossen, anderseits aber doch dem Geist in sein zentrales Apriori eingesenkt wird, und deshalb grundsätzlich menschenförmig, im Erblicken der Wirklichkeit im Rahmen des Sinnlichen sich betätigt, ist dem Glaubenden zwar die grundlegende Glaubensmöglichkeit vorgegeben und in ihm bereitgelegt, aber sie enthebt ihn nicht der menschlichen Anstrengung, nach der rechten Gestalt des zu Glaubenden prüfend Ausschau zu halten und sich die einmal gefundene existentiell einzubilden“ (a.a.O., 172).

141 A.a.O., 161.

142 Vgl. a.a.O., 163.

143 A.a.O., 164. Vgl. a.a.O., 165: „In diesem Licht kann bewiesen werden, dass es sich hier um keine Projektion der mythenbildenden religiösen Einbildungskraft handelt, sondern um das alle menschliche Phantasie zuschanden machende Meisterstück göttlicher Phantasie.“ Diese Gestalt gibt sich selbst als Offenbarung der inneren Tiefe Gottes aus, und zwar wesentlich „durch die Figur ihrer Existenz selbst, durch die lückenlose gegenseitige Reflektierung zwischen Wort und Existenz und darin, tiefer, durch die unabweisbare und doch unauflösbare Einheit des aktiv-passiven Zeugnisses: Zeugnis des Sohnes für den Vater, und *darin* des Vaters für den Sohn. Indem Christus diese Figur vor die Menschen hinstellt, wagt er, völlig bewusst, das Seiende, das er ist, als den gültigen Ausdruck und das Wort des Seins Gottes selber zu proklamieren“ (ebd.).

144 A.a.O., 161f.

rungsgestalt wird aber wiederum nur durch das Glaubenslicht einsichtig. Nur wer Augen hat zu sehen, wird von der objektiven Schönheit der Offenbarungsgestalt überwältigt werden können.

3. Die Freiheit menschlicher Gotteserkenntnis

Mit dieser letzten Einsicht in das Zusammenspiel von objektiver und subjektiver Evidenz der Offenbarungsgestalt stellt sich für uns die Frage nach der menschlichen Freiheit im Akt des Glaubens. Eignet der Offenbarungsgestalt eine objektive, weil ästhetische Evidenz, so scheint sich daraus nämlich für Balthasars Theologie mit Notwendigkeit die reformatorische Einsicht zu ergeben, daß der menschliche Glaube nicht der eigenen Glaubenskraft, sondern dem Wirken Gottes im Menschen entspringt. Handelt es sich beim Glauben also um einen freien Akt des Menschen oder vielmehr um die Wirkung des Heiligen Geistes in ihm?

Nun ist Balthasar offensichtlich immer wieder bemüht, die Freiheit des Menschen in seiner Beziehung zu Gott herauszustellen. Die Zusammenordnung von menschlicher und göttlicher Freiheit kann geradezu als Thema der Balthasarschen Theologie bezeichnet werden. Balthasar betont diese Freiheit ausdrücklich auch gegenüber der reformatorischen Theologie. Der Glaube ist ihm die freie Antwort des Menschen auf Gott.[145] Wenn dem Menschen das göttliche Gnadenlicht aufgeht, so wird ihm zugleich die Freiheit der Antwort oder aber Ablehnung gegeben. Es ist geradezu ein „Echtheitskriterium"[146] der frei sich offenbarenden Gestalt, daß sie eine freie Antwort hervorzurufen sucht. Diese Freiheit der Antwort zeigt sich für Balthasar nicht zuletzt in der Zuordnung der Freiheit zum Heiligen Geist, der die geschöpfliche Freiheit in eine Freiheit zur Teilnahme am trinitarischen Leben Gottes verwandelt.[147]

Diese vehemente und bewußt antireformatorische Betonung des liberum arbitrium durch Balthasar kann für evangelische Ohren schnell einen semipelagianischen Beiklang gewinnen. Wie aber versteht Balthasar die menschliche Freiheit? Bei näherem Hinsehen wird deutlich, daß es sich bei ihr nicht um eine freie Wahlmöglichkeit zwischen der Zustimmung zur göttlichen Of-

---

145 Vgl. a.a.O., 134 u. 150.

146 A.a.O., 464.

147 Vgl. a.a.O., 189: „Wiesehr dieses transpersonal-trinitarische Offenbarungswerk Gottes die Personalität des Geschöpfes achtet und vollendet, beweist die Zuordnung der Freiheit dem Heiligen Geist, der gerade dort, wo er den Menschen mit Christus eint, ihm die Freiheit schenkt, seine gebundene geschöpfliche Freiheit in die befreite, mächtige göttliche Freiheit erhöht, um ihm diese geschenkte Gnadenfreiheit dann auch wirklich als dem Glaubenden zu Eigen gehörende, von ihm selber zu betätigende Freiheit zu übergeben. Deshalb gibt es in solcher Übereignung den Augenblick, da die menschliche Zustimmung erwartet wird, den Augenblick, da sie vom Einzelnen auch verweigert und der Unglaube von ihm gewählt werden kann. Das Sehen der Offenbarung erfolgt von keiner Seite zwangsläufig: wie sich Jesus als Gott frei zu sehen gibt, wem er will … so gibt er dem vor ihm stehenden Menschen die Freiheit des ihn-Sehens."

fenbarung, die eigener Glaubensstärke erwächst, oder aber ihrer Ablehnung handelt, sondern vielmehr um die Wahl, entweder passiv das Wirken des Heiligen Geistes in sich zuzulassen oder aber schuldhaft im Unglauben zu verharren.[148] Die menschliche Freiheit ist für Balthasar also primär eine Freiheit zum Unglauben und damit zur Sünde. Der Glaube wird im Menschen durch Gott allein gewirkt, nämlich durch die überführende Schönheit der äußeren Offenbarungsgestalt und das innere Wirken des Heiligen Geistes, der dem Menschen die Augen für diese Schönheit öffnet. Dem Menschen bleibt nur die Freiheit, sich der ästhetischen Evidenz der Offenbarung, die eine zugleich objektive und subjektive Evidenz ist, im Unglauben zu verschließen.

Balthasar interpretiert die menschliche Freiheit also gut augustinisch und reformatorisch als Freiheit zur Sünde. Er sieht den Glauben nicht als eigenes Werk, sondern vielmehr als das Werk Gottes im Menschen.[149] Gut lutherisch kann er sagen: „die Kraft, die dem Christen seinen synthetisierenden Akt überhaupt ermöglicht, liegt für ihn in Jesus Christus (‚es ging eine Kraft von ihm aus'), an den er nur so glauben kann, dass Jesus Christus seinem Unglauben hilft, und nicht einmal auslösend ihm zum initium fidei verhilft, sondern ihm den Glauben so schenkt, dass das Zentrum in Christus bleibt."[150] Der Glaube ist also ganz und gar Gabe oder Geschenk Gottes.[151]

Balthasar betont im Einklang mit dem reformatorischen Glaubensverständnis, daß dieses Geschenk nicht als einmalige Gabe mißverstanden werden darf, die sodann in den Besitz des Gläubigen überginge, sondern vielmehr als bleibende, an den Geist gebundene Wirkung des Heiligen Geistes im Menschen begriffen werden muß. Der Glaube ist ein andauernd vom Glaubensgegenstand ausstrahlendes und von ihm her gnadenhaft verliehenes Licht. Der Christ bedarf nicht nur der grundsätzlichen Fähigkeit zur Wahrnehmung des Offenbarungslichtes (scholastisch gesprochen der gratia habitualis), eine Fähigkeit, die dem Menschen durch die Überhöhung der Natur in die Gnadenordnung gegeben ist, sondern ebenso der immerwährenden Einwirkung des von der Offenbarungsgestalt aufscheinenden Gnadenlichtes

---

148 Vgl. a.a.O., 151: „Indem diese tiefste Tiefe sich überhaupt erschliesst, erweist sich ihre Freiheit …, indem ihr freies Licht sich offenbart, ist im gleichen Zug gesagt, dass es den, in welchem es aufglänzt, zur göttlichen Freiheit hin befreien muss: es schenkt ihm die Freiheit der Antwort und damit auch die Möglichkeit der Ablehnung: es erwirkt im Glaubenden das Glauben und lässt ihm die Freiheit des Nichtglaubens."

149 Vgl. a.a.O., 183: „Dieser Glaube kann dem … Geist, oberflächlich betrachtet, als seine Leistung vorkommen; vollzieht er den Akt aber ernsthaft, dann versteht er sogleich auch, dass er Gnade ist, Gezogenwerden durch Gott, Überwältigung eigener Ohnmacht durch die Macht Christi, Überwältigung aber auch aller subjektiv-projizierenden Vorgriffe des Denkens und der Einbildungskraft durch die ganz andere Evidenz, die aus der Sache selbst stammt."

150 A.a.O., 173.

151 Vgl. ebd.: „Solange er ‚seinen' Glauben noch als seine eigene Möglichkeit behandelt, glaubt er noch gar nicht, sondern überlegt sich vielleicht, ob er den Sprung des Glaubens wagen soll; er wagt ihn erst, wenn die Evidenz der Glaubwürdigkeit Jesu als Erscheinung Gottes so über seine ‚Möglichkeit' überhandnimmt, dass das in ihm nicht zum Vollzug Gelangende durch die Übergabe an Jesus Christus, der allein dem Unglauben helfen kann, zum Ereignis wird."

(scholastisch gesprochen der gratia actualis). Dieser Objektivismus des von außen dem Menschen geschenkten Glaubens wird für Balthasar durch die Tatsache bezeugt, daß Gott dem Menschen äußerlich in der Geschichte erscheint. Der Mensch „muss … sich durch die Extraversion zur geschichtlichen Gestalt Gottes in die grundlegende Extraversion der Glaubenshaltung zu Gott einüben lassen.“[152] Der Mensch kann sich deswegen seines eigenen Glaubens nie als eines Besitzstandes rühmen: „selbst wenn ich wüsste, dass *Gott* mir den Glauben als eingegossenes Geschenk verliehen hat, ich könnte mich nicht versichern, dass *ich* ihn, so wie Gott ihn von mir fordert, angenommen habe.“[153]

Die weitgehende Konvergenz seines eigenen Glaubensbegriffs mit dem der Reformation entgeht Balthasar nicht, und doch – oder gerade deswegen – fühlt er sich genötigt, sich von der Auffassung der Reformatoren abzugrenzen. Er warnt eindringlich vor einer falschen Auslegung seines Glaubensbegriffs „in einem extrem protestantischen, extrinsezistischen Sinn …, als ob der Glaube und die ihm zugehörige Rechtfertigung dem Menschen deshalb ‚äusserlich‘ bliebe und nur juridisch ‚angerechnet‘ würde; die Teilgabe, die von Gott ausgeht, ist vielmehr ein höchst wirksame“.[154] Obgleich der Glaube dem Menschen immer wieder neu von außen her zukommt, handelt es sich dabei doch um eine effektive, nicht nur forensische Gabe. Der Mensch wird durch den Glauben tatsächlich von innen heraus erneuert.[155]

Diese Effektivität der Gnade drückt sich inhaltlich durch die trinitarische Bestimmung des Glaubensbegriffs als Teilnahme des Menschen an der dreieinigen göttlichen Natur und insbesondere an der antwortenden Freiheit des göttlichen Sohnes aus. Mit Thomas von Aquin begreift Balthasar den Glauben als „die Bewusstseinsseite der Gnade“, als „seinshafte Angleichung an das Wesen Gottes“, „connaturalitas“ oder „Wesensverwandtschaft“ mit Gott.[156] Er spricht davon, daß der Glaube „die Teilnahme an der freien Selbsterschliessung des innergöttlichen Lebens und Lichtes“[157] ist, oder interpretiert ihn mit Thomas und Meister Eckhart als eine „gnadenhafte Einsenkung der Kreatur in den trinitarischen Zeugungs- und Geburtsakt … (‚conaissance‘ mit dem Sohn aus dem Vater).“[158] Die Antwort des Glaubens an

---

152 A.a.O., 175.

153 A.a.O., 216. Vgl. ebd.: „Wenn der Glaube die geschenkte Teilnahme an der vollkommenen Bundestreue Jesu Christi ist, dann gehört dieser Glaube in seinem Ursprung und Zentrum nicht eigentlich mir, sondern Gott in Christo“. Deswegen gilt, daß christliche Erfahrung das Hineinwachsen der eigenen Existenz in die Existenz Christi auf der Grundlage des wachsenden Sicheingestaltens Christi in den Glaubenden ist.

154 A.a.O., 174.

155 Vgl. ebd.: „Gott erreicht, was er will, so wie er es in den Wundern des Evangeliums erreicht: die Blinden sehen wirklich, die Tauben hören wirklich, die Toten stehen wirklich auf und leben. Aber der geistig Tote steht auf zum Leben Gottes in ihm. ‚In ihm‘ heisst: dass er lebt, aber dadurch, dass Gott in ihm lebt. Er lebt subjektiv, weil der objektive Gott, der nicht er ist, in ihm lebt.“

156 A.a.O., 154f.

157 A.a.O., 150.

158 A.a.O., 155.

die Selbsteröffnung des trinitarischen Liebesgeheimnisses ist deshalb johanneisch die menschliche Einstimmung in die sohnliche Antwort an den Vater (vgl. Joh 5,36f; 8,16-18), sie ist keineswegs ein „zweites selbständiges Wort neben dem Wort Christi".[159] In Christus hat sich nicht nur Gott den Menschen offenbart, sondern gleichzeitig der Mensch sein Ja zu Gott gesprochen, in das der einzelne Gläubige nur noch einzustimmen braucht.[160]

Trotz aller Bemühungen Balthasars um Abgrenzung von den Reformatoren geht sein Glaubensbegriff sowohl formal als auch inhaltlich mit dem reformatorischen konform.[161] Wenngleich Balthasar unaufhörlich die menschliche Freiheit Gott gegenüber betont, ist ihm der Glaube dennoch ein Werk Gottes im Menschen, das von diesem allenfalls mit der Freiheit zur Sünde abgelehnt, aber nicht aus sich selbst heraus hervorgebracht werden kann. Der Glaube ist ihm wesenhaft von außen her im Menschen gewirkt. Auch hier stimmt Balthasar völlig mit der reformatorischen Sicht überein. Fragt man, was den Glauben im Menschen bewirkt, so verweist Luther allerdings auf das Hören des Offenbarungswortes, Balthasar hingegen auf das Sehen der Offenbarungsgestalt. Dieser Unterschied in der Art und Weise, wie der Mensch die Offenbarung wahrnimmt, ist jedoch angesichts der gemeinsamen Einsicht in die Notwendigkeit der Wahrnehmung der Offenbarung nicht unbedingt von kontroverstheologischer Bedeutung. Für Balthasar ist im Sehen der Offenbarungsgestalt ein Hören der Predigt des Wortes Gottes ohnehin miteingeschlossen. Wenn der Glaube schließlich von Balthasar trinitarisch als Teilnahme am innergöttlichen Liebesaustausch und christologisch als Einstimmung in das Ja des Sohnes zum Vater bestimmt wird, so kann auch dem von reformatorischer Seite zugestimmt werden. Wir werden im Folgenden allerdings prüfen müssen, ob sich diese Übereinstimmung zwischen Balthasar und der reformatorischen Position im Verständnis von göttlicher Offenbarung und deren menschlicher Wahrnehmung auch dort noch durchhält, wo sich die Frage nach der Verborgenheit der göttlichen Offenbarungsgestalt unter der Gestalt der Sünde stellt. In diesem Punkt liegt, wie wir eingangs zeigten, gerade die Pointe der Lutherschen Kreuzestheologie gegenüber dem analogen Offenbarungsmodell der scholastischen Glorientheologie.

---

159 A.a.O., 184.

160 Vgl. a.a.O., 184f: „Darum ist Christus als die gegenseitige Bezeugung zwischen Vater und Sohn der subsistierende Bund, und der Glaubende, der in dieses gegenseitige Ja sein Ja spricht, findet sich im Objekt seines Glaubens je schon vor. Er findet sein eigenes Glaubenslicht real vor im Licht Christi, ... in jener Urbildlichkeit, von der sein eigener Glaube nur das vom Urbild her ermöglichte Nachbild ist. Damit bewahrheitet sich nocheinmal, dass sein Glaubenslicht nur vom Glaubensgegenstand her aufleuchtet und das auf ihn übergreifende Zeugnis ist, mit dem sich Gott in Christus selber bezeugt."

161 Vgl. *P. Althaus*, Die Theologie Martin Luthers, Gütersloh [6]1983, 48-65; *H. G. Pöhlmann*, Rechtfertigung: Die gegenwärtige kontroverstheologische Problematik der Rechtfertigungslehre zwischen der evangelisch-lutherischen und der römisch-katholischen Kirche, Gütersloh 1971, 237-299.

IV. Die Verborgenheitsgestalt der göttlichen Offenbarung

Wir sahen im vorangegangenen Abschnitt, daß Balthasar seine theologische Erkenntnislehre als theologische Ästhetik entfaltet. Er entwickelt diese im Anschluß an eine philosophische Wahrnehmungslehre, die mit der scholastischen Begrifflichkeit von lumen/splendor und forma/species arbeitet. Balthasar betont den analogen Charakter theologischer Wahrnehmung, stellt also bei aller Ähnlichkeit eine immer noch größere Unähnlichkeit heraus. Die Übertragung weltlicher Wahrnehmungskategorien auf die Wahrnehmung und Erkenntnis Gottes verfiel, wie wir oben sahen, der theologischen Kritik Luthers in der *Heidelberger Disputation*. Angesichts der sündigen Verderbtheit der Menschheit betont der Reformator die Unzulänglichkeit der natürlichen menschlichen Erkenntniswege. Weil der Mensch das ihm von Natur aus zugängliche Wissen um Gott als seinem Schöpfer in der Sünde mißbraucht, offenbart sich Gott in Jesus Christus für Luther nur noch sub contraria specie, indem er dem Menschen nur seine Rückseite (posteriora) in Kreuz und Leiden zeigt, um so allen menschlichen Stolz zunichte zu machen. Wahre und evangeliumsgemäße Gotteserkenntnis gibt es für Luther in der von der Sünde gekennzeichneten Welt nur noch vermittels der Gestalt des Gekreuzigten, die alle menschliche Weisheit zunichte macht. Kann, so müssen wir Balthasar im Anschluß an diese Überlegungen Luthers fragen, die Erkenntnis Gottes mithilfe der theologischen Ästhetik in eine ungebrochene, wenngleich nur analoge Folge zu aller philosophischen Seinserkenntnis gestellt werden? Kann der gebrochene Körper dessen, der weder Form noch Schönheit, Ansehen noch Pracht hatte (vgl. Jes 53,2-3), als Offenbarung der Schönheit und Herrlichkeit Gottes gelten, ohne daß von einer Verborgenheit sub contraria specie gesprochen wird? Muß ein solches Verständnis nicht unweigerlich in einer Ästhetisierung des Kreuzesgeschehens von Golgatha enden? Und wie kommt bei einem solchen analogen Modell die menschliche Sünde zu tragen?

Wir werden uns im Folgenden mit Balthasars Verhältnisbestimmung zwischen Offenbarung und Verborgenheit Gottes unter der Gestalt des Gekreuzigten beschäftigen, um Antworten auf diese Fragen zu finden. Dazu werden wir uns zuerst mit den Gründen seiner Ablehnung der reformatorischen Kreuzestheologie in ihren verschiedenen Vertretern von Luther bis Moltmann beschäftigen und in einem zweiten Schritt Balthasars eigene Lösung des Problems der Verborgenheitsgestalt der Offenbarung darstellen.

1. Offenbarung sub contraria specie als Widerspruchsdialektik

Balthasar zufolge richtet sich Luther polemisch „gegen all das im Katholizismus, was man (wenn der Terminus Kierkegaards schon vorhanden gewesen wäre) zusammenfassend als ‚ästhetische' Verharmlosung und Abschleifung der blitzenden Schärfe des Gotteswortes bezeichnen kann".[162] An die Stelle der in den Evangelien bezeugten Dialektik zwischen Tod und Auferstehung im Leben und Wirken Christi habe die scholastische Theologie „die undialektischen Schemata der neuplatonischen ästhetischen Metaphysik" gesetzt, welcher die Welt lediglich „als ‚Erscheinung' des ‚nichterscheinenden' Gottes, Stufenbau allmählicher seinshafter und ethisch-mystischer Annäherung an die Gottheit"[163] gilt.

Balthasar zufolge geht es Luther darum, die freie Souveränität Gottes wiederherzustellen, eines Gottes, der sich weder in der Schöpfung- noch der Erlösungsordnung in die Hände der Menschen übergeben hat, folglich auch durch keine menschlichen Ordnungsstrukturen in seinem unendlichen und freien Wesen erfaßt werden kann. Die Souveränität Gottes sehe Luther zuhöchst in der Lehre von der „absconditas Dei sub contrario" gewährleistet: „die absolute Verhülltheit Gottes nicht nur in seiner Prädestination, nicht nur in seiner Schöpfung, seiner geschichtlichen Vorsehung, seiner Menschwerdung, sondern darüberhinaus auch in seinem Eingehen in den Widerspruch des Sünders gegen Gott".[164] Theologie müsse für Luther daher mit Notwendigkeit zur Kreuzestheologie werden. Alle Theologie, die von der Welt auf Gott schließt, widerspreche der Verborgenheit Gottes unter Leiden und Kreuz.[165]

Balthasar würdigt Luthers Bemühen, gegenüber dem neuplatonischen Stufendenken die Aktualität des biblischen Gottesbildes, die sich zuhöchst in der Rechtfertigung des Sünders äußert, neu zur Geltung zu bringen. Luthers Ablehnung der scholastischen theologia gloriae entspringe dem legitimen Wunsch, die Unverfügbarkeit des biblischen Gottes gegen alle menschlichen Verstehensversuche zu sichern. Luther geht in diesem Bemühen für Balthasar allerdings einen entscheidenden Schritt zu weit, wenn er hinter dem „im Liebe-Zorn-Widerspruch des Kreuzes Christi"[166] offenbarten Gott einen deus nudus oder deus absconditus annimmt: „einen andern, in der ‚Nacktheit' seiner erschreckenden Majestät dem Menschen unerträglichen Gott".[167] Für Balthasar ist Luther zu dieser Annahme durch sein augustinisches Festhalten am Gott der doppelten Prädestination („zu diesem sich zu bekennen, kann Luther nicht umhin"[168]) gezwungen. Dieses Theologumenon erlaube es dem Reformator jedoch nicht, die Offenbarung Gottes in der Verborgenheit des

162 H I, 42.

163 Ebd.

164 A.a.O., 43.

165 Vgl. a.a.O., 54: „Theologia crucis, Theologie der Barmherzigkeit Gottes unter der ‚fremden Gestalt' des unbarmherzigsten Gerichtes musste als die für diesen Äon einzig zulässige erscheinen, während theologia gloriae vorschnell mit Theologie des künftigen Äons und seiner Schau gleichgesetzt wurde ..."

166 TL II, 312.

167 Ebd. Vgl. zu Balthasars kurzer Darstellung verschiedener Interpretationen der Vorstellung vom deus nudus bei Luther, insbesondere der W. Pannenbergs, und seine Kritik an diesen Deutungen a.a.O., 312-314.

168 A.a.O., 312.

Kreuzes als wirkliche *Offenbarung* Gottes in ihrer Positivität gegenüber aller negativen Theologie anzuerkennen. Vielmehr, so argumentiert Balthasar, ist Luther gezwungen, die Offenbarung Gottes in der Verborgenheit des Sünderdaseins als „Mummerei“ sub contrario abzutun, hinter der ein uns unbekannter Gott verborgen bleibt.[169] Dies führe den Reformator zu der problematischen Annahme einer absolut unzugänglichen Verborgenheit eines deus absconditus hinter der Offenbarung des deus revelatus.

Mit diesem Festhalten am deus nudus hinter dem in Christus offenbarten Gott geht Luther für Balthasar weit über das Verständnis der Verborgenheit Gottes hinaus, wie es in der theologischen Tradition, etwa durch Dionysius oder die Alexandriner, vertreten wurde.[170] Bei Dionysius, in dessen Tradition Balthasars theologische Ästhetik selbst anzusiedeln ist, gilt nach Balthasar die Erscheinung immer „als Sichtbarwerden in Wirklichkeit ..., aber immer als (wirkliche) Erscheinung des Nichterscheinenden, des nie in übersehbares Erschienensein zu verwandelnden je-größeren und je-verborgeneren Gottes.“[171] Luther verfalle dagegen mit seinem Festhalten am deus sub contrario absconditus der gefährlichen Trennung, welche die unter dem Einfluß des Neuplatonismus stehende negative Theologie immer wieder zwischen dem „Gott in sich“ und dem „Gott für uns“ getroffen hat.[172] Es sei ihm unmöglich, von der Christusoffenbarung auf das Wesen Gottes in sich selbst zurückzuschließen. Die Offenbarungsgestalt habe somit für Luther immer nur einen vorläufigen Charakter. Sie müsse überstiegen werden und untergehen „in dem ‚Widerspiel‘, der Verbergung alles Göttlichen unter das Gegenteil, somit der Verbergung alles Masses und aller Analogie zwischen Gott und Mensch in die Dialektik.“[173]

Diese Annahme eines „nackten Gottes“, der hinter dem am Kreuz offenbaren Gott verborgen bleibt, rächt sich Balthasar zufolge dort, wo in der reformatorischen Theologie aus der Dialektik innerhalb des Gottesbegriffs eine grundsätzliche Dialektik als die allein legitime Methode der christlichen Theologie abgelesen werde. Balthasar versucht in seinem Werk immer wieder, diese Gefahr an ausgewählten Vertretern der reformatorischen Theologie, etwa bei Luther, Calvin, Hegel, dem frühen Barth oder Moltmann, aufzuzeigen. Er erkennt dabei durchaus die Grundanliegen an, die der theologischen Dialektik zugrunde liegen. Zu Recht betone diese die Unfähigkeit des Menschen, von sich aus Gott zu begreifen oder der göttlichen

---

169 Vgl. H I, 53: „... die Verborgenheit sub contraria specie, ‚unter einer Gestalt, die unserem Begreifen und Denken widerspricht‘ (Röm.-br. Vorles. 1515/16, zu 8,26), lässt Gott, auch wo er barmherzig ist, zu jenem verborgenen Gott werden, den dann Kalvin zum Gott der doppelten Prädestination radikalisiert, zum Gott von dem es grundsätzlich kein Bild und keine Anschauung geben kann ...“

170 Vgl. H III,1,1, 38.

171 H II,1, 167. Vgl. a.a.O., 168: „Die ungeheure, oft zur Rasanz sich steigernde aufsteigende Verneinungsbewegung, die die Apophatik (Absprechung aller Namen) der Kataphatik (Zusprechung aller Namen) überordnet, entzündet sich doch je nur ... an der Abstiegsbewegung des sich in Erscheinungen mitteilenden Gottes.“

172 Vgl. H III,1,1, 355f.

173 H I, 44.

Selbstoffenbarung in Form eines handhabbaren Wissens Herr zu werden. Balthasar stimmt ebenfalls mit der Forderung überein, daß die göttliche Offenbarung sowohl in ihrem Inhalt als auch in ihrem Akt Prinzip der Theologie sein müsse.[174] Darüber hinaus sei der reformatorischen Theologie zuzugeben, daß der sich offenbarende Gott als Prinzip der Theologie immer nur „in Verhüllung“ offenbar ist, d.h. „für den sich hingebenden Glauben“.[175] Fraglich bleibt für Balthasar jedoch, welche „Weise der Auffassung und der Darstellung“[176] diesem doppelten Prinzip des sich in seiner bleibenden Verhüllung offenbarenden Gottes tatsächlich gerecht wird. Die Dialektik steht für Balthasar in der Gefahr, zum Selbstzweck zu werden und damit ihre eigentliche Intention, nämlich Gott dem menschlichen Zugriff zu entziehen, zu verfehlen: „Diese Dialektik steht in einer letzten Entscheidung: ob sie vielleicht sich deuten lassen könnte als ein Ausfluss des Überschwangs bräutlich-evangelischer Liebe, die in der ‚seligen Verzweiflung‘ des alleinhingebenden Glaubens alle menschliche Kunst dahingibt in die alleinige Gotteskunst, die – sub contrario! – also vermag, was der Mensch (sub recto wie sub contrario) trotzig und vergeblich versucht … Oder ob sie, vom Liebesgeheimnis, darin sie bettet, gelöst, zu einer Negation, einem kalten Protest aus Methode sich ausdehnen soll, um dann freilich ein Kainsmal unauslöschlich in sich zu tragen, das den Evangelismus grundsätzlich zum Protestantismus macht.“[177] Zur einer solchen trotzigen Dialektik „aus Methode“ kommt es für Balthasar schon dort, wo von der christologischen Offenbarung Gottes im Gegenteil seiner selbst – in der Terminologie Luthers: von Gottes Offenbarung in Christus sub contrario in der „Fremdheit und Gegensetzlichkeit des Sünders“[178] bis hin zum Erleiden der eigentlich dem Sünder vorbehaltenen Höllenerfahrung – auf die allgemeine Offenbarung Gottes in der Welt im Modus sub contrario geschlossen wird. Dies zeigt sich für Balthasar paradigmatisch an Luthers Vorstellung vom Weltlauf als Gottes „Mummerei“.[179]

Wo davon ausgegangen wird, daß sich Gott der Welt ausschließlich sub contraria specie offenbart, dort besteht für Balthasar die Gefahr, daß die Distanz der Schöpfung von Gott in exklusiver Weise durch den Abfall der Sünde definiert wird. Die reformatorische Theologie identifiziere die geschöpfliche Natur tatsächlich in exklusiver Weise mit dem postlapsarischen Zustand

174 Vgl. KB, 56.

175 Ebd.

176 Ebd.

177 H I, 44f.

178 TD 1, 144. Vgl. zu Luther auch TD I, 143f u. 145. In ähnlicher Weise spricht Kierkegaard vom „Paradox“ oder dem „Inkognito“ des Kreuzesgeschehens. Vgl. zum Begriff des Paradox bei Kierkegaard *H. U. v. Balthasar*, Herrlichkeit: Eine theologische Ästhetik, Bd. III,2, Theologie, Teil 2, Neuer Bund, Einsiedeln – Trier ²1988 (Einsiedeln ¹1969), 303-306. Vgl. ferner zum Begriff vom Inkognito H I, 146 u. 423; H III,1,2, 487. Zu Luthers Begriff „sub contrario“ und Kierkegaards entsprechendem Terminus des „absoluten Paradox“ vgl. *H. U. v. Balthasar*, Mysterium Paschale, in: Mysterium Salutis: Grundriss heilsgeschichtlicher Dogmatik, Bd. III,2, hg. v. *J. Feiner* u. *M. Löhrer*, Einsiedeln – Zürich – Köln 1969, 162.

179 TD I, 143f. Vgl. auch H I, 44f.

der Welt. Natur ist hier immer die gefallene Natur.[180] Damit verfalle die reformatorische Theologie aber einer Gefahr, der schon der Reformator selbst (und ebenso Erasmus von Rotterdam) erlegen ist: „… beide Autoren verabsolutieren (in ihren extremen Texten) dieses christologische Paradox zu einer Weltformel, die sich von der Naturordnung, die durch sie gerichtet wird, nicht mehr abhebt."[181] Der Weg von Luther zur Philosophie Hegels ist für Balthasar unausweichlich, „die rein-dialektische Christologie schlägt um in eine bloße ‚philosophische' Dialektik als Weltformel."[182]

Die Identifikation des Naturbegriffs mit dem durch die Sünde gekennzeichneten „Ist-Zustand" erlaubt es für Balthasar der Theologie nicht, einen positiven Naturbegriff im Sinne des christlichen Verständnisses der Welt als Gottes Schöpfung zu entwickeln. „Die *Distanz* zwischen Gott und der Kreatur ist der Abfall der Kreatur aus Gott."[183] Ein eigenständiger Naturbegriff ist Balthasar zufolge jedoch notwendig, um die ontologische Unterscheidung von Gott und Welt im Schöpfungsakt erklärlich zu machen, d.h. zwischen göttlichem und geschaffenem Sein in supralapsarischer Weise zu unterscheiden. Ohne diese Unterscheidungsmöglichkeit gerate eine ausschließlich dialektisch denkende Theologie mit Notwendigkeit in ein pantheistisches, theopanistisches oder identitätsphilosophisches Denken.[184] Wo die Unterscheidung von Gott und Welt allein durch den Begriff der Sünde vollzogen wird, könne „vor" dem Sündenfall und „nach" der vollbrachten Erlösung und Wiederherstellung der Dinge nur die Identität zwischen Gott und Schöpfung stehen. „Was Natur in Distanz zum Schöpfer sein sollte, taumelt ekstatisch und katastrophisch zwischen distanzloser, geheimnisloser Identität mit dem Schöpfer und Abfall von ihm ins restlose Nichtsein."[185] Wo der Mensch grundsätzlich als Geschöpf in einem unüberbrückbaren Widerspruch zu Gott steht, kann die Theologie nicht von einem Nebeneinander von Gott und Mensch sprechen.[186]

Diese Distanz-Identitäts-Dialektik zeigt sich für Balthasar in der Unfähigkeit der reformatorischen Theologie, einen zureichenden Freiheitsbegriff zu entwickeln. Zwar kenne sie eine Freiheit des Menschen „nach unten", nicht aber „nach oben", d.h. in Beziehung zu Gott.[187] Dadurch ist es ihr weder möglich, das sich in der Weltgeschichte ereignende Drama zwischen Gott

---

180 Balthasar richtet diesen Vorwurf gegen die „Reformatoren", besonders gegen Calvin, aber auch gegen den frühen Barth. Vgl. zu den Reformatoren KB, 283 und zu den ersten beiden Ausgaben von Barths *Römerbrief* a.a.O., 73, 76-78 u. 92. Beim frühen Barth kommt es Balthasar zufolge noch zu einer ganzen Reihe weiterer fragwürdiger Identifizierungen, etwa Gottes mit der Offenbarung, des Geschöpfes mit dem Nichts, des geretteten Geschöpfes mit Gott in seinem Ursprung und Ziel. Vgl. dazu a.a.O., 92.

181 TD I, 145. Vgl. MP, 161; TD II,1, 59f.

182 MP, 161. So auch TD I, 145. Vgl. zu Balthasars Kritik an Hegel H III,1,2, 917-921.

183 KB, 73. Vgl. a.a.O., 77.

184 Vgl. zu Luther H I, 144 und zum frühen Barth KB, 73 u. 92. Vgl. ferner MP, 161.

185 KB, 73.

186 Vgl. H III,1,2, 460f.

187 Vgl. zu Luther TD II,1, 224f und zum späteren Barth, der schon im Rahmen der analogia fidei denkt, KB, 138-147.

und Mensch noch die konkrete Repräsentanz Gottes in der menschlichen Gestalt wahrzunehmen.[188]

Insofern die Selbstdurchsetzung Gottes gegen die Sünde notwendig zur Auslöschung der menschlichen Eigenidentität führen muß, wo diese als Schöpfung von der Sünde nicht getrennt wird,[189] widerspricht die dialektisch vorgehende Theologie Balthasar zufolge dem christlichen Dogma von der freien und damit nichtnotwendigen Schöpfung und bringt Gott in Abhängigkeit von der Welt. Gott erscheine hier selbst als endliche und tragische Gestalt, was wiederum seiner Göttlichkeit widerspreche. Die Dialektik stellt daher für Balthasar letztendlich den christlichen Gottesbegriff selbst in Frage und erweist sich somit kaum als eine dem christlichen Gottesbegriff adäquate Methode.[190]

2. Offenbarung sub contraria specie als Glaubensanalogie

Balthasar lehnt, wie wir sahen, die methodologischen Folgerungen der theologischen Dialektik aus der Verborgenheitsgestalt Gottes am Kreuz – ob bei Luther, Hegel, Kierkegaard, dem frühen Barth oder Moltmann – ab. Gegenüber der reformatorischen Dialektik des sich am Kreuze nur sub contraria specie verhüllenden Gottes fragt er kritisch: „[I]st nicht gerade diese Verbergung die entscheidende Offenbarung des verborgenen Gottes von Zorn und Liebe?"[191] Wird der Gekreuzigte als Offenbarungs*gestalt* verstanden, wie Balthasar fordert, so kann für ihn von dieser Gestalt nicht einfach dialektisch abstrahiert werden. Sie darf als gestalthafte Offenbarung Gottes nicht überstiegen und zurückgelassen werden, denn sie bietet dem Menschen „mehr als eine platonische Ökonomie symbolischer Zeichen, die über sich hinaus auf Geistiges verweisen".[192] Wenngleich die göttliche Tiefe immer noch unbegreiflicher hinter der Offenbarungsgestalt verborgen liegt und ihr deswegen überhaupt erst den Glanz göttlicher Herrlichkeit verleiht, ist Gott doch in der Gestalt wirklich anwesend und nur in ihr greifbar. Entsprechend handelt es sich bei der Gestalt des Gekreuzigten für Balthasar um „mehr als was die protestantische Dialektik jeder Färbung vermuten lässt: ob man die ‚Mummerei' des Wortes mit Luther, sein ‚Inkognito' mit Kierkegaard als ein latere sub contrario schildert (und damit als eine Kreuzigung der menschli-

188 Vgl. TD III, 268f; H I, 442; H III,1,2, 459f. Im Blick auf die Christologie kann diese Theologie zudem die Menschwerdung Christi ausschließlich im Hinblick auf Kreuz und Auferstehung positiv würdigen. Vgl. KB, 79.

189 Vgl. KB, 77f.

190 Vgl. zu diesem Vorwurf, wie er sich immer wieder in Balthasars Auseinandersetzung besonders mit der Trinitätstheologie Jürgen Moltmanns findet, TD III, 300 und TD IV, 205-207.

191 H III,1,1, 38.

192 H I, 423. Vgl. a.a.O., 146: „Wie immer es um die Verborgenheit Gottes, um seine ‚Mummerei' (Luther), sein ‚Inkognito' (Kierkegaard) in Christus stehen mag … das erste ist doch, dass hier echte, ‚lesbare' Gestalt und nicht bloss ein Zeichen oder eine Anhäufung von Zeichen steht."

chen Sinne), oder als eine Selbstentfremdung im hegelschen Sinne."[193] Die Offenbarungsgestalt konfrontiert den Menschen nicht nur mit der absoluten und unbegreiflichen Verborgenheit Gottes unter dem Gegenteil, sondern sie bietet eine tatsächliche Kenntnis Gottes.

Das bedeutet für Balthasar nicht, daß Gottes Unbegreiflichkeit Abbruch getan würde. Balthasar erinnert immer wieder an das augustinische Wort: „si comprehendis, non est Deus."[194] Er will jedoch Gottes immer noch größere Unbegreiflichkeit nicht verstanden wissen „als negative Bestimmung dessen, was man nicht kennt, sondern als positive und geradezu gesehene und verstandene Eigenschaft dessen, den man kennt."[195] Die je-größere Verborgenheit Gottes in seiner Offenbarung am Kreuz wird somit selbst zu einem wesentlichen Moment des göttlichen Offenbarseins.

Die theologische Dialektik der reformatorischen Theologie ignoriert für Balthasar diese unauflösliche Zusammengehörigkeit von göttlicher Gestalt und der in ihr aufleuchtenden göttlichen Seinstiefe. Wo Christus als Offenbarungs*gestalt* verstanden wird, da könne der hinter ihr verborgen bleibende Gott nicht von dem menschgewordenen und gekreuzigten Sohn abstrahiert werden. Hinter dem in Christus in seiner je größeren Verborgenheit offenbaren Gott kann es für Balthasar deswegen keinen anderen deus nudus oder deus absconditus mehr geben. Auch wenn Gott sich angesichts der Sünde in der Verborgenheitsgestalt des Gekreuzigten offenbart, handelt es sich dabei doch um eine tatsächliche Offenbarung.[196]

Mithilfe seiner Betrachtung der Offenbarung unter dem ästhetischen Blickwinkel glaubt sich Balthasar in der Lage, der reformatorischen Widerspruchsdialektik des deus sub contrario absconditus eine katholische Dialektik des deus sub contrario semper magis revelatus entgegensetzen zu können, welche dem Ineinander von Enthüllung und Verhüllung Gottes in seiner Selbstoffenbarung besser gerecht wird. Die Offenbarungsgestalt des menschgewordenen Gottes, so stellt Balthasar fest, muß nicht nur die in der Gnaden- und Erlösungsoffenbarung grundgelegte Dialektik zwischen dem Sünder und dem sich am Kreuz sub contraria specie hingebenden Gott überbrücken, sondern schon im Voraus zur Sünde eine doppelte Dialektik von Enthüllung und Verhüllung: zum einen zwischen der Offenheit des Leibes und der Verborgenheit des Geistes, zum anderen zwischen der Schöpfung als dem Abbild Gottes und dem freien Schöpfer selbst.[197] Zwischen allen drei dialektischen Verhältnisbestimmungen stellt Balthasar Analogien

---

193 A.a.O., 423.

194 Zit. n. a.a.O., 179. Vgl. a.a.O., 433.

195 A.a.O., 179.

196 Vgl. a.a.O., 423: „Die Modalität, die das Ausdrucksbild Gottes durch die Sünde der Welt gewinnt: sein Ärgernis- und Entscheidungscharakter, hebt den Offenbarungs- und damit Ausdruckscharakter nicht auf, ja setzt ihn bis ins letzte voraus: bis in die Trümmer des Bildes ewigen Lebens am Kreuz ist es, in allem Paradox und über alles Paradox hinweg: Offenbarung, ja gesteigerte, höchste Offenbarung, höchster Selbstausdruck dieses ewigen Lebens."

197 Vgl. a.a.O., 424.

fest, nicht ohne gleichzeitig zu betonen, daß keine der drei aus einer anderen abgeleitet werden dürfte.[198]

Schon bei der philosophischen Beobachtung innerweltlicher Gegebenheiten ist für Balthasar „das in seiner Erscheinung Erscheinende zugleich das Nichterscheinende“,[199] findet „Verhüllung schon in jeder weltlichen Enthüllung“[200] statt, insofern nämlich die Seinsfülle im einzelnen Seienden nur in ihrer verborgen bleibenden Tiefe miterscheint. Nur weil der Mensch Unsichtbares mitwahrnimmt, ist ihm die Kenntnis von Sichtbarem überhaupt erst möglich. Obwohl dies von den Wissenschaften oft selbst nicht gesehen wird, stehen diese für Balthasar in einer Analogie zum Glauben, insofern in beiden Fällen von einem Ineinander von Wissen und Glauben, von Erkennen und Nichterkennen gesprochen werden muß.[201]

Auch im Verhältnis zwischen der Schöpfung und dem Schöpfer wiederholt sich für Balthasar die Dialektik von Enthüllung und Verhüllung. Wie die Vielheit der Seienden auf deren höhere Einheit verweist, so die Nichtidentität zwischen Wesen und (Da-)Sein eines Seienden auf deren vorausgesetzte Identität und damit auf die Nichtnotwendigkeit der Schöpfung für den freien Schöpfer. Deswegen ist im Rahmen einer natürlichen Theologie für Balthasar zwar ein Wissen um Gott als Schöpfer möglich, eine Kenntnis um das Wesen Gottes jedoch nicht.[202] Diese Einsicht, so Balthasar, zeigt sich in den Weltanschauungsspekulationen der Völker genauso wie in der Weltbetrachtung der biblischen Weisheitsbücher. Hier wie da werde die Geschöpflichkeit der Welt anerkannt und sogleich die Unfähigkeit des Menschen betont, von sich aus Gott zu erkennen. Weltweisheit bleibt für Balthasar daher Resignation vor dem Mysterium der Verborgenheit des in seiner Existenz offenbaren Gottes.[203]

---

198 Allerdings zeigen sich von der letzten Dialektik her die anderen beiden auf diese letzte, die in der Erlösungsordnung begründet ist, ausgerichtet.

199 A.a.O., 425. Vgl. ebd.: „Mit der gesehenen Oberfläche der Erscheinung wird die nicht erscheinende Tiefe wahrgenommen, erst das gibt dem Phänomen des Schönen seinen hinreissenden und überwältigenden Charakter, wie es dem Seienden auch erst seine Wahrheit und Güte sichert.“

200 A.a.O., 427.

201 Vgl. zu Balthasars Wissenschaftsverständnis a.a.O., 429.

202 Vgl. a.a.O., 431: „Der Verweis auf die Identität ist ein solcher, der jede Deduktion der Dyas aus der Monas verbietet, denn es ist nie und nimmer begreiflich zu machen, dass eine Monas, die diesen Namen wirklich verdient, um ihrer eigenen Einheit willen aus sich in die Zweiheit ausgehen müsste. Anders gesagt, die Schöpfung zeigt durch sich selber an, dass sie nicht notwendig ist … Alle Kontingenz offenbart ihn somit zwar unmissverstehbar als den freien Schöpfer, verhüllt ihn aber gerade deshalb umso tiefer, da nirgends eine Deduktion möglich ist. Natürliche Theologie kann nur die Gestalt haben, dass in ihr alles geschöpfliche Sein zur hinweisenden Aussage über Gott wird …, aber diese positive, kataphatische Theologie in eine umgreifende negative, apophatische münden muss.“

203 Diese Verborgenheit des Wesens Gottes in der Schöpfung ist für Balthasar allerdings keine totale, denn durch die Erhöhung der Schöpfungs- in die Gnadenordnung wird Gott in der Geschöpflichkeit der Welt doch auch in seinem Wesen offenbar. Der Mensch kann daher in der konkreten Heilsordnung aus der Schöpfung auch ein gewisses Wissen um das Wesen Gottes ableiten. Da die Schöpfungsordnung schon von jeher in die ihr zuvorkommende Gnadenordnung integriert, also keine natura pura vorhanden ist, kann allerdings nicht konkret festgestellt

Nun bedeutet das Offenbarsein Gottes in der Schöpfung für Balthasar keineswegs, daß dem Menschen ein thematisches Wissen um Gott als dem Schöpfer eignet. Gott ist dem Menschen zwar in jedem Akt seiner Erkenntnis und seines Willens mitgegeben, dies jedoch nur implizit.[204] Der Mensch hat nur ein unthematisches Wissen um Gott und ist damit auf das göttliche Geheimnis verwiesen. „Er erfährt sich als umgriffen und überantwortet, erfährt (augustinisch-schleiermacherisch) seine ‚schlechthinige [!] Abhängigkeit', ohne das fassen zu können, wovon er abhängt, erfährt, dass sein kleines Denken Inhalt eines unendlichen Denkens ist, welches ihn ebenso unendlich überragt (cogitor ergo sum) …"[205] Es bleibt dem Menschen in dieser Situation unthematischer Verwiesenheit auf das göttliche Geheimnis nur übrig, gehorsam auf die Selbstoffenbarung des göttlichen Geheimnisses zu warten.

So ist für Balthasar auch in der Schöpfungsoffenbarung wieder von einer Art des Glaubens zu sprechen, denn die menschliche Vernunft ist verwiesen auf das göttliche Geheimnis als ihrem principium et finis und muß gehorsam auf eine eventuelle Selbstoffenbarung warten, ohne diese herbeizwingen zu können. Dem natürlichen Menschen eignet, scholastisch gesprochen, eine potentia oboedientialis für die Offenbarung; er ist, wie Karl Rahner es ausdrückt, ein potentieller „Hörer des Wortes". Will Gott sich dem Menschen offenbaren, so Balthasar, dann „trifft Gottes Wort die Kreatur wirklich am innersten Punkt ihres sich übersteigenden Seins, aber nicht als antwortendes Wort auf erhobene Fragen, das dann bereits durch das Vorgegebensein der Frage so oder so sortiert und eingeordnet wäre, sondern in der primären ‚Indifferenz' des ‚Ecce Ancilla'."[206] Der natürliche Mensch ist auf eine Offenbarung Gottes hin angelegt, ohne diese erzwingen zu können. Es bleibt ihm nur die Möglichkeit, gehorsam auf Gottes Wort zu warten. Damit ist neben dem natürlichen Wissen um Gott als principium et finis der Welt schon ein inchoativer Glaube in Form eines gehorsamen Wartens auf eine göttliche Selbstoffenbarung mitgegeben.

Diese in der Schöpfungsordnung vorhandene Dialektik zwischen Enthüllung und Verhüllung Gottes wird in der Gnadenordnung (supralapsarisch) nochmals vertieft. Die Gnadenoffenbarung ist für Balthasar vor dem Fall nicht eine „Setzung einer neuen Gestalt innerhalb der geschaffenen Welt, sondern nur eine neue Weise der Gegenwärtigkeit Gottes in der Weltgestalt".[207] Gott spricht in der Gnade zu den Menschen in neuer Weise, aber

---

werden, inwieweit ein bestimmter Aspekt des Offenbarseins Gottes in der Welt auf die Schöpfungs- oder aber auf die Gnadenoffenbarung zurückgeht. Die Unterscheidung kann nur theoretisch festgehalten werden. Vgl. a.a.O., 432.

204 Vgl. a.a.O., 433: „Enthüllt in je grösserer Verhülltheit. Realisiert das geistige Geschöpf den Gehalt des ‚Begriffs' Gott, so wird ihm zugleich evident, dass Gott ihm in seinem Erkennen und Lieben nur so evident sein kann, dass er sich als die freie Ursache von allem einem Erfasstwerden innerhalb des endlichen Gegenstandes und der endlichen Geiststruktur je mehr entzieht." Balthasar verweist ebd. auf *Thomas v. Aquin*, de Veritate 22,2c und ad 1.

205 H I, 433.

206 A.a.O., 434.

207 Ebd.

noch immer vermittelt durch die geschöpfliche Welt. Er ermöglicht es der Kreatur, durch die Welt ein Wissen um das göttliche Wesen zu erlangen. „Die ‚Stimme' Gottes für Adam im Paradies ist kein sinnenhaftes Phänomen neben andern, sondern gnadenhaftes Anwesen Gottes in den Stimmen der Natur und des Herzens… Von der fides naturalis Adams zu seiner fides supernaturalis geht ein Schritt ohne Bruch und Riss: es ist zwar fides ex auditu, aber nicht durch ein äusserlich ihm zugesprochenes Wort, sondern per inspirationem internam …"[208] Die Erhöhung der Natur- durch die Gnadenordnung ermöglicht es dem noch nicht gefallenen Menschen also, in der Schöpfung Gott nicht nur als den absolut verborgen bleibenden Schöpfer wahrzunehmen, sondern zugleich um Gottes Wesen wissen zu können. Worin diese Erkenntnis Gottes in sich besteht, die über das bloße Wissen um das göttliche Geheimnis hinausgeht, bleibt angesichts der Faktizität der Sünde allerdings eine hypothetische Frage.

Die Kontinuität der sich immer mehr vertiefenden Wahrnehmung Gottes in der durch die Gnade erhöhten Naturordnung wird für Balthasar durch die Sünde unterbrochen. Diese schlägt sich für den Menschen zuerst in einer veränderten Wahrnehmung der Offenbarung nieder. Im Paradies hörte Adam die Stimme Gottes noch per inspirationem internam, wenngleich äußerlich vermittelt durch die Schöpfung. Durch den Sündenfall wird die locutio interna zu einer locutio externa. Während vor dem Fall das Weltsein „Ort und Gefäss der gnadenhaften Inspiration Gottes"[209] war, wird das Gotteswort ab sofort nur noch durch das gesetzliche und prophetische Wort im Alten Bund und das menschgewordene und kirchliche Wort im Neuen Bund vermittelt. Durch die Sünde kommt es also zu einer „‚Veräusserlichung' der Gnadenoffenbarung", die einen „Busscharakter" in sich trägt, wenngleich die Menschwerdung für Balthasar deswegen nicht als „Offenbarungsersatz oder Flickwerk" zu betrachten ist.[210] Es handelt sich vielmehr um die positive und in der Tat auch kontinuierliche Vollendung der göttlichen Offenbarung in Schöpfung und Altem Bund, „mag nun auch die Letztgestalt in dieser Welt das Kreuz sein und das auf das Kreuz fallende Verherrlichungslicht des Heiligen Geistes."[211]

Trotz der Veräußerlichung der Gottesoffenbarung durch die Sünde bleibt die Kontinuität der sich immer weiter vertiefenden Dialektik von Enthüllung und Verhüllung Gottes in seiner Offenbarung auch postlapsarisch erhalten. In der Offenbarung Gottes an Israel kommt es Balthasar zufolge zu „einer wahrhaft einzigartigen, von allen übrigen Religionen verschiedenen Offen-

---

208 Ebd.

209 A.a.O., 435.

210 Ebd. Dennoch dürfen locutio interna und externa nicht unvermittelt einfach nebeneinander gestellt werden. Balthasar verweist auf Thomas von Aquin, demzufolge die ursprüngliche Wort-Offenbarung (an Propheten und Apostel) ihnen innerlich ist und von ihnen menschlich-äusserlich weiterverkündet wird. Vgl. a.a.O., 436: „… erst die rückdeutende Kontemplation projiziert die *in* der Naturgestalt sich bekundende übernatürliche Offenbarung eindeutig in eine neben der Naturgestalt stehende besondere Offenbarungsgestalt."

211 A.a.O., 435.

barkeit"[212] Gottes. Gleichzeitig gilt jedoch auch: „Der Gott Israels erweist sich in der Geschichte als der immer Unbegreiflichere, und damit erst wahrhaft als er selbst."[213] In der Menschwerdung schließlich ist Gott in einer ganz neuen Weise in der Weltgestalt anwesend, welche die Ontologie und Ästhetik des geschaffenen Seins vollendet. In Jesus Christus bedient sich Gott des geschaffenen Seins „in einer neuen Tiefe als einer Sprache und eines Ausdrucks für das göttliche Sein und Wesen".[214] Christus ist im Zusammenhang der Weltgeschichte und des Kosmos „das Wort, das Bild, der Ausdruck und die Exegese Gottes".[215] In ihm kulminiert nicht nur Gottes Offenbarung vor der Welt, sondern gleichfalls die Verhüllungsqualität dieser Offenbarung. Der gegenüber der menschlichen Freiheit in einem überschwenglichen Sinn freie Geist äußert sich mithilfe eines ihn verhüllend-offenbarenden Leibes. Der sich dem Volk Israel in seiner Wortoffenbarung immer wieder und immer tiefer verhüllend-offenbarende Gott offenbart sich in der Menschwerdung in seiner tiefsten Verhüllung. Der menschgewordene Sohn offenbart den Vater in der Knechtsgestalt, und dies nicht erst am Kreuz, sondern schon in der Menschwerdung. „Menschwerdung des Wortes aber besagt ... höchste Offenbarkeit in tiefster Verhüllung. Offenbarkeit, weil Gott hier dem Menschen durch nichts anderes als durch ihn selber ausgelegt wird ... Verhüllung, weil die Übersetzung des absolut einmaligen, absoluten und unendlichen Seins Gottes in das je-unähnlichere Allmalige und damit fast Beliebige, hoffnungslos Relativierte eines einzelnen Menschen unter der Masse von vornherein ein scheiterndes Unternehmen zu sein scheint ..."[216] Die Gottheit Christi bleibt in seiner Jedermannsgestalt verborgen und unfaßbar.[217] In den Augen der Welt läßt nichts auf seine göttliche Identität schließen.[218]

Erst wenn diese grundsätzliche Dialektik von Enthüllung und Verhüllung in der Menschwerdung an sich deutlich geworden ist, kann für Balthasar der besondere Modus der Verhüllungsdialektik unter den Bedingungen der Sünde in Betracht genommen werden. Die Sünde führt in der Tat auch für Balthasar zu einer besonderen Verhüllung der göttlichen Herrlichkeit am Kreuz.[219] Ohne die Sünde des Menschen wäre der Gottessohn nicht gezwungen, sich in der Verborgenheit des Kreuzes zu offenbaren. Dennoch darf für

---

212 A.a.O., 438f.

213 A.a.O., 439.

214 A.a.O., 26.

215 A.a.O., 27.

216 A.a.O., 439f.

217 Vgl. a.a.O., 179.

218 In dieser letzten und tiefsten Verborgenheit der Offenbarung Gottes im Menschen Jesus zeigt sich für Balthasar die Notwendigkeit einer trinitarischen Gotteslehre an. Der Sohn bezeugt in seiner Knechtsgestalt den Vater, der Vater wiederum legt Zeugnis für den Sohn ab und verherrlicht ihn dadurch. Diese Herrlichkeitsqualität in der Knechtsgestalt leuchtet durch das Wirken des Heiligen Geistes in den Herzen der Gläubigen auf. Vgl. a.a.O., 440f: „Die innere und notwendige gegenseitige Zuordnung dieser Aspekte der Offenbarungsgestalt, man möchte sagen: ihre theologische dreidimensionale Plastizität, wird zu ihrer Evidenz für den Blick des Glaubens gehören." Siehe dazu unten, Zweites Kapitel, II.

219 Vgl. H I, 502.

Balthasar die Kreuzesoffenbarung nicht als reines Widerspruchsgeschehen bewertet werden, welches keine Schlüsse auf Gottes wahre Identität zuließe. „Nimmt man den Modus für die Substanz, so geht alles in reine Widerspruchsdialektik auf; damit ist die Gestalt zerstört und der Glaube wird reine Unsichtigkeit, eine credo quia absurdum.“[220]

Wo der Gottessohn am Kreuz die Weltsünde trägt, will Balthasar dies Tragen mit dem Johannesevangelium als eine Funktion der göttlichen Herrlichkeit der Liebe begreifen, das in aller noch so realen Verfinsterung stets auf ihr Gegenteil verweist. „Das Tragen der Weltsünde (Joh 1,29), das für uns zur Sünde Gemachtwerden (2 Kor 5,21) ist verständlich nur als Funktion der Herrlichkeit der Liebe, vorher und nachher und infolgedessen auch während der Verdunkelung selbst: es *ist* reine Herrlichkeit, und als Verhüllung und Verfinsterung in all ihrem Realismus (bis zum Abstieg in den Hades) immer nur Funktion des Gegenteils, ja für den Glaubend-Sehenden Erscheinung des Gegenteils“.[221] Im Kreuzesleiden offenbart sich die schöpfende und erlösende Liebe Gottes für die Welt.[222] Diese Offenbarung ist kein Widerspruch zu Gottes Sein, sondern eine undialektische, wenngleich analoge Offenbarung des göttlichen Wesens der Liebe. „In dieser letzten Steigerung zeigt sich, nicht nur was Gott ist, die Liebe; es wird zugleich offenbar, dass Gott sich in seiner Liebesoffenbarung in Fleisch und Blut und in deren Opferung für das Leben der Welt unüberbietbar und ohne jedes Zurück engagiert hat.“[223]

Balthasar spricht deshalb vom Kreuzesgeschehen als „latens *et apparens* sub contrario – quae sub his figuris vere latitas.“[224] Für den Glauben ist das Kreuz kein reiner Seinswiderspruch. Die Gestalt des Gekreuzigten ist für den Menschen lesbar, wenngleich ohne den Glauben nicht restlos verstehbar.[225] Wohl ist das Kreuz Ende aller weltlichen Ästhetik, muß aber gerade deshalb als „Aufgang der göttlichen Ästhetik“[226] betrachtet werden (wobei für Balthasar allerdings auch der weltlichen Ästhetik das Moment des Häßlichen nicht fremd ist).[227] Das Kreuz erscheint somit für Balthasar „nicht als die ‚Selbstentfremdung‘ Gottes, in dem Sinn, als ob der an sich begreifliche Gott

---

220 A.a.O., 442.

221 Ebd.

222 Vgl. dazu *H. U. v. Balthasar*, Glaubhaft ist nur Liebe, Einsiedeln [5]1985 ([1]1963) (Christ heute, Fünfte Reihe; 1).

223 H I, 423.

224 A.a.O., 442.

225 Vgl. a.a.O., 458: „… wir können die Gestalt, die uns freilich nie welthaft überblickbar wird, weil Gott selber in ihr ist, doch soweit verstehen, dass sie uns als die Aufhebung des wesentlichen Widerspruchs zwischen Gott und gottloser Welt plausibel wird. Es wäre undankbar und des Glaubens nicht würdig, wenn wir behaupteten, das Dokument, das Gott uns zum Lesen vorlegt, nicht entziffern zu können.“

226 A.a.O., 442.

227 Vgl. a.a.O., 443: „Dies wird nicht erinnert, um das Kreuz und die Kenosis Gottes auf die Masse und Gesetze einer natürlichen Ästhetik einzuschränken; dennoch ist die Sinngestalt der radikal-sündigen und doch im Zeichen der Erlösungshoffnung stehenden Existenz selbst schon geheimnisvoll über sich weg auf die Erlösergestalt hinbezogen, die ihrerseits die Modalitäten der verfallenen Existenz auf sich nimmt, um sie im Erlösungsleiden umzuwerten.“

hier etwas Unbegreifliches täte, und dadurch unbegreiflich würde (oder auch umgekehrt), sondern als die durch die Weltschuld bedingte Erscheinung des (in seiner Liebe für die Welt) in sich selber unbegreiflichen Gottes."[228] Die Erniedrigung des Sohnes ist selbst schon wesentlich Verherrlichung des Vaters und auch des Sohnes selbst. Die äußere Verherrlichung des Sohnes durch die Auferstehung bestätigt nur, was schon im Kreuzesgeschehen selbst angelegt ist.[229]

In Wahrnehmung dieser dreifachen Enthüllung Gottes bei je-tieferer Verhüllung, der je-größeren Unähnlichkeit in so großer Ähnlichkeit will Balthasar von einer „philosophischen ‚negativen Theologie' … bis zu einer offenbarungstheologischen ‚negativen Theologie'" gelangen,[230] welche die Unbegreiflichkeit Gottes nicht länger als negative Beschränkung unserer Gotteserkenntnis bewertet, sondern vielmehr als positive Grundbestimmung des Glaubenswissens, die auch eschatologisch erhalten bleibt.[231] In Schöpfungs-, Erlösungs- und Vollendungsordnung offenbart sich Gott bei zunehmender Enthüllung in zunehmender Verhülltheit. Aus Gottes Erscheinung in der Welt darf dann aber Gottes eigene Schönheit und Herrlichkeit „erschlossen und abgelesen werden, indem wir Gottes Schönheit und Herrlichkeit mit derjenigen seiner Erscheinung weder einfach *gleich*setzen … noch sie durch einen blossen von seiner erscheinenden Schönheit *weg*-schliessenden Kausalschluss zu gewinnen trachten, vielmehr den Exzessus zu Gott selbst in einer solchen theologia negativa vollziehen, die sich niemals von der Basis der theologia positiva löst".[232] Hinter dem am Kreuz als Liebe offenbaren Gott bleibt kein anderer, verborgener Gott mehr zurück. Der christliche Gott darf nie in Abstraktion von Gottes Erscheinung in der Welt betrachtet werden, der Vater ist nie ohne den Sohn zugänglich.

Das Kreuz steht mit dieser Interpretation Balthasars sowohl in einer Kontinuität als auch in einer Diskontinuität zu den vorangehenden Formen göttlicher Selbstoffenbarung. Die Dialektik von Enthüllung und gleichzeitiger

---

228 A.a.O., 444.

229 Vgl. a.a.O., 590.

230 A.a.O., 443. Vgl. TD II,1, 235f.

231 Vgl. H I, 444: „Man merke wohl, dass dieser Charakter des sich im Offenbaren als unbegreiflich erweisenden Gottes zur objektiven Evidenz der Offenbarungsgestalt gehört, deshalb nicht vor allem durch die Dunkelheit des irdischen Glaubens bedingt ist." Ebd.: „… das Axiom ‚si comprehendis non est Deus' gilt im Himmel genauso wie auf Erden, nur in der Wandlung von der spes zur res."

232 A.a.O., 117. Balthasar verweist auf Dionysius Areopagita und Johannes vom Kreuz als die beiden apophatischsten und gleichzeitig ästhetischsten Theologen der christlichen Theologiegeschichte, welches ihnen möglich wurde, weil sie nie die Vertikale von der Horizontale lösten. Vgl. etwa Balthasars beachtenswertes Urteil über Dionysius: „Die mystische Methode ist bei Dionysius keineswegs die Verleugnung der ästhetischen Methode, auch darin ist er von Platos ‚Bekehrung' von der Kunst weg zur Philosophie weitentfernt, ja er kann als der ästhetischste aller christlichen Theologen bezeichnet werden, weil die innerweltliche ästhetische Transzendenz (vom Sinnlichen als Erscheinung zum Geistigen als dem Erscheinenden) das Formale und Schematische für die Erfassung der theologischen oder mystischen Transzendenz (von der Welt zu Gott) hergibt" (H II,1, 171). Vgl. zu Dionysius H II, 1, 147-214 und zu Johannes vom Kreuz H II,2, 463-531.

Verhüllung Gottes ist keine besondere Eigenart der Kreuzesoffenbarung. Schon in der Seins- und Wortoffenbarung stellt Balthasar eine analoge Dialektik fest, die sich schrittweise im Blick auf beide Pole immer mehr vertieft. Hier steht die Kreuzesoffenbarung in einer Linie mit der Offenbarung Gottes in der Schöpfung, der Gnadenordnung und dem Alten Bund. Dennoch will natürlich auch Balthasar nicht leugnen, daß die menschliche Sünde zu einer Diskontinuität in der göttlichen Heilsordnung geführt hat. Diese Unterbrechung äußert sich für ihn allerdings nur in einer Veräußerlichung der Offenbarung Gottes. Wohl spricht Balthasar auch von der Verborgenheit Gottes unter dem Angesicht der Sünde am Kreuz als Folge der Sünde, die ohne die Sünde nicht notwendig gewesen wäre. Die Sünde führt zu einem Grad der Verbergung, der über die Menschwerdung noch hinausgeht. Erkenntnistheoretisch bedeutet dieser weitere Grad göttlicher Verbergung für Balthasar allerdings keinen Bruch in der Form menschlicher Gotteserkenntnis an sich. Auch in der durch die Sünde affizierten Welt kann für Balthasar noch von einer Analogie und Vertiefung der grundsätzlichen Enthüllungs-Verhüllungs-Dialektik der göttlichen Offenbarung gesprochen werden.

V. Analogia Crucis? Ergebnisse und Anfragen

Wir werden in diesem fünften und letzten Abschnitt des ersten Kapitels ein erstes Fazit ziehen und dabei Konvergenzen und Divergenzen zwischen Balthasars theologischer Erkenntnislehre und den Grundanliegen einer reformatorischen Kreuzestheologie feststellen. Unsere kritische Diskussion wird sich in mehreren Schritten vollziehen. Zuerst ist es nötig, Balthasars eigene Auseinandersetzung mit der reformatorischen Theologie kritisch zu hinterfragen und hier insbesondere einige Klarstellungen zum Verständnis der Kreuzestheologie Luthers vorzunehmen. Wir hoffen, dadurch einen Ausgangspunkt zu gewinnen, aufgrund dessen wir nach Übereinstimmungen und bleibenden Differenzen zwischen Balthasars theologischer Epistemologie und einer reformatorischen Position fragen können.

In einem zweiten Schritt versuchen wir auszuwerten, inwieweit die theologische Erkenntnislehre Balthasars Konvergenzen und Divergenzen zur reformatorischen Position aufweist. In diesem Zusammenhang gilt es zuerst, in Aufnahme einiger Überlegungen Eberhard Jüngels, aufzuzeigen, daß die Analogienlehre des Vierten Laterankonzils, derzufolge in aller Ähnlichkeit zwischen Gott und Welt eine je größere Unähnlichkeit herrscht, zumindest in Balthasars theologischer Ästhetik nicht als eine letzte Infragestellung der göttlichen Selbstoffenbarung in Christus verstanden werden muß. In einem weiteren Schritt diskutieren wir das Natur-Gnade-Schema, das der Balthasarschen Erblickungslehre zugrunde liegt und fragen in diesem Zusammenhang nach der Bedeutung der Sünde. Wir beschäftigen uns mit der Balthasarschen Abgrenzung der göttlichen Offenbarungsgestalt von der menschlichen Religion und den Religionen.

In einem weiteren Abschnitt kommen wir auf die dreifache Balthasarsche Variante der Enthüllungs-Verhüllungs-Dialektik zurück, welche ein katholisches Pendant zu Luthers Verständnis der absconditas Dei sub contraria specie anbieten soll. Wie muß Balthasars Einordnung der Verborgenheit Gottes am Kreuz in einen größeren Zusammenhang von göttlicher Enthüllung und Verhüllung reformatorischerseits beurteilt werden? Wir konzentrieren uns hier auf die Frage, ob Balthasar dem Gerichtscharakter des Kreuzes für die menschliche Gotteserkenntnis gerecht wird. Ist das Kreuz Krönung oder Krisis menschlicher Gotteserkenntnis?

Die Bedeutung der rechten Beurteilung der absconditas Dei am Kreuz als Infragestellung aller menschlichen Gotteserkenntnis führt uns in einem weiteren Abschnitt zur Frage nach dem dieser Offenbarung sub contrario entsprechenden menschlichen Verhalten. Balthasar geht mit dem reformatorischen Verständnis soweit überein, daß er den Glauben als einzig mögliche Antwort auf die Offenbarung Gottes in Christus ansieht. Kritisch fragen wir Balthasar hier aber noch einmal, was unter dem Glauben zu verstehen ist. Ist unmißverständlich klargestellt, daß der Glaube keine menschliche Möglichkeit, sondern das Werk der Gnade im Menschen ist? Wie müssen wir aus reformatorischer Perspektive Balthasars Lehre von der universalen Ausschüttung des Glaubenslichts beurteilen?

1. Kleine Apologie der Kreuzestheologie Luthers

Wenn wir im Folgenden bemüht sind, einige Klarstellungen im Blick auf eine reformatorische Kreuzestheologie vorzunehmen, kann es uns nicht darum gehen, jede der verstreuten Bemerkungen Balthasars zu diskutieren, die sich in der einen oder anderen Weise mit einzelnen reformatorischen Theologen beschäftigen.[233] Wir wenden uns sofort Balthasars Diskussion derjenigen Position zu, die er selbst als die „Ur-Intuition“[234] der reformatorischen Theologie bezeichnet: die Kreuzestheologie Martin Luthers.

Balthasars Kritik an der Kreuzestheologie Luthers läßt sich auf zwei zentrale Punkte zusammenfassen: 1. Für Luther offenbart sich Gott der Welt nur sub contraria specie, von der Schöpfung angefangen über die göttliche Vorsehung bis hin zur Menschwerdung des Sohnes. Deswegen stellt sich Theologie grundsätzlich als Dialektik dar.[235] 2. Hinter dem sich sub contraria specie offenbarenden Gott, dem deus revelatus, bleibt in Luthers Theologie ein

---

233 Viele dieser Anmerkungen fallen en passant, wenn sich Balthasar bei der Entfaltung seiner eigenen Theologie von anderen Denkern abgrenzt. Zumeist sind sie polemischer Natur. Balthasar gibt sich wenig Mühe, die Position des Gegners zu ihrem Recht kommen zu lassen. Ausführlicher setzt sich Balthasar nur mit der Methodenlehre des frühen Karl Barths auseinander. Diese Auseinandersetzung ist allerdings für ihn schon in seinem Barthbuch nur noch von theologiegeschichtlichem Interesse, da Barth seine dialektische Methode im Rahmen der *Kirchlichen Dogmatik* zugunsten der Lehre von der analogia fidei weiterentwickelt hatte.

234 H I, 45.

235 Vgl. a.a.O., 42f; TD I, 143-145.

deus nudus oder deus absconditus verborgen, dessen Existenz hinter die Offenbarung ein letztes Fragezeichen setzt.[236] Wie sind diese Thesen zu beurteilen?[237]

Bevor wir uns genau mit der Lutherschen Position beschäftigen, sind zwei grundsätzliche Bemerkungen angebracht. Erstens: Balthasar ignoriert weitgehend die Entwicklungen in Luthers vielfältiger Vorstellung vom deus absconditus.[238] Er präsentiert immer wieder fragwürdige Systematisierungen der Theologie Luthers, welche dieser Vielschichtigkeit wenig gerecht werden.[239] Dies zeigt sich augenfällig in der Tatsache, daß Balthasar Luthers Unterscheidung zwischen der Verborgenheit Gottes in seiner Offenbarung und derjenigen in Weltlauf und Prädestination gänzlich übergeht. Balthasar betrachtet beide Formen der göttlichen Verborgenheit als das gleiche Phänomen. Tatsächlich handelt es sich aber um zwei zu unterscheidende Sachverhalte, wie im Folgenden zu zeigen sein wird.[240]

Zweitens: Durch die Systematisierung der Lutherschen Theologie versperrt sich Balthasar immer wieder die Sicht auf die eigentliche Aussageabsicht des Reformators. Balthasar sieht bei Luther eine Dialektik aus Methode am Werk, die auf Hegel vorausweist, wo es dem Reformator lediglich darum geht, *vom Zeugnis der Offenbarung her* den vorfindlichen Zustand der

---

236 Vgl. dazu TL II, 311-314.

237 Wir beziehen uns in unserer Darstellung der Lutherschen Theologie neben der schon zitierten Monographie Loewenichs hauptsächlich auf folgende Untersuchungen: *H. Bandt*, Luthers Lehre vom verborgenen Gott: Eine Untersuchung zu dem offenbarungsgeschichtlichen Ansatz seiner Theologie, Berlin 1958 (Theologische Arbeiten; VIII); *E. Jüngel*, Quae supra nos, nihil ad nos. Eine Kurzformel der Lehre vom verborgenen Gott – im Anschluß an Luther interpretiert, in: *ders.*, Entsprechungen: Gott – Wahrheit – Mensch: Theologische Erörterungen, München 1980, 202-251; *ders.*, Die Offenbarung der Verborgenheit Gottes. Ein Beitrag zum evangelischen Verständnis der Verborgenheit des göttlichen Wirkens, in: *ders.*, Wertlose Wahrheit: Zur Identität und Relevanz des christlichen Glaubens: Theologische Erörterungen III, München 1990, 163-182.

238 Einen Forschungsüberblick zum Thema bietet *Blaumeiser*, 26-90.

239 Vgl. zur Bedeutungsvielfalt der Lutherschen Begriffe *Bandt*, 19 u. 21.

240 Diese Unterscheidung findet sich nicht nur zwischen den verschiedenen Schriften des Lutherschen Werkes – wir beschränken uns zum Vergleich beider Phänomene hier weitgehend auf die *Heidelberger Disputation* von 1518 und *De servo arbitrio* von 1525 –, sondern auch innerhalb einer einzigen Schrift, etwa der letztgenannten vom unfreien Willen. Einerseits bezeichnet Luther mit dem Begriff abscondere die eigentümliche Weise, in der sich Gott offenbart, andererseits die Verborgenheit, mit der Gott die Welt regiert und in seinem ewigen Ratschluß die Menschen zum Heil oder zum Unheil prädestiniert, eine Verborgenheit, in der Gott sich gerade nicht offenbart. Die von Balthasar völlig übersehene Frage muß dann aber lauten: Wie verhalten sich diese beiden Arten der göttlichen Verborgenheit zueinander? Vgl. a.a.O., 19. Bandt argumentiert, daß in Luthers Theologie eine einheitliche Grundanschauung vorhanden ist. Er sieht allerdings in *De servo arbitrio* eine „Erweiterung seiner ursprünglichen Lehre" (a.a.O., 22). Für Bandt sind alle zwei bzw. drei Arten der göttlichen Verborgenheit (in seiner Offenbarung, im Weltgeschehen und im ewigen göttlichen Ratschluß) nähere Bestimmungen des Lutherschen Offenbarungsgedankens. Von daher auch der Untertitel seiner Monographie: „Eine Untersuchung zu dem offenbarungsgeschichtlichen Ansatz seiner Theologie". Vgl. zur Unterscheidung der beiden Verborgenheiten Gottes bei Luther auch *B. A. Gerrish*, „To the Unknown God": Luther and Calvin on the Hiddenness of God, in: JR 53 (1973): 263-292.

Welt zu beschreiben. Denn: „Theologus crucis dicit, id quod res est.“[241] Es wird darum im Folgenden nicht nur genaustens darauf zu achten sein, was Luther sagt, sondern auch, mit welcher epistemologischen Begründung Luther zu einer bestimmten theologischen Aussage kommt.[242]

a. Luthers Position vor 1520

In der Frühzeit, etwa der *Heidelberger Disputation*, aber auch schon in der Ersten Psalmenvorlesung,[243] spricht Luther ausschließlich von der Verborgenheit Gottes in der Offenbarung, welche sich als Verbergung sub contraria specie darstellt. Hier findet sich keine Entgegensetzung zwischen offenbarem und verborgenem Gott. Gott offenbart sich dem Menschen, indem er sich unter dem Gegenteil verbirgt. Der deus absconditus ist identisch mit dem deus revelatus.[244]

Die Offenbarung unter dem Gegenteil stellt keineswegs den ursprünglich von Gott gewählten Weg dar, sich den Menschen mitzuteilen. Der von Gott in der Naturordnung vorgesehene Weg bestand vielmehr in der Erkenntnis Gottes durch ea, quae facta sunt, d.h. aus den sichtbaren Werken der Schöpfung. Luther ist, entgegen Balthasars Interpretation, nicht der Meinung, daß Gott sich grundsätzlich nur unter dem Gegenteil offenbaren will. Ganz im Gegenteil: Luther räumt durchaus ein, daß Gott allen Menschen in den Werken der Schöpfung offenbar ist, besser: offenbar sein sollte. Aber dieses Wissen um Gott aus den Werken der Schöpfung ist, wie Luther in Anschluß an Röm 1,22f argumentiert, ein durch die Sünde verkehrtes Wissen. Obwohl die Menschen aus den Schöpfungswerken Gott hätten erkennen sollen, haben sie ihn *faktisch* nicht erkannt (Thesen 19 & 20; vgl. These 24).[245] Statt Gott in der Schöpfung als Schöpfer wahrzunehmen, haben sie sich eigene Götzen erdacht.

Die Offenbarung Gottes in Christus sub contraria specie ist Gottes Antwort auf diese Gottesverkennung des Menschen. Weil die Menschen Gott nicht in

---

241 *Luther*, WA 1, 354, 21f.

242 Die Problematik von Balthasars Umgang mit Luther ist nicht unwesentlich auf die vorbehaltlose und unkritische Übernahme des Lutherbuches des katholischen Lutherforschers Theobald Beer zurückzuführen, das trotz seiner erschlagenden Materialfülle ein völlige verzerrte Darstellung bietet. Siehe dazu *Th. Beer*, Der fröhliche Wechsel und Streit: Grundzüge der Theologie Martin Luthers, Einsiedeln 1980 (Sammlung Horizonte, Neue Folge; 19), und die kritischen Rezensionen von *E. Iserloh*, Der fröhliche Wechsel und Streit: Zu Theobald Beers Werk über Grundzüge der Theologie Martin Luthers, in: Catholica 36 (1982): 101-114; *J. Wicks*, Revision des katholischen Lutherbildes? Zu Theobald Beers Grundzüge der Theologie Martin Luthers, in: ThRv 78 (1982): Sp. 1-12; *H. Beintker*, Besprechung von Beer, Theobald: Grundzüge der Theologie Martin Luthers, in: ThLitZ 107 (1982): Sp. 767-772; *W. Löser*, Ein katholischer Versuch zu Luther: Bemerkungen zu Theobald Beer, Der fröhliche Wechsel und Streit. Grundzüge der Theologie Martin Luthers, in: ThPh 56 (1981): 565-573.

243 Vgl. *Bandt*, 31.

244 Vgl. *Loewenich*, 29f; *Bandt*, 24.

245 Vgl. *Loewenich*, 20 u. 27.

dem erkannt haben, worin er als Schöpfer offenbar zutage tritt, verbirgt er sich unter dem Gegenteil, um sich zu offenbaren (These 20). „Alles ist auf den Kopf gestellt, verborgen unter dem Gegenteil (*sub contrario*) – nicht aus Willkür, sondern weil der Mensch, so wie er konkret beschaffen ist, dessen absolut bedarf. ‚Das', so formuliert *Pierre Bühler* treffend, ‚ist der letzte Grund der Verborgenheit sub contrario: Das Handeln Gottes muß dem Menschen im Widerspruch widersprechen, damit es ihn wieder in Einklang mit sich selbst bringen kann.'"[246] Die Kreuzestheologie geht nicht von einer merkwürdigen Dialektik in Gott selbst aus, wie Balthasar mutmaßt, sondern nimmt ihren Ausgangspunkt in der sündigen Selbstverkennung des Menschen.[247]

Der Verborgenheitsgestalt der Offenbarung eignet darum ein dezidierter Gerichtscharakter über den natürlichen Menschen und seine Gotteserkenntnis, insofern sie ihm jeden Halt in der geschöpflichen Welt nimmt.[248] Es gibt nunmehr nur noch eine indirekte Offenbarung Gottes, die nur für den Glauben zugänglich ist. Luther lehnt für den gefallenen Menschen jegliche Erkenntnis Gottes ex operibus ab, womit zuerst die Werke der Schöpfung, sodann – durch eine gewisse begriffliche Doppeldeutigkeit – aber auch die moralisch guten Werke gemeint sind.[249] Gott zeigt sich dem Menschen in der Gnadenoffenbarung, wie Moses in der Wüste, nur in Form seiner posteriora, seiner Rückansicht, und zwar per passiones et crucem, in Leiden und Kreuz.[250]

Der christologische Ausgangspunkt der Verborgenheitsgestalt der göttlichen Offenbarung in Leben, Leiden und Sterben Jesu Christi macht die antispekulative Tendenz der Lutherschen Kreuzestheologie deutlich. Luther entfaltet keine Metaphysik vom Kreuze aus, sondern beschreibt vom Standpunkt der Offenbarung und des Glaubens aus, „quod res est" (These 21). Es handelt sich bei Luthers Verständnis der Kreuzestheologie schon aus diesem Grunde nicht um eine Dialektik aus Methode. Luther wendet sich grundsätzlich gegen jede Form der menschlichen Spekulation über Gott. Gottes Offenbarung sub contraria specie ist dem Menschen nur durch den Glauben und das eigene Leiden zugänglich. Deswegen gilt: „Theologia crucis ist Theologie des Glaubens."[251]

---

246 *Blaumeiser*, 173f mit Zitat aus *P. Bühler*, Kreuz und Eschatologie: Eine Auseinandersetzung mit der politischen Theologie im Anschluß an Luthers theologia crucis, Tübingen 1981 (Hermeneutische Untersuchungen zur Theologie; 17), 222. Vgl. *Blaumeiser*, 184f u. 447.

247 Vgl. a.a.O., 174 u. 177.

248 Vgl. *Bandt*, 37-39.

249 Vgl. dazu *Loewenich*, 20f.

250 Unter den visibilia Dei versteht Luther nach These 20 der *Heidelberger Disputation* im Anschluß an 1Kor 1,25 vor allem die humanitas, infirmitas und stultitia des menschgewordenen und gekreuzigten Gottes. Vgl. *Loewenich*, 22 u. 28. Auch hier tritt allerdings wieder eine gewisse Doppeldeutigkeit in Luthers Sprache zutage. Luther versteht nämlich unter Kreuz und Leiden nicht nur das Kreuz und die Leiden von Golgatha, sondern auch das Kreuz und die Leiden der Christen, welche die rechte Ausgangsbasis zur wahren Erkenntnis Gottes sub contraria specie darstellen. Vgl. a.a.O., 21.

251 A.a.O., 22. Vgl. *Bandt*, 38f u. 44.

Dies führt für die Frühzeit der Theologie Luthers zu einem weiteren Punkt: Die Verborgenheitsgestalt der Offenbarung steht unter einem eschatologischen Vorbehalt. Luther bezieht dies eschatologische Verständnis aus der für seinen Glaubensbegriff grundlegenden Schriftstelle Hebr 11,1: „Et ‚fides est substantia rerum sperendarum', id est possessio et facultas rerum, non mundanarum (que est visio vel sensus), sed futurarum."[252] Der Glaube ist deswegen für Luther schon in der Ersten Psalmenvorlesung, den *Dictata super Psalterium*, mit der christlichen Hoffnung identisch, die im Gegensatz zum Haben und Besitzen steht.

Später wird Luther diesen Sachverhalt durch die Vorstellung präzisieren, daß die göttlichen Gnadengaben dem Menschen nur unter der Gestalt des Wortes als göttliche Verheißung oder promissio gegeben sind, welche den Menschen aus dem sinnlich Vorhandenen herausruft und in das zukünftige, unsichtbare Reich hineinstellt.[253] „Darum kann sich der Mensch, der sich im Glauben an das Wort hält, immer nur auf dem Wege, im Übergang von dieser Welt zu der zukünftigen Herrlichkeit der vollendeten Gottesgemeinschaft befinden".[254] Der eschatologische Vorbehalt macht nochmals deutlich, daß die Verborgenheitsgestalt der Offenbarung keine absolute ist, sondern eine durch den Sündenfall hervorgerufene und damit überholbare.[255]

Von hieraus läßt sich nun auch die Frage der Funktion der Verborgenheitsgestalt der göttlichen Offenbarung beantworten. Diese liegt vor allem in der Zerstörung allen menschlichen Hochmutes, Stolzes und seiner Selbstsicherheit, kurzum in der Demütigung des Menschen. Der Mensch muß allen Stolz hinter sich lassen, um in der Lage zu sein, sein Vertrauen ganz auf Gott zu setzen. Er muß durch Leiden und Übel von Gott gedemütigt werden, um nicht länger auf die eigenen Werke zu bauen, seien es die Werke der menschlichen Erkenntnis oder die moralisch guten Werke (*Heidelberger Disputation*, These 21 & 24). In der menschlichen Demut liegt somit das Ziel der Verborgenheitsgestalt der Offenbarung.[256]

---

252 *M. Luther*, Dictata super Psalterium, 1513-16, in: WA 3 (1885), 420, 6-8.

253 Vgl. *Bandt*, 53: „In dem Begriff *promissio* (und seinem doppelten Korrelat des Glaubens und der Hoffnung) hat Luther den adäquaten Ausdruck für ein Offenbarungsverständnis gefunden, auf das schon die noch neuplatonisch oder mystisch verkleideten Aussagen seiner Frühzeit hinzielten." Der Begriff der promissio ist allerdings in der *Heidelberger Disputation* selbst nicht vorhanden. Er findet sich zwar schon in der Römerbriefvorlesung, gewinnt aber erst seit der Zweiten Psalmenvorlesung, den *Operationes in Psalmos*, an entscheidender Bedeutung. Vgl. *Bandt*, 51f. Wegen des Fehlens des promissio-Begriffs sieht O. Bayer in der *Heidelberger Disputation* die reformatorische Wende in Luthers Theologie noch nicht als vollzogen an. Vgl. dazu *O. Bayer*, Promissio: Geschichte der reformatorischen Wende in Luthers Theologie, Göttingen 1971, 166.

254 *Bandt*, 48 mit Verweis auf *Luther*, WA 2, 535, 30.

255 Vgl. *Bandt*, 54.

256 Vgl. *Blaumeiser*, 280f; *McGrath*, 154-156; *Bandt*, 62 u. 64f. Hier ist allerdings zu beachten, daß Luther im Gegensatz zum mönchischen Demutsideal unter der Demut keineswegs eine „tugendhafte Gesinnung" versteht, sondern vielmehr die „Bedrückung und Bedrängnis" des Menschen meint, die ihm durch Gott selbst entstehen (*Bandt*, 66; vgl. *Blaumeiser*, 280). Diese Verbindung drückt sich bei Luther durch den Zusammenhang der Demut (humilitas) mit dem Begriff der Anfechtung (tentatio) aus: die von Gott her rührende Anfechtung versetzt den

Durch die Verborgenheitsgestalt der Offenbarung raubt Gott dem Menschen allen Halt in der Welt und bereitet ihn auf die Gnade vor. Die Verborgenheit der göttlichen Offenbarung ist immer zugleich (Zorn-)Gericht und Gnade: Gericht über den natürlichen Menschen, Gnade für den Glaubenden. Das Gericht ist aber kein Selbstzweck, sondern dient der Vorbereitung des Menschen auf die Gnade. „Was wir als Liebe bzw. als Zorn empfinden, ist von Gott her letztlich nur Liebe."[257] Das Gericht ist das der Liebe Gottes entspringende opus alienum, welches dem göttlichen opus proprium der Gnade dient.[258]

b. Luthers Position nach 1520

Während Luther in der Frühzeit nur diese erste Art von Verborgenheit Gottes kennt, für die er den Begriff der absconditas Dei sub contraria specie verwendet, entwickelt er im zweiten Jahrzehnt seiner Lehrtätigkeit, insbesondere in seiner polemischen Gelegenheitsschrift gegen Erasmus von Rotterdam, *De servo arbitrio*, eine zweite Vorstellung von der Verborgenheit Gottes.[259] Bei dieser zweiten Art von Gottes Verborgenheit geht es ihm um die Verborgenheit des zuerst in seiner Weltregierung, dann aber auch in seinem ewigen Ratschluß unerforschlichen Gottes in maiestate et natura sua.[260] Für diese Verborgenheit gebraucht Luther bedeutsamerweise nicht den Begriff der absconsio,[261] sondern eine ganze Reihe anderer Ausdrücke: Er spricht von

---

Gläubigen in den Stand der Demut und erhält ihn darin. Siehe dazu *H. Beintker*, Die Überwindung der Anfechtung bei Luther: Eine Studie zu seiner Theologie nach den Operationes in Psalmos 1519-21, Berlin 1954 (Theologische Arbeiten; 1). Luther kennt eine ganze Reihe an Anfechtungsformen, die in der geistlichen Anfechtung als ihrer ernsthaftesten und gefährlichsten Form gipfeln. Hier zweifelt der Mensch an seiner Fähigkeit, erlöst werden zu können (vgl. *Bandt*, 68f). Aber selbst diese extreme Form der Anfechtung ist noch als Gerichtscharakter der Gnadenoffenbarung zu verstehen (a.a.O., 70). Insofern die Seele in der geistlichen Anfechtung mit dem angefochtenen Christus am Kreuz vereint ist, erweist sich die Anfechtung tatsächlich als Bestimmung des menschlichen Gottesverhältnisses, die den Menschen von der Selbstgerechtigkeit zur Demut führen soll (vgl. a.a.O., 74f). Vgl. zur Anfechtung der Christen *McGrath*, 170-175 und zur Anfechtung Christi *Bandt*, 72-82.

257 *Blaumeiser*, 184.

258 Vgl. *McGrath*, 151.

259 Vgl. zur Gattungsbestimmung von *De servo arbitrio K. Schwarzwäller*, Theologia crucis: Luthers Lehre von Prädestination nach De servo arbitrio, 1525, München 1970 (Forschungen zur Geschichte und Lehre des Protestantismus, 10. Reihe; XXXIX), 38-44.

260 Bandt nennt neben der Verborgenheit Gottes im Weltgeschehen und im ewigen göttlichen Ratschluß noch diejenige „außerhalb seiner Offenbarung" (*Bandt*, 84; vgl. a.a.O., 84-102). Bei dieser handelt es sich für ihn um die Kehrseite der Verborgenheitsgestalt der Offenbarung, insofern sich an dieser Glauben und Unglauben scheiden: während der Glaube Gott in der Offenbarung erkennt, sieht der Unglaube nichts. „Quia sic veritas absconditur sub aliena specie iis, qui insipientes sunt. Sed sapientibus, id est humilibus et mitibus, manet in propria specie" (*M. Luther*, Dictata super Psalterium, 1513-16, in: WA 4 (1886), 83, 14f). Wer Gott in seiner Offenbarung nicht zu erkennen vermag, dem wird sie zum Verhängnis. Hierin eignet der Verborgenheitsgestalt der Offenbarung für Bandt ein ausgesprochen kritisches Moment.

261 Vgl. *Bandt*, 125.

„Gottes mummerey, darunter er sich verbirgt und unn der wellt so wunderlich regirt und rhumort",[262] von den Geschöpfen als Gottes „larven ..., unter wilcher er sich verbirget und alles unn allen wirckt, wie wir Christen das wol wissen",[263] oder vom Weltlauf als „Gotts turnyr und reuterey, da sichs unternander sticht und bricht".[264] Diesen in seiner Majestät uns unzugänglichen Gott bezeichnet Luther wechselweise als deus ipse, deus nudus oder deus absconditus. Der deus absconditus ist nicht identisch mit dem sich im Wort offenbarenden deus revelatus. Eberhard Jüngel spricht deshalb von der „absoluten" Verborgenheit Gottes im Weltgeschehen und der Prädestination, die er von der „präzisen" Verborgenheit Gottes in seiner Offenbarung sub contraria specie unterscheidet.[265]

Die Verborgenheit Gottes im Weltgeschehen gründet auf zwei von Luther festgehaltenen Tatsachen. Zum einen der für ihn biblisch abgesicherten Annahme, daß Gott der Herr der Geschichte ist und als Allmächtiger und Allgegenwärtiger die letzte Verantwortung für alles Weltgeschehen trägt. Problematisch wird das Wissen um Gottes Weltregierung durch das, was E. Jüngel als die „Differenzerfahrung" des Menschen in einer noch nicht endgültig von Sünde und Unheil erlösten Welt bezeichnet hat. Luthers Festhalten an der Omnipotenz und Allwirksamkeit Gottes zwingt ihn nämlich, Gott auch noch dort am Werk zu sehen, wo dies seinem erlösenden und heilbringenden Wort zu widersprechen scheint. Gott wirkt für Luther in allen Geschöpfen, selbst noch im Werk der Bösen, der Gottlosen und des Satans: „Quando ergo Deus omnia movet et agit, necessario movet etiam et agit in Satana et impio."[266] Die Geschöpfe sind nie frei, aus sich selbst heraus zu handeln, sondern bleiben immer an den Schöpfer gebunden. Dies heißt für Luther allerdings nicht, daß Gott als Urheber des Bösen betrachtet werden darf, da er nur vermittels der Geschöpfe und durch sie wie durch Instrumente wirkt.[267]

Die Verbergung Gottes im Weltgeschehen führt Luther auf die Mitwirkung der Geschöpfe zurück. Nur, wo Gott alleine handelt, ist er offenbar. Dies ist aber eben nur in der Offenbarung der Fall. Da Gott in der Welt nur vermittelt wirkt, muß von seinem Werk als einem verborgenen Werk, einem opus alienum, gesprochen werden. „Es ist die unversöhnte Schöpfung, und es ist die noch nicht abgegoltene Versöhnung, die zwischen einem göttlichen opus proprium und einem göttlichen opus alienum solange zu unterscheiden nötigt,

262 *M. Luther*, Der 127. Psalm ausgelegt an die Christen zu Riga in Liefland, 1524, in: WA 15 (1899), 373, 16f.

263 *M. Luther*, Vorrede zu „Die Weissagung Joh. Lichtenbergers deutsch zugericht", 1527, in: WA 23 (1901), 8, 37f.

264 *M. Luther*, Der Prophet Habakuk ausgelegt, 1526, in: WA 19 (1897), 360, 19f. Vgl. auch TD I, 144.

265 Vgl. *Jüngel*, Quae supra nos, nihil ad nos, 239.

266 *M. Luther*, De servo arbitrio, 1525, in: WA 18 (1908), 709, 21-22.

267 Vgl. *Luther*, WA 18, 709, 28-30: „Hic vides Deum, cum in malis et per malos operatur, mala quidem fieri, Deum tamen non posse male facere, licet mala per malos faciat, quia ipse bonus male facere non potest, malis tamen instrumentis utitur ..." Vgl. auch *Jüngel*, Die Offenbarung der Verborgenheit Gottes, 174.

bis Gott das erlösende Werk der Vollendung vollbracht haben wird."[268] Gottes Handeln in der Weltgeschichte offenbart ihn gerade nicht und führt folglich auch zu keiner Gotteserkenntnis.

Von der Verborgenheitsgestalt der Offenbarung aus fällt nun aber Licht auf die Verbergung Gottes im Weltgeschehen. Dem Christen wird der Weltlauf aus dem Wissen um die Verbergung Gottes in Christus auf Gottes Weltregierung hin durchsichtig. Es handelt sich aber immer um ein aus der Offenbarung entstammendes Wissen, es kann also auch hier nicht, wie Balthasar vermutet, von einer Ausweitung des christologischen Paradoxons zu einer Weltformel die Rede sein. Den Ungläubigen bleibt nicht nur Gottes Weltregierung selbst, sondern auch deren Verborgenheit verborgen. Wieder konfrontiert uns Luthers Theologie mit dem eschatologischen Vorbehalt seiner theologia viatorum. Und wieder ist dieser Vorbehalt gnoseologisch mit der Forderung nach dem Glauben verbunden. Der „rätselvolle Schein der Ungerechtigkeit der allgemeinen göttlichen Weltregierung" führt dazu, daß diese nur geglaubt werden kann.[269]

Das Verhältnis der Verborgenheit Gottes im Weltgeschehen zur Verborgenheitsgestalt der Offenbarung muß als ein doppeltes beschrieben werden.[270] Einerseits ist die Verborgenheit im Weltlauf anderer Art als die Verborgenheit Gottes in der Offenbarung, denn hier kommt es gerade nicht zu einer Offenbarung Gottes; andererseits ist die Verborgenheit Gottes im Weltgeschehen auf die Verborgenheitsgestalt der Offenbarung hingeordnet, denn sie verwehrt dem Menschen ein natürliches Wissen um Gott und verweist ihn somit auf die nur dem Glauben zugängliche Offenbarung. Verborgenheit Gottes im Weltgeschehen und Verborgenheitsgestalt der Offenbarung haben beide ihren Zielpunkt im Glauben als der nach dem Sündenfall einzig legitimen Zugangsweise zu Gott.[271] Diese Verbindung spiegelt sich darin wider, daß die Verbergung Gottes im Weltgeschehen wie die absconditas Dei in der Offenbarung zum Ziel haben, die Selbstsicherheit, den Hochmut und Stolz des Menschen zu brechen, um ihn für die Gnade zu bereiten und zum Glauben zu bringen.[272]

Der nächste Schritt führt uns zur Verborgenheit Gottes im ewigen göttlichen Ratschluß, m.a.W. in der Prädestination der Menschen zum Heil oder Unheil. Luther zufolge hat Gott in seinem ewigen Willen den Weltlauf im Voraus bestimmt. Er regiert die Welt nach einem von Ewigkeit vorgegebenen Plan und ist zudem in seiner ewigen Prädestination dafür verantwortlich, wem der Heilige Geist verliehen wird, um das göttliche Wort der Rechtfertigung im Glauben und zur Erlösung anzunehmen, und wem nicht. Luther lehrt eine doppelte Prädestination, wobei die Betonung seiner Überlegungen auf der Erwählung der einen liegt, und die Verwerfung der anderen nur die

---

[268] *Jüngel*, Die Offenbarung der Verborgenheit Gottes, 172.

[269] *Bandt*, 117.

[270] Wir folgen hier der Auffassung von Bandt. Vgl. a.a.O., 125-133.

[271] Vgl. a.a.O., 125f.

[272] *Bandt*, 127f, verweist hierzu auf Luthers Auslegung zum 127. Psalm von 1524. Er argumentiert, daß auch die Verbergung Gottes im Weltlauf im weitesten Sinne zur Verborgenheitsgestalt der Offenbarung selbst gerechnet werden muß.

negative Folie für diese Erwählung abgibt.[273] Letztlich liegt es aber bei Gott, wer die ihm angebotene Gnade annimmt und wer sie ablehnt. Wäre nämlich diese Entscheidung der menschlichen Freiheit anheim gestellt, so erhöbe sich für Luther der Mensch über die Allwirksamkeit Gottes, und Gott wäre seiner Gottheit beraubt.[274]

Nun birgt die Vorstellung eines Gottes, der von Ewigkeit her die Menschen zum Heil oder Unheil vorherbestimmt, eine gewisse Problematik in sich, welche Erasmus von Rotterdam Luther in seiner *Diatribe de libero arbitrio* denn auch nicht vorenthält. Er wirft Luther vor, mit der Vorstellung vom prädestinierenden Gott eine Spaltung in das Gottesbild selbst hineinzubringen. Der Humanist bezieht sich in seiner Kritik auf das Schriftwort Ez 33,11: nolo mortem peccatoris, sed magis, ut convertatur ad vitam. Gott will nicht den Tod, sondern die Bekehrung und das Leben des Sünders. Erasmus argumentiert, daß Gottes Wille mit Notwendigkeit zwiespältig sei, wenn Gott einerseits den Tod des Sünders bewirke, andererseits von sich sage, er wolle diesen Tod nicht. Für Erasmus impliziert dieses Wort folglich den freien Willen des Menschen. Der Mensch solle sich mithilfe seines freien Willens von der Sünde bekehren, um so das Leben zu gewinnen.

Luther hält der Argumentation des Erasmus die Unterscheidung von deus revelatus und deus absconditus entgegen. Es gilt zu unterscheiden zwischen dem in seinem Ratschluß verborgenen deus absconditus und dem in seinem Wort offenbaren deus revelatus. Beide sind für die menschliche Erkenntnis nicht identisch, ganz im Gegenteil, sie müssen unbedingt getrennt betrachtet werden. „Aliter de Deo vel voluntate Dei nobis praedicata, revelata, oblata, culta, Et aliter de Deo non praedicato, non revelato, non oblato, non culto disputandum est."[275] Der in der Prädestination verborgene Gott erscheint Luther in seiner Natur und Majestät als ein grausamer Gott, mit dem der Mensch nichts zu schaffen hat. Dieser Gott ist dem Menschen nicht einfach nur verborgen, er *hat* sich dem Menschen geradezu verborgen. Er will mit dem Menschen nichts zu tun haben. „Relinquendus est igitur Deus in maiestate et natura sua, sic enim nihil nos cum illo habemus agere, nec sic voluit a nobis agi cum eo. Sed quatenus indutus et proditus est verbo suo, quo nobis sese obtulit, cum eo agimus, quod est decor et gloria eius …"[276] Deswegen müssen wir uns von ihm ab- und seinem Wort zuwenden, wenngleich wir um seine Existenz wissen müssen.[277]

---

[273] Vgl. a.a.O., 138f. Bandt macht darauf aufmerksam, daß Luther die Lehre der doppelten Prädestination nicht spekulativ, sondern aus der konkreten geschichtlichen Tatsache entwickelt, daß manche das ihnen in Christus angebotene Heil abgelehnt haben.

[274] Für Luther ist die Prädestinationslehre durchaus schriftgemäß. Vgl. a.a.O., 142f. Während der Mensch durch die Offenbarung um die Erwählung der einen und die Verwerfung der anderen weiß, weiß er für Luther jedoch nicht, wer erwählt und wer verworfen ist. Ebenso ist im undurchdringlichen Geheimnis des göttlichen Ratschlusses verborgen, warum die einen erwählt und die anderen verworfen sind. Vgl. a.a.O., 145f.

[275] *Luther*, WA 18, 685, 3-5.

[276] A.a.O., 685, 14-17. Vgl. *Loewenich*, 32.

[277] Vgl. *Loewenich*, 35.

Das Schriftwort aus dem Buch Ezechiel ist Luther zufolge nur vom deus revelatus gesprochen, der in der Tat nicht den Tod des Sünders wolle. Von diesem Gott kann nicht gesagt werden, er beklage den Tod, den er selber wirkt. Vielmehr beklagt er den Tod, welchen er in der Welt vorfindet. „Deus pius non deplorat mortem populi quam operatur in illo, Sed deplorat mortem quam invenit in populo et amovere studet."[278] Gott ist aber auch der allmächtige und allwirksame Gott, der alles Weltgeschehen lenkt und damit für Leben und Tod verantwortlich ist.[279] Die ewigen Ratschlüsse dieses alles Weltgeschehen lenkenden deus nudus sind unerforschlich. Gott will in der Tat vieles, was er uns nicht in seinem Offenbarungswort mitteilt, und was uns daher auch nichts angeht. „Quatenus igitur Deus sese abscondit et ignorari a nobis vult, nihil ad nos. Hic enim vere valet illud: Quae supra nos, nihil ad nos."[280] Er hat mit dem Menschen kein commercium oder agere und will dies auch nicht haben. Er muß nach dem Gebot der Schrift in Ruhe gelassen werden.[281] Von diesem Gott kann nicht gesagt werden, daß er den Tod des Sünders nicht wolle. „Deus absconditus in maiestate neque deplorat neque tollit mortem, sed operatur vitam, mortem et omnia in omnibus."[282]

Die Frage, warum dieser verborgene Gott manche der Verwerfung anheimgibt, kann nicht beantwortet werden, denn diese Frage stößt immer nur an die Undurchdringlichkeit der göttlichen Majestät. Es ist nach Luther dem Menschen nicht erlaubt, die Geheimnisse des göttlichen Ratschlusses zu erforschen. Es gibt viele Dinge, die Gott vorzieht, dem Menschen nicht zu offenbaren. „Multa facit Deus, quae verbo suo non ostendit nobis. Multa quoque vult, quae verbo suo non ostendit sese velle."[283] Zu diesen Dingen, die dem Menschen vorenthalten werden, gehört auch die Frage, warum der verborgene Gott den Tod einiger Sünder wolle, wenngleich dies dem Wort des offenbaren Gottes widerspricht. „Sic non vult mortem peccatoris, verbo scilicet, Vult autem illam voluntate illa imperscrutabili."[284] Dieser verborgene Wille Gottes darf vom Menschen nicht erforscht werden, wenngleich er gewußt, gefürchtet und angebetet werden muß.[285]

Wie aber ist das Verhältnis von deus revelatus und deus absconditus zu beurteilen? Luthers Äußerungen sind in dieser Frage nicht eindeutig, und so wird sie, wie Balthasar zu Recht bemerkt, in der Lutherforschung auch in verschiedener Weise beantwortet.[286] Einerseits macht Luther nämlich auf die

---

278 *Luther*, WA 18, 685, 18-19.

279 Vgl. *Jüngel*, Die Offenbarung der Verborgenheit Gottes, 173f.

280 *Luther*, WA 18, 685, 5-7.

281 Luther bezieht sich in WA 18, 690, 15 auf Röm 9,19ff und Jes 58,2. Vgl. *Bandt*, 150.

282 *Luther*, WA 18, 685, 21-24.

283 A.a.O., 685, 27-28.

284 A.a.O., 685, 28-29.

285 Vgl. A.a.O., 686, 1-3: „Satis est, nosse tantum, quod sit quaedam in Deo voluntas imperscrutabilis. Quid vero, Cur et quatenus illa velit, hoc prorsus non licet quaerere, optare, curare aut tangere, sed tantum timere et adorare."

286 Vgl. die Literaturübersicht bei *Bandt*, 9-18. Eine ganze Reihe reformatorischer Lutherforscher ist durchaus bereit, Luther Inkonsistenz zu attestieren. Vgl. beispielsweise *McGrath*, 166f;

Nichtwidersprüchlichkeit Gottes aufmerksam, so daß die Unterscheidung nicht ontologischer, sondern lediglich erkenntnistheoretischer Natur zu sein scheint, m.a.W. nicht auf Seiten Gottes, sondern auf Seiten des erkennenden Menschen zu verorten ist. Diese Deutung wird noch dadurch unterstützt, daß die Unterscheidung zwischen verborgenem und offenbarem Gott eschatologisch im lumen gloriae aufgehoben wird.[287] Andererseits schließt Luther vom verborgenen Wirken Gottes im Weltgeschehen auf das göttliche Subjekt an sich und identifiziert die dunkle Seite Gottes mit dessen Majestät und Natur, wenn er Erasmus vorwirft, daß dieser in seiner Diatribe „nihil distinguit inter Deum praedicatum et absconditum, hoc est, inter verbum Dei et Deum ipsum."[288] E. Jüngel argwöhnt daher, daß Luthers Unterscheidung geradewegs zu Goethes Ausspruch nemo contra deum nisi deus ipse zu führen scheint.[289]

In seinem Beitrag „Quae supra nos, nihil ad nos. Eine Kurzformel der Lehre vom verborgenen Gott – im Anschluß an Luther interpretiert" hat Jüngel darauf insistiert, daß deus revelatus und deus absonditus einander nicht so kontrastiert werden dürfen, „daß es zu einem Widerspruch im Wesen Gottes kommt."[290] Luther gehe nicht von zwei verschiedenen Göttern aus, und seiner Theologie werde Gewalt angetan, „wenn man den verborgenen Gott ... als eine immer wieder mögliche Infragestellung der Offenbarung Gottes versteht."[291] Für Jüngel stellt der deus absconditus lediglich den „notwendige[n] Grenzbegriff" für den deus revelatus dar, „ohne den die Menschwerdung Gottes nicht als Selbstbestimmung Gottes gedacht werden könnte, sondern als göttliches Geschick mißverstanden werden müßte."[292] Luthers

---

Althaus, 241-243. Nun ist zuerst zu sagen, daß von einer relecture der biblischen Texte aus die reformatorische Theologie keineswegs an Luthers Überzeugung festhalten muß, nur die Lehre von der doppelten Prädestination biete eine der Sache angemessene Auslegung des in der Schrift umschriebenen Sachverhalts. Man wird heute vielmehr geneigt sein, zumindest die von Balthasar angeregte „Hoffnung für alle" zu vertreten. Siehe zur Frage *J. Christine Janowski*, Apokatastasis panton – Allererlösung: Annäherungen an eine entdualisierte Eschatologie, Tübingen, Univ., Habil.-Schrift, 1992. Unabhängig von dieser Frage müssen wir jedoch nochmals zu Luther selbst zurückgehen und fragen, ob sich in seiner Theologie Anhaltspunkte finden lassen, welche seine Berufung auf die Zuverlässigkeit der Offenbarung trotz des in Prädestination und Weltregierung verborgenen Gottes als theologisch gerechtfertigt erscheinen lassen.

[287] Vgl. *Loewenich*, 53: „Der Hinweis auf dieses lumen gloriae, in dem der Glaube zum Schauen werden soll, ist schließlich die ultima ratio in De servo arbitrio." Für Bandt sind deswegen die Offenbarung Gottes sub contraria specie und die Verbergung Gottes in Weltgeschehen und Prädestination nur zwei verschiedene Seiten der Verborgenheitsgestalt der göttlichen Offenbarung, letztere „unter ganz betonter Herausstellung der k r i t i s c h e n Funktion, die sie für die Gotteserkenntnis des Menschen hat" (*Bandt*, 83).

[288] *Luther*, WA 18, 685, 25-27.

[289] Vgl. *Jüngel*, Die Offenbarung der Verborgenheit Gottes, 176: „Luther ist zwar hier alles andere als eindeutig. ... Aber gerade diese Uneindeutigkeit ist inakzeptabel. Luther ist vielmehr darin ernst zu nehmen und darauf festzulegen, daß er in demselben Zusammenhang ausdrücklich erklärt hat, Gott habe sich in seinem Wort definiert."

[290] *Jüngel*, Quae supra nos, nihil ad nos, 222.

[291] A.a.O., 223.

[292] Ebd. Vgl. Loewenich, 38.

Annahme des deus ipse verhindert die Konsequenz, daß Gott durch eine Notwendigkeit der Menschwerdung in den Weltlauf verstrickt wird. Die Gottheit und Freiheit Gottes wird angesichts des Eintritts Gottes in die Geschichte durch die Vorstellung vom deus ipse abgesichert.

Dies darf für Jüngel aber nicht mit Rudolf Hermann dahingehend mißverstanden werden, „daß Gott sich in seinem Wort nicht ‚definiert', nicht festgelegt, habe."[293] Obgleich Luther dem deus in sua maiestate absconditus ein Eigenleben zuzuschreiben scheint, geht es ihm doch gerade darum, Abstand vom Spekulieren über den deus absconditus zu nehmen. „Luthers Unterscheidung von deus praedicatus und deus absconditus hat also nicht die Funktion, die Verborgenheit Gottes und die Offenbarung Gottes in ein dialektisches Gleichgewicht zu bringen oder gar die Offenbarung Gottes durch die Erinnerung an den verborgenen Gott als immer wieder problematisch aufzuweisen."[294]

Hier unterscheidet sich Luther von der nominalistischen Lehre vom deus absolutus. Luther will Jüngel zufolge gerade betonen, daß die Rede vom offenbarten Gott nicht durch Spekulationen über den verborgenen Gott relativiert werden darf: „die viel strapazierte Unterscheidung soll nicht die Undefinierbarkeit Gottes, sondern die Definitivität der Offenbarung Gottes zur Geltung bringen."[295] Wenn Luther sagt, daß Gott „neque enim tum verbo suo *definivit* sese, sed liberum sese reservavit supra omnia",[296] so ist für Jüngel damit nicht gemeint, daß Gott sich in seinem Wort zwar offenbart, aber nicht definiert, sondern vielmehr, daß „der verborgene Gott … sich *in der Verborgenheit* seiner *Majestät* (tum) nicht definiert … *Als* der Verborgene ist Gott also der sich seine Freiheit *über* allem Reservierende. In seinem Wort hingegen, das ist die Prämisse der Formulierung Luthers, hat Gott sich definiert."[297] Der Mensch ist damit angewiesen, sich von dem in seiner Majestät verborgenen Gott ab –, und dem in seinem Wort offenbaren Gott zuzuwenden: „nur indem der Mensch sich dem offenbaren Gott zuwendet, verehrt er den verborgenen Gott."[298] In der Genesisvorlesung präzisiert Luther diesen Punkt noch dahingehend, daß nur dem offenbaren Gott, nicht aber dem verborgenen Gott Glauben entgegengebracht werden könne.[299] Mit dem gläubigen Anhangen am offenbaren Gott sei über die Erwählung bestimmt: „Eine schärfere Absage an den deus absconditus kann es nicht geben."[300]

Gott, so argumentiert Jüngel weiter, will nur dort vom Menschen gesucht und gefunden werden, wo er sich offenbart hat. Das aber ist nirgendwo an-

---

293 *R. Hermann*, Luthers Theologie, hg. v. *H. Beintker*, Gesammelte und nachgelassene Werke, Bd. 1, 1967, 160, zit. n. *Jüngel*, Quae supra nos, nihil ad nos, 228. Eine ähnliche Auffassung wie Hermann vertritt auch *Loewenich*, 33f.

294 *Jüngel*, Quae supra nos, nihil ad nos, 229. Vgl. auch *ders.*, Die Offenbarung der Verborgenheit Gottes, 175.

295 *Jüngel*, Quae supra nos, nihil ad nos, 229.

296 *Hermann*, Luthers Theologie, 161, zit. n. *Jüngel*, Quae supra nos, nihil ad nos, 228.

297 *Jüngel*, Quae supra nos, nihil ad nos, 230.

298 A.a.O., 231 (bei Jüngel hervorgehoben).

299 Vgl. a.a.O., 236f.

300 A.a.O., 238.

ders als in der Verhüllung seiner göttlichen Herrlichkeit im Gekreuzigten der Fall. „Aber das heißt nun eben nicht: Gott als Gott, Gott in natura sua, wird schlechterdings nicht offenbar. Sondern mit seinem Wort bekleidet, in der menschlichen Verborgenheit des Gekreuzigten und der Verkündigung von ihm, offenbart sich Gott als Gott, insofern er in dieser menschlichen Verborgenheit seine göttliche Verborgenheit verbirgt."[301]

Ähnlich wie Jüngel beurteilt auch Hellmut Bandt die Frage nach dem Verhältnis zwischen offenbarem und verborgenem Gott. Die Verborgenheit des freien Gottes außerhalb seiner Offenbarung, im Weltgeschehen und in der Prädestination verweist den Menschen umso mehr auf das Offenbarungswort, „durch das er ja seine ewigen, unbegreiflichen und unzugänglichen Entscheidungen verwirklicht und vollzieht, und durch das er uns diese dann in der Zeit, in der Geschichte, in der er hier auf Erden mit uns handelt – und zwar immer so, daß wir selber davon betroffen und ergriffen werden –, im Glauben erkennbar macht."[302] Wie Jüngel, so spricht auch Bandt von der „Grenzfunktion"[303] des deus absconditus, der nicht zur metaphysischen Spekulation verführen darf, sondern uns vielmehr auf die Offenbarung zurückverweist. Diese Grenzfunktion besteht darin, daß der Gedanke vom verborgenen, prädestinierenden Gott den Glaubenscharakter des menschlichen Gottesverhältnisses absichert.

Der verborgene Gott und sein ewiger Ratschluß hängen für Bandt deswegen auch nicht andauernd wie ein Damoklesschwert über dem Glaubenden. Dieser muß sich an den offenbaren Gott halten, denn er „erfährt ... im Ergreifen des göttlichen Gnadenangebotes ... den g e s c h i c h t l i c h e n Vollzug jener ewigen göttlichen Entscheidung."[304] Obwohl die Frage nach der eigenen Erwählung in der Geschichte nicht definitiv beantwortet wird, ist sie doch für die Glaubenden erledigt. Den Menschen wird ihre Erwählung zur Gewißheit, wenn sie das göttliche Vergebungswort hören und liebend empfangen. Luther kann in diesem Sinne in seinem „Sermon vom Bereiten zum Sterben" davon sprechen, daß uns im Blick auf Christus und im Annehmen der uns dort angebotenen Gnade schon die Erwählung gewiß gemacht wird.[305] Und in der Genesisvorlesung spricht er davon, daß Gott in Krippe

[301] A.a.O., 239. Vgl. ebd.: „Das also ist Offenbarung: daß der verborgene Gott seine göttliche Verborgenheit verbirgt – nicht in einem noch dunkleren Dunkel, auch nicht in einem noch blendenderen Licht, sondern im Leben und Sterben des Menschen Jesus und in der Predigt von ihm, die ‚der Welt einen neuen Schein' gibt." „Offenbarung als *Verbergung der göttlichen Verborgenheit Gottes durch Gott* ist also nicht die Potenzierung der Verborgenheit Gottes ...; sondern Offenbarung ist als ein *durch Gott* bewirktes *Geschehen* die für immer gültige Verbergung der Verborgenheit Gottes." Vgl. dazu ferner *ders.*, Die Offenbarung der Verborgenheit Gottes, 170.

[302] *Bandt*, 154.

[303] A.a.O., 155 (bei Bandt hervorgehoben).

[304] A.a.O., 161.

[305] Vgl. *M. Luther*, Ein Sermon von der Bereitung zum Sterben, 1519, in: WA 2 (1884), 690, 26-28: „Alßo wan du Christum und all seyne heyligen ansihist, und dir woll fefellet die gnad gottis, der sie alßo erwelet hatt, und bleybst nur fest un dem selben wolgefallen, ßo bistu schon auch erwelet ..."

und Kreuz des Menschen Sehnsucht nach Erwählungsgewißheit stillt: „Si hunc audieris, et in nomine eius baptisatus fueris, et diliges verbum eius, tum certo es praedestinatus, et certus de tua salute."[306] Bei der göttlichen Prädestination handelt es sich für Bandt daher letztlich auch nicht um eine absolute Verborgenheit Gottes, denn im geschichtlichen Offenbarungshandeln erkennt der Glaubende ja den göttlichen Ratschluß, indem ihm seine Erwählung gewiß gemacht wird. Die Erwählung wird dem Glaubenden also retrospektiv von seiner Rechtfertigung her gewiß.[307] Warum die anderen verstockt und verworfen sind, erweist sich demgegenüber allerdings erst eschatologisch.

Nach Bandt geht es Gott in der göttlichen Verborgenheit im Weltgeschehen und in seinem ewigen Ratschluß also beide Male um die Freiheit der göttlichen Gnadenzuwendung.[308] Der Mensch hat nur dort ein Wissen um Gott, wo dieser sich in Jesus Christus bekannt macht. Außerhalb der Offenbarung ist das Wesen Gottes verborgen, auch wenn wir durch die Offenbarung darum wissen, *daß G*ott die Welt erschaffen hat, regiert und von Ewigkeit her über der Menschen Heil oder Unheil bestimmt.

Obwohl Luther sein Leben lang die Überzeugung vertrat, daß *De servo arbitrio* sein bestes Werk darstellt, hat er in seinen späteren Schriften immer wieder vor der Beschäftigung mit dem deus absconditus gewarnt.[309] Dies läßt darauf schließen, daß er sich offensichtlich der Unklarheit und Gefahr seiner Lehre vom verborgenen Gott bewußt war. Wenngleich er den Begriff vom deus absconditus nie förmlich zurücknahm, untersagte Luther seinen Schülern doch immer wieder die Beschäftigung mit diesem deus nudus, der dem Gott der Philosophen entspricht.[310] „Zu leicht kann die Gegenüberstellung von Deus absconditus und Deus revelatus ins Metaphysische gedreht werden. Aus der polaren Gegensätzlichkeit der beiden Aussagen über den einen Gott, innerhalb derer sich die Bewegung des Glaubens vollzieht, würde damit das starre, spröde Nebeneinander zweier Hypostasen."[311] Der Christ ist durch das Gebot der Anbetung des verborgenen Gottes demgegenüber an die eschatologische Offenheit des christlichen Lebens erinnert.[312]

Die rechte Funktion dieser Lehre läßt sich zudem an Luthers Verständnis der geistlichen Anfechtung ablesen, welche als notwendige Folge der Lehre

---

306 *M. Luther*, Vorlesungen über 1. Mose von 1535-45, in: WA 43 (1912), 459, 31f. Vgl. *Bandt*, 162f.

307 Vgl. *Bandt*, 165.

308 Vgl. a.a.O., 177f.

309 Vgl. *Loewenich*, 43f.

310 Vgl. a.a.O., 44, mit Verweis auf *Luther*, WA 43, 240.

311 *Loewenich*, 45.

312 Vgl. *Jüngel*, Die Offenbarung der Verborgenheit Gottes, 176f: „Es gibt keinen *grausamen deus absconditus*, sondern nur *ein Grauen erregendes opus dei absconditum*, von dem uns das lumen gratiae des Evangeliums zwar ablenken (zu Jesus Christus hin ab-lenken) kann, das aber auch im Licht der Gnade ein opus dei absconditum bleibt. Seine ‚Aufklärung' findet dieses verborgene Wirken Gottes erst im lumen gloriae, im eschatologischen Licht der Herrlichkeit, das die Übereinstimmung aller göttlichen Werke, also auch die Übereinstimmung des *jetzt Grauen erregenden*, verborgenen göttlichen Handelns mit seiner Gnade erweisen wird."

vom verborgenen Gott zu gelten hat. Sie besteht darin, die Selbstsicherheit, praesumptio und superbia des Menschen zu zerstören, seine Demut zu fördern und ihn zur rechten Selbsterkenntnis zu führen. Er ist aber auch von diesem verborgenen Gott weg auf den in seinem Wort offenbaren Gott verwiesen. „Nunc autem nobis spectandum est verbum relinquendaque illa voluntas imperscrutabilis. Verbo enim nos dirigi, non voluntate illa inscrutabili oportet."[313] Wo er sich an dessen Wort klammert, kann der Christ seinen vielfältigen Anfechtungen – auch den Zweifeln an der eigenen Erwählung – standhalten, denn hier ist ihm das Heil verheißen.[314] Der Glaube vollzieht sich in einer immerwährenden Bewegung vom verborgenen Gott weg und zu dem in seinem Wort offenbaren Gott hin: vom göttlichen opus alienum zu dessen opus proprium.[315]

Dieses Klammern an den in seinem Wort offenbaren Gott darf keineswegs als Heilssubjektivismus mißverstanden werden, demzufolge die Heilsgewißheit „einer Reflektion des Glaubensaktes auf sich selbst"[316] entspringt. Der Glaube ist gerade nicht auf sich selbst verwiesen, sondern auf das Wort, dem er anhängt, und die Verheißung, welche im Wort zum Ausdruck kommt. Nicht umsonst drängt Luther darauf, daß der Christ seinen Glauben versteht: „Christianus vero anathema sit, si non certus sit et assequatur, id quod ei praescribitur: quomodo enim credet, id quod non assequitur?"[317]

Damit muß Balthasars Konklusion zurückgewiesen werden, daß das reformatorische Festhalten an der Offenbarung Gottes am Kreuz sub contraria specie und die Annahme eines deus absconditus die Endgültigkeit der Offenbarung selbst in Frage stellen. Sowohl die absconditas Dei in der Offenbarung als auch die absconditas Dei in seiner Weltregierung und Prädestination berauben den Menschen allen Grundes zur Selbstsicherheit. Beide verweisen ihn auf den Glauben an die Verheißung Gottes, an der festzuhalten Rechtfertigung und Heil bedeutet. Die zweifache Verborgenheit Gottes soll die Endgültigkeit der Offenbarung nicht relativieren, sondern vielmehr absichern.

Die unterschiedlichen Zusammenhänge von Luthers Rede von der Offenbarung Gottes sub contraria specie und der Verbergung Gottes in Prädestination und Weltregierung lassen zudem deutlich werden, daß der Reformator keineswegs die Verborgenheit Gottes in seiner Weltregierung aus der Verbergung Gottes unter dem Gegenteil in seiner Offenbarung ableitet. Luther vollzieht entgegen Balthasars impliziten Verdacht keinen *erkenntnistheoretischen* Schluß vom speziellen Modus der Christusoffenbarung auf den grundsätzli-

313 *Luther*, WA 18, 685, 29-31.

314 Siehe zur Bedeutung der „Anfechtung" im Werk Luthers neben dem schon zitierten Werk Beintkers zur Überwindung der Anfechtung bei Luther *E. Vogelsang*, Der angefochtene Christus bei Luther, Berlin – Leipzig 1932 (Arbeiten zur Kirchengeschichte; 21).

315 Vgl. *Loewenich*, 159.

316 TL II, 314. Balthasar beruft sich in dieser Kritik auf *P. Hacker*, Das Ich im Glauben bei Martin Luther, Styria 1966 (Veränderte amerikanische Ausgabe: The Ego in Faith: Martin Luther and the Origin of Anthropocentric Religion (1970) mit Vorwort von J. Ratzinger).

317 *Luther*, WA 18, 605, 6-8.

chen Modus der Offenbarung Gottes an die Welt. Gerade die Lehre von der unerforschlichen Prädestination und der Gedanke vom deus absconditus laufen vielmehr lange Zeit nebeneinander her und finden sich erstmalig in *De servo arbitrio* innerhalb desselben Zusammenhangs.[318]

Zudem erfüllen beide Gedankengänge in Luthers Theologie andere Funktionen. Bei der Verborgenheit Gottes in der Offenbarung sub contraria specie geht es Luther um den *Modus* der Gnadenoffenbarung angesichts der menschlichen Sünde und der aus ihr resultierenden Verkehrung des natürlichen Wissens um Gott aus den Werken der Schöpfung in den Götzendienst. Mit seiner Rede von der Verborgenheit Gottes in seiner unergründlichen Majestät will der Reformator Gott als den Allmächtigen und Allwirksamen erweisen, dem das Weltgeschehen in allen seinen Aspekten auch dort noch zugeschrieben werden muß, wo es prima facie seinem geoffenbarten Willen zu widersprechen scheint. Nota bene: Dieser Widerspruch ist für Luther ein Zeichen der theologia viatorum, der sich eschatologisch im lumen gloriae lösen wird. Auch wenn letztlich die Verborgenheit Gottes in Weltgeschehen und ewigem Ratschluß auf die Verborgenheitsgestalt der Offenbarung hingeordnet ist, erweisen die unterschiedlichen funktionellen Bedeutungen beider Arten der göttlichen Verborgenheit Balthasars Verdikt als ungerechtfertigt, Luther verabsolutiere das „christologische Paradox zu einer Weltformel, die sich von der Naturordnung, die durch sie gerichtet wird, nicht mehr abhebt."[319] Die Dialektik sub contraria specie ist eben keine Verneinung oder kalter Protest aus Methode. Von Luther führt keineswegs mit Notwendigkeit dieser direkte Weg zu Hegel.

Ebenso ist Balthasars These abzulehnen, daß Luthers Unterscheidung zwischen dem deus revelatus am Kreuz und dem deus absconditus der Prädestination und Weltregierung ein Überbleibsel der neuplatonischen Unterscheidung zwischen einem „Gott für uns" und einem „Gott in sich" darstellt. Diese neuplatonische Unterscheidung ist ja gerade spekulativer Natur. Ihr geht es darum, die je-größere Verborgenheit Gottes in aller Offenbarung Gottes durch eine negative Theologie zu verteidigen. Luthers Unterscheidung zwischen dem offenbaren und dem verborgenen Gott geht es aber gerade nicht um eine derartige spekulative Unterscheidung. Luther äußert nicht die leisesten Zweifel an der Zuverlässigkeit der Offenbarung und will mitnichten eine negative Theologie nach neuplatonischem Schema entwerfen.[320] Er steht vielmehr vor dem Problem, seine Erfahrung Gottes aus der Offenbarung mit seiner Wirklichkeitserfahrung zusammenzuhalten. Leiden und Tod sind tägliche Erfahrungen der den Menschen umgebenden Wirklichkeit,

---

318 Vgl. *Bandt*, 146f.

319 TD I, 145. Balthasar schränkt hier diese Aussage allerdings darauf ein, daß dies bei Luther (wie bei Erasmus) nur „in ihren extremen Texten" der Fall ist.

320 *Loewenich*, 35f, weist darauf hin, daß die Aufforderung zur adoratio des deus absconditus gegen die These spricht, daß dieser Begriff nur eine spekulative oder polemische Funktion ausübt. Vgl. auch *R. Flogaus*, Theosis bei Palamas und Luther: Ein Beitrag zum ökumenischen Gespräch, Göttingen 1997 (Forschungen zur systematischen und ökumenischen Theologie; 18), 298: „Nicht nur daß Ps.-Dionysius einen ontologischen Unterschied lehrt, während Luther die Unterscheidung ganz auf seiten des Menschen loziert, auch die jeweilige Intention, die hinter der Rede von der Verborgenheit Gottes steht, ist bei beiden Theologen grundver-

die für Luther dem allmächtigen und allwirksamen Gott zugeschrieben werden müssen. Wo diese Erfahrungen dem geoffenbarten Willen Gottes widersprechen, meint Luther zwischen zwei Aspekten Gottes unterscheiden zu müssen: hier Gott in seiner unergründlichen und anzubetenden Majestät, der in sich existiert, vor und ohne den Menschen; dieser Gott hat kein commercium mit dem Menschen und ist deshalb unerforschlich; dort der Gott, der sich uns in seinem Wort offenbart hat, der mit uns ein commercium hat, und an den sich der Christ deswegen halten muß. Diese Unterscheidung ist nicht neuplatonisch.

Nun ist Balthasar gegenüber von reformatorischer Seite allerdings zuzugeben, daß Luthers strenge Unterscheidung zwischen dem in seinem Wort offenbaren Gott und dem in Weltregierung und Prädestination verborgenen Gott in Terminologie und Durchführung nicht ganz zufrieden stellen kann. Bandt fragt zu Recht kritisch an, ob es Luther tatsächlich gelungen ist, die Einheit Gottes angesichts seines Balanceaktes zwischen den zwei Aspekten Gottes zu wahren.[321] In ähnlicher Weise räumt auch Jüngel in seinem Beitrag „Die Offenbarung der Verborgenheit Gottes" ein, daß Luthers Unterscheidung zwischen deus revelatus und deus absconditus Unklarheiten offenläßt, welche den Eindruck erwecken können, es handle sich beim verborgenen Gott tatsächlich um einen anderen als den offenbaren Gott. Wenngleich Luther nicht unterstellt werden sollte, daß er zwei Götter lehre oder die Gültigkeit der Offenbarung in Frage stellen wolle, muß eingestanden werden, daß die von ihm vollzogene Entgegenstellung von deus revelatus und deus absconditus in dieser Art nicht nachvollzogen werden kann.[322]

2. Konvergenzen und Divergenzen: Ein Fazit

Wir wollen uns im Folgenden mit den Konvergenzen und Divergenzen zwischen der Balthasarschen Lehre von der menschlichen Gotteserkenntnis und den Grundannahmen einer reformatorischen Kreuzestheologie beschäftigen.

schieden. Geht es Ps.-Dionysius … darum, an einem aller Partizipation übergeordneten und damit unpartizipierbaren Prinzip festzuhalten, um so überhaupt erst eine Partizipation zu ermöglichen, so dient Luther die Unterscheidung von *Deus revelatus* und *Deus absconditus* dazu, gleichzeitig Gott als den Allwirksamen und als den Gekreuzigten, den in seiner Allmacht Verborgenen und in seiner Ohnmacht Offenbaren zu bekennen."

321 Vgl. *Bandt*, 160.

322 Jüngel sieht sich deswegen dazu veranlaßt zu betonen, daß Gott, und „das ist *gegen* Luther zu sagen – *in maiestate et natura sua* kein anderer, kein dunkler Gott" ist, „sondern der – wie ja auch Luther weiß – im *Lichte* seines Seins verborgene Gott. Der Rückschluß von dem unterschiedslos alles in allem wirkenden opus alienum Gottes auf einen in seiner Majestät grauenerregenden deus absconditus ist theologisch illegitim. Es gibt vielmehr ein Wirken Gottes, das gerade keinen Rückschluß auf Gott selbst erlaubt" (*Jüngel*, Die Offenbarung der Verborgenheit Gottes, 176). Wir kennen Gott eben nur aus seinem offenbarenden Wirken sub contraria specie am Kreuz. Damit aus der Allwirksamkeit Gottes nicht falsche Schlüsse auf das Sein Gottes an sich gezogen werden, schlägt Jüngel vor, statt vom deus absconditus vom opus dei absconditum zu sprechen (vgl. ebd.).

Die offen bleibenden Fragen und Probleme implizieren keine unüberwindlichen Schwierigkeiten für den ökumenischen Dialog, sondern sollen vielmehr Punkte benennen, an denen für die evangelische Lektüre der Balthasarschen Theologie problematische Mißverständnisse nicht immer ausgeschlossen erscheinen. Die Fragen, welche wir abschließend formulieren, haben alle einen gemeinsamen Nenner. Es geht in der einen oder anderen Weise immer um die Bedeutung der Sünde im Prozeß menschlicher Gotteserkenntnis. Diese scheint uns in Balthasars Modell tendentiell unterbewertet zu sein. Wir fragen deshalb nach der Bedeutung der Sünde für die übernatürliche Orientierung des Menschen auf Gott, für die menschliche Wahrnehmung der göttlichen Offenbarungsgestalt und schließlich für die besondere Eigenart der Selbstverhüllung Gottes in der Gestalt des Gekreuzigten. Die stärkere Betonung der Sünde, welche wir einklagen werden, soll jedoch – wie wir nochmals betonen möchten – keine grundsätzliche Ablehnung der theologischen Erkenntnislehre Balthasars implizieren, sondern zur weiteren Diskussion anregen.

a. Die Analogie als Infragestellung der göttlichen Offenbarung?

Wir beginnen mit der zentralen Frage nach der katholischen Denkform. Hier sind von reformatorischer Seite noch immer die meisten Vorbehalte zu erwarten. Viele Kommentatoren haben schon nach Erscheinung der Balthasarschen Monographie zur Theologie Karl Barths angemerkt, daß Barths Verständnis der analogia fidei mit Balthasars Verständnis der analogia entis Wesentliches gerade nicht gemein habe.[323] Wir wollen auf diese Kritiken hier nicht eingehen, sondern uns mit einer andersgearteten Kritik am katholischen Analogieverständnis befassen, welche diese Bemerkungen zu Balthasars Barthinterpretation selbst nochmal in ein neues Licht stellt.

Eberhard Jüngel hat in seinem schon erwähnten Beitrag zum verborgenen Gott die Aufgabe der Theologie dahingehend umschrieben, „stets aufs neue zwischen verborgenem und offenbarem Gott zu unterscheiden, diese Unterscheidung zu lehren und die Kunst rechter Unterscheidung stets aufs neue zu lernen."[324] Eine falsche Unterscheidung zwischen beiden liegt für den Tübinger Theologen dort vor, wo zwischen verborgenem und offenbarem Gott ein „dialektisches Gleichgewicht"[325] hergestellt wird, wie es Balthasar Luther unterstellt. Es zeigte sich oben, daß ein solches Gleichgewicht Luthers Anliegen jedoch diametral widerspricht.

Nicht besser als eine falsche Unterscheidung zwischen verborgenem und offenbarem Gott ist es für Jüngel, gar keine Unterscheidung zwischen beiden vorzunehmen. Dies sei nicht zuletzt in der katholischen Theologie der Fall, welche mit der auf dem Vierten Laterankonzil dogmatisierten und durch

323 Vgl. dazu die oben in der Einleitung, S. 27, Anm. 51, genannte Literatur.
324 *Jüngel*, Quae supra nos, nihil ad nos, 247.
325 Ebd.

das Konzil von Trient bestätigten Lehre von der analogia entis operiert: „Unterschiedslose Rede von Gott wäre“, so Jüngel, „das mit dem Anspruch frommer Bescheidenheit und theologischer Selbstbescheidung auftretende Unternehmen einer Theologie, die eine in aller Ähnlichkeit zwischen Gott und Mensch waltende immer noch größere Unähnlichkeit zwischen Gott und Mensch behauptet.“[326] Jüngels Vorwurf an die auch von Balthasar wiederholt und vehement vertretene Lehre von der je-größeren Unähnlichkeit in aller Ähnlichkeit zwischen Gott und Mensch wendet den Balthasarschen Verdacht Luther gegenüber gegen die katholische Theologie selbst. Nicht Luthers deus absconditus, sondern der katholische deus semper maior ziehe die Endgültigkeit der Offenbarung in Zweifel. Durch die negative Theologie des je-größeren und deswegen je unerforschlicheren Gottes wird für Jüngel „*unser Heil*, das durch ein christologisches Ein-für-allemal unwiderruflich verheißen und gewährt worden ist, theologisch zur Disposition gestellt“.[327] Die beiden zu unterscheidenden Verborgenheiten Gottes in und außerhalb der Offenbarung, sub contraria specie und in sua maiestate, werden vermengt, da „die zur Offenbarung gehörende *präzise* Verborgenheit unter dem Gegenteil letztlich doch als *schlechthinnige* Verborgenheit Gottes“[328] interpretiert wird. Dies führt genau zu dem Ergebnis, welches Balthasar bei Luther vermutet, nämlich daß „Gottes Offenbarung im Leben und Sterben des Menschen Jesus noch einmal unter Vorbehalt“[329] gestellt wird. Schließlich „muß der verborgene Gott als bleibende Bedrohung der Offenbarung erscheinen ...“[330] Sind die Dinge also genau umgekehrt, als Balthasar uns glauben machen will? Relativiert Balthasar die Zuverlässigkeit und Gültigkeit der Offenbarung Gottes, wenn er sich in der Nachfolge des Areopagiten zur je-größeren Unähnlichkeit Gottes bekennt? Wir werden den Jüngelschen Vorwurf an die katholische Theologie im Blick auf Balthasars theologisches Programm zu prüfen haben.

Balthasar ist sich des benannten Problems wohl bewußt. In einer bedeutsamen Fußnote im zweiten Band der *Theologik* konzediert er Jüngel gegenüber, daß die Tradition der negativen Theologie aus offenbarungstheologischer Sicht durchaus Probleme in sich birgt.[331] Noch deutlicher wird er im selben Werk einige Seiten zuvor, wo er sich kritisch von seinem früheren Lehrer Erich Przywara abgrenzt. Nach dessen aristotelischer Interpretation der Formel des Vierten Laterankonzils verhielten sich Gott und Mensch wie „allo pros allo“. Balthasar stört an Przywaras Interpretation des Konzilstextes, daß dieser nicht nur die geschöpfliche Ähnlichkeit mit Gott unter den Vorbehalt der

---

326 A.a.O., 247f.
327 A.a.O., 248.
328 Ebd.
329 Ebd.
330 A.a.O., 248f. Vgl. *ders.*, Gott als Geheimnis der Welt, 357-383. Derselbe Vorwurf findet sich auch bei Flogaus gegenüber Dionysius Areopagita, in dessen Tradition die Lehre von der je-größeren Unähnlichkeit in aller Ähnlichkeit zwischen Gott und Mensch entwickelt wurde. Vgl. *Flogaus*, 298.
331 Vgl. TL II, 247f, Anm. 3.

je-größeren Unähnlichkeit stellt, sondern darüber hinaus auch die übernatürliche Ähnlichkeit zwischen Gott und Mensch in der hypostatischen Union. „Wie aufgrund eines solchen Analogieverständnisses eine Christologie möglich sein soll, ist schwer einzusehen."[332] Eine strenge Auslegung des Satzes von der je-größeren Unähnlichkeit führt also auch für Balthasar zu einer Relativierung der Offenbarung Gottes in Christus.

Jüngels Kritik an der katholischen Analogienlehre spiegelt sich in Balthasars eigener Kritik an den Theologen, die „platonisierend-katholisch"[333] die Offenbarungstatsachen als bloße „Zeichen", nicht aber unter ästhetischem Blickwinkel als „Gestalt" verstehen. Balthasar spielt in diesem Zusammenhang zwar nicht auf die Lehre von der je-größeren Unähnlichkeit an, der Vorwurf des Platonisierens impliziert den Jüngelschen Verdacht jedoch zumindest. In jedem Fall dürfte angesichts der kritischen Äußerungen Balthasars zu Luther klar sein, daß eine Infragestellung des sich in Christus offenbarenden Gottes durch die Lehre vom deus semper maior für Balthasar nicht gemeint sein kann.

In der Tat bemüht sich Balthasars Interpretation der Offenbarungstatsachen unter dem ästhetischen Gesichtspunkt der Schönheit, wie wir sahen, von einer philosophischen negativen Theologie zu einer offenbarungstheologischen negativen Theologie fortzuschreiten. Während im Bereich der Schöpfungsordnung für Balthasar der Satz von der maior dissimilitudo in aller Ähnlichkeit zwischen Gott und Mensch tatsächlich eine philosophische negative Theologie im Sinne des Neuplatonismus erforderlich macht, muß sich diese negative Theologie in der Christusoffenbarung nach beiden Seiten hin vertiefen: Die Ähnlichkeit zwischen Gott und Mensch steigert sich in der hypostatischen Union, insofern ein Mensch zum gestalthaften Selbstausdruck Gottes werden kann, in dem Gott tatsächlich anwest, wenn auch nicht aufgeht. Die Unähnlichkeit nimmt zu, insofern der einzige Gott sich in Christus tatsächlich sub contraria specie offenbart: in einem scheinbar beliebigen

---

[332] A.a.O., 87, Anm. 16. Balthasar weist hier, wie schon an anderer Stelle (TD II, 2, 202, Anm. 1), darauf hin, daß Przywaras Verständnis der Analogienlehre auf einer vermeindlich verderbten Lesart des Konzilstextes beruht. Der bis einschließlich der 31. Auflage im Denzinger (*H. Denzinger,* Enchiridion symbolorum definitionum et declarationum de rebus fidei et morum, quod post C. Bannwart et I. B. Umberg denno ed. C. Rahner, Freiburg [31]1958 [=Dz], Nr. 432) abgedruckte und Przywaras Interpretation zugrunde liegende Text lautet: „inter creatorem et creaturam non potest tanta similitudo notari, quin inter eos maior sit dissimilitudo notanda." Das für Przywara so wichtige tanta wurde, wie Balthasar anmerkt, ab der 32. Auflage des Denzinger (*H. Denzinger,* Enchiridion symbolorum definitionum et declarationum de rebus fidei et morum, quod primum ed. H. Denzinger et quod funditus retractavit auxit notulis ornavit *A. Schönmetzler*, Freiburg [32]1963 [=DS], Nr. 806) gestrichen. Es wurde in der 37. Auflage (Freiburg u.a. 1991; DH 806) allerdings wieder eingefügt! Die problematische Bedeutung des „tanta" in Przywaras Konzilsauslegung liegt für Balthasar darin, daß es die Aussage des Konzils eben nicht nur auf die natürliche, sondern auf die übernatürliche Ähnlichkeit zwischen Gott und Mensch bezieht. Balthasar bemerkt schon in TD II,2, 202, Anm. 1, daß es ihn nicht überrascht, „daß Przywara nie den Entwurf einer Christologie vorgelegt hat." Vgl. zur Kritik Balthasars an Przywara dessen kurze Replik: *E. Przywara*, Um die analogia entis, in: *ders.*, In und Gegen: Stellungnahmen zur Zeit, Nürnberg 1955, 277-281.

[333] H I, 420. Vgl. oben unter II. 1. b.

menschlichen Individuum unter vielen.[334] Die analoge Übertragung der ästhetischen Kategorien Gestalt und Glanz auf die Offenbarungstatsachen erlaubt es Balthasars Theologie nun in der Tat, wie wir meinen, dem Jüngelschen Verdikt zu entgehen. Trotz aller je-größeren Unähnlichkeit in der Ähnlichkeit zwischen Gott und Mensch bleibt hier die Zuverlässigkeit und Endgültigkeit der Offenbarung Gottes in Christus gewahrt.[335] Jüngels Urteil: „mit *dieser* katholischen Lehre kann es keine ‚ökumenische Verständigung' geben",[336] kann zumindest für Balthasar in dieser Ausschließlichkeit nicht bestätigt werden. Die christologische Zentrierung der Heilsordnung erlaubt es Balthasar, die analogia entis ganz im Rahmen der analogia fidei zu integrieren und damit auszuschließen, daß hinter die Offenbarungsgestalt noch einmal apophatisch zurückgegangen werden kann.

b. Das religiöse Apriori und die Sünde

Der theologischen Ästhetik Balthasars liegt – wie auch seiner Theodramatik und Theologik – die intrinsezistische Gnadenlehre zugrunde, wie sie eingangs dargestellt und im Anschluß an die nouvelle théologie Henri de Lubacs und anderer französischer Theologen entwickelt wurde. Dieser Lehre zufolge ist die Naturordnung auf die Gnadenordnung hin erschaffen, ein Sachverhalt, der seinen bleibenden Niederschlag in der inneren, auch nach dem Sündenfall erhaltenen Orientierung des Menschen auf seine Erfüllung in der seligen Gottesschau hin findet.

Dieses Ineinander von Natur- und Erlösungsordnung ist aus reformatorischer Sicht nicht grundsätzlich abzulehnen. Es entspricht, wie Balthasar schon in seinem Barthbuch bemerkte, in gewisser Weise der Barthschen Lehre von der Schöpfung als äußerem Grund des Bundes und des Bundes als innerem Grund der Schöpfung.[337] Die Ausrichtung des Menschen auf Gott ist aus reformatorischer Sicht durchaus zu bejahen, auch für den gefallenen Menschen. Anders wäre in der Tat nicht einsichtig zu machen, wieso die Offenbarung Gottes den Menschen überhaupt betrifft. Es stellt sich an dieser Stelle jedoch die Frage, wie diese menschliche Ausrichtung auf Gott postlapsarisch zu beurteilen ist. Handelt es sich um einen Anknüpfungspunkt für die Gnade im Menschen, auf den dieser sich gegebenenfalls etwas zugute halten kann? Oder erweist sich die menschliche Ausrichtung auf Gott vielmehr als eine durch die Sünde pervertierte Anlage des Menschen, welche diesen in seinem Götzendienst behaftet und verurteilt? Aus paulinischer und

---

334 Vgl. H I, 439f.

335 Sollte Balthasars Relektüre der Theologie des Areopagiten zutreffen, so wäre Jüngels Urteil auch für diesen unzutreffend. R. Flogaus, der sich mit der Thematik des verborgenen Gottes bei Dionysius und Luther beschäftigt hat, stimmt einer solchen Lesart allerdings nicht zu. Leider setzt sich Flogaus nicht mit Balthasars Interpretation des Areopagiten auseinander. Vgl. *Flogaus*, 298-300.

336 *Jüngel*, Quae supra nos, nihil ad nos, 248.

337 Vgl. KB, 131-136.

reformatorischer Perspektive muß mit Entschiedenheit an dieser letzten Interpretation festgehalten werden. Der von Natur aus auf Gott ausgerichtete Mensch erkennt nach Röm 1,22f Gott eben gerade nicht.[338] Des Menschen Ausrichtung auf Gott dient für Paulus lediglich zum Beweis seiner Sünde, nicht als positive Anlage, auf die das Haus des Glaubens gebaut werden könnte. Die menschliche Orientierung auf Gott ist deshalb, wie es W. von Loewenich im Anschluß an Luther ausdrückt, „nicht nur Geschenk, sondern auch Anklage. Sie ist nicht der Felsengrund, auf dem unser Haus gebaut werden könnte. Es handelt sich vielmehr wirklich um ein destrui, um einen radikalen Abbau und ein völliges Neulegen der Fundamente."[339] Das desiderium naturalis visionis beatificae dient dem Menschen, auch wo es der gnadenhaften Erhöhung der Natur- in die Gnadenordnung zugeordnet wird – das muß gegenüber Balthasar von reformatorischer Seite her betont werden –, nicht zum Heil, sondern vielmehr zum Gericht.[340]

In Balthasars Bewertung der Ausrichtung des Menschen auf Gott im Rahmen der übernatürlich erhöhten Gnadenordnung bleibt dieser Gerichtscharakter unterbewertet. Balthasar zeichnet eine kontinuierliche Entwicklung von der Natur- zur Gnadenoffenbarung. Die Sünde wirkt sich auf diese Kontinuität nur insofern aus, als sich durch sie der Modus der göttlichen Selbstoffenbarung an die Welt verändert. Nicht aber kommt es aufgrund der Sünde zu einer grundsätzlichen Neubewertung der menschlichen Ausrichtung auf Gott, wie dies zumindest Paulus im Römerbrief vorschwebt. Diese bruchlose Kontinuität scheint uns den Gerichtscharakter des Gotteshandeln sub contraria specie nur ungenügend herauszustellen.

c. Die göttliche Offenbarungsgestalt und ihre menschliche Rezeption

Bevor wir der Frage nach der Sünde und dem Gerichtscharakter der Gottesoffenbarung weiter nachgehen, gilt es, Balthasars Vorstellung von der göttlichen Offenbarungsgestalt kritisch zu hinterfragen. Balthasars Unterscheidung zwischen der göttlichen Offenbarungsgestalt, die neben Jesus Christus vor allem die Kirche umfaßt, und den sogenannten Gebilden menschlicher Vorstellungskraft in anderen Religionen, den Philosophien und Künsten erinnert an die Unterscheidung zwischen Offenbarung und Religion bei Karl Barth.[341] Wir werden hier kurz auf diese Unterscheidung bei Barth eingehen

---

338 Vgl. *E. Käsemann*, An die Römer, Tübingen 1973, 32-48 (HNT; 8a); *H. Hübner*, Biblische Theologie des Neuen Testaments, Bd. 2, Die Theologie des Paulus und ihre neutestamentliche Wirkungsgeschichte, Göttingen 1993, 265 u. 271.

339 *Loewenich*, 62.

340 Vgl. für die paulinische Theologie *Käsemann*, An die Römer, 32-85 u. 85-122; *H. Hübner*, Biblische Theologie, Bd. 2, 259-290.

341 Vgl. dazu *K. Barth*, Die Kirchliche Dogmatik, Bd. I, Die Lehre vom Wort Gottes, Zweiter Halbband, Zollikon-Zürich [4]1948, 304-397 (§ 17), und *ders.*, Die Kirchliche Dogmatik, Bd. IV, Die Lehre von der Versöhnung, Dritter Teil, Erste Hälfte, Zollikon-Zürich 1959,

müssen, um sodann der Problematik der Position Balthasars besser gewahr werden zu können.

Barths Religionsbegriff versteht sich als ein ausgesprochen theologischer. Das heißt für Barth, daß er über das Phänomen der Religion nur vom Standpunkt der göttlichen Offenbarung in Jesus Christus aus sprechen kann. Von der Offenbarung aus betrachtet ist die Religion eine „Angelegenheit des g o t t l o s e n Menschen",[342] schlichtweg „Unglaube",[343] weil ein Versuch, „sich vor einem eigensinnig und eigenmächtig entworfenen Bilde Gottes selber zu rechtfertigen und zu heiligen".[344] In der Religion versucht der Mensch von sich aus, Gott zu versöhnen. Da ein solcher Versuch des sündigen Menschen aber scheitern muß, versöhnt der Mensch nur einen selbstgemachten Scheingott.

Barth bezieht dieses Urteil nicht nur auf die nichtchristlichen Religionen. Auch das Christentum ist davon betroffen, wo es als Religion in den Blick kommt. „Religion ist niemals und nirgends als solche und in sich wahr."[345] Mit dieser Aussage ist für Barth allerdings noch nicht das letzte Wort über das Christentum gesprochen. Barth weiß wohl, daß Gott, wenn er sich dem Menschen offenbaren und ihn versöhnen will, dies nur in Gestalt der in sich selbst so sündhaften menschlichen Religion tun kann. Er gesteht ein, daß es zwischen den Phänomenen Offenbarung und Religion eine unauflösliche Verbindung gibt. Gottes Offenbarung „kann, ja sie muß a u c h als ‚Christentum' und also a u c h als Religion und also a u c h als menschliche Wirklichkeit und Möglichkeit verstanden werden".[346] Das ist geradezu das Wesen der Menschwerdung Gottes.[347]

Obwohl Religion nie aus sich selbst heraus wahr sein kann, so kann sie doch „von außen", nämlich durch einen Akt göttlicher Gnade zur wahren Religion werden.[348] Das Christentum ist für Barth daher ein dialektisches Phänomen. Es ist unter allen Religionen diejenige, in welcher sich die göttliche Offenbarung „inkarniert" hat. Barth bedient sich zur Beurteilung der christlichen Religion der reformatorischen Dialektik des simul iustus et peccator. Ist das Christentum im Blick auf sich selbst Unglaube, nicht anders als alle anderen Religionen, so wird es doch von Gott in einem Akt göttlicher Gnade, welchen Barth als „Schöpfung", „Erwählung", „Rechtfertigung" und „Heiligung" expliziert, zur „wahre[n] Religionen" erklärt.[349] Es wird „frei-

---

40-188 (§ 69,2). Vgl. zu Barths Religionsverständnis *R. Bernhardt*, Der Absolutheitsanspruch des Christentums: Von der Aufklärung bis zur Pluralistischen Religionstheologie, Gütersloh 1990, 149-173; *W. Pannenberg*, Religion und Religionen: Theologische Erwägungen zu den Prinzipien eines Dialoges mit den Weltreligionen, in: *A. Bsteh* (Hg.), Dialog aus der Mitte christlicher Theologie, Mödling 1987, 179-196.

342 KD I,2, 327.

343 A.a.O., 320.

344 A.a.O., 304 (bei Barth hervorgehoben).

345 A.a.O., 356.

346 A.a.O., 308.

347 Vgl. a.a.O., 307 u. 309.

348 A.a.O., 356.

349 A.a.O., 381, 382, 387, 393 u. 357.

gesprochen"[350] vom göttlichen Vernichtungsurteil über die menschliche Religion. Diese Aussage kann aber für Barth nur unter Voraussetzung der göttlichen Offenbarung und von ihr aus gemacht werden.

Nach unserer Darstellung der Balthasarschen Lehre vom Glaubenslicht und der ihm zugeordneten Glaubensgestalt dürften die Ähnlichkeiten und Unterschiede der Balthasarschen Position zur Barthschen klar sein. Balthasars Unterscheidung zwischen der vollkommenen Offenbarungsgestalt und den vielfältigen Gebilden menschlich-religiöser Einbildungskraft in den Religionen, Philosophien und Künsten widerspiegelt zweifelsohne die Barthsche Unterscheidung zwischen göttlicher Offenbarung und den Produkten der menschlichen Religion. Balthasar teilt allerdings nicht das Pauschalurteil Barths, daß die Religion des Menschen an sich nichts als der Ausdruck des menschlichen Unglaubens und deswegen zu verurteilen sei. Balthasar kann dem Phänomen der menschlichen Religion durchaus einen positiven Aspekt abgewinnen, denn sie ist ihm ein genuiner Ausdruck des natürlichen religiösen Aprioris des Menschen, der menschlichen Religiösität also und damit der von der Gnade getragenen Suche des Menschen nach Gott. Für Balthasar erlöscht das allen Menschen verliehene Glaubenslicht deswegen, wie wir sahen, keineswegs, wenn es auf diese Gebilde menschlicher Einbildungskraft fällt.[351] Diese können den Menschen in der Tat auf den Weg zur wahren Erkenntnis der einzig dem Glaubenslicht zugemessenen Offenbarungsgestalt führen. Dennoch handelt es sich bei ihnen eben nur um menschliche Gebilde, denen die göttliche Offenbarungsgestalt als Selbstbezeugung Gottes gegenübersteht.

Balthasars Position in der Frage nach dem Verhältnis von Offenbarung und Religion läßt sich als eine katholische Version der Barthschen Religionstheologie begreifen. Balthasar übernimmt den offenbarungstheologischen Barthschen Ansatz „von oben", ergänzt diesen aber durch einen „natürlichen" Unterbau „von unten", wodurch das Phänomen der menschlichen Religion eine positive Wertung erhält. Diese katholische Version der Barthschen Position fordert nun allerdings die reformatorische Kritik heraus. Es ist bei Balthasar problematisch, daß mit der negativen Barthschen Bewertung des Phänomens der Religion auch dessen kritisches Prinzip im Blick auf das Christentum als Religion verloren gegangen ist. Zu ungebrochen erscheint bei Balthasar die fast vollständige Identität zwischen göttlicher Offenbarungsgestalt und christlicher Religion, zwischen der Gestalt Jesu Christi und der Kirche.[352] Balthasars positive Bewertung der menschlichen Religion erlaubt es nicht mehr, die göttliche Offenbarung von deren menschlicher Rezeption zu unterscheiden. Eine solche Unterscheidung erscheint aber angesichts der menschlichen Sünde – an diesem Punkt muß Barth ebenso

---

350 A.a.O., 358.

351 Balthasar steht an dieser Stelle näher bei der Position, die Barth im § 69, 2 seiner *Kirchlichen Dogmatik* unter dem Stichwort „Lichterlehre" vertrat. Vgl. dazu *Bernhardt*, 171-173.

352 Vgl. zur Bedeutung der Kirche für die Vermittlung der Offenbarungsgestalt *L. S. Chapp,* The God Who Speaks: Hans Urs von Balthasar's Theology of Revelation, San Francisco – London – Bethesda 1996, 191-214. Vgl. zu der vorgebrachten Kritik auch *Spangenberg*, 255.

zugestimmt werden wie Luther –, dringend notwendig. Die Selbstoffenbarung Gottes am Kreuz sub contraria specie kann und darf nicht, so meinen wir, im Rahmen der christlichen Religion vereinnahmt werden, ohne dieser christlichen Religion gegenüber ein kritisches Kriterium darzustellen. Ob und wie dies bei der engen Verflechtung, ja Ineinssetzung von göttlicher Offenbarungsgestalt und Gestalt der Kirche noch gewährleistet werden kann, bleibt bei Balthasar zweifelhaft.[353]

d. Kontinuität in der Offenbarungsdialektik?

Damit kommen wir zu Balthasars katholischer Umformulierung der reformatorischen These, daß Gott sich in Christus sub contraria specie offenbart hat. Balthasar stimmt grundsätzlich mit der reformatorischen Auffassung überein, daß die Offenbarung am Kreuz eine Offenbarung Gottes sub contraria specie darstellt, die durch die Sünde des Menschen notwendig geworden ist. Diese Offenbarung ist ihm jedoch, wie wir sahen, letztgültige Selbstoffenbarung Gottes, die nicht noch einmal durch eine negative oder apophatische Theologie neuplatonischer Provenienz überstiegen werden darf. Balthasar ist der Ansicht, daß dies in Luthers Annahme des deus absconditus der Fall sei, weswegen sich der katholische Theologe scharf vom Wittenberger Reformator abzugrenzen versucht. Balthasar befürchtet im Blick auf die Luthersche Form der Kreuzestheologie zudem, daß die Theologie den zweiten Schritt vor dem ersten macht, m.a.W. schon von der Sünde spricht, bevor sie die Schöpfung diskutiert hat. Erst muß für Balthasar die Natur der Gottesoffenbarung an und für sich betrachtet werden, bevor deren besonderer Modus unter der Sünde zur Sprache kommen kann. Andernfalls, so Balthasar, nimmt man den Modus für die Substanz, schüttet also das Kind mit dem

[353] Die Forderung eines kritischen Kriteriums ergibt sich angesichts der möglichen Spannung zwischen der göttlichen Offenbarung und ihrer menschlichen Rezeption auch dann, wenn man, wie W. Pannenberg dies in Abgrenzung von K. Barth getan hat, davon ausgeht, daß ein solches Kriterium angesichts der unauflöslichen Verbindung von Offenbarung und Religion kein religionsimmanentes sein darf. Die christliche Offenbarung liegt für Pannenberg nicht in unvermittelter Form vor, „weil göttliche Offenbarung unbeschadet ihrer Priorität vor dem sie aufnehmenden Menschen doch nur offenbar ist und wird, wo sie von diesem empfangen wird, also im Medium der Religion“ (*Pannenberg*, Systematische Theologie, Bd. 1, 195). Sie ist deswegen immer der Verfälschung ausgesetzt. Um ein neutrales Kriterium zur Beurteilung der Religionen – auch des Christentums – zu gewinnen, geht Pannenberg deshalb zurück auf den metaphysischen Begriff des Absoluten. Dieser Begriff formuliere „Minimalbedingungen“ (a.a.O., 120) für die Gottesvorstellungen aller Religionen im Blick auf die in ihnen intendierte göttliche Wirklichkeit. Da es sich bei diesem Begriff um das „Ergebnis der Abstraktion von allen Besonderheiten der konkreten Begegnung und Erfahrung göttlicher Macht“ (a.a.O., 193) handelt, bildet er für Pannenberg einen „*Rahmenbegriff* für das, was ‚Gott‘ genannt zu werden verdient“ (a.a.O., 120). Die menschliche Verfälschung der göttlichen Offenbarung erklärt sich für Pannenberg dann aus der Tendenz des Menschen, das unendliche göttliche Geheimnis auf verschiedene Weise zu verendlichen, und zwar wegen der sich aus der „Unabgeschlossenheit der Welterfahrung“ ergebenden „Teilhaftigkeit“ und „Pluralität der Erfahrungsperspektiven der einen und selben Weltwirklichkeit“ (a.a.O., 176).

Bade aus. Wer die Verborgenheitsgestalt der Offenbarung vorschnell der Sünde zuschreibt, läuft Gefahr, die positive Verborgenheit Gottes in seiner Offenbarung auch remoto peccato zu übersehen.

Wir zeigten auf, daß es weder dem frühen noch dem späten Luther darum zu tun ist, die Endgültigkeit und Zuverlässigkeit der Offenbarung in Christus in Frage zu stellen. Der frühe Luther spricht vom deus absconditus nur als dem deus revelatus, der am Kreuz eben sub contraria specie offenbar ist, wie auch Balthasar meint. Der späte Luther behauptet dem deus revelatus gegenüber zwar durchaus noch einen „anderen" deus absconditus oder deus nudus, der sich in Prädestination und Weltregierung dem Menschen gänzlich verborgen hat. Aber auch bei dieser zugegebenermaßen nicht unproblematischen Annahme geht es dem Reformator keineswegs darum, die Zuverlässigkeit des göttlichen Verheißungswortes in Frage zu stellen. Vielmehr verweist der in seiner Weltregierung verborgene Gott den Menschen gerade auf den anderen, offenbaren Gott, der sich dem Menschen in seinem Verheißungswort zugesagt hat. Insofern die neuere reformatorische Theologie in vielen ihrer Vertreter die Annahme eines absolut verborgenen Gottes genauso verabschiedet hat wie die Lehre von der doppelten Prädestination, kann in der Lehre von der Verborgenheitsgestalt der göttlichen Offenbarung unter der forma crucis durchaus eine wesentliche ökumenische Übereinstimmung konstatiert werden.

Dennoch müssen wir uns noch einmal mit Balthasars eigener Form der Lehre von der Verborgenheit Gottes in seiner Offenbarung beschäftigen. Balthasar bietet eine „phänomenologische" Studie der Offenbarung in ihren drei von ihm ausgemachten Stadien: Seinsoffenbarung, Wortoffenbarung und Menschoffenbarung. Auf allen Ebenen findet der katholische Theologe eine sich von Stufe zu Stufe vertiefende Dialektik von Enthüllung und Verhüllung wieder. Schon jedes einzelne innerweltliche Seiende kann nur unter gleichzeitiger Wahrnehmung der in ihm anwesenden und doch verborgen bleibenden Seinstiefe erkannt werden. Die Schöpfung verweist auf Gott als ihren Schöpfer, und doch kann dieser aus den Werken der Schöpfung in seinem Wesen nicht erkannt werden. In der Offenbarung an Israel offenbart sich Gott in seinem Wort und verbirgt sich bei zunehmender Offenbarung doch immer mehr. Schließlich die Menschwerdung Gottes: größte Enthüllung Gottes bei gleichzeitiger tiefster Verhüllung. Die scheinbar punktuelle Verborgenheitserfahrung des sich sub contraria specie am Kreuz offenbarenden deus absconditus wird hier katholisch erweitert zu einem beeindruckenden Pilgerweg zum deus semper magis revelatus et absconditus.

Wenngleich Balthasar durch die Betrachtung der Offenbarung mithilfe einer theologischen Ästhetik erfolgreich dem Vorwurf entgehen kann, die Endgültigkeit der Offenbarung durch eine immer noch apophatischere Theologie in Zweifel zu ziehen, unterscheidet sein Schema doch nicht zwischen der *präzisen* Verborgenheit Gottes in Christus und der *absoluten* Verborgenheit Gottes im Weltgeschehen.[354] In Balthasars dreifacher Vertiefung der Enthül-

[354] Vgl. *Jüngel*, Quae supra nos, nihil ad nos, 247-251.

lungs-Verhüllungs-Dialektik gibt es nur eine einzige Verborgenheit Gottes, die sich bei der zunehmenden Offenbarheit Gottes jeweils „vertieft". Der Vorwurf Balthasars an Luther, aus dem christologischen Paradox eine Weltformel werden zu lassen, wendet sich hier an ihn selbst zurück. Während nämlich Luther sorgfältig zwischen der Verborgenheit Gottes in Christus und derjenigen im Weltgeschehen unterscheidet, ordnet Balthasar die christologische und insbesondere staurologische Verborgenheit Gottes einem allumfassenden und letztlich philosophischen Schema von Enthüllung und Verhüllung unter.

In diesem größeren Rahmen bekommt nun allerdings die präzise Verborgenheit Gottes in seiner Offenbarung im Gekreuzigten eine neue und völlig andere Qualität als dies nach dem biblischen Zeugnis der Fall ist und von den Reformatoren neu zur Geltung gebracht wurde. Wir erinnern uns: Luther argumentierte in der *Heidelberger Disputation*, daß Gott in der Schöpfungsordnung vom Menschen durchaus aus ea, quae facta sunt, den Werken der Schöpfung also, erkannt werden wollte. Der Mensch pervertierte dieses ihm mögliche Wissen um Gott in den Götzendienst. Mit dieser Sünde konfrontiert, entschied sich Gott, die Weisheit der Weisen zunichte zu machen, indem er sich nunmehr sub contraria specie der Welt offenbaren würde (vgl. 1 Kor 1,22f). Der Verborgenheitsgestalt der Offenbarung eignet hier, wie schon neutestamentlich bei Johannes und Paulus, ein ausgesprochener Gerichtscharakter. Das Kreuz wird zur Krisis des sündigen Menschen.[355]

Dieser Gerichtscharakter der Kreuzesoffenbarung ist in Balthasars dreifacher Enthüllungs-Verhüllungs-Dialektik verloren gegangen. Unter der Hand ist hier aus der Krise menschlicher Gotteserkenntnis deren Krönung geworden. Wohl hat die Sünde für Balthasar zu einer Veräußerlichung der Gotteserkenntnis geführt, der Balthasar auch einen Bußcharakter bescheinigt. Darüber hinaus betont Balthasar durchaus auch, wenngleich nur beiläufig, daß es der Sünde zuzuschreiben ist, daß die göttliche Herrlichkeit am Kreuz verhüllt sei. Trotz dieser Versicherungen hat der katholische Theologe in seiner Theologie wenig Raum für den Gerichtscharakter, den die neutestamentlichen Autoren und infolgedessen auch Luther dem Kreuz zuschreiben. Es überrascht nicht, daß Balthasar in seinem dreifachen Schema gar nicht von der *Kreuzes*offenbarung spricht, sondern lediglich bis zur „Menschoffenbarung" gelangt. Kann letztere nötigenfalls noch in eine kontinuierliche Reihe mit der Seins- und der Wortoffenbarung gestellt werden, so ist dieser Weg der Theologie doch spätestens im Skandalon des Kreuzes versperrt. Loewenich betont zu Recht: „An der Tatsache des Kreuzes muß christliches Denken Halt machen … Denn in einem Obergeschoß des Denkgebäudes läßt sich das Kreuz nicht unterbringen."[356] Das Kreuz verweigert sich jeder wie auch immer gearteten Integration in andere Formen menschlicher Gotteser-

---

355 Vgl. zur paulinischen Kreuzestheologie *Hübner*, Biblische Theologie, Bd. 2, 112-141; *P. Stuhlmacher*, Achtzehn Thesen zur paulinischen Kreuzestheologie, in: *ders.*, Versöhnung, Gesetz und Gerechtigkeit: Aufsätze zur biblischen Theologie, Göttingen 1981, 192-208.

356 *Loewenich*, 26.

kenntnis. Die Verborgenheit Gottes am Kreuz ist nicht der Gipfel menschlicher Möglichkeiten, sondern ihr Abgrund.[357]

Mit einer solchen Aussage ist nicht gesagt, wie Balthasar befürchtet, daß „alles“ in eine reine Widerspruchsdialektik aufgehen muß, welche die Gestalt zerstört und es nicht erlaubt, das Tragen der Weltsünde durch den menschgewordenen Gottessohn als Funktion der göttlichen Herrlichkeit zu sehen.[358] Die Verborgenheitsgestalt der göttlichen Selbstoffenbarung ist, wie Luther in seiner *Heidelberger Disputation* herausstellte, durchaus eine wirkliche Offenbarungsgestalt Gottes. Eberhard Jüngel formuliert deswegen: „Die Verborgenheit Gottes in der menschlichen Existenz Jesu von Nazareth verhält sich *nicht äußerlich* zu dem, was Gott selbst ist.“[359] Und er stellt zu Recht fest: „Verborgenheit Gottes unter dem Gegensatz … kann also nicht heißen, daß Gott sich in dieser präzisen Verborgenheit widerspricht, sondern muß heißen, daß Gott sich in dieser präzisen Verborgenheit selber *entspricht*.“[360] Auch und gerade eine reformatorische Theologie, welche am Gerichtscharakter der Verborgenheitsgestalt der Offenbarung Gottes im Gekreuzigten festhält, kann diese Offenbarung als echte und lesbare Offenbarung verstehen.[361] Auch für eine reformatorische Theologie muß der Glaube deswegen nicht zur credo quia absurdum werden, wie Balthasar argwöhnt.[362] Aber ihr bleibt das Kreuz ein Gerichtsurteil über die Möglichkeiten des der Sünde verfallenen Menschen. Am Kreuz wird dem Menschen von Gott eine neue Gottesgemeinschaft angeboten, die eben nicht kontinuierlich an derjenigen Gottesgemeinschaft anknüpft, die Gott in der Schöpfung etabliert hat und die vom Menschen in der Sünde gekündigt wurde.

e. Das Glaubenslicht – Ein Habitus?

Ist die Verborgenheitsgestalt der göttlichen Offenbarung am Kreuz Krise und nicht Krönung der menschlichen Möglichkeiten, so schließt sich die Frage an, welches die angemessene Antwort des Menschen auf die Offenbarung sein muß. W. von Loewenich fragt deshalb: „Kann es ein Organ im Menschen geben, das diesen Gott ergreift, wenn er doch im Gegensatz steht zu allem, was Welt heißt? Oder gibt es ein menschliches Organ, das nicht zur Welt gerechnet werden müßte? … *Wie läßt sich das Analogon zu dem ‚sub*

[357] Vgl. zu Luthers Auffassung zum Verhältnis von der göttlichen Verborgenheit am Kreuz und der menschlichen Vernunft *Jüngel*, Quae supra nos, nihil ad nos, 243-245, *ders.*, Die Offenbarung der Verborgenheit Gottes, 166f.

[358] Vgl. H I, 442.

[359] *Jüngel*, Die Offenbarung der Verborgenheit Gottes, 171.

[360] Ebd.

[361] Vgl. *Hübner*, Biblische Theologie, Bd. 2, 113, der die paulinische Kreuzestheologie wie folgt zusammenfaßt: „Der zunächst ausgesprochene *Gegensatz* ‚Gott – Mensch‘, expliziert als ‚göttliche Torheit ist in Wahrheit göttliche Weisheit – menschliche Weisheit ist in Wahrheit menschliche Torheit‘, schlägt um in ein *positives Entsprechungsverhältnis* von Gott und Mensch.“

[362] Vgl. H I, 442.

contraria specie' des Gottesgedankens auf Seiten des Menschen bilden, ohne daß damit jeder Anspruch auf Realität preisgegeben wird?"[363]

Balthasar stimmt mit Paulus und Luther darin überein, daß allein der Glaube die der Kreuzesoffenbarung entsprechende Reaktion des Menschen darstellt. Was aber, so müssen wir fragen, versteht Balthasar unter dem Glauben? Handelt es sich für ihn um eine menschliche Möglichkeit oder aber um eine göttliche Gabe? Ist der Glaube eine einmal von der Gnade verliehene Anlage des Menschen oder ein stets neu zu erbetendes Geschenk? Und: Baut der Glaube auf einer menschlichen Anlage auf oder ist er eine göttliche Neuschöpfung des sündigen Menschen? Wie ist in diesem Zusammenhang die Balthasarsche These zu beurteilen, daß das theologische Apriori auf dem natürlichen religiösen Apriori aufbaut?

Wenn wir das Balthasarsche Verständnis des Glaubens verstehen wollen, müssen wir uns zuerst mit seiner Konzeption des Glaubenslichtes auseinandersetzen. Balthasar zufolge ist dieses ein Vermögen, scholastisch gesprochen ein habitus, welches in der Erlösungsordnung universal ausgegossen ist. Das Glaubenslicht ist den Menschen im Rahmen der Erlösungsordnung als ein jeweils zu aktualisierendes Vermögen ein für allemal geschenkt. Obwohl Geschenk der Gnade und des Heiligen Geistes, geht es in den Besitz des Menschen über.[364]

Gegenüber diesem Verständnis des Glaubenslichtes scheinen auf den ersten Blick aus reformatorischer Sicht in der Tat einige Bedenken angebracht. Die Annahme einer universalen Ausgießung des Glaubenslichtes in der Erlösungsordnung scheint den Glauben zu einem Besitzstand des Menschen werden zu lassen.[365] Zumindest scheint der Glaube auf einer menschlichen Anlage aufzubauen. Wird er also zu einer menschlichen Qualität und zum Werk des Menschen verkehrt? Wo aber der Glaube nicht mehr Geschenk, sondern Werk des Menschen ist, dort wäre das Evangelium nolens volens zum Gesetz geworden.

Ist Balthasars Glaubensverständnis also doch mit dem reformatorischen unvereinbar? Wir sollten dieses Urteil nicht allzu schnell fällen. Es muß nämlich bedacht werden, daß das Glaubenslicht, welches die menschlichen Augen für die Wahrnehmung der Offenbarungsgestalt prädisponiert, zwar universal auf die Menschheit ausgegossen ist, aber immer auf die äußere Offenbarungsgestalt bezogen bleibt, aus der es ausstrahlend wahrgenommen

---

363 *Loewenich*, 54.

364 Dieses Verständnis des Glaubenslichtes kommt dem scholastischen Verständnis der Synteresis als einer Anlage des Menschen nahe, wenngleich das Glaubenslicht für Balthasar im Gegensatz zur mittelalterlichen Synteresis nicht der Natur-, sondern selbst schon der Gnadenordnung zugerechnet wird. Vgl. dazu *Loewenich*, 54-63.

365 *Blaumeiser*, 428f, bringt diese Problematik in seiner Erörterung der Konsequenzen der Lutherschen Kreuzestheologie für die Theologie überhaupt auf den Punkt: „Was Gott ihm [sc. dem Menschen] schenkt – Gnade, Glauben, Hoffnung, Liebe – wird darum nie zur Eigenschaft am Menschen (*habitus*), sondern ist … ständige Einwirkung Gottes, die den Menschen zwar tatsächlich, aber je neu verändert, und darum ein zwar beständiges und mitvollziehbares Geschenk, nie aber ein bereits gewonnener und nunmehr beliebig einsetzbarer Besitzstand ist."

werden muß. Wohl kann dies Licht auf Gebilde menschlicher Religion, Philosophie oder Kunst fallen, ohne damit zu erlöschen, sondern auch hier noch Hinweise auf die wahre Offenbarungsgestalt zu finden, aber auch hier erwächst der Glaube dem Menschen von außen her, ist also keine innere Qualität des Menschen. Erst wenn das innere Glaubenslicht auf die ihm vollkommen entsprechende und zugeordnete Offenbarungsgestalt fällt, kommt es zudem zu einer wahren Gotteserkenntnis. Balthasar betont in diesem Zusammenhang, wie wir sahen, daß die Analogie zwischen dem natürlichen Seinslicht und dem übernatürlichen Glaubenslicht zerbricht, insofern das Seinslicht das eigene Licht des Menschen ist, das Glaubenslicht ihm aber von der Offenbarungsgestalt her aufleuchtet. Balthasar hält mit dieser Behauptung von der unauflöslichen Verbindung zwischen Offenbarungsgestalt und Glaubenslicht also doch wieder an der reformatorischen Einsicht fest, daß nur der von außen auf den Menschen zukommende Gott im Menschen den Glauben bewirken kann.

Diese Konvergenz bestätigt sich noch durch eine Reflexion auf die Form der Freiheit, welche Balthasar dem Glaubenden zugesteht. Der Glaube, so zeigten wir, ist Balthasar zufolge dem Menschen durch die übernatürliche Gabe des Glaubenslichtes gegeben, das auf den ihm zugeordneten Glaubensgegenstand fallen muß. Dieser wiederum besticht durch seine innere Stimmigkeit und Schönheit und durch seine vollkommene Einordnung in die vorausgehende und nachkommende Geschichte. Ihm eignet eine ästhetische Evidenz, der sich der Mensch, dessen Blick einmal auf die Offenbarungsgestalt gefallen ist, nur durch die Sünde verschließen kann. Der Glaube ist für Balthasar demnach ganz und gar, objektiv und subjektiv, Werk Gottes im Menschen. Objektiv, weil der Mensch nur durch die Schönheit der äußeren Offenbarungsgestalt zum Glauben bewegt wird; subjektiv, weil der Mensch nur durch die ihn prädisponierende Gnade zur Wahrnehmung der Offenbarungsgestalt befähigt ist. Der Mensch hat Balthasar zufolge zwar die Freiheit, sich der göttlichen Evidenz zu verschließen und im Unglauben zu verharren, er hat aber keine Fähigkeit, aus sich selbst heraus den Glauben zu bewirken. Er kann Gott nur an sich selbst wirken lassen, kann nur passiv – Balthasar würde sagen: marianisch – an sich geschehen lassen, was die Gnade des Heiligen Geistes bewirken will. Dieses Freiheitsverständnis als Freiheit zur Sünde, welches den Glauben ohne Wenn und Aber als Werk Gottes im Menschen versteht, ist mit dem reformatorischen Glaubensbegriff durchaus vereinbar.

Man müßte in Bezug auf Balthasars Glaubensbegriff allerdings fragen, inwieweit bei Balthasar der Verheißungscharakter des Evangeliumswortes „pro me", die promissio, zur Geltung kommt. Kann die Schönheit der Offenbarungsgestalt wirklich den „neutralen" Beobachter überzeugen? Wohl ist der Mensch durch seine übernatürliche Ausrichtung auf die gnadenhafte Vollendung in der Gottesgemeinschaft immer schon auf die Offenbarung hin ausgerichtet. Aber muß nicht dennoch auch die Offenbarungsgestalt die Form einer göttlichen Verheißung „für mich" annehmen? Ein paulinisches und reformatorisches Verständnis des Glaubens wird darauf beharren wollen, daß es zur Gabe des Glaubenslichtes nicht unabhängig von der sich mir heilsam zuwendenden und sich mir verheißungsvoll zusagenden Offenbarungsgestalt kommt, die sich mir nach dem Apostel Paulus in der Predigt des Wortes Gottes kundtut (vgl. 2 Kor 5,17f).[366] Für Luther gilt, daß „verbum et fides necessario simul sunt et sine verbo impossibile est esse fidem".[367] Die Predigt des Wortes ruft in den Glauben, und die Gabe des den Glauben wirkenden Heiligen Geistes ist von diesem gepredigten Wort nicht zu trennen.

366 Vgl. dazu *O. Hofius*, „Gott hat unter uns aufgerichtet das Wort von der Versöhnung" (2 Kor 5,19), in: *ders.*, Paulusstudien, Tübingen 1989 (WUNT; 51), 15-32; *ders.*, Wort Gottes und Glaube bei Paulus, in: *ders.*, Paulusstudien, 148-174.

367 *M. Luther*, Acta Augustana, 1518, in: WA 2 (1884), 13, 20. Vgl. *Hübner*, Biblische Theologie, Bd. 2, 139: „Es ist das Kreuz und somit nur das Wort vom Kreuz, in dem das Heil gegründet ist. Kreuz und Evangelium sind von Gott her die entscheidenden Heilskonstituenten, und des Menschen Antwort ist der Glaube – wir können sogar im Sinne von 1 Kor 1,18ff. sagen: einzig der Glaube." Vgl. a.a.O., 260.

Zweites Kapitel: Kreuz und Trinität

Im vorangegangenen Kapitel beschäftigten wir uns mit der theologischen Erkenntnislehre Balthasars, die im Rahmen seiner theologischen Ästhetik als „Erblickungslehre“ verhandelt wird. Dazu war es nötig, zuerst den heilsgeschichtlichen Rahmen des Balthasarschen Denkens aufzuzeigen. Das intrinsezistische Verständnis der gegenseitigen Verschränkung von Natur- und Gnadenordnung, welches Balthasar aus der französischen Schule der nouvelle théologie übernimmt, bildet für ihn die ontologische Grundlage für alles analogische Denken in der Theologie. Dies zeigte sich in der Übernahme ästhetischer Denkkategorien für die Fundamentaltheologie. Wir klärten danach, wie sich für Balthasar das Problem der menschlichen Gotteserkenntnis in einer von der Sünde gezeichneten Welt darstellt. Dabei galt es zuerst, die Erkenntnislehre, die sich bei Balthasar in das Gewand einer Ästhetik kleidet, im Blick auf das Sein zu besprechen und erst in einem zweiten Schritt auf die spezifisch theologische Erkenntnis abzuheben. Es zeigte sich, daß für Balthasar alle menschliche Erkenntnis, einschließlich der Gotteserkenntnis, gestaltgebunden ist. Bedarf es innerweltlich zur Erkenntnis eines Gegenstandes des dem menschlichen Verstand eigenen Seinslichtes, so ist zur Gotteserkenntnis das von Gott verliehene Glaubenslicht notwendig, das den Glauben im Menschen bewirkt und ihn zur Erkenntnis Gottes befähigt. Es zeigte sich, daß dieses Glaubenslicht für Balthasar im Rahmen der Gnadenordnung universal allen Menschen verliehen ist, so daß jeder Mensch, wenn sein Blick auf denjenigen Glaubensgegenstand fällt, der dem Glaubenslicht angemessen ist, die göttliche Wahrheit zu erkennen vermag.

Auf dem Hintergrund der theologischen Ästhetik stellten wir sodann Balthasars Verständnis der Verborgenheitsgestalt der göttlichen Offenbarung dar. Hier ging es uns zuerst darum, die Kritik an der dialektischen Position Luthers zu besprechen, welche für den katholischen Theologen einer Infragestellung der Endgültigkeit der Selbstoffenbarung Gottes in Jesus Christus gleichkommt. Wir sahen, wie Balthasar Luthers Dialektik der Offenbarung sub contraria specie durch ein dreifach sich vertiefendes Enthüllungs-Verhüllungs-Schema erweitert, um so der vermeindlichen Selbstauflösung der Offenbarung in eine reine Widerspruchsdialektik zu wehren.

Auch im Folgenden werden wir auf den im vorangegangenen Kapitel gelegten Grundlagen in der Gnadenlehre aufbauen, wenn wir uns im Vorfeld unserer Besprechung der Trinitätslehre der Balthasarschen Methode der Dogmatik zuwenden. Mithilfe des dramatischen Instrumentars der Welt des Theaters gestaltet Balthasar die gesamte Dogmatik im Rahmen einer Theodramatik von Grund auf neu. Hintergrund dieser Neuinszenierung ist die Feststellung, daß Gott nur aus seinem dramatischen Engagement in der Heilsgeschichte erkannt werden könne. Die Wahrnehmung der göttlichen

Herrlichkeit, von der im letzten Kapitel die Rede war, führe den Menschen unausweichlich in die Konfrontation mit dem göttlichen Willen. Menschlicher und göttlicher Wille treffen für Balthasar aufeinander, und da beiden in analoger Weise Freiheit eignet, kommt es zur dramatischen Auseinandersetzung auf der Weltbühne, welche mit dem Tod des Gottessohnes am Kreuz und seiner Auferstehung von den Toten endet. Diese Konfrontation zwischen dem unendlichen göttlichen Willen und dem endlichen menschlichen Willen bildet für Balthasar die Grundlage, auf welcher sich Gott der Welt offenbart. Gott kann in seinem Wesen und seinen Eigenschaften nur in der dramatischen Auseinandersetzung auf der Weltbühne erkannt werden. Erkenntnis Gottes gibt es deswegen letztlich nur vom Kreuze aus – Erkenntnis Gottes nicht nur, wie sich dieser der Welt zeigt, sondern wie er von Ewigkeit her in sich selbst ist.

Balthasar entwickelt vom Kreuzesereignis aus seine Lehre von der ökonomischen Trinität und schließt von dieser auf die ewige Wesenstrinität. Als dreieiniger kann Gott zugleich bis zur letzten und tödlichen Konsequenz auf der Weltbühne engagiert sein, ohne doch seine Transzendenz dem Theodrama gegenüber zu verlieren. Die Trinitätslehre wird aber nicht nur vom Kreuzesgeschehen her entwickelt, sie fungiert in Balthasars theodramatischer Neuinszenierung der Dogmatik zugleich als Hintergrund, von dem her das Kreuzesgeschehen erst verständlich wird. Geht die Staurologie erkenntnistheoretisch der Trinitätslehre voraus, so kommt dieser umgekehrt eine ontologische Priorität zu.

Wir werden im Folgenden die Schritte verfolgen, mit welchen Balthasar seine Lehre von der ökonomischen und immanenten Trinität entwickelt. Dazu besprechen wir zuerst das Programm der Theodramatik und diskutieren dann die Grundlegung der Trinitätslehre in der Christologie. Hier werden wir besonders den Personbegriff berücksichtigen, mit dessen Hilfe Balthasar die Immanenz Gottes im Theodrama der Weltgeschichte zu begründen sucht („Gott in Welt"). In einem weiteren Abschnitt verfolgen wir, wie Balthasar den christologischen Personbegriff trinitarisch ausweitet, um dadurch eine Basis zu entwickeln, mit deren Hilfe er die Transzendenz Gottes dem Theodrama gegenüber verteidigen kann. Im Anschluß an die Fundierung der Dreipersonalität Gottes untersuchen wir schließlich Balthasars inhaltliche Beschreibung des Lebens der Trinität. Wir fragen: Was offenbart das Kreuzesdrama von Golgatha über den sich der Welt offenbarenden Gott? Genauer: Was offenbart das Kreuz über das ewige dreieinige Sein Gottes an sich? In einem letzten Abschnitt unserer Darstellung wenden wir uns der Balthasarschen Vorstellung von der Schöpfung als einem trinitarischen Ereignis zu („Welt in Gott"). Die trinitarische Schöpfungsvorstellung Balthasars wird uns als Voraussetzung für die Soteriologie Balthasars dienen, welche im nächsten Kapitel zu entfalten ist. Im letzten Abschnitt dieses Kapitels werden wir einige kritische Reflexionen zu anthropologischen, christologischen und trinitätstheologischen Aspekten der Balthasarschen Theodramatik durchführen.

I. Zur Anlage christlicher Theologie als Theodramatik

1. Drama als theologische Kategorie

Balthasar entwickelt seinen eigenen trinitätstheologischen Ansatz im Rahmen seiner Rekonzeptionalisierung der Welt- und Heilsgeschichte als „Theodramatik". Die Vorstellung vom Theodrama entspringt seinem Anliegen, das Verhältnis zwischen Gott und Mensch derart zu bestimmen, daß einerseits der biblischen Heilsgeschichte, andererseits den Ansprüchen der griechischen Philosophie Genüge getan wird. Beide Kriterien müssen für Balthasar ausgeglichen werden, wenn das Evangelium dem mit Vernunft ausgestatteten Menschen verständlich gemacht werden soll.[1] In der Heilsgeschichte in Schöpfung, Altem Bund und vollends in Jesus Christus begegnet Gott der Menschheit. Dieses Engagement Gottes in der Welt affiziere nach dem Zeugnis der Schrift Gott in seinem Innersten. Damit stehe fest, daß das von der griechischen Philosophie übernommene patristische und scholastische Axiom „einer Systematik, in der Gott als das absolute Sein nur das Regungslose ist, vor dem die Weltbewegung sich abspielt",[2] der biblischen Heilsgeschichte nicht gerecht werden kann.

Die Theologie muß sich aber für Balthasar auch vor der mythologischen Rede von einem Gott hüten, der, wie die Menschen, in den Verlauf der Geschichte, den „Weltprozeß"[3] oder das „Weltdrama"[4] verstrickt ist. Gott und Mensch können nicht auf der gleichen Ebene agieren. Werden Gott und Mensch als frei Handelnde in der Geschichte gleichgesetzt, dann würde Gott der Gesetzlichkeit des Weltablaufs unterworfen, die sich über ihn und den Menschen erhebt. Da dies dem christlichen Gottesgedanken widerspricht, muß die christliche Theologie einen Gottesbegriff entwickeln, der beide Gefahren, die einer Ontologisierung und die einer Mythologisierung, umgeht, um dem Gott der Bibel gerecht zu werden, der sich in Weltschöpfung und -erlösung wirklich mit der Welt engagiert, ohne einem ihn überragenden Schicksal zu verfallen.[5] Aus dem Grundaxiom, daß „[d]er Gott der Theodra-

---

1 Vgl. TD II,1, 172.

2 TD I, 118. In der Tat, so stellt Balthasar im Blick auf die Geschichte des Theodramas fest, habe die Epoche von Sokrates und Platon über die Stoa bis hin zum Spätplatonismus keine Theodramatik entwickeln können, „weil Gott sich hier als die ‚Sonne des Guten' die allumgreifende ‚Allnatur', das unnahbar ‚Eine' über die innerweltlichen Gegensätze erhob und nicht mehr als ein Bestimmter, gar Besonderer auf einer Weltbühne anderen Bestimmten und Besonderen entgegentreten konnte" (TD II,1, 170).

3 TD I, 118.

4 TD II,1, 9.

5 Siehe zur Frage der Unveränderlichkeit Gottes bei Balthasar *G. F. O'Hanlon*, The Immutability of God in the Theology of Hans Urs von Balthasar, Cambridge u.a. 1990. Einen historischen Überblick zum Thema bieten *J. K. Mozley,* The Impassible God: A Survey of Christian Thought, Cambridge 1926; *W. Maas*, Unveränderlichkeit Gottes: Zum Verhältnis von griechisch-philosophischer und christlicher Gotteslehre, München – Paderborn – Wien 1974.

matik ... weder (mythisch) ‚veränderlich' noch (philosophisch) ‚unveränderlich'"[6] ist, entwickelt Balthasar mit der Theodramatik „ein ‚theologisches' Unternehmen", das „den dramatischen Charakter des Daseins im Licht der biblischen Offenbarung betrachtet" und die „Anschauung von Gott, Welt, Mensch ... aus dem von Gott her mit Welt und Mensch je schon inszenierten Drama, in dem wir uns als Mitspieler vorfinden, entwickelt".[7]

Balthasar greift zur Neukonzeption des Gott-Mensch-Verhältnisses auf die in fast allen Kulturen vorhandene Vorstellung vom „Welttheater" zurück, welche die Weltgeschichte als ein Schauspiel versteht, bei dem eine transzendente Macht an die Menschen ihre jeweils auf Erden zu spielenden Rollen verteilt, um sie nach dem Spiel gemäß ihrer Ausfüllung der Rolle zu beurteilen. Balthasar geht der Vorstellung vom Welttheater seit ihrer Ausbildung in der Antike nach, greift aber mit seinem eigenen Begriff vom Theodrama vornehmlich auf die Fassung zurück, welche die Vorstellung vom Welttheater im Barock, besonders bei Pedro Calderón de la Barca (1600-1681), erfahren hat.[8] Wenn Gott im Welttheater Calderóns in der Rolle des Spielherrn verharrt, so tritt er in Balthasars Theodrama in der Person seines Sohnes selbst auf die Bühne. Anders, so argumentiert Balthasar, bliebe Gott dem Stück rein transzendent und von ihm unberührt; er würde sich von dem Gott der griechischen Philosophen letztlich nicht unterscheiden.

Um die Gefahr der mythologischen Verstrickung Gottes in das Weltspiel zu vermeiden, schreibt Balthasar dem trinitarischen Gott analogisch alle drei Rollen der dramaturgischen Trias von Autor, Regisseur und Schaupieler zu. „In der Metapher verbirgt sich das Verhältnis von Transzendenz und Immanenz Gottes dem Spiel gegenüber ..., das sich in christlicher Theologie im Begriff der ökonomischen Trinität verdeutlichen wird."[9] In der Analogie steht der Vater dem Weltspiel ähnlich transzendent gegenüber wie der Autor seinem Stück. Im Autor entspringt das Spiel und gewinnt seine Einheit aus der scheinbaren Beliebigkeit wieder. Ist er einerseits der Schöpfer seiner Ge-

---

6 TD II,1, 9.

7 Ebd.

8 „Die Theaterchiffre", so Balthasar, sei im Barock „'Schlüssel und Kennwort, ja stilbildendes Element'" geworden (TD I, 152; zu Calderón vgl. a.a.O., 148-152 u. 337-345). Hier spielt das Weltdrama auf einer fest umrahmten Bühne und untersteht dem dreifachen göttlichen Gesetz von Naturgesetz, Schriftgesetz und Erlösungsgesetz. Zentrales Thema des Dramas ist die Vergänglichkeit. Gott verteilt die Rollen und ist Richter, der die Schauspieler nach ihrer Leistung in der gegebenen Rolle beurteilt. Die Rollen sind aufeinander bezogen, der wesentliche Inhalt des „Großen Welttheaters" Calderóns ist das Verhalten der verschiedenen Rollen zur Zentralfigur des Bettlers. Vgl. a.a.O., 121-160 u. 161-228. Siehe zu Calderón auch *K. Reichenberger*, Caldérons Welttheater und die autos sacramentales, in: *F. Link* u. *G. Niggl* (Hg.), Theatrum Mundi: Götter, Gott und Spielleiter im Drama von der Antike bis zur Gegenwart, Berlin 1981 (Sonderband des Literaturwissenschaftlichen Jahrbuchs), 161-175. Siehe zu Balthasars Interpretation des Barocktheaters *P. Casarella*, „Repräsentation": Zum Barockverständnis bei Hans Urs von Balthasar (1905-1988), in: *Regina Pleitner* (Hg.), Reisen des Barock: Selbst- und Fremderfahrungen und ihre Darstellung: Beiträge zum Kolloquium der Arbeitsgruppe Kulturgeschichte des Barockzeitalters an der Herzog-August-Bibliothek Wolfenbüttel vom 10. bis 12. Juli 1989, Bonn 1991, 1-24.

9 TD I, 236.

stalten, indem er ihnen Rollen anweist, so gewinnen diese andererseits in ihrer Möglichkeit, die Rolle frei auszufüllen, ihre Selbständigkeit ihm gegenüber.[10] Der Sohn entspricht dem göttlichen Schauspieler, der neben und mit den Menschen im Theodrama auf der Weltbühne steht. Als „freier Gestalter"[11] spielt der Schauspieler in eigener Verantwortung und ist doch auch dem Autor verantwortlich. Er vergegenwärtigt dessen Idee im Raum der Realität und nimmt deshalb dem Autor gegenüber die Rolle des gehorsamen Knechtes ein, der sich in seine Rolle fügt.[12] Der Heilige Geist schließlich entspricht dem Regisseur, der den Text des Autors in die Aktualität der Aufführung umsetzt. Er leitet die Aufführung, indem er den Willen des Autors an die Schauspieler vermittelt.[13] Der Regisseur dient zugleich dem Autor, dem er in der Bindung an den Text Gehorsam schuldig ist, und den Schauspielern, denen er als einigendes Moment das gemeinsame Ziel aller vorhält. Vor allem kommt es dem Regisseur zu, das Stück aus der Vergangenheit in die Gegenwart zu transponieren.

Durch die Analogie zur dramaturgischen Trias kann Balthasar aufzeigen, daß Gott tatsächlich im Weltspiel auftreten und dieses zum Theodrama werden lassen kann, ohne seine Transzendenz der Welt gegenüber zu verlieren. Der trinitarische Gott tritt im Weltspiel nicht als einer neben anderen Gestalten auf, sondern vielmehr in ihnen. In Jesus erscheint die zweite trinitarische Person auf der Weltbühne und macht sich die conditio humana zu Eigen. In ihm hat der göttliche Sohn „in einem wahren Sinne mit uns zusammen agiert angesichts des Vaters und durch den zwischen ihm und dem Vater, zwischen Erde und Himmel vermittelnden Geist."[14] Insofern der Sohn sich jedoch durchweg als Auslegung des Vaters gibt, der als „Bezugspunkt" dem Weltspiel gegenüber transzendent blieb, gibt Gott zu keinem Zeitpunkt des Theodramas seine Funktion als „Leiter und Richter des Spiels"[15] auf. Der Richter stellt sich selbst unter das Gericht Gottes und bleibt doch Richter. Die Trias von Autor, Regisseur und Schauspieler ist daher „das vollkommene Gleichnis für die ökonomische Trinität im Theodrama".[16]

Bliebe Gott bei aller Immanenz im Theodrama diesem nicht auch transzendent, so würde er durch das Theodrama erst zu dem Gott, als der er sich offenbart: dem Gott, der Liebe ist. Einer solchen mythologischen Ver-

10 Balthasar zitiert Pirandello, um die Analogie zwischen der Freiheit Gottes und seiner Geschöpfe zu verdeutlichen: „Als Geschöpfe meines Geistes lebten diese Sechs bereits ihr eigenes Leben und nicht mehr das meine, ein Leben, das ihnen zu verweigern nicht mehr in meiner Macht lag" (*L. Pirandello*, Sechs Personen suchen einen Autor, 8, zit. n. TD I, 254).

11 TD I, 262.

12 Vgl. a.a.O., 260f.

13 Vgl. TD II,2, 488: „Als Heiliger ist der Geist unentbehrlich: der Vater vertraut ihm sein Stück an, damit er es in Leben umsetzt ..., der Sohn vertraut sich seiner Führung an, und die Kirche muß es erst recht tun, wenn ihr ... ihre Sendung gelingen soll."

14 A.a.O., 484.

15 A.a.O., 464.

16 A.a.O., 486. Diese „Durchklärung" (a.a.O., 480) des Weltdramas setzt für Balthasar das Ineinander von Natur- und Gnadenordnung voraus, wie sie im Imagocharakter des Menschen explizit wird. Vgl. dazu oben, Erstes Kapitel, II. 1.

strickung Gottes ins Theodrama hält Balthasar mit der Trinitätslehre entgegen, daß Gott immer schon Liebe ist und daher „der Welt nicht bedarf, um ein liebendes Gegenüber zu haben".[17] Weil Gott in sich immer schon dreieinige Liebe ist, deshalb ist die Schöpfung der Welt und das sich daraus ergebende Drama ein *freier* Akt Gottes. „Das Drama, das sich vor ihm abspielt, und das zu lenken und in das einzugreifen er frei ist, ist nicht sein eigener Prozeß. Sonst müßte er sich selber erlösen, müßte der Erlösende und Erlöste zugleich sein, was sich widerspricht."[18] Demgegenüber hält Balthasar daran fest, daß das Theodrama durch nichts anderes als die freie, dreieinige Liebe Gottes hervorgerufen ist, die sich der Welt mitteilen und in ihr gegenseitig verherrlichen will.

Gleichwohl muß die „Analogielosigkeit dieser Dramatik"[19] zwischen Gott und Mensch beachtet werden. Der Vergleich zur Welt des Theaters hinkt, denn weder gibt es im Theodrama eine scharfte Trennung von Mitwirkenden und Zuschauern, noch von Bühne und Zuschauerraum.[20] Gott trägt die Gesamtverantwortung für das Gelingen des Stückes nach seinen Plänen. Er ist „zweifellos mehr als ein bloßer Zuschauer. Er ist der für das Drama selbst Verantwortliche, und doch, wenn der Mensch in Freiheit falsch spielt, der Nichtverantwortliche, und trotzdem nochmals der zu seiner ersten Verantwortung Stehende."[21] Dem Menschen eignet Selbstverantwortung in der Darstellung seiner Rolle, er ist „der in seine Freiheit Geworfene, zur Freiheit Verurteilte und Begnadete, der aus dem eigenen Grund werden darf, was er sein kann, und es doch nicht außerhalb der göttlichen Freiheit, sondern nur in ihr und mit ihr kann ..."[22] Der Mensch ist als Mitspieler des Sohnes m.a.W. frei und selbstverantwortlich in der Darstellung der ihm von Gott anvertrauten Rolle, und doch ist seine Freiheit nicht absolut, ist er doch durch seine Rolle gebunden.

Angesichts dieser Zuordnung von Gott und Mensch in Analogie zu Autor und Schauspieler braucht Balthasar beide nicht auf einer Ebene zu denken, sondern hofft, bei allem Engagement Gottes in der Welt dessen Transzendenz wahren zu können. In der Begegnung beider Verantwortlichkeiten eröffnet sich das dramatische Verhältnis von Gott und Mensch, das letztlich zu der eschatologischen Frage führt, wie sich Gott mit seinen Intentionen im Spiel durchsetzen kann, wenn doch die Freiheit bis hin zur Selbstverweigerung führen kann.

---

17 TD II,2, 484.

18 Ebd.

19 TD II,1, 176.

20 Vgl. a.a.O., 17: „Gott ist im Theodrama die Hauptperson, für ihn ist die Transzendenz des Autors gegenüber dem aufgeführten Stück nur ein schwaches Gleichnis; nicht minder defizient ist der Vergleich des Gottmenschen mit dem Hauptkelden und der Vergleich des göttlichen Geistes mit dem Regisseur."

21 A.a.O., 176.

22 Ebd.

2. Zum Recht der Anwendung dramatischer Kategorien auf die Heilsgeschichte

Wenn Balthasar von Gott als Autor, Schauspieler und Regisseur spricht, muß er sich zwangsläufig die Frage nach der theologischen Berechtigung seiner für die christliche Theologie ungewöhnlichen Rede stellen. Er ist sich durchaus bewußt, daß sein Konzept auf den ersten Blick Unverständnis hervorrufen wird. Wechselweise Abstrusität oder Banalität könne ihm vorgeworfen werden: das Erstere, weil die Idee einer Theodramatik „ein spielerisches Moment in den Ernst der Offenbarung bringt, ihre Klarheit mit den Doppelsinnigkeiten einer Parabel – ‚Welttheater' – belastet",[23] Letzteres, weil „doch jedermann weiß, daß es in der biblischen Offenbarung um ein Handeln Gottes geht",[24] das nicht nochmals durch eine Gedankenhilfe verdeutlicht werden müsse. Balthasar weist darüber hinaus darauf hin, daß das Konzept der Dramatik selbst seine Relevanz für den Menschen des 20. Jahrhunderts verloren zu haben scheint. Meint doch schon Hegel, daß das Drama durch das Christentum überholt sei.[25] Dürrenmatt sieht gar den umfassenden Sinnhorizont menschlicher Existenz, wie ihn das Drama voraussetzt, „[i]n der Wurstelei unseres Jahrhunderts, in diesem Kehraus der weißen Rasse"[26] verloren gegangen.

Balthasar rechtfertigt seinen Ansatz der Theodramatik angesichts dieser Kritik mit einem Hinweis auf die allseits als unbefriedigend empfundene Lage der Theologie. Diese habe im 20. Jahrhundert zu einer Reihe theologischer Neuansätze geführt, die ein Ziel gemeinsam haben: „alle wollen sie eine auf der Sandbank rationalistischer Abstraktion festgerammte Theologie neu in Fahrt bringen."[27] Balthasar nennt „das Ereignishafte", „das Geschichtliche", „das Orthopraktische", „das Dialogische", „das Politische", „das Futurische", „das Funktionale", „die Rolle", „die Freiheit" und „das Böse" als Schauplätze moderner Theologie.[28] Diese verschiedenen, sich gegenseitig ergänzenden theologischen Neuansätze laufen für ihn gleichsam konzentrisch auf eine Theodramatik zu. Er will sie deswegen in ihrem je eigenen Recht aufnehmen und in seinem Ansatz methodisch abgesichert integrieren.[29]

Das Konzept der Theodramatik legitimiert sich für Balthasar aber auch anthropologisch. Der Mensch besitzt einen „Urtrieb des Lebens, sich zuzusehen, als Handlung, die zugleich Sinn und Geheimnis ist".[30] Angesichts dieses Urtriebs, welcher „im theatralischen Vorgang nur expliziter gemacht wird",[31]

---

[23] TD I, 23.
[24] Ebd.
[25] Vgl. a.a.O., 54ff. Vgl. auch *Krenski*, Passio Caritatis, 83f.
[26] *F. Dürrenmatt*, Theaterprobleme, Zürich 1955, 47f, zit. n. TD I, 75.
[27] TD I, 23.
[28] Vgl. a.a.O., 23-46.
[29] Vgl. TD II,1, 55-69.
[30] TD I, 72f.
[31] A.a.O., 230.

könne mit Eugen Fink vom Theater als einem „Weltsymbol"[32] gesprochen werden. Balthasar weist unterstützend darauf hin, daß moderne Humanwissenschaften, wie die Psychologie oder die Soziologie, in manchen Grundaspekten des Dramatischen, etwa dem Verhältnis des Schauspielers zu seiner Rolle, Grunderfahrungen der menschlichen Existenz überhaupt wiedererkannt haben.[33]

Schließlich verteidigt Balthasar sein Projekt der Theodramatik historisch. Er bedauert den Umstand, daß sich Theologie und Kirche in der Konfrontation mit der griechisch-hellenistischen Kulturwelt allein mit deren Philosophie, nicht aber den Tragikern auseinandersetzten, ja, dem Theater fast von Anfang an mit Verachtung und Ablehnung begegneten.[34] Entspringt ein biblischer Gottesbegriff mit Notwendigkeit dem Bedenken der Handlungen Gottes, in deren Zentrum die Geschichte Jesu steht, dann könne das Theater in seinem dynamischen Aspekt zu einem geeigneteren Gleichnis für ein Handeln Gottes an und mit den Menschen in der Geschichte werden, als eine Philosophie, welche eine Beziehung zwischen Gott und der Welt von vornherein ausschließt.[35]

Die Theologie, so Balthasar, ist im Laufe der Geschichte einer tragischen Engführung verfallen, indem sie sich darauf beschränkte, in den Kategorien einer „Theo-Ontologie des ‚absoluten Seins'"[36] zu denken. Balthasar lehnt das ontologische Denken nicht an sich ab, betont aber, daß das Sein sich nicht nur in den Transzendentalien des pulchrum und verum, sondern auch in der Geschichte handelnd als bonum zeigt.[37] Der Theologe muß sich deshalb in der Ausbildung einer der christlichen Offenbarung angemessenen Theologie hüten vor dem „Rückfall in eine statische Essenzentheologie, die in Gotteslehre, Menschenlehre, Christologie usf. Aussagen über das ‚Wesen' zu machen weiß, bevor noch das Handeln dieser Wesen entweder (beim Menschen) determiniert oder zumindest (bei Gott) offenbart."[38] Balthasar lehnt konsequenterweise die traditionelle Vorordnung des Traktates De Deo Uno vor die Besprechung der Trinitätslehre ab.[39] Die Einheit Gottes ist überhaupt nicht in Absehung von der Dreiheit zu denken. Wesen und Eigen-

---

32 *E. Fink*, Spiel als Weltsymbol, 1960, zit. n. TD I, 230.

33 Vgl. TD I, 463-511.

34 Vgl. a.a.O., 81-102.

35 Vgl. *Krenski*, Passio Caritatis, 94.

36 TD IV, 191.

37 Vgl. *H. U. v. Balthasar*, Epilog, Einsiedeln – Trier 1987, 52: „Was sich zeigt (Schönheit), teilt sich mit, gibt sich (Gutheit)." Ähnlich *ders.*, Mein Werk: Durchblicke, Einsiedeln – Freiburg 1990, 94: „Ein Sein ‚erscheint', es erfolgt eine Epiphanie: darin ist es schön und beglückt uns. Erscheinend aber gibt es sich, es gibt sich uns hin: es ist gut. Und sich hingebend, ‚sagt es sich aus', enthüllt sich selbst: es ist wahr (in sich und im andern, dem es sich offenbart)."

38 TD II,1, 11.

39 Vgl. TD IV, 58: „Ja, vom Neuen Bund aus gesehen, wird man sagen, daß die in Jesus Christus erfolgende Gottesoffenbarung primär eine trinitarische ist – Jesus spricht nicht über Gott im allgemeinen, sondern zeigt uns den Vater und schenkt uns den Heiligen Geist –, und daß wir uns vom trinitarischen Gottesverhältnis Jesu aus ein Bild über das ‚Sein' und ‚Wesen' Gottes machen sollen, das sich in der geschehenden Geschichte Jesu selber als ein ewiges Geschehen offenbart."

schaften Gottes sind immer solche des je schon dreieinigen Gottes. Sie müssen in Beziehung auf die trinitarische Verfaßtheit Gottes verstanden werden, damit sie nicht Gefahr laufen, als eine vierte, statische Dimension neben der Dynamik des dreieinigen göttlichen Lebens zu erscheinen. Balthasar entwickelt in Konsequenz dieser Forderung eine trinitarische Ontologie.[40]

Mit der Anwendung dramatischer Kategorien auf oikonomia und theologia will Balthasar an die Offenbarung nichts Äußerliches, ihr Fremdes herantragen. Sie entspringen vielmehr mit Notwendigkeit der Sache selbst: „Denn Theologie kann nie etwas anderes sein können als Explikation der Offenbarung Alten und Neuen Bundes ... Diese Offenbarung aber ist in ihrer ganzen Gestalt ... dramatisch. Sie ist die Geschichte eines Einsatzes Gottes für seine Welt, eines Ringens zwischen Gott und Geschöpf um dessen Sinn und Heil ...“[41] Die Heilsgeschichte Gottes mit der Menschheit ist angesichts des unaufhörlichen Widerstandes der sündigen Menschen eine Geschichte der Auseinandersetzung zwischen Gottes Heilswillen für die Welt und der menschlichen Selbstverweigerung, an Gottes Heilsprojekt im gläubigen und liebenden Gehorsam mitzuarbeiten.

Eine Theodramatik als dramatische Darstellung von Gottes Heilsökonomie versteht sich damit letztlich nur aus sich selbst. Sie ist offenbarungstheologisch herzuleiten und kann nicht „von unten“ aufgebaut werden, etwa „als Synthese, als ... Krönung eines von der Erde aus begonnenen und in den Himmel ragenden Turmes“.[42] Wenngleich der Mensch ein Konzept davon hat, was „Drama“ ist, aus dem eigenen Leben und der Theaterwelt, kann dieses Konzept höchstens „das begriffliche Instrumentar“, ein „Vorverständnis, aber keinesfalls ein adäquates Begreifen anbieten“.[43]

Hier greift Balthasars integratives Verständnis von der christologischen Einheit von Natur- und Gnadenordnung: Wenn es eine Theodramatik gibt, die selbst dem Gnadenbereich angehört, dann wird sich diese in der Schöpfungsordnung dramatische Formen finden.[44] Von diesen Formen aus müssen Rückschlüsse auf das Wesen der Theodramatik selbst möglich sein.[45] „Das Bedürfnis der Existenz, sich in einem andern ihrer selbst zu er-spiegeln (speculari), macht das Theater zum legitimen, aber wesentlich über sich hinausweisenden Instrument der Selbsterkenntnis und Seinserhellung. Als Spiegel für die Existenz bietet es ein Instrumentar ihres letzten (theologischen) Selbstverstehens; als Spiegel muß es sich aber, mitsamt seinem Instrumentar, wegheben ..., um der Wahrheit, die in ihm nur indirekt aufleuchtet,

---

40 Vgl. dazu *Wittschier*, 78-108.

41 TD I, 113. Zum Streit um den Umgang Balthasars mit der historisch-kritischen Exegese und seiner Forderung nach einer geistlichen Schriftauslegung in der Nachfolge des Origenes vgl. *Krenski*, Passio Caritatis, 37-55.

42 TD II,1, 47.

43 TD I, 18.

44 Vgl. a.a.O., 116: „eine natürliche Dramatik ist der übernatürlichen voraus-gesetzt und wird von der letzteren aufgegriffen, in einer verwandelnden Klärung aber, die sie erst ihrer wahren Bestimmung entgegenführt.“

45 Vgl. a.a.O., 103.

Raum zu geben."[46] So bleibt das Theater in sich zweideutig, wenn doch alle Formen menschlicher Erkenntnissuche erst durch die Gnade zu ihrem Ziel gelangen. Die Naturordnung und damit das Theater streben über sich hinaus auf ein ihnen entzogenes Ziel, das nur durch eine gnadenhafte Selbstoffenbarung gefunden wird. Sie sind in ihrer Suche aber immer schon von der ihr ontologisch vorausgehenden Gnade dergestalt prädisponiert, daß ihre Beschaffenheit von der Gnade materialiter aufgenommen werden kann.[47]

3. Theodrama als Konfliktgeschichte zwischen göttlicher und menschlicher Freiheit

Wenn Balthasar von der Heilsgeschichte Gottes mit den Menschen als einem Theo-Drama spricht, so setzt dieses Konzept ein seit dem Konzil von Trient von katholischer Seite unaufhörlich gegen die Reformation verteidigtes Theologumenon voraus, dessen Bedeutung für die Theodramatik kaum überschätzt werden kann. Balthasar geht davon aus, daß sowohl Gott als auch dem Menschen echte Freiheit eignet, auch und gerade im Verhältnis zueinander. „Soll Drama sein, müssen Freiheiten einander gegenüberstehen. Soll Theodrama sein, ist dessen erste Voraussetzung, daß ‚neben' oder ‚innerhalb' der absoluten göttlichen Freiheit andere, nichtgöttliche, geschaffene Freiheit existiert, die in einem wahren Sinn am Selbststand der göttlichen Freiheit teilnimmt, sowohl in der Entscheidung für Gott wie in der gegen ihn."[48] Für Balthasar steht außer Zweifel, daß die biblische Offenbarung eine Freiheit Gottes und des Menschen kennt und Zeugnis von einem dramatischen Kon-

---

[46] A.a.O., 80.

[47] S. Wittschier fragt sich in diesem Zusammenhang allerdings, ob die im ersten Band der Theodramatik angebahnte Auseinandersetzung zwischen dem Dogma und den ästhetischen Kategorien in den folgenden Bänden der *Theodramatik* überhaupt zustande kommt. Er befürchtet, daß diese Bände doch nur wieder „im alten Stil, der die Kunst mehr als Veranschaulichungsmaterial einbringt" (*Wittschier*, 91), argumentieren. Neuerdings hat auch K.-J. Kuschel diese Kritik vorgebracht: „Bei aller Einbeziehung der großen geistigen Traditionen von der Antike bis zur Neuzeit – *dialogisch* im Sinne solidarischer Wahrheitsfindung mit nichttheologischen oder nichtchristlichen Zeugnissen ist die Balthasarsche Theologie nicht ..." (*Kuschel*, 112). E. Biser wiederum vermutet in diesem Kontext, daß Balthasar „der Faszination seines Stoffs schließlich in einer Weise erlag, daß er ihr unwillkürlich ‚mitzuspielen' begann" (*E. Biser*, Theologischer Kategorienwechsel: Zum Eingangsband von Hans Urs von Balthasars „Theodramatik", in: ThRv 72 (1976): Sp. 448; vgl. zu Bisers Kritik an Balthasars interpretatorischem Umgang mit Reinhold Schneider a.a.O., Sp. 444). Eine literaturwissenschaftliche Kritik des ersten Bandes der ‚Theodramatik' bietet *V. Kapp*, Ästhetik und Dramatik: Zu den Prolegomena der ‚Theodramatik' von Hans Urs von Balthasar, in: Literaturwissenschaftliches Jahrbuch (Neue Folge; 15), im Auftrag d. Görres-Gesellschaft hg. v. *H. Kunisch*, Berlin 1974, 260-272.

[48] TD II,1, 56. Vgl. auch *G. v. Wilbert*, Sachwörterbuch der Literatur, 189, zit. n. *Krenski*, Passio Caritatis, 93: „Grundbestandteil des Dramas ist der Konflikt gegensätzlicher Haltungen, welche die Spannung erzeugen, durch Umsetzung des leidenschaftlichen Wollens in die Tat miteinander in Widerspruch oder Kampf geraten und aus der Wechselwirkung (Aktion und Reaktion) die dramatische Handlung entfalten".

flikt beider ablegt. Balthasar spricht in diesem Zusammenhang von zwei biblischen, für die christliche Theologie unaufgebbaren „Postulaten“: zum einen, daß Gott selber absolute Freiheit zukommt; zum andern, daß Gott die Möglichkeit hat, aus der eigenen absoluten Freiheit eine endliche, aber dennoch echte Freiheit „zu entlassen“.[49]

Wenngleich Balthasar von göttlicher und menschlicher Freiheit unter Verwendung des gleichen Begriffes spricht, so verhalten sich diese beiden Freiheiten doch keineswegs univok zueinander. Eine solche Bestimmung ist schon durch die Unendlichkeit und Unvordenklichkeit Gottes ausgeschlossen, die zur Endlichkeit und Geschaffenheit des Menschen nicht in ein überschaubares Verhältnis gesetzt werden kann. Allerdings verhalten sich die Begriffe der göttlichen und menschlichen Freiheit auch nicht äquivok zueinander, als seien sie grundsätzlich und in jeder Beziehung unvergleichbar. Da die menschliche Freiheit, wie wir sehen werden, nach dem Abbild der göttlichen Freiheit, insbesondere nach dem Abbild der sohnlichen Freiheit, geschaffen ist, ist sie dieser strukturell ähnlich. Göttliche und menschliche Freiheit sind daher analoge Begriffe: Sie sind einander vergleichbar, solange beachtet wird, daß aller Ähnlichkeit eine je-größere Unähnlichkeit zugrunde liegt.

Balthasar ist sich der Problematik, die mit der Rede von göttlicher und menschlicher Freiheit entsteht, wohl bewußt. Obgleich er im Blick auf die Schriftgemäßheit seiner Grundsätze keine Zweifel zuläßt, gesteht er ein, daß sie die Theologie in Konflikt mit der Philosophie bringen, welche in der Annahme endlicher Freiheit eine unzulässige Einschränkung oder Begrenzung der Unendlichkeit des Absoluten wittern muß.[50] Deshalb versucht er, in seiner Theodramatik das Verhältnis von göttlicher und menschlicher Freiheit so zu konzipieren, daß ein Ausgleich des biblischen Anspruchs auf ein Mit- und Ineinander unendlicher und endlicher Freiheit mit der philosophischen Ablehnung aller mythologischen Verendlichung Gottes möglich wird. Dieser Ausgleich ist ihm „unerläßlich, wenn sich die biblische Botschaft denkenden Menschen als annehmbar vorstellen wollte.“[51]

Wie aber, so fragt Balthasar, müssen die göttliche, unendliche Freiheit und die menschliche, endliche Freiheit vorgestellt werden, wenn Gott „Alles“ und der Mensch, Gott hinzugerechnet, kein „Mehr“ darstellt, dennoch „Etwas“ ist?[52] Gott kann dem Menschen gerade nicht das Andere oder, wie die frühe Dialektische Theologie meinte, sogar „Ganz-Andere“ sein, impliziert eine solche Vorstellung doch das Vorhandensein einer Grenze, welche dem Wesen Gottes als schlechthinniger Existenz widerspräche. Balthasar findet eine erste, noch im Rahmen der Philosophie verbleibende Antwort auf diese Frage in der Auskunft des Nikolaus von Kues, daß von Gott als dem Nicht-Anderen, Non-aliud gesprochen werden muß.[53] Wenngleich die Menschen

[49] TD II,1, 171.
[50] Vgl. ebd.
[51] A.a.O., 172.
[52] Vgl. a.a.O., 173f.
[53] Vgl. a.a.O., 174.

sich Gott gegenüber als die „Anderen“ bezeichnen müssen, dürfen sie daraus nicht die Folgerung ziehen, daß sie auch für Gott die „Anderen“ seien.

Mit dieser Antwort ist jedoch für Balthasar noch nicht hinreichend geklärt, wie von einer „Verschränkung“[54] der menschlichen und göttlichen Freiheit gesprochen werden kann, welche es der endlichen Freiheit erlaubt, sich in der unendlichen zu vollenden, ohne aber in dieser aufzugehen oder diese zu verendlichen.[55] Von der Kreuzesoffenbarung her will er die Verhältnisbestimmung von Gott und Mensch in zweifacher Weise theologisch ausweiten. Zum einen ist der philosophische Gegensatz von unendlicher und endlicher Freiheit zu vertiefen als Gegensatz zwischen der Heiligkeit Gottes und der Heillosigkeit bzw. Sünde des Menschen, die nur „durch die heilende Zuwendung der heiligen Freiheit Gottes erlöst werden kann“.[56] Zum andern muß die philosophische Verhältnisbestimmung des „‘Anders als Nichtanders’“, von der Cusanus sprach, weitergeführt werden „in Richtung auf das Mysterium des ‚Anders im Nichtanders‘ der trinitarischen Oppositionen“,[57] also in Richtung auf eine trinitarisch konzipierte Schöpfungslehre. Diese Ausweitungen, so betont Balthasar, können aber nur unter Voraussetzung der göttlichen Selbstoffenbarung am Kreuz vorgenommen werden. Sie „öffnen sich endgültig erst im Kreuz Christi, in dem … ob der Gottlosigkeit des Menschen Gott selbst von Gott verlassen ist.“[58]

Endliche und unendliche Freiheit müssen im Anschluß an biblische und philosophische Überlegungen so in ihrer ontischen Verfaßtheit charakterisiert werden, daß auf Seiten der endlichen Freiheit die Notwendigkeit und auf Seiten der unendlichen Freiheit die Möglichkeit eines Mit- und Ineinanders deutlich wird, welches beide Freiheiten intakt läßt. In diesem Unterfangen kommt es Balthasar vornehmlich darauf an, die Existenz dessen aufzuzeigen, was er als die erst nachchristlich erkannte „Sozialität der Freiheit“[59] bezeichnet.

Für den Menschen gilt grundsätzlich, daß sich seine Freiheit ihrer Endlichkeit und Leibgebundenheit wegen wesentlich als Gemeinschaft darstellt: „Ohne die Mediation des Sozialen kann von Freiheit nicht die Rede sein.“[60]

[54] A.a.O., 179: „Freiheit der menschlichen Person tritt in ihr volles Licht durch ihre Verschränkung mit einer personal-göttlichen, sich um die Freiheit des Menschen mühenden Freiheit.“

[55] Vgl. a.a.O., 180 u. 207.

[56] A.a.O., 174.

[57] A.a.O., 175.

[58] Ebd.

[59] A.a.O., 183. Vgl. zum Freiheitsverständnis Balthasars *H. Stinglhammer*, Freiheit in der Hingabe: Trinitarische Freiheitslehre bei Hans Urs von Balthasar. Ein Beitrag zur Rezeption der Theodramatik, Würzburg 1997 (Bonner Dogmatische Studien; 24). Zur theologischen Anthropologie Balthasars vgl. *H. O. Meuffels,* Einbergung des Menschen in das Mysterium der dreieinigen Liebe: Eine trinitarische Anthropologie nach Hans Urs von Balthasar, Würzburg 1991 (Bonner Dogmatische Studien; 11); *J. G. Roten*, Im Zeichen der Liebe: Ein Beitrag zur theologischen Anthropologie Hans Urs von Balthasars, unter besonderer Berücksichtigung seines marianischen Denkens, Dayton, Ohio 1992-95 (Marian Library Studies, New Series; 24).

[60] TD II,1, 183. Vgl. zur Schwierigkeit für das Heidentum und die heidnische Philosophie, die Sozialität der Freiheit zu denken, a.a.O., 183f. Zur Übergänglichkeit des alttestamentlichen Gottesbildes in diesem Zusammenhang vgl. a.a.O., 184f.

Dieser Sachverhalt zeigt sich für Balthasar anthropologisch schon früh im Verhältnis des Kindes zu seiner Mutter, durch welches vermittelt das Kind seine (ihm allerdings schon von vornherein eignende) Freiheit gewinnt. Endliche Freiheit ist dann aber in doppelter Weise charakterisiert: erstens als „Selbstbesitz“ und zweitens als „Zustimmung“. Von der menschlichen Freiheit kann als „Selbstbesitz“ (*autexousion*) gesprochen werden, insofern der Mensch das Bewußtsein hat, daß er sich selber geistig bewegen kann, „Ursache seines So- und nicht Anderswollens und -wählens zu sein.“[61] Der Mensch ist Prinzip und Erzeuger seiner Handlungen. Mit Thomas von Aquin gesprochen, der an dieser Stelle die Position des Altertums, von Platon über Aristoteles und die Stoa bis zu Seneca und Epiktet, auf den Punkt bringt: „*liberum est, quod sui causa est*“.[62] Zum andern ist endliche Freiheit für Balthasar aber als „Zustimmung“ zu verstehen, da der Mensch in jedem Akt des Selbstbesitzes wählen kann und muß, da er sich m.a.W. nur durch Entscheidungen, die jeweils alles Mitseiende betreffen, verwirklichen kann.

Dieser „Ausgang aus sich ins Andere“[63] bedeutet für die endliche Freiheit immer zugleich, daß sie sich zu allem Mitseienden ins Verhältnis setzen muß. Entweder wird das Andere als Mittel zur Selbstbereicherung mißbraucht oder die endliche Freiheit entschließt sich zur Selbsthingabe „an das unendliche Freisein und Freigeben des Seins“.[64] Dieser Selbsthingabe liegt dann die Erkenntnis zugrunde, daß man sich fremde Freiheit nicht von sich aus aneignen kann, sondern daß diese sich jeweils frei aus ihrem Innenraum her erschließen muß. Endliche Freiheiten können und müssen sich gegenseitig bereichern.

Nun argumentiert Balthasar, daß sich die Sozialität der Freiheit beim Menschen nicht allein auf das menschliche Miteinander beschränkt, sondern Schrift und Tradition zufolge ebenso im Blick auf das Gottesverhältnis besteht. Schließlich kommt der Mensch nur in Gott zu seiner Vollendung. Das biblische Zeugnis, so Balthasar, schildert das Verhältnis zwischen Gott und Mensch dynamisch als Entwicklung (paidagogia) von einem Zustand der „Entfremdung“ des Menschen von Gott zu einem solchen der „‘Parrhesie‘ (d.h. der gegenseitigen freien Erschlossenheit)“.[65] In diesem letztgültigen Zustand wird Gott nach 1 Kor 15,28 „alles in allem sein“, obgleich des Menschen Selbstbestimmung erhalten bleibt. Wenn das Alte Testament bisweilen noch den Eindruck vermitteln kann, als sei die Verhältnisbestimmung zwischen menschlichem und göttlichem Willen durch Heteronomie gekennzeichnet (das „Gesetz“ ist dem Menschen noch nicht ins Herz gegeben), so lehrt die Verkündigung Jesu und das Neue Testament mit seiner Lehre vom Heiligen Geist, daß die menschliche Autonomie sich nur in vollkommener

---

[61] A.a.O., 192.

[62] *Thomas von Aquin*, S. Th. I q 83 a 1, zit. n. TD II,1, 193. Dort auch Verweise auf die griechische und lateinische Philosophie.

[63] TD II,1, 206.

[64] Ebd.

[65] A.a.O., 207.

Theonomie vollendet. Es ist die Aufgabe des Heiligen Geistes, „die endliche Freiheit zu ihrer eigenen letzten Freiheit zu befreien, und dies dadurch, daß er sie in die Teilnahme an der unendlichen einführt."[66]

Die Tradition der Alten Kirche, so stellt Balthasar fest, explizierte dieses biblische Grunddatum in Auseinandersetzung mit dem Denken der Stoa und des Neuplatonismus. Diese philosophischen Traditionen „stellen den Christen ein *formales* Schema des Verhältnisses zwischen dem Absoluten (Einen) und dem davon abkünftigen Vielen vor Augen, das als Schema gewissen elementaren Denkforderungen entspricht, ohne noch die lebendigen Inhalte der biblischen Offenbarung zu enthalten."[67] Für die christliche Theologie kam es nun Balthasar zufolge darauf an, das von der Schrift verkündete Verhältnis von Gott und Mensch in kritischem Dialog mit dem stoisch-neuplatonischen Schema zu explizieren, ohne dessen denkerische Stärken zu „unterbieten", aber gleichzeitig mit der Zielsetzung, „das formale Schema zu einem Verhältnis von Freiheiten zu steigern, worin endliche Freiheit nur aus der Urfreiheit stammen und in ihr bestehen kann ..., und gerade weil sie aus der Freiheit stammt, als solche wirklich frei ist."[68] Dies sei in exemplarischer Weise bei Augustin im Westen und Gregor von Nyssa im Osten geschehen. Beide Traditionen fließen in der Theologie des Thomas von Aquin zusammen, dessen Darstellung des Gott-Mensch-Verhältnisses mithilfe der neuplatonischen Begrifflichkeit für Balthasar eine hinreichende, den Ansprüchen der Philosophie Genüge leistende Erklärung liefert.[69] Balthasar stützt sich deshalb in seinem Bemühen, den biblischen Befund philosophisch verständlich zu machen, auf die theologische Anthropologie des Aquinaten. Mit dessen Hilfe überträgt er das Modell der Sozialität menschlicher Freiheit auf das Gottesverhältnis des Menschen, so daß die endliche Freiheit sich auch im Verhältnis zur unendlichen in doppelter Weise als Selbstbesitz (*autexousion*) und Zustimmung kennzeichnet.

Thomas argumentiert Balthasar zufolge, daß die einzelne menschliche Freiheit im „Urakt der Selbst- als Seinserkenntnis"[70] immer zugleich das Sein-im-Ganzen oder das Sein überhaupt miterkennt. „Damit ist eine unreduzierbare Doppelpoligkeit des (einzelnen) Selbstbewußtseins gesetzt, womit sich anzeigt, daß dieses Bewußtsein nicht mit dem Sein im ganzen zusammenfällt, sondern nur an ihm teilhat, also ein kontingentes, faktisches, sich-vorfindendes ist."[71] Als faktisch kontingentes Seiendes sieht sich der Mensch in eine Pluralität von anderen Mit-Seienden gestellt, die er als wahr und erstrebenswert anerkennen und denen er zugestehen muß, daß sie in ihrem Selbstsein ebenfalls frei sind. Dennoch gilt, „daß keines der Seienden

---

66 A.a.O., 208f.

67 A.a.O., 208.

68 Ebd.

69 Siehe zu Balthasars Gebrauch der thomanischen Theologie *J. J. Buckley*, Balthasar's Use of the Theology of Aquinas, in: The Thomist 59 (1995): 517-545.

70 TD II,1, 216.

71 A.a.O., 217.

mit dem Sein und seinen transzendentalen Modi, dem Wahrsein und Gutsein zusammenfällt."[72]

Nach Balthasars Thomasinterpretation stellen sich für das endliche Sein mit dieser Erkenntnis zwei Fragen. Zum einen, woher der Selbstbesitz der eigenen Freiheit stammt. Hier gilt, daß der Selbstbesitz der Freiheit nur aus dem Sein-im-Ganzen selbst stammen kann: „der Selbstbesitz der geistigen Seele, ihr Urteilen und ihr Streben sind die transzendentalen Modi des alles durchwaltenden Seins selbst",[73] denn dieses existiert gemäß der thomanischen Ontologie nicht anders als in den endlichen Seienden. Damit fragt sich aber zweitens, wie „die nichtsubsistierende nicht-endliche Wirklichkeit ... sich in subsistierenden endlichen Zentren verwirklichen" kann.[74] Diese Frage ist für die Philosophie unbeantwortbar, da „eine dem Sein-im-Ganzen koextensive, nicht partizipative Subjektivität mit unendlicher Vernunft, unendlichem Wollen, unendlicher Freiheit"[75] sich nur selbst offenbaren kann.

Ist eine solche Selbstoffenbarung einer dem Sein-im-Ganzen koextensiven unendlichen Freiheit einmal geschehen, so ist die endliche Freiheit vor die Entscheidung gestellt, „im notwendigen Formalobjekt die Anzeige (*phaneron*) des absoluten, schöpferischen und personalen Grundes, also Gottes zu sehen und damit die eigene Freiheit als immanent nicht nur im umgreifenden Sein, sondern in der unendlichen Freiheit anzuerkennen (*doxazein*), und damit auch die Immanenz der göttlichen Freiheit und des unendlichen Wollens im eigenen endlichen Freisein und Wollen als den letzten Grund des faktischen eigenen Freigegebenseins zu betrachten."[76] Oder der Mensch kann dies ablehnen, sich selbst als den eigenen Seinsgrund behaupten und damit dem „Götzendienst" verfallen, „indem man die Notwendigkeit des Formalobjekts je auf kontingent-endliche Wesen fixiert und die unendliche Kapazität des Geistes für Sein, Wahr und Gut nur mit Endlichem füttert."[77]

Mit der Ausrichtung der endlichen Freiheit auf eine potentielle Selbstoffenbarung einer dem Sein-im-Ganzen koextensiven Subjektivität ist für Balthasar bewiesen, daß der Mensch als endliche Freiheit nur in der unendlichen Freiheit zu seiner Vollendung gelangen kann, ohne in dieser aufgehen zu müssen. Insofern der Mensch sein Selbstsein nicht in sich selber hat, sondern nur am Sein-im-Ganzen teilhat, ist er auf dieses Sein hinorientiert, um Erfüllung zu finden. Da das geschaffene Sein (ens commune) aber nur in endlichen Seienden „existiert", ist diese Erfüllung innerweltlich ein hoffnungsloses Unterfangen.[78] Endliche Dinge gereichen dem menschlichen Geist nie

---

72 Ebd. Vgl. ebd.: „Als Wirkliches ist das Seiende für mich gut, weil es meine Partikularität ergänzt, als Wirkliches kann ich es aber nicht in mir absorbieren, weil ich ihm seine Eigenwirklichkeit lassen muß, damit es allererst als gut betrachtet werden kann."

73 Ebd.

74 A.a.O., 218.

75 Ebd.

76 Ebd.

77 Ebd.

78 Balthasar gibt hier dem Buddhismus recht, wo dieser den Menschen von dem Versuch der Erfüllung in Endlichem zu befreien sucht. Vgl. a.a.O., 219.

zur Vollendung. Diese wird erst dort möglich, wo sich Gott als eine dem Sein-im-Ganzen koextensive Subjektivität in seiner unendlichen Freiheit offenbart. Mit Thomas spricht Balthasar vom desiderium naturale visionis beatificae, der natürlichen Hinordnung des Menschen auf seine Erfüllung in der Gemeinschaft mit Gott. Bei diesem Begriff will jedoch beachtet sein, daß die natürliche Hinordnung des Menschen auf Gott diesen nicht zu einer Selbstoffenbarung zwingen kann. Dem göttlichen Willen zur Selbstoffenbarung kommt ontologisch die Priorität vor dem desiderium naturale visionis zu. Ist der Mensch auf seine Erfüllung in Gott hin ausgerichtet, dann gilt aber, daß er „als *autexousion*, Zustimmung zu sich selbst in der Freiheit des Selbstbesitzes, sich keinesfalls entfremdet, sondern innerlich vollendet durch die Zustimmung zu jenem Sein-im-Ganzen, das sich nunmehr als das alle Dinge frei Begründende, in unendlicher Freiheit endliche Freiheit Stiftende enthüllt hat.“[79] Der Mensch findet seine Vollendung in Gott, ohne seinen eigenen Selbststand dabei zu verlieren.

Ist hiermit das für die dramatische Begegnung zwischen Gott und Mensch notwendige Verständnis der menschlichen Freiheit etabliert, so kommt es Balthasar in einem zweiten Schritt darauf an aufzuzeigen, daß es auch von Seiten der göttlichen, unendlichen Freiheit zu einer dramatischen Begegnung mit der endlichen Freiheit kommen kann. Er führt diesen Nachweis in zwei Schritten. In einem ersten Gedankengang, den Balthasar der Philosophie als nachvollziehbar vorstellt, argumentiert er, daß der Gott der Theodramatik als „[u]nendliche Freiheit im Sinne personalen Verfügens“[80] verstanden werden muß. Balthasar entwickelt diesen Gedanken im Anschluß an die biblische Vorstellung Gottes als des Schöpfers der Welt und grenzt hier das biblisch-dramatische Gottesverständnis einerseits von dem der heidnischen Religionen, andererseits von dem der griechischen Philosphie ab. In einem zweiten Gedankengang, der auf der trinitarischen Gottesoffenbarung in Christus gründet und somit als rein theologischer ausgewiesen ist, zeigt Balthasar, daß die unendliche Freiheit in einer zur endlichen Freiheit analogen Weise durch die beiden Pole Selbstbesitz und Zustimmung gekennzeichnet ist. Hier grenzt Balthasar das spezifisch christliche Gottesverständnis der Theodramatik von dem alttestamentlichen ab und zeigt, daß der Gedanke einer Schöpfung endlicher Freiheit nicht den Charakter eines absoluten Paradoxes haben muß. Wir werden beiden Argumentationsgängen nachgehen.

Wenn Gott als Spielherr und Mitspieler im Theodrama mit den Menschen zusammen auftreten und diese nach ihrer darstellerischen Leistung richten können soll, so muß die unendliche Freiheit als eine personale gedacht werden. Balthasar argumentiert, daß dieses Charakteristikum in der Religionsgeschichte für die unendliche Freiheit keinesfalls selbstverständlich ist. Weder die vorchristlichen, heidnischen Göttervorstellungen noch die aus ihnen erwachsende philosophische Idee des Guten wird diesem Kriterium gerecht.[81]

[79] Ebd.
[80] A.a.O., 220.
[81] Vgl. a.a.O., 180-186.

Die heidnischen Religionen kennen zwar ein personales Gottesbild, wissen dieses aber nur anthropomorph auszubilden, so daß hier der Aspekt der Unendlichkeit göttlicher Freiheit verloren geht. Die griechische Philosophie auf der anderen Seite, Balthasar bezieht sich hier vornehmlich auf deren Spätform im Neuplatonismus, betont zwar die Unendlichkeit Gottes mit den dazugehörigen Attributen und erhebt sich damit über den Anthropomorphismus der heidnischen Religionen, verliert dabei aber die personale Dimension Gottes. Die Personalität Gottes ist Balthasar zufolge aber nötig, wenn die unendliche Freiheit nicht nur wie die plotinische Idee des Guten aus sich heraustreten, sich verschenkend in der Welt verströmen und diese somit durchdringen können, sondern darüber hinaus auch als Schöpfer, Richtmaß und Richter der endlichen Freiheit auftreten soll.

Es ist die biblische Vorstellung von Gott als dem freien Schöpfer der Welt, welche Balthasar in Abgrenzung von Heidentum und griechischer Philosophie als erste Voraussetzung dafür gilt, daß die unendliche Freiheit im Theodrama auftreten kann. Das biblisch-christliche Gottesbild bedarf im Gegensatz zur griechischen Philosophie keiner Vermittlungsinstanzen zwischen Gott und Welt.[82] Dasein und Wesen der Welt sind einzig und allein „an der einzigen absoluten Freiheit, menschlich gesprochen an unendlicher Willkür“[83] festzumachen. Eventuelle vermittelnde Instanzen, wie etwa eine Ideenwelt, sind immer schon mit dem Willen Gottes identisch. Damit ist die erste Voraussetzung zum Verständnis Gottes als einem Teilnehmer am Theodrama etabliert: Gott ist tatsächlich eine unendliche Freiheit, die personal gedacht wird.

Das Verständnis Gottes als des absoluten Schöpfers birgt Balthasar zufolge allerdings auch eine Gefahr für die Theodramatik in sich, insofern das Gottesbild in einen „bodenlosen Voluntarismus“[84] oder „voluntaristische[n] Radikalismus“[85] abgleiten kann. Diese Gefahr tritt für Balthasar im Laufe der Theologie- und Philosophiegeschichte in unterschiedlicher Weise zutage. Während in der Theologie der Kirchenväter noch „die antike Logosphilosophie gleichsam besänftigend nachwirkt“,[86] werde bei Scotus und in noch stärkerem Maße bei Ockham der christliche Gott zu einem Willkürgott, der menschlicher Rationalität vollkommen unzugänglich bleibt. Auch bei Luther entdeckt Balthasar einen problematischen Voluntarismus im Gottesbild, der sich allerdings in eine christozentrische Form kleide. Hier stellt Gott in seiner absoluten Freiheit durch die philosophisch unbegreifliche Rechtfertigung des Sünders die menschliche Freiheit so sehr in den Schatten, daß letztere sich nur noch in der innerweltlichen Sphäre („nach unten“) entfalten kann. „Letztlich ist Gott allein frei, und er kann es auch als Gnadenvoller nur dann sein, wenn angesichts seiner Gabe alles Unsrige zunichte wird.“[87] Vollends

82 Vgl. a.a.O., 221f.
83 A.a.O., 222.
84 A.a.O., 221.
85 A.a.O., 222.
86 Ebd.
87 A.a.O., 224f.

in der unendlichen Freiheit verschlungen zu werden droht die endliche Freiheit in der Lehre von der doppelten Prädestination, da die Personalität der unendlichen Freiheit hier auf Kosten der endlichen Freiheit etabliert werde.[88] Dadurch ist für die Theodramatik wiederum Gefahr im Verzuge, wenngleich unter anderem Vorzeichen.

Nun argumentiert Balthasar aber, daß aus dem christlichen Verständnis Gottes als des absoluten Schöpfers, demzufolge die Existenz der Welt „am freien Wohlgefallen Gottes“[89] hängt, nicht mit Notwendigkeit radikal-voluntaristisch geschlossen werden *muß*, daß sich Gott nur durch die Zunichtemachung der endlichen Freiheit (und damit des Theodramas selbst) durchsetzen kann. Vielmehr hält Balthasar im Anschluß an biblische Überlegungen daran fest, daß bei Gott Wort und Tat – sein Sein, seine Erkenntnis und sein Wille –, „jenseits der beiden für uns unumgänglichen Begriffe: Notwendigkeit und Zufall (Kontingenz)“,[90] im Sinne „einer (inter-)personalen Verläßlichkeit“[91] identisch sind. „Seine Freiheit ist deshalb auch kein aus seinem Wesen einzeln resultierender Akt, sondern fällt mit der Akthaftigkeit seines Wesens zusammen.“[92] In Jesus Christus wird das Ja Gottes zur Welt und das antwortende Ja der Welt zu Gott zur „vollkommene[n] Besiegelung und Verwirklichung der Wahrheit zwischen Gott und Welt als Bund zwischen unendlicher und endlicher Freiheit“,[93] welcher Willkür auf Seiten Gottes ausschließt und dem Menschen auch im Verhältnis zu Gott echte Freiheit ermöglicht.

Damit kommt Balthasar zu seinem zweiten Gedankengang, in dem es ihm darum geht, anhand der trinitarischen Gottesoffenbarung in Christus aufzuzeigen, daß der unendlichen, göttlichen Freiheit in Analogie zur oben besprochenen endlichen Freiheit selbst die doppelte Struktur von Selbstbesitz und Zustimmung eignet. In der christologischen Gottesoffenbarung wird für Balthasar deutlich: „Gott ist nicht nur wesenhaft frei in seinem Selbstbesitz, seiner Selbstverfügung: er ist gerade deshalb auch frei, über sein Wesen im Sinne einer Selbsthingabe zu verfügen: als Vater die Gottheit dem Sohn mitzuteilen, als Vater und Sohn dieselbe Gottheit mit dem Geist zu teilen.“[94] Jenseits von Notwendigkeit und Zufall ist Gott „grenzenloses Schenken“,[95] und wäre doch nicht Gott ohne selbiges Schenken. Der Vater übergibt seine ganze Gottheit dem Sohn und ist doch gerade in dieser Weggabe all dessen, was er „hat“, gerade der Vater. Der Sohn empfängt seine Gottheit vom Vater, gibt sie zusammen mit diesem an den Geist weiter und ist gerade in diesem Empfangen und Weitergeben er selbst. Ebenso ist der Geist im Empfang seiner Gottheit von Vater und Sohn immer schon er selbst, „indem er sein ‚Ich‘

88 Vgl. a.a.O., 226f.
89 A.a.O., 227.
90 A.a.O., 232.
91 A.a.O., 228.
92 A.a.O., 232.
93 A.a.O., 229.
94 A.a.O., 232.
95 Ebd.

als das ‚Wir' von Vater und Sohn versteht, zu ihrem Propriissimum ‚expropriiert' ist",[96] m.a.W. seine Identität als dritte göttliche Person gerade darin hat, keine eigene Persönlichkeit zu haben, sondern vielmehr das personifizierte Liebesband zwischen Vater und Sohn darzustellen.

So zeigt sich in der göttlichen Selbstoffenbarung in Christus, daß absoluter Selbstbesitz für Gott noch nicht die „höchste Befriedigung, Seligkeit"[97] ist; „in der Selbstkundgabe Gottes in Jesus Christus enthüllt sich das seligere Mysterium, daß zu dieser Seligkeit der absoluten Freiheit die Liebe als Selbsthingabe gehört".[98] Hier übersteigt das christliche Gottesmysterium für Balthasar sowohl den Gottesbegriff des Idealismus, demzufolge Gott erst in einem geschichtlichen Prozeß aus sich heraustreten muß, um sich selbst zu verwirklichen, als auch die Gottesvorstellung des neuplatonisch denkenden Arianismus, demzufolge der Vater ursprünglich ohne den Sohn existierte.[99] Gott ist immer schon Selbstbesitz, welcher mit Hingabe und gegenseitiger Zustimmung identisch ist.

Dieses trinitarische Gottesverständnis verdeutlicht für Balthasar, *daß* und *wie* die Struktur endlicher Freiheit im Sinne von Selbstbesitz und Zustimmung als imago Dei verstanden werden kann. Das geschaffene, ja „mitgeteilte" Sein ist Gleichnis Gottes und zwar „geradezu ein Gleichnis des dreipersonalen Gottes, in dem die Inkommunikabilität der Hypostasen mit der Einheit des ‚Wesens' in jeder von ihnen eins ist."[100] Wohl sind wir als endliche Seiende „zu unserer Freiheit immer erst unterwegs",[101] während Gott immer schon als Selbstbesitz und Zustimmung mit sich identisch ist. Dennoch ist die Struktur endlicher Freiheit als Abbild der unendlichen Freiheit zu verstehen, was für Balthasar impliziert, daß sich der Mensch in der analog strukturierten göttlichen Freiheit vollenden kann, ohne sich zu verlieren. „Wenn das Sein-Lassen zum Wesen der unendlichen Freiheit gehört ... dann besteht keinerlei Gefahr, daß die endliche Freiheit, die sich aus sich selbst nicht vollenden kann (weil sie weder ihre Herkunft einzuholen noch ihr absolutes Ziel aus eigenen Kräften zu erreichen vermag), im Raum der Unendlichen sich selbst entfremdet würde."[102] Indem die endliche Freiheit in das Seinsgesetz der unendlichen Freiheit (als Selbsthingabe) einstimmt, erfüllt sie ja nur ihr eigenes Seinsgesetz.[103]

Balthasar sieht sich durch die Trinitätslehre in die Lage versetzt, der Philosophie die Frage zu beantworten, „*weshalb* es neben dem absoluten Sein noch ein relatives und endliches gibt und *wie* es ein solches überhaupt geben

---

96 Ebd.

97 Ebd.

98 A.a.O., 232f. Vgl. a.a.O., 234: „Immer ist dieses Wesen das zugleich Besessene und Verschenkte, und man kann nicht sagen, eine Hypostase sei reich als Besitzende und arm als Verschenkende, denn erst im Geben wie auch im Entgegennehmen des Geschenkten und Schenkenden liegt die Fülle der Seligkeit."

99 Vgl. a.a.O., 233.

100 A.a.O., 189 (bei Balthasar hervorgehoben).

101 A.a.O., 186.

102 A.a.O., 235.

103 Vgl. TL II, 77 u. TD II,1, 235.

kann".[104] Er argumentiert, daß die Schöpfung endlicher Freiheit dort nicht länger „das ‚absolute Paradox' des Denkens"[105] darstellt, wo „in Gott durch die Opposition der Personen das ‚Nicht' einen unendlichen positiven Sinn besitzt ..., wenn außerdem das ‚Nichtfesthalten' am eigenen Gottsein, sondern es weggeben ... zur absoluten Positivität des Gottlebens gehört".[106] Wohl gibt es keine Kontinuität zwischen der Zeugung des göttlichen Sohnes und Hauchung des Heiligen Geistes auf der einen und der Erschaffung endlicher Freiheit auf der anderen Seite. Die innergöttlichen Prozessionen sind mit dem göttlichen Wesen identisch und als solche notwendig, die Schöpfung dagegen ist frei und durch nichts als den freien Willen Gottes erfordert.[107] Insofern jedoch durch „das Sichverschenken der Hypostasen wie durch das Sein-lassen je der zwei andern Hypostasen durch die eine"[108] eine innergöttliche Distanz entsteht, ist innerhalb des trinitarischen Gottes Raum für die Erschaffung endlicher Freiheit. Deren Distanz zum Schöpfer gründet „in der anderen, urbildlichen Distanz zwischen Gott und Gott"[109] selbst.

Mit dieser abschließenden Verortung der Welt innerhalb des trinitarischen Gottes gelingt es Balthasar schließlich, den christlichen Gottesbegriff von dem zwar über die griechische Philosophie hinausgehenden, aber für die Theodramatik immer noch unzureichenden Gottesverständnis des Alten Bundes abzugrenzen. Das Alte Testament bilde gegenüber der griechischen Philosophie einen Gedankenfortschritt, insofern hier ein personales, nicht-anthropomorphes Verständnis der unendlichen Freiheit angenommen und ein Ineinander von endlicher und unendlicher Freiheit zumindest verheißen wird, welches der endlichen Freiheit erlaubt, sich in der unendlichen zu vollenden, ohne sich zu verlieren. Dennoch sei auch der alttestamentliche Gottesbegriff noch nicht für die Theodramatik ausreichend, da im Rahmen des Alten Bundes das Ineinander von göttlicher und menschlicher Freiheit zwar verheißen, aber nicht verwirklicht werde. Die unendliche Freiheit gewährt der endlichen zwar schon Anteil an sich, aber hält sich doch auch noch zurück, insofern die Ausgießung des Heiligen Geistes in die Herzen der Bundespartner Gottes (nach Jer 31,31) im Alten Bund noch aussteht.[110] Die unendliche Freiheit durchdringt zwar die ganze Welt, „aber die Freiheit des Menschen erhält noch keinen innern Zugang in die göttliche."[111] In Balthasars Sicht ist es nur der christlichen Theologie möglich, die unendliche und endliche Freiheit in zufrieden stellender Weise zuzuordnen: „... einzig in ihrem dramatischen

[104] TD II,1, 236.
[105] A.a.O., 237.
[106] A.a.O., 236f.
[107] Balthasar erkennt für die Schöpfung auch nicht die Notwendigkeit an, welche die Idee des Guten bei Platon oder Plotin oder die Idee der besten aller Welten bei Leibniz hat. Vgl. a.a.O., 237.
[108] A.a.O., 238.
[109] A.a.O., 242. Vgl. a.a.O., 248.
[110] Vgl. a.a.O., 181f.
[111] A.a.O., 221.

Mit- (Für- oder Gegen-)Einander, wie es im Christusereignis faßbar wird",[112] könne die Verhältnisbestimmung von unendlicher und endlicher Freiheit aufgeklärt werden.

II. Gottesmord auf Golgatha: Das Kreuz und der trinitarische Gott

Die Analogie von Autor, Schauspieler und Regisseur für den dreieinigen Gott wies im einleitenden Abschnitt schon auf eine zweite Voraussetzung hin, welche das Theodrama, will es seinen Namen verdienen, erfüllen muß. Gott muß dem Weltspiel immanent werden und auf den Brettern der Weltbühne selbst auftreten, um das Welttheater zum Theodrama werden zu lassen. „Theodramatik (im Unterschied zu bloß menschlicher Dramatik) ist nur dort möglich, wo ‚Gott' (oder ‚ein Gott' oder ein beglaubigter Stellvertreter Gottes) im Existenzspiel auftritt. Als ‚eine Person' in der Handlung, abgehoben von anderen Personen."[113] Nach dem biblischen Zeugnis, so Balthasar, hat Gott dies im Gekreuzigten zum Heil der Menschen tatsächlich getan.[114] Im folgenden Abschnitt gilt es deshalb darzulegen, wie Balthasar dieses biblische Grunddatum auf seine christologischen und trinitätstheologischen Implikationen hin entfaltet.

1. Die Person des Gottmenschen

Balthasars Theodramatik geht von dem durch Schrift und Tradition bezeugten Grunddatum aus, daß in Jesus von Nazareth Gott in der zweiten Person der Trinität Mensch geworden ist.[115] Balthasar sieht sich hier zuerst vor die Frage gestellt, wie es möglich ist, daß Gott in einem Menschen Gestalt annimmt und auf der Weltbühne erscheint. Unter ontologischem Gesichtspunkt gefragt: Wie können göttliches und geschaffenes Sein im Menschen Jesus von Nazareth zu einer Einigung über den durch die Seinsanalogie aufgerissenen Abgrund gelangen?[116] Psychologisch gewendet: Wie kann ein mensch-

---

112 A.a.O., 177. Vgl. a.a.O., 221.

113 A.a.O., 170.

114 Vgl. TD II,2, 464: „Kann Gott im Spiel auftreten? Oder ist dieses ein theodramatisches nur, sofern es *von* Gott veranstaltet und *vor* ihm und *für* ihn aufgeführt wird? Die christliche Antwort lautet, daß Gott im Spiel aufgetreten ist – in Jesus Christus, dem Sohn des Vaters, der den Geist ‚ohne Maß' besitzt – und daß Gott es also sehr wohl kann."

115 Vgl. a.a.O., 202f: „Hat man einmal in einer aufsteigenden ‚Christologie von unten' die Schwelle von Nikäa überschritten, die – auf den Offenbarungstatsachen fußend, nicht zuletzt als Bedingung der Möglichkeit des *Pro-nobis* – die wahre Göttlichkeit Jesu erreicht, so gibt es weder ein Zurück ins rein Menschliche …, noch eine Flucht ins rein Göttliche (das die ganze Soteriologie zerstört: ‚Was nicht angenommen ist, ist nicht erlöst')."

116 Vgl. a.a.O., 205.

liches Ich zugleich eine göttliche Person sein? Beide Fragen werden später für die Staurologie relevant, wenn im Anschluß an die altkirchliche „theopaschitische Formel" (unus ex Trinitate passus est) soteriologisch gefragt werden muß, wie die Person des Gottessohnes selbst, nicht nur seine menschliche Natur oder sein „Fleisch", in Jesus leiden kann?[117] Gilt doch, wie Balthasar zustimmend den orthodoxen Theologen John Meyendorff zitiert: „Nur *Jemand* kann sterben, nicht etwas, weder eine Natur, noch ein Fleisch."[118]

Die christologische Frage stellt Balthasar zufolge den Höchstfall der Seinsanalogie dar. Für Balthasar ist Christus ein Zusammenfall von Seins- und Glaubensanalogie, geradezu die „konkrete *Analogia entis*".[119] Die von Erich Przywara unaufhörlich der katholischen Theologie eingeschärfte und von Balthasar hier übernommene Lehre von der analogia entis betont, daß göttliches und geschaffenes Sein nicht auf einen gemeinsamen Gattungsbegriff zurückgeführt werden können.[120] Balthasar wendet diese Regel auf die Christologie an und leitet daraus ab, daß im Gottmenschen die von der Theologie im Anschluß an das biblische Zeugnis zu postulierende Einigung von göttlichem und geschaffenem Sein nicht als höhere Einheit mißverstanden werden darf. Die hypostatische Union stellt wohl „das letzte Maß" zwischen göttlicher und geschaffener Natur dar, sie „darf aber in keiner Hinsicht diese Analogie in Richtung auf Identität hin überschreiten."[121] Wie aber kann dann die Einigung der zwei Naturen in Christus verständlich gemacht werden?

Weder die Gnadenlehre noch die Lehre von der Communicatio idiomatum können für Balthasar befriedigend Antwort auf die Frage erteilen, wie es möglich ist, daß göttliches und geschaffenes Sein in Christus tatsächlich zu einer personalen Einigung gelangen. Die besonderen Gnaden des menschgewordenen Logos heben den Unterschied der Naturen nicht auf. Die Übertragung der Eigenschaften zwischen beiden Naturen besteht gerade deswegen, weil eine personale Einigung beider Naturen schon vorliegt. Sie führt diese nicht erst herbei.[122] Auch die von dem katholischen Theologen Felix Malmberg im Anschluß an Karl Rahner vorgetragene Theorie, daß Gott der Schöpfung von seinem Sein und Wesen mitteilt, und zwar umso mehr, je höher entwickelt das Geschöpf steht, so daß die Anthropologie letztlich als „defiziente oder inchoative Christologie"[123] erscheinen muß, genügt nach Balthasar nicht, um die Einigung der Naturen im Gottmenschen erklärlich zu machen.

---

117 Vgl. a.a.O., 198 u. 207f.

118 *J. Meyendorff*, Le Christ dans la théologie byzantine, Paris 1969, 95, zit. n. TD II,2, 198.

119 TD II,2, 203. Vgl. TG, 53, Anm. 1; TD II,1, 243. In Christus prallt die „philosophische ‚*analogia entis*' (mit der *major dissimilitudo* zwischen Gott und Welt) mit der theologischen *analogia fidei* (bis zur *participatio divinae naturae*)" (a.a.O., 242f) zusammen.

120 Zu Balthasars kritischen Bemerkungen zu Przywaras eigener Durchführung der Analogia-Entis-Lehre vgl. TD II,2, 202, Anm. 1. Vgl. TL II, 87, Anm. 16.

121 TD II,2, 203. Vgl. MP, 148: „Zwischen Gottgestalt und Knechtsgestalt herrscht in der Identität der Person Analogie der Naturen gemäß der maior dissimilitudo in tanta similitudine (DS 806)."

122 Vgl. TD II,2, 203f.

123 A.a.O., 206.

Es komme nämlich erstens darauf an aufzuzeigen, warum die Einigung der Naturen in der zweiten Person der Trinität geschieht und nicht „ununterschieden die des ganzen Gottes ist“,[124] und zweitens, warum es nur einen einzigen Gottmenschen geben kann.

Balthasar möchte die Frage nach der Modalität der Einigung der beiden Naturen im Gottmenschen auf dem Gebiet der Bewußtseinschristologie lösen. Er versucht, Sein und Bewußtsein des Gottmenschen mithilfe eines auf neutestamentlicher Begrifflichkeit aufbauenden Personbegriffes zu erläutern, demzufolge sich die Person durch ihre individuelle göttliche Sendung definiert. Balthasars Personbegriff versteht sich als ein dezidiert theologischer, zuerst in christologischem, dann aber auch in anthropologischem Zusammenhang. Die Philosophie ist für ihn zur Lösung der Frage, wie die aus menschlicher und göttlicher Natur bestehende Person Christi beschrieben werden kann, untauglich. Historisch betrachtet sei dies deswegen der Fall, weil die Frage nach dem Personbegriff ursprünglich zuerst im christologischen und trinitätstheologischen Kontext selbst auftauchte. Die Philosophie konnte im vierten und fünften Jahrhundert zur Lösung der christologischen Streitigkeiten kaum etwas beitragen. Aber auch aus inhaltlichen Gesichtspunkten heraus ist die Philosophie zur Lösung des christologischen Problems wenig hilfreich. Ein exemplarischer Durchgang durch die Geschichte des Personbegriffs macht für Balthasar nämlich deutlich, daß dieser, wo er in der nachchristlichen Philosophie von seinem ursprünglichen christologischen und trinitarischen Zusammenhang losgelöst wird, letztlich in sich selbst ungenügend bleiben *muß*.

Balthasar begründet diese These zuerst an dem durch die mittelalterliche Scholastik übernommenen Personbegriff des Boethius, demzufolge eine Person als „naturae rationabilis individua substantia“[125] definiert ist. Das Für-sich-Sein des Individuums, wie Balthasar den Begriff der individua substantia versteht, gehört für ihn jedoch zur Eigentümlichkeit jeder geschöpflichen Art und drückt sich beim Menschen lediglich artspezifisch als reflectio completa oder als Selbstbewußtsein aus. Wenngleich Balthasar zugesteht, daß das menschliche Geistsubjekt im Wissen um sich selbst vor anderen Lebewesen ausgezeichnet ist, weiß es damit für ihn noch nicht, *wer* es ist. Mit Duns Scotus gesprochen fehlt dem Menschen die Möglichkeit, seine „qualitative Washeit (*haecceitas*)“[126] inhaltlich zu umschreiben, auch wenn er sich der Existenz einer solchen bewußt ist. Dieses Wissen um das eigene „Wer“ macht für Balthasar jedoch das individuelle Personsein des Menschen aus.

Balthasar setzt sich auch mit modernen philosophischen Bestrebungen, die Person zu definieren, auseinander. Er argumentiert, daß die Versuche der verschiedenen modernen Humanwissenschaften, die Person durch die Beschrei-

---

124 Ebd.

125 Vgl. *Boethius*, Liber de persona et duabus naturis contra Eutychen et Nestorium, ad Ioannem diaconum Ecclesiae Romanae, in: Patrologia Cursus Completus Series Latina acc. *J.-P. Migne*, Bd. 64, Paris 1891, cap. 3, 1343 c.

126 TD II,2, 187. In seiner Ablehnung des Personbegriffs bei Boethius steht Balthasar der Trinitätslehre des Richard von St.Viktor nahe. Vgl. *Krenski*, Passio Caritatis, 160-164.

bung empirischer Merkmale, wie Form, Figur, Verwandtschaft, Sozialisation, Vererbung oder Erziehung, zu definieren, genauso untauglich sind wie das Erklärungsmodell des Boethius. Empirische Merkmale beschrieben nur eine Anhäufung von Zufällen, die nicht die identitätsstiftende Personalität eines Menschen definieren können. Unter anderen Umständen wäre der jeweilige Mensch ein anderes Subjekt geworden. Schon die Dialogphilosophie, so wendet Balthasar gegen die Humanwissenschaften kritisch ein, schlage deshalb zu Recht einen intersubjektiven Weg zur Bestimmung der Personalität des Menschen ein. Hier erkennt der Mensch seine eigene Person, indem er von anderen als wertvoll angesprochen wird. Aber, so fragt Balthasar wiederum kritisch, geben andere Menschen genügend Halt, daß ein Mensch darauf seine oder ihre qualitative Besonderheit aufbauen könnte? Balthasar sieht alle philosophischen Versuche zur Bestimmung der Person letztlich von der innerweltlichen Kontingenz der Ereignisse und Umstände belastet, die zwangsläufig dazu führe, das Individuelle des Menschen an ein umgreifendes Ganzes preiszugeben.[127]

Balthasar will aus diesem Grunde den Personbegriff in seinen ursprünglichen christologischen und trinitarischen Zusammenhang zurückstellen und von dort aus einer Definition zuführen, die dann in einem weiteren Schritt Antwort auf die Frage nach dem Modus der Einigung von göttlicher und menschlicher Natur in Christus geben soll. Nicht die unpersönliche Umwelt oder die Mitmenschlichkeit, sondern allein das absolute Subjekt könne die persönliche Identität des Menschen sichern. Dies geschieht im Anschluß an die vom Neuen Testament beschriebene Verleihung einer Sendung durch Gott an jeden einzelnen Menschen. „Dort, wo Gott einem Geistsubjekt zusagt, wer es für ihn, den ewig bleibenden und wahrhaftigen Gott ist, wo er ihm im gleichen Zuge sagt, wozu es existiert – ihm also seine von Gott her beglaubigte Sendung verleiht – dort kann von einem Geistsubjekt gesagt werden, daß es Person sei."[128] Die Person definiert sich durch die von Gott dem Menschen verliehene persönliche Sendung, die sich der Mensch in seiner zeitlichen Existenz zu Eigen machen muß.

Wird dieser sendungstheologisch hergeleitete Personbegriff nun auf den Gottmenschen angewandt, so ergibt sich für Balthasar auf den ersten Blick, daß auch Christus in der „qualitativen Einmaligkeit"[129] seiner Person durch seine Sendung aus dem Vater definiert ist. Bei näherem Hinsehen zeige sich sogar, daß es sich bei Christus um den „einzig archetypischen Fall" handelt, in welchem Gott für ein menschliches Geistsubjekt „zugleich das Wer und das Wozu, den Sinn, die Aufgabe, die Sendung" bestimmt.[130] Der Vater hat dem Sohn von Ewigkeit her eine Sendung verliehen, welche immer schon mit seiner Person identisch ist.[131] Den neutestamentlichen Schriften, insbe-

127 Balthasar zufolge ist dies etwa in der Stoa, dem Buddhismus, der mittleren arabischen Philosophie oder dem Deutschen Idealismus der Fall. Vgl. TD II,2, 189.

128 A.a.O., 190.

129 A.a.O., 201.

130 Beide Zitate finden sich a.a.O., 201f.

131 Vgl. a.a.O., 156f.

sondere den paulinischen Briefen, dem Johannesevangelium und dem Hebräerbrief, aber auch den Synoptikern zufolge ist Jesus von seinem himmlischen Vater als dessen „geliebter Sohn" in die Welt gesandt, um Gott (die alttestamentlichen Propheten überbietend) als Liebe zu offenbaren und die Welt ihrem Heil in Gott zuzuführen.[132] Offenbart der Sohn durch seine Sendung aber die absolute Liebe des Vaters für die Welt, dann muß er für Balthasar „als der personale Träger dieser Liebessendung das göttliche, also ewige Erzeugnis des Sendenden sein, den er selbst in einem überschwenglichen Sinn seinen Vater nennt."[133] Er muß dem Vater ebenbürtig sein, geradezu das „vollkommene Ebenbild des Vaters, in jeder Hinsicht geeignet, die Hingabe des Vaters in seiner Schöpfung darzustellen",[134] weil er selbst bei der Schöpfung mitgewirkt hat.[135]

Balthasar behauptet nun, daß Jesu Sendung zur Offenbarung der väterlichen Liebe nur eine universale sein kann und daher auch nur „in einem Überschritt über das innerhalb eines sterblichen Lebens Leistbare erfüllbar war".[136] Die Übertragung der Verantwortung für das Heil der Welt vom Vater auf den Sohn übersteigt die Möglichkeiten eines endlichen Geistsubjektes, sie ist eine nur vom unendlichen Gott selbst zu erfüllende Aufgabe. Zudem kann sie nicht erst „nach" der Weltschöpfung geschehen, gleichsam a posteriori, ohne das der Weltschöpfung schon vorausgehende Einverständnis des Sohnes zu seiner erlösenden Sendung in die Welt. Die Welt hätte gar nicht ohne Voraussicht der heilbringenden Sendung des Sohnes und seines Einverständnisses dazu geschaffen werden können. „Die Bereitschaft, sie zu übernehmen ... muß vielmehr a priori in ihm liegen und von ihm ‚vor Grundlegung der Welt' spontan bekundet worden sein."[137]

Läßt der Vater den Sohn also „'Sachwalter'"[138] Gottes auf Erden werden, indem er ihm die Verantwortung für das Heil der Welt überträgt, so kann es sich beim Sohn für Balthasar nur um eine göttliche Person handeln, die selbst bei der Weltschöpfung beteiligt gewesen ist und ihre versöhnende

---

132 Balthasar führt zum überbietenden Vergleich Jesu mit den Propheten die Stellen Röm 8,3-4; Hebr 3,1-5.6 und Joh 3,17.34 (im Gegensatz zu Joh 1,6, wo vom Täufer gesprochen wird) an. Vgl. a.a.O., 137f. Als biblische Belege für die Sendung Jesu zur Offenbarung des Vaters nennt Balthasar beispielsweise Mt 10,40; Lk 9,48; 10,16; Mk 9,36; Joh 13,16.20 (vgl. a.a.O., 138f). Vgl. für Balthasars Belege aus dem Johannesevangelium a.a.O., 139f.

133 A.a.O., 475.

134 Ebd.

135 Vgl. a.a.O., 476: „Wäre der Sohn nicht Gott, so hätte der Vater in Christus sich nicht selbst in seiner ganzen Wahrheit aussprechen und hingeben können, sondern nur in Rätseln, und wie wäre dann ‚Gott die Liebe' (1 Joh 4,16)?"

136 A.a.O., 146. Vgl. a.a.O., 136-140. Die neutestamentlichen Schriften können sich dabei auf das Selbstverständnis des irdischen Jesus stützen, der sich Balthasar zufolge seiner eschatologisch-universalen Sendung selbst bewußt war, wenngleich damit nicht gesagt ist, daß Jesus um Zeitpunkt oder Inhalt der „Stunde" wußte. Dies kommt für Balthasar beispielsweise in den Messiasworten Jesu zum Ausdruck, die nur auf ihn selbst bezogen sein können. Vgl. a.a.O., 147.

137 A.a.O., 473. Vgl. Epilog, 79.

138 TD II,2, 467 (mit Hinweis auf die Kirchenväter, die zum selben Schluß aus soteriologischen Gründen kamen).

Sendung in die Welt frei übernommen hat. Dagegen könne nicht das Argument ins Feld geführt werden, daß der Gesandte den Umfang seiner Sendung nicht von vornherein hätte überblicken können müssen, oder daß für Gott, so er sich denn die Welt versöhnen wollte, jede beliebige Tat als ein „hinreichendes ‚Symbol' für die zu leistende ‚Versöhnung' der Welt mit Gott"[139] hätte gelten können. Diese Annahmen verbieten sich für Balthasar sowohl von den neutestamentlichen Texten als auch vom Selbstbewußtsein Jesu her. Dann ist die Theologie aber von ihren Quellen her gezwungen, die Sendung Jesu ans Kreuz als heilsnotwendig zu postulieren und infolgedessen „die Identität im Gesendeten zwischen der vollkommen freien Spontaneität zur Sendung und deren Zu-Ende-Tragen im vollkommensten Gehorsam"[140] zu behaupten.

Die Sendung Jesu ist ihm ob ihrer Universalität nicht akzidentiell oder äußerlich, sondern mit seinem Ich identisch.[141] In scholastischer Terminologie kann Balthasar sagen, daß diese Identität ermöglicht wird „aufgrund einer (ganz anderen) Differenz im Identischen: zwischen dem ewig aus dem Vater hervorgehenden (*processio*) und dem als dieser hervorgehende in die Zeit hineingesandten (*missio*) Sohn."[142] Da die Sendung des Sohnes nur im Lauf der Zeit erfüllt werden kann und in der festgesetzten „Stunde" zu ihrem Höhepunkt kommt, tritt im menschgewordenen Gottessohn allerdings eine paradoxe Einheit des Immer-schon-Seins (immanente Trinität) und gleichzeitigen Werdens (ökonomische Trinität) zutage. Balthasar spricht hier mit Eberhard Jüngel davon, daß „Gottes Sein im Werden" ist.[143] Der Sohn ist von Ewigkeit her das, was er in seiner zeitlichen Sendung erst wird.

Die Identität von göttlicher Sendung und Person in Christus läßt den göttlichen Sohn zur Hauptperson des Theodramas werden. Noch mehr: Er wird zum „Prinzip der Rollenverteilung für alle übrigen Spieler",[144] von dem her und auf den hin sie selbst ihre Sendungen zugewiesen bekommen, indem sie durch ihre je partiellen Sendungen an der universalen Sendung Christi partizipieren. Balthasar sieht hierin die „Wirk- und Lebenssphäre"[145] Christi zum Ausdruck gebracht, die bei Paulus unter der Formel „in Christus" zur Sprache kommt. Durch die Universalität seiner Sendung ist Christus absolute Person, „Urperson",[146] an dessen Sendung und Personalität alle anderen Menschen teilnehmen und nur von dem her sie „ihre Person-Identität"[147] beziehen. Balthasar kann von den Menschen als „Facetten der einen Gesamtidee", als „Personen innerhalb der Gesamtperson" oder „Beirollen zur Haupt-

139 A.a.O., 474.
140 Ebd.
141 Vgl. a.a.O., 153.
142 A.a.O., 143.
143 Vgl. a.a.O., 144. Vgl. *E. Jüngel*, Gottes Sein ist im Werden: Verantwortliche Rede vom Sein Gottes bei Karl Barth: Eine Paraphrase, 3. Aufl., um einen Anhang erw., Tübingen 1976.
144 TD II,2, 237.
145 A.a.O., 225. Vgl. a.a.O., 225-229.
146 A.a.O., 487.
147 A.a.O., 184.

rolle" sprechen,[148] wobei die „jedem einzelnen zugedachte und zugeeignete Personalität und Sendung ... immer eine gnadenhafte Form der Teilhabe an der einzigen universalen Sendung Jesu und damit auch an seiner Personalität als Sohn" ist.[149] Jesus ist ein „personaler und personalisierender Raum"[150] für alle im Theodrama mitspielenden Menschen. Er ist durch die Universalität seiner Sendung und damit die Göttlichkeit seiner Person kein Geistsubjekt wie jedes andere, sondern überragt die „Spannung zwischen der Artidentität und der Jemeinigkeit, in der sie besessen wird."[151]

Die Identität zwischen Sendung und Person in Christus beantwortet die oben aufgeworfene Frage, warum sich gerade die zweite Person der Trinität mit der menschlichen Natur verbindet. Insofern der Sohn schon innertrinitarisch aus dem Vater hervorgeht, kann nur dieser seine ewige processio zu einer zeitlichen missio werden lassen.[152] Dann löst sich aber auch die Frage, was den Gottmenschen von anderen Menschen qualitativ unterscheidet. Der Unterschied zwischen Christus und allen anderen Menschen zeigt sich darin, daß Jesus von Ewigkeit her mit einer (universalen) Sendung ausgestattet und somit „'Person schlechthin'"[153] ist, während alle anderen Geistsubjekte mit ihren eigenen Sendungen an dieser einen universalen Sendung des Sohnes nur partizipieren und daher auch nur hoffen, *in* ihm von Gott her zur Person zu werden.[154] Während Christus als Person immer schon mit seiner Sendung

---

148 TD II,1, 245.

149 TD II,2, 228.

150 A.a.O., 229. Diese Personwerdung der Menschen, vermittelt durch die Teilnahme an der universalen Sendung des Gottessohnes (und schon die Menschwerdung des Gottessohnes selbst), setzen für Balthasar voraus, daß der Mensch als Abbild Gottes erschaffen ist und diesen Abbildcharakter auch durch die Sünde nicht vollends verliert. Der Bildcharakter des Menschen stellt immer das dreieinige Sein Gottes dar, wenngleich bei aller Ähnlichkeit die Unähnlichkeit überwiegt. Balthasar greift zur Erläuterung des Imagocharakters des Menschen sowohl auf die psychologische als auch auf die soziale Analogie zurück. Die Struktur des menschlichen Geistes als unreflektierter Selbstbesitz (memoria), welcher aus sich herausgeht, um sich in Gegenüberstellung zu sich selbst zu erfassen (intellectus) und sich liebend zu bejahen (voluntas), ist ihm mit Augustin Ausdruck der Lebendigkeit des einen göttlichen Geistes. Sie birgt für ihn aber auch die Gefahr, daß sich der geschaffene Geist in sich verschließt, weshalb unerklärlich bleibe, wie wirkliche Liebe in Bezug auf andere zustande kommt. Deshalb bedarf die Vorstellung von der psychologischen Analogie des menschlichen Geistes zum dreieinigen Gott für Balthasar der Ergänzung durch eine soziale Analogie, welche das Bild Gottes in der Bewegtheit des Geistes vom Ich zum Du und der Frucht dieser Begegnung, dem Überstieg im Wir, ansiedelt. Beide Analogien müssen bewahrt, aber dürfen nicht verabsolutiert werden (wie dies Balthasar zufolge bei Karl Rahner in der einen, bei Richard von St.Viktor in der anderen Richtung geschieht). Der Bildcharakter des Menschen kann von der Gnadenordnung genutzt werden, wenn der einzelne Mensch durch Teilnahme an der universalen Sendung Christi zur theologischen Person wird. Alles „Private" verschwindet dann in dem gleichzeitigen Prozeß von Personalisierung und Sozialisierung, durch den der Mensch erst zur unverwechselbaren Person, aber gleichzeitig in der Teilnahme an Christi universaler Sendung auch „zum ‚*homo ecclesiasticus*' [wird], der nicht nur gesinnungshaft, sondern seinshaft kirchliche Züge annimmt" (a.a.O., 482). Vgl. zum Ganzen a.a.O., 480-483.

151 A.a.O., 214. Vgl. zum Folgenden a.a.O., 213-218.

152 Vgl. TL II, 154f.

153 TD II,2, 467.

154 Vgl. a.a.O., 202.

identisch ist, stehen die Menschen in einem ambivalenten Verhältnis zu ihrer Sendung. Diese verleiht ihnen zwar ihre persönliche Eigentümlichkeit, sie sind aber nie mit ihr identisch. Muß man anthropologisch von einer Identität von Ich und Sendung in gleichzeitiger Differenz sprechen,[155] so christologisch von einer differenzlosen Identität. Weil Jesu Sendung universal und als solche „unvordenklich" ist, muß er sich seine Sendung nicht wie andere Geistsubjekte erst im Glauben aneignen.

Es stellt sich im Anschluß an die ontologische Bestimmung der Person Jesu als Gottessohn für Balthasar die Frage, wie sich die Göttlichkeit auf das Bewußtsein Jesu auswirkt. Hier geht es Balthasar weniger darum, Spekulationen über den irdischen Jesus anzustellen, als darum nachzuweisen, daß das Theologumenon von der Gottessohnschaft Jesu nicht zwangsläufig dazu führen muß, Jesus in doketischer Weise als einen auf Erden wandelnden Gott vorstellen zu müssen, dem in allwissender Voraussicht das Leiden und die Gottverlassenheit am Kreuz letztlich äußerlich bleiben müßten. Balthasar leitet aus der Sendung Jesu nicht nur dessen Sein als Gottessohn, sondern auch dessen Bewußtsein ab. „Jesus lebt sein menschliches Bewußtsein vollkommen als Sendung: er hat im Heiligen Geist den Auftrag vom Vater, das Wesen Gottes und seine Haltung dem Menschen gegenüber zu offenbaren."[156] Das Bewußtsein Jesu kann deshalb keinesfalls in ein göttliches und ein menschliches aufgespalten werden. Jesus erfüllt seine universale Sendung zwar als endliches Geistsubjekt, dies bedeutet aber nur, daß sich der göttliche Logos in der Menschwerdung mit dem Bewußtsein dieses endlichen Geistsubjekts identifiziert hat.[157] Eine solche Identifizierung setzt voraus, daß der Logos in einem bestimmten Augenblick inkarniert wird, daß „er also den unmeßbaren Raum der *Analogia Entis* durchmißt, sich, der Gott ist, mit diesem Wesen am Rande des Nichts identifiziert. Oder besser, weil dieses Wesen ihm nicht präexistiert, sondern ‚*ipsa assumptione creatur*' (Augustinus): sich dazu senden läßt, dieses Wesen zu sein."[158] Dies ist vom ersten Augenblick der Empfängnis geschehen, wenngleich mit einem „Prozeß der Identifizierung" gerechnet werden muß, andernfalls schon der Foetus im Mutterleibe „ein bewußtes Leben der Anbetung Gottes und sühnender Akte geführt haben muß."[159]

Jesu Bewußtsein ist für Balthasar ungeteilt das Bewußtsein des um seine universale Sendung wissenden göttlichen Sohnes. Die Person Christi leistet dem durch den Geist vermittelten Auftrag des Vaters Gehorsam. Jesus offen-

---

[155] Vgl. a.a.O., 190, 212 u. 241. Balthasar erkennt hierin eine Grunderfahrung der Existenz, wie sie schon bei Platon oder auch Calderón, in neuerer Zeit von Psychologie und Soziologie, zum Ausdruck kommt (vgl. TD I, 233f).

[156] TD II,2, 206.

[157] Vgl. a.a.O., 208f. Insofern Jesus als menschliches Geistsubjekt Gehorsam leistet, zeigt er in seinem Leben trotz seiner Einmaligkeit auch die vollkommene Wahrheit des Menschen auf und ist insofern nachahmlich. Vgl. a.a.O., 148f. „Aber dies letztere geschieht *concomitanter*: nicht um sich als das höchste Exemplar der Menschengattung zu produzieren, lebt Jesus, sondern einzig, um den Willen des Vaters zu erfüllen" (a.a.O., 206).

[158] A.a.O., 209.

[159] Ebd.

bart Gott nicht im Auftrag der gesamten Trinität, sondern vielmehr im Auftrag des Vaters, den er auslegen will. Auch leistet er nicht als Mensch sich selbst als Gott Gehorsam, sondern ist als der menschgewordene, göttliche Sohn dem Vater im Heiligen Geist gehorsam.[160] Seine Gehorsamsleistung ist kein heteronomes Handeln, da der Sohn ja schon von Ewigkeit her mit seiner Sendung einverstanden war.[161] Die Sendung Jesu ist die Sendung des ewigen Sohnes, Jesu Handeln als Mensch ist das freie Handeln des Sohnes Gottes. „Er führt nicht aus, was ein Anderer zu tun beschlossen hat; er ist auch in der Zeitlichkeit immer der, der sich dem Vater dafür anbietet, das Werk der Welterlösung auszuführen ..."[162]

Ist klargestellt, daß es der göttliche Sohn als Person selbst und nicht nur seine menschliche Natur ist, welche im Geist dem Vater gegenüber gehorsam ist, dann läßt sich für Balthasar auch die altkirchliche „theopaschitische Formel" recht verstehen, welche in der von Kaiser Justinian und Papst Johannes II. als autoritativ anerkannten Deutung besagt, daß der göttliche Sohn am Kreuz zum Heil der Menschen gelitten hat.[163] Dies Leiden des Gottessohnes betrifft nicht nur dessen menschliche Natur, sondern die zweite Person der Trinität selbst. Der menschgewordene Logos ist „nicht zu spalten in einen, der auf Erden seinen Auftrag erfüllt, und einen, der währenddem unverändert im Himmel weilt und dem Gesendeten zusieht."[164]

Daß der ewige Sohn von seinem Leiden am Kreuz betroffen ist, entspricht für Balthasar seiner Sendung aus dem Vater.[165] Des Sohnes Sendung in die Welt und letztlich ans Kreuz ist zwar keine notwendige Facette seines Ausgangs aus dem Vater, andernfalls wäre das Kreuz ein für Gott notwendiges Ereignis und die Sünde auf Gott selbst zurückzuführen. Dennoch muß die faktisch geschehene Sendung ans Kreuz als eine von vielen möglichen Modalitäten aufgefaßt werden, welche die ewige processio des Sohnes aus dem Vater hat annehmen können.

Diese Modalität, welche die processio in der missio faktisch angenommen hat und die Balthasar mit dem Philipperhymnus als Kenosis bezeichnet, führt ihn zur Neuauflage der traditionellen „Zwei-*status*-Lehre".[166] In der Mensch-

---

160 A.a.O., 208.

161 Vgl. a.a.O., 207: „zwischen seiner Ergreifung der väterlichen Sendung und deren Beschluß schiebt sich keine mittlere Instanz ein: er ist der, der zu dieser Sendung immer schon Ja gesagt hat".

162 A.a.O., 208.

163 Vgl. a.a.O., 207f. Vgl. das zwölfte Anathema Cyrills: „Wer nicht bekennt, daß der Logos Gottes im Fleisch gelitten und im Fleisch gekreuzigt und im Fleisch den Tod geschmeckt hat, um dann auch der Erstgeborene aus den Toten zu sein ... der sei im Bann" (DS 262, zit. n. TD II,2, 207f).

164 TD II,2, 209.

165 Vgl. a.a.O., 208: „Und wenn es wahr ist, daß einer in Gott sich das Leiden bis zur Gottverlassenheit zueignet und als das seinige anerkennt, dann offenbar nicht wie etwas Gott Fremdes, das ihn innerlich nicht berührt, sondern als etwas seiner göttlichen Person im tiefsten Zukommendes, sofern – um es nochmals zu sagen – ihre *missio* durch den Vater eine Modalität ihrer *processio* aus dem Vater ist."

166 A.a.O., 146.

werdung geht der Gottessohn von seinem „erhöhten" Stand (status exaltationis) an der Seite des Vaters in den „erniedrigten" Stand des soteriologischen Gehorsams (status exinanitionis) über.[167] Er verzichtet dabei auf sein göttliches Wissen, um während seines Erdendaseins ganz aus der Sendung des Vaters heraus zu leben. Balthasar bezeichnet dies als „ökonomische ‚Hinterlegung' eines ihm an sich ‚gebührenden' und ‚zugänglichen' Wissens beim Vater",[168] welches den ökonomischen Gehorsam des Sohnes dem Vater gegenüber ermöglicht. Wohl muß davon ausgegangen werden, daß Jesu menschlichem Bewußtsein „ein Moment innewohnt, das den rein menschlichen Bewußtseinshorizont eindeutig und zwar grundsätzlich immer schon übersteigt, denn eine mehr-als-menschliche Sendung ... kann einem menschlichen Bewußtsein nicht sekundär und akzidentiell zuwachsen ..."[169] Dennoch beschränkt sich dies Wissen Jesu um seine „gottessohnliche Identität"[170] allein auf Jesu Sendungsbewußtsein. Außerhalb dessen eignet Jesus keine unmittelbare Gottesschau. Der menschgewordene Sohn weiß nur noch „in einer unerschütterlichen und unvordenklichen Weise um seinen Auftrag",[171] und selbst dieses Wissen ist „vom Fixpunkt der Sendung aus"[172] variabel. Der menschgewordene Sohn Gottes weiß weder um den Zeitpunkt noch den Inhalt der „Stunde", in der er das Werk der Erlösung vollbringen muß.[173]

Wenn sich der göttliche Sohn von Ewigkeit her zu seiner Sendung in die Welt entschlossen hat, sein göttliches Wissen jedoch beim Vater hinterlegte, bevor er Mensch wurde, so stellt sich für Balthasar die Frage, inwiefern dem Gottessohn wirkliche menschliche Freiheit eignet, um seine Sendung zu bejahen. „[H]ier entscheidet sich endgültig, ob der Mensch Jesus in seiner Zeitlichkeit nur die Erscheinung einer seiner ganzen Existenz vorausliegenden göttlichen (und damit ‚fremden') Entscheidung ist, er somit nur ‚nachträglich' ratifizieren kann, was über ihn und die Welt beschlossen worden ist, oder ob seine menschliche Freiheit ... ihr angestammtes Privileg eigener Entscheidung zur Geltung bringen kann."[174] Balthasar will die gemeinsame trinitarische Heilsentscheidung und die Entscheidung Jesu nicht als zeitliches Nacheinander verstanden wissen. Er argumentiert vielmehr, daß die ewige Entscheidung des Sohnes immer schon die zeitliche Entscheidung Jesu miteinschließt. Jesu menschliche Freiheit ist „mit dem Phänomen, das im natürlichen wie im übernatürlichen Bereich als Inspiration bezeichnet wird", zu vergleichen.[175] Wenn Jesus seine Sendung ergreift, gehorcht er als Mensch

167 Vgl. MP, 144-158.
168 TD II,2, 176. Vgl. a.a.O., 209.
169 A.a.O., 152.
170 A.a.O., 179.
171 A.a.O., 147.
172 A.a.O., 180.
173 Vgl. a.a.O., 147 u. 180.
174 A.a.O., 181. Vgl. TL II, 265 u. 267.
175 TD II,2, 181. Vgl. ebd.: „Nie ist ein Künstler freier, als wenn er nicht (mehr) zögernd zwischen Möglichkeiten der Gestaltung auswählen muß, sondern von der endlich sich darbietenden wahren Idee (wie) ‚besessen' ist und ihrer gebieterischen Weisung folgt".

nicht einer fremden Macht, der er zustimmen oder die er ablehnen muß, sondern er führt wie ein Künstler seine eigene Idee aus. Er bleibt in der Übernahme seiner Sendung durch den Vater frei, diese eigenständig auszufüllen und zu gestalten. Wenngleich er sie immer schon bejaht hat, insofern seine innergöttliche processio seiner missio in die Welt entspricht, ist es nicht so, als ob diese „wie vorfabriziert bereitliegt und von ihm nur mechanisch zusammengesetzt werden müßte, sondern so, daß er sie mit seiner ganzen freien Verantwortung aus sich selbst heraus gestalten, ja in einer wahren Hinsicht sogar erfinden muß".[176] Der menschlichen Freiheit Jesu kommt somit in der Erfüllung der ewigen Sendung des Vaters eine unverzichtbare Rolle zu, die zu betonen Balthasar – auch und insbesondere gegenüber Luther – nicht müde wird.

2. Die Dreipersonalität Gottes

Mit dem Gedanken der Hinterlegung des göttlichen Wissens beim Vater und der Vermittlung des väterlichen Willens durch den Heiligen Geist an den menschgewordenen Sohn werden wir von der christologischen Zweistatuslehre zu einem trinitätstheologischen Gedankengang geführt. Die Vorstellung der personifizierenden Sendung des Sohnes aus dem Vater, die durch den Heiligen Geist vermittelt wird, macht es erforderlich, die Begründung der Personalität des inkarnierten Gottessohnes trinitarisch auszuweiten auf die Personen des Vaters und Geistes. Im Anschluß an diesen Aufweis der Dreipersonalität Gottes stellt sich weiterhin die Frage, wie die drei göttlichen Personen zueinander ins Verhältnis gesetzt werden müssen. Hier muß im Verhältnis zwischen Sohn und Geist unterschieden werden zwischen dem Stand der Menschwerdung und dem Stand vor und nach der Menschwerdung.

Balthasar leitet aus der universalen Sendung Jesu neben dessen eigener Personalität auch die des Vaters und des Geistes ab. Aus der inhaltlichen Verbindung von Sendungs- und Personbegriff darf nicht gefolgert werden, „daß es Person nur dort gibt, wo eine (göttliche) Sendung von einem endlichen Geistsubjekt ergriffen wird, daß somit die innergöttliche Verwendung des Wortes mißbräuchlich wäre."[177] Aus der Universalität und Unvordenklichkeit der Sendung Christi folgt zumindest eine doppelte Personalität in Gott, insofern die Personalität des Gesandten zurückschließen läßt auf die Personalität dessen, der sendet. Ist der Sohn als Gesandter eine absolute Person, so muß auch der Vater als Sendender eine göttliche Person sein.

Balthasar bleibt natürlich nicht bei dieser Binität stehen. Zur Ableitung der Personalität des Heiligen Geistes aus der Sendung Christi nimmt er seinen Ausgang in der Beobachtung, daß die Sendung Christi gleich göttlich und

176 A.a.O., 182.
177 A.a.O., 467.

ewig mit dem Ratschluß des Vaters ist.[178] Ist das der Fall, dann erscheint es ihm als uneinsichtig, wie der menschgewordene Sohn seine Sendung, die er doch von Ewigkeit her mitgetragen hat, in Gehorsam empfangen und ausführen kann, wenn nicht eine dritte Instanz zu Vater und Sohn schon im Akt der Menschwerdung selbst hinzutritt.[179] Diese dritte Instanz bildet der Geist. Er fungiert in seiner Vermittlerfunktion als „die ökonomische Gestalt des ewigen Einverständnisses zwischen Vater und Sohn, das zum selbständigen Zeugnis beiden gegenüber wird, aber von beiden gesetzt als Siegel auf ihr Ja: gleichsam ihr ‚Wir', das mehr ist als die Summe ihres ‚Ich' und ‚Du'."[180] Als Mittler zwischen Vater und Sohn muß der Heilige Geist als dritte göttliche Person postuliert werden.

Balthasar begründet diesen Schluß mithilfe einer anthropologischen Überlegung. Kein Mensch, so sein Argument, kann den Willen Gottes für das eigene Leben selbstmächtig kennen und sich aneignen: „der Mensch muß sich öffnen für etwas, das ihm von höher her eingegeben und als Aufgabe intimiert wird."[181] Eine solche Öffnung habe immer „Gebetscharakter".[182] Entsprechend ist der Raum zwischen dem Geistsubjekt und seiner Sendung heilig und wird als solcher vom Heiligen Geist durchwaltet. Ganz reformatorisch kann Balthasar sagen, daß es der Heilige Geist ist, welcher im Menschen durch die Gnade den Gehorsam erwirkt, in welchem sich der Mensch sodann seiner Sendung fügt.[183] Wenn ein Mensch Gottes Wille tut, so geschieht das nicht aus sich selbst heraus, sondern notwendig vermittelt durch das göttliche Wirken des Heiligen Geistes.

Wie der Mensch, so muß auch der menschgewordene Gottessohn beten, um seine universale Sendung vom Vater zu empfangen. Auch wenn er seiner Sendung von Ewigkeit her zugestimmt hat, erhält er sie ökonomisch durch den Geist vermittelt. Im Gegensatz zu anderen Menschen hat der Sohn auf Erden den Geist jedoch nicht nur über sich, sondern immer auch schon vollkommen in sich. Durch seinen Eingang in die Jungfrau beim Akt der Menschwerdung ist der Geist Jesus zu Eigen: „… dieser Geist Gottes über ihm, dem er gehorcht als dem sich darin ausdrückenden Willen des Vaters, dieser Geist, in dem er je-jetzt die aktuelle Form seiner Sendung erblickt, ist als der ihn ‚Treibende' zugleich *in* ihm …"[184] Jesus verfügt über den ihm inhärie-

---

[178] Vgl. zum Folgenden a.a.O., 468. Siehe zur Pneumatologie Balthasars *K. K. J. Tossou,* Streben nach Vollendung: Zur Pneumatologie im Werk Hans Urs von Balthasars, Freiburg – Basel – Wien 1983 (Freiburger Theologische Studien; 125).

[179] Vgl. TD II,2, 168: „In der Freiheit des Bejahens der Sendung kann der gehorchende Sohn völlig eins sein mit dem frei sendenden Vater; aber wo die Differenz zwischen Verfügen und Gehorchen aufscheint, tritt notwendig auch eine ausgleichende Vermittlung zwischen Vater und Sohn auf, die nur dem Geist zukommen kann."

[180] A.a.O., 468. Vgl. a.a.O., 171.

[181] A.a.O., 468.

[182] Ebd.

[183] Vgl. ebd.: „Der Mensch mag sich in hartem Ringen zum Entschluß durchkämpfen, seine ‚Pflicht' zu tun; der Entschluß selbst, seiner Bestimmung zu entsprechen und die darauffolgende Tat tragen einen Geschenk- oder Gnadencharakter."

[184] A.a.O., 477.

renden Geist während seines Erdendasein jedoch nur insoweit, als sich dieser auf den Gehorsam gegenüber dem väterlichen Geist über ihm konzentriert.[185]

Ist mit der personalen Ableitung des Vaters und des Geistes aus der Sendung Jesu die Dreipersonalität Gottes begründet, bleibt die Aufgabe, das Verhältnis der drei göttlichen Personen zueinander zu bestimmen. Balthasar geht im Blick auf die immanente Trinität von der durch die westliche Tradition vorgegebenen Ordnung der drei Personen aus: Der Sohn geht aus dem Vater hervor, der Geist aus Vater und Sohn (ex Patre Filioque). Als deren „subsistierendes ‚Wir'"[186] hält der Geist die unendliche Differenz zwischen Vater und Sohn offen, überbrückt sie jedoch gleichzeitig und sorgt somit für die Einheit der dreipersonalen Gottheit.

In der Heilsökonomie kommt es allerdings zur Umkehrung im Verhältnis zwischen Sohn und Geist. Balthasar erklärt diese Veränderung der trinitarischen *taxis* mit dem Gedanken der „trinitarischen Inversion".[187] Dazu bedenkt er wiederum die Sendung des göttlichen Sohnes in die Welt. Obwohl alle drei göttlichen Personen in einem „geheimnisvoll überzeitliche[n] Geschehen, das nichts anderes sein kann als der einhellige trinitarische Heilsbeschluß",[188] gemeinsam die Sendung des Sohnes in die Welt (und damit seine Menschwerdung) beschließen, muß sich der Sohn dem Vater während der Menschwerdung unterordnen, um seine Sendung ökonomisch „empfangen" zu können. Er muß seinen ewigen Gehorsam dem Vater gegenüber in absoluter, sich ganz verfügenlassender „Indifferenz"[189] ausleben, die alles dem Vater überläßt.

Jesu „soteriologischer Gehorsam"[190] ist ihm jedoch nur möglich, wenn der innertrinitarisch dem Vater und dem Sohn entspringende und somit nachgeordnete Geist für den Verlauf der Menschwerdung dem Sohn vorgeordnet wird, um zwischen Vater und Sohn zu vermitteln. Die Unterordnung des Sohnes unter den Geist beginnt schon im Akt der Menschwerdung selbst. Soll der Sohn seine Sendung in die Welt in Gehorsam empfangen, so kann schon die Menschwerdung keine Selbstverfügung sein, sondern muß einen Akt des Gehorsams darstellen. Der Sohn bleibt passiv und überläßt alle Aktivität dem Geist. Seine Passivität stellt dennoch eine Form des Handelns dar,

---

185 Deswegen ist der Geist Balthasar zufolge auch noch nicht frei, auf andere gesandt zu werden. Dies ist erst möglich, wenn Jesus seine irdische Sendung vollbracht hat.

186 TD III, 301.

187 TD II,2, 478. Vgl auch a.a.O., 167-175.

188 A.a.O., 172. Vgl. ebd.: „Hier verbietet sich jede Setzung einer Priorität: als ob etwa der durch die Sünde ‚beleidigte' Vater ursprünglich den Sohn veranlaßt hätte, die Schöpfungsordnung durch sein Kreuz wiederherzustellen. *Ebenso ursprünglich ist das Selbstangebot des Sohnes* zu diesem Werk und das Selbstangebot des Geistes zu dessen Vermittlung, ein Angebot, das – immer ganz menschlich gesprochen – anzunehmen dem Vater nicht weniger gekostet haben muß als die Durchführung durch den Sohn mit Hilfe des Geistes."

189 A.a.O., 478. Im Konzept der Indifferenz zeigt sich der Einfluß der ignatianischen Spiritualität, welche einen tiefen Einfluß auf Balthasars Theologie hat. Vgl. dazu *W. Löser*, Die Ignatianischen Exerzitien im Werk Hans Urs von Balthasars, in: *K. Lehmann* u. *W. Kasper* (Hg.), Hans Urs von Balthasar: Gestalt und Werk, Köln 1989, 152-174.

190 TD II,2, 168. Vgl. zum Folgenden a.a.O., 167-175.

die für Balthasar mehr Einsatz fordert, als ein Handeln aus eigener Initiative.[191] Der Geist heiligt nicht nur die Menschheit Jesu, so daß diese „das geeignete Werkzeug für den geschichtlichen Gehorsam des Sohnes"[192] hergeben kann, sondern versetzt darüber hinaus den göttlichen Sohn als solchen in den Zustand des Menschseins. So kann der inkarnierte Sohn geradezu als „Produkt des Geistes, der ihn *ex Maria Virgine* erwirkt",[193] bezeichnet werden.

Die im Akt der Menschwerdung begonnene Unterordnung des Sohnes unter den Geist bleibt um des sohnlichen Sendungsgehorsams willen für die Dauer seines Erdendaseins erhalten. Wohl besitzt der Sohn durch den Eingang des Geistes in Maria den Geist selber. Allerdings muß er, „um dem Vater gehorsam werden zu können, den väterlichen Geist aktiv und führend, und den von ihm, dem Sohn, ausgehenden Geist ganz zum Einverständnis mit dem väterlichen Willen werden lassen."[194] Während des Erniedrigungsstandes ist der dem Sohn einwohnende Geist gänzlich darauf konzentriert, im Sohn den Gehorsam dem Vater gegenüber zu bewirken, m.a.W. dem Sohn zu ermöglichen, sich für den Willen des Vaters im Gebet zu öffnen und seine Sendung, die nicht offen vor ihm zutage liegt, empfangen und annehmen zu können. Erst im status exaltationis kann der Sohn über den Geist frei verfügen und ihn auf die Menschheit in Kirche und Welt senden.

Der Geist ist ökonomisch dem Sohn aber nicht nur zu Eigen, sondern kommt auch über diesen, indem er ihm den väterlichen Willen „in der Gestalt einer unbedingten, im Leiden sogar unerbittlichen *Regel*"[195] von Moment zu Moment neu anzeigt. Dabei kann die Geistgegenwart für den Sohn ganz unterschiedliche Formen annehmen. Er zeigt „sich entweder mehr als der subjektiv-gemeinsame Geist von Vater und Sohn oder als der objektivierende Dritte, der Zeuge, das Produkt, der Bürge ihres gegenseitigen Verhältnisses".[196] In unterschiedlicher Weise läßt der Geist den Vater dem inkarnierten Sohn sichtbar werden: manchmal persönlich, in anderen Situationen dagegen nur verhüllt. „Hinter der Unerbittlichkeit des Sein-Müssens kann in der Passion das liebende Antlitz des Vaters entschwinden: dies gehört immer noch, ja mehr als je zum ewigen trinitarischen Heilsbeschluß, den der Geist als Zeuge des gemeinsamen Willens von Vater und Sohn in ihm vorstellt. Als sage er, jetzt als verkörperte Regel, zu beiden: das ist es, was ihr seit ewig gewollt habt, was wir seit ewig beschlossen haben."[197] Auf Golgatha erreicht „die Verhüllungsgestalt der Unmittelbarkeit (die immer vorhanden bleibt) ihr

---

[191] Vgl. a.a.O., 171.

[192] A.a.O., 170. Die Heiligung der Menschheit Jesu durch den Geist erfolgt sowohl als Folge wie als Voraussetzung der hypostatischen Union der zweiten trinitarischen Person mit dem Menschen Jesus. Vgl. ebd. auch Balthasars Stellungnahme zur Auseinandersetzung zwischen W. Kasper und H. Mühlen zur Frage.

[193] A.a.O., 171.

[194] A.a.O., 478.

[195] A.a.O., 173.

[196] A.a.O., 478.

[197] A.a.O., 173.

Höchstmaß“.[198] Der Vater entschwindet vollends vor den Augen des Sohnes, der sich nach Balthasar mit der Situation der Sünder identifiziert.

Ist der Geist ökonomisch dem Sohn sowohl zu Eigen als auch über- und vorgeordnet, immanent-trinitarisch jedoch nachgeordnet, so stellt sich die Frage, wie sich diese Verschiebung von der ökonomischen zur immanenten Trinität erkenntnistheoretisch legitimieren läßt. Gilt doch auch für Balthasar, „daß wir von der immanenten Trinität nur durch die ökonomische Kenntnis haben und Aussagen wagen können.“[199] Balthasar räumt ein, daß die trinitarische Inversion die Ordnung der Hypostasen zu stören scheint oder aber, wenn man in strenger Weise die Parallelität von ökonomischer und immanenter Trinität behaupten wollte, auf die Ablehnung des Filioque hinauslaufe.[200] Beiden Alternativen hält er jedoch entgegen, daß es sich bei der von ihm behaupteten trinitarischen Inversion nur um eine „‘Umlegung’“[201] der immanenten Trinität ins Ökonomische handle, die nach der Auferstehung Jesu auch nicht rückgängig gemacht werde: „vielmehr wird nur die zeitlich-vertikale Form in die ewig horizontale zurück- und emporgehoben“.[202]

Daß es sich bei der trinitarischen Inversion tatsächlich nur um eine solche Umlegung der immanenten in die ökonomische Trinität handelt, erweist sich für Balthasar in der Tatsache, daß die einzelnen trinitarischen Personen in der Heilsökonomie ihre personalen Kennzeichen beibehalten, „ohne daß dadurch an der innergöttlichen Ordnung etwas verändert zu werden braucht.“[203] Der Sohn beispielsweise zeichnet sich in der immanenten Trinität dadurch aus, daß er vom Vater nicht nur seine eigene Gottheit, sondern darüber hinaus auch die Möglichkeit empfängt, den Geist mitauszuhauchen. Dies wird von der Ostkirche Balthasars Urteil zufolge zu Recht durch ihr Festhalten am „a Patre procedit“ des Geistes zum Ausdruck gebracht. Der Sohn haucht nun aber für Balthasar mit dem Vater zusammen den Geist tatsächlich auch aus. Dies werde wiederum durch das westkirchliche Credo vom Hervorgang des Geistes „ex Patre Filioque“ bezeugt.

Wenn mit den Kirchenvätern davon gesprochen werden kann, daß der Geist immanent vom Vater „durch den Sohn“ (*dia*) gehaucht wird, so müssen sich diese beiden notae des Sohnes nach Balthasar auch in der Ökonomie wiederfinden. Dies schließt jedoch für ihn nicht aus, daß die beiden Aspekte während der zwei status des Gottessohnes in unterschiedlicher Weise hervortreten, da das horizontale Schema der immanenten Trinität in ein vertika-

---

198 A.a.O., 479.

199 A.a.O., 466.

200 Vgl. a.a.O., 174.

201 Vgl. a.a.O., 175.

202 A.a.O., 479. Vgl. aber die abweichende Behauptung a.a.O., 174: „Die ‚trinitarisch-soteriologische Inversion‘ ist im Erhöhungsstand also wieder aufgehoben, wenngleich die Tatsache bestehen bleibt, daß die Menschheit des Sohnes sich dem Wirken des Geistes verdankt, und der Geist die Nachfolger des Sohnes wiederum … in den objektiven regelhaften Willen des Vaters zurückweist.“ Vgl. zur Frage auch *G. D. Badcock*, The Anointing of Christ and the *Filioque* Doctrine, in: IThQ 60 (1994): 241-258.

203 TD II,2, 174.

les Schema der ökonomischen Trinität umgelegt wird.[204] Der sohnliche Empfang der Möglichkeit des (Mit-)Aushauchens des Geistes in der immanenten Trinität tritt in der Ökonomie während des status exinanitionis des Sohnes dort hervor, wo dieser den Geist von oben her in Form einer Regel empfängt. Balthasar erkennt in diesem Empfang die ökonomische Form des von der Ostkirche betonten „a Patre procedit" des Geistes. Der Ausgang des Geistes aus Vater und Sohn (Filioque) tritt demgegenüber ökonomisch zurück, ist jedoch in der Identität von sohnlicher Sendung und Person bezeugt, die auf das ewige Einverständnis zwischen Sohn und Vater verweist und sich in Jesu eigenem Geistbesitz erweist.[205] Das tatsächliche Mitaushauchen des Geistes durch den Sohn verwirklicht sich erst im status exaltationis, wenn der Sohn den Geist auf Kirche und Welt sendet.[206]

Mit diesen Überlegungen zur Identität der drei trinitarischen Personen und ihrer innertrinitarischen *taxis* legt Balthasar die Grundlage für seine Darstellung des innergöttlichen Lebens. Während seine Darstellung der immanenten Ordnung der göttlichen Personen und deren ökonomischen Umlegung vornehmlich aus Überlegungen über die Bedeutung der Menschwerdung des Sohnes für die Trinität herrührt, baut seine Beschreibung der Dramatik des innergöttlichen Lebens auf einer trinitätstheologischen Analyse des Kreuzesgeschehens auf. Wir werden uns im nächsten und letzten Abschnitt dieses Kapitels dieser Darstellung des innergöttlichen Lebens zuwenden.

3. Der Tod des Gottessohnes als trinitarisches Ereignis

Balthasars Darstellung des immanent-trinitarischen Lebens baut auf der Erkenntnis auf, daß das innergöttliche Leben nur aus der ökonomischen Offenbarung des dreieinigen Gottes zugänglich ist. Gleichzeitig ist es aber die immanente Trinität, welche den Hintergrund abgibt, vor dem das Kreuzesgeschehen erst richtig interpretiert werden kann. Kreuzesgeschehen und Trinität, ökonomische und immanente Trinität, sind unauflöslich miteinander verschlungen, so daß beide nur in Verbindung miteinander verstanden werden können. Die Trinitätslehre entspringt der Kreuzestheologie und die Kreuzestheologie muß auf dem Hintergrund der Trinitätslehre entfaltet werden.[207] Während dem Kreuz und damit der ökonomischen Trinität die erkenntnistheoretische Priorität zukommt, eignet der „immanent-trinitarischen Grundlegung" umgekehrt die ontologische Priorität vor der ökonomischen Offenbarung des dreieinigen Gottes am Kreuz von Golgatha.

---

204 Vgl. TD II,2, 477.

205 Balthasar bezeichnet Jesu Geistbesitz als „ökonomische Form des *Filioque*" (ebd).

206 Vgl. a.a.O., 174.

207 Vgl. TD III, 296f: „Es ist nicht nur so, daß die volle Trinitätslehre sich erst von einer Theologie des Kreuzes her entfalten läßt … und davon keinen Augenblick ablösbar ist, sondern so, daß die Trinitätslehre als die stets gegenwärtige innere Voraussetzung der Staurologie zu fassen ist …"

Durch die Offenbarung der ökonomischen Trinität am Kreuz darf für Balthasar allerdings nicht der Eindruck erweckt werden, als benötige Gott das Kreuzesgeschehen, um sich in diesem Prozeß allererst zu verwirklichen, oder „als brächte diese Offenbarung der ökonomischen Trinität erst den ganzen in der immanenten angelegten Ernst zur Vollendung.“[208] Ein solches Mißverständnis berge die Gefahr in sich, daß das innergöttliche Leben mit der Heilsökonomie identifiziert, Gott dadurch in den Weltverlauf verstrickt und infolgedessen „zum tragischen, mythologischen Gott“[209] herabgewürdigt wird.

Balthasar sieht diese Gefahr akut in Hegels Philosophie konkretisiert, die den „Weltprozeß der innern ‚Geschichte Gottes‘ einverleibt“.[210] Aber auch einige Theologen erliegen für ihn zumindest der Versuchung, „in der Verhältnisbestimmung zwischen immanenter und ökonomischer Trinität der letzteren ein solches Übergewicht zu geben, daß die immanente, falls sie noch von der ersten unterschieden wird, zu einer Art Vorbedingung der wahren und ernsthaften Selbstoffenbarung und Selbsthingabe Gottes herabsinkt.“[211] Balthasar kritisiert in diesem Zusammenhang sowohl die Trinitätstheologie Karl Rahners, bei dem die immanente Trinität „als ein formaler Selbstvermittlungsprozeß Gottes erscheint“, als auch die vom Kreuz aus entfaltete Trinitätslehre Jürgen Moltmanns, welche Balthasar zufolge die immanente Trinität „in den Weltprozeß hineinverstrickt“.[212] Die immanente Trinität darf für Balthasar aber „als der tragende Grund der ersten [sc. der ökonomischen Trinität] mit ihr gerade nicht einfach identifiziert werden … andernfalls droht die immanente und ewige Trinität Gottes in der ökonomischen aufzugehen, klarer gesagt, Gott in den Weltprozeß hinein verschlungen zu werden und nur durch diesen hindurch zu sich selbst zu kommen.“[213] Gott muß schon im Voraus zur Offenbarung an die Welt am Kreuz von Golgatha ein dreieiniger sein, soll er nicht auf die Welt angewiesen sein, um seine eigene dreieinige Identität gewinnen zu können. Eine solche Angewiesenheit würde Gott seine Göttlichkeit berauben, indem sie ihn von der Welt abhängig macht und damit verendlicht.

In kritischer Auseinandersetzung mit den Modellen Rahners und Moltmanns (und der Philosophie Hegels) will Balthasar versuchen, „die immanente Trinität so als Grund des Weltprozesses (bis hin zur Kreuzigung) zu deuten, … daß sie vielmehr als jene ewige und absolute Selbsthingabe verstanden wird, die Gott schon in sich als die absolute Liebe erscheinen läßt, woraus sich erst die freie Selbsthingabe an die Welt als Liebe erklärt, ohne daß Gott zu seinem Selbstwerden (seiner ‚Selbstvermittlung‘) des Weltprozesses und des Kreuzes bedürfte.“[214] Gott hat sich in seiner Offenbarung als Liebe offenbart. Ist er die Liebe, so ist er dies schon in sich, a priori zur

208 A.a.O., 297.
209 A.a.O., 300.
210 A.a.O., 297.
211 A.a.O., 298.
212 A.a.O., 300.
213 TD II,2, 466.
214 TD III, 300.

Schöpfung der Welt und des Menschen.[215] Gott „muß … in sich vollkommene Hingabe seiner selbst sein, was von seiten des Geliebten nur mit ebenso vollkommener Rückwendung in Dank, Verfügbarkeit, Hingabe beantwortet werden kann.“[216] Der Mensch kann diese Antwort nie geben, da er als Kreatur über sein Dasein und Ich-Sein nicht selbst verfügt. Der Je-Andere ist der ewige Sohn des Vaters, der vom Vater nicht nur seine Existenz, sondern auch echte Freiheit übereignet bekommt. Gott ist von Ewigkeit her ein liebender, sich hingebender, dramatischer und damit trinitarischer Gott. Er wird nicht erst in seinem Befassen mit der Welt zur Liebe, so daß er der Welt als eines Du oder Gegenübers bedürfte.

In Konsequenz seiner Forderung, daß Gott a priori zu seiner Offenbarung in der Welt als Liebe verstanden werden muß, entwickelt Balthasar die Lehre von der immanenten Trinität als der ontologischen Bedingung der Möglichkeit ihrer ökonomischen Offenbarung. Einsichten über die immanente Trinität müssen (und können nur) in einem Rückschlußverfahren aus der ökonomischen Trinität gewonnen werden. Daß solche Rückschlüsse vom Kreuzesereignis auf das innergöttliche Leben möglich sind, steht für Balthasar außer Frage, da Jesus Gott nicht nur in seinem Verhältnis zur Welt, sondern auch in sich selbst offenbart. Balthasar sieht angesichts seiner Ablehnung jeder „Form von ‚Prozeßtheologie'“ keine andere Möglichkeit, sich dem Geheimnis der immanenten Trinität dadurch zu nähern, „als sich von dem, was in der Kenose Gottes in der Theologie des Bundes – und von dorther des Kreuzes – offenbar wird, zurückzutasten ins Geheimnis des Absoluten, in einer negativen Theologie, die alles innerweltliche Erfahren und Erleiden aus Gott ausschließt und trotzdem die Bedingungen der Möglichkeit für solches Erfahren und Erleiden … in Gott ansetzt.“[217] Während das innertrinitarische Geschehen die ontologische und vertikale Voraussetzung des Kreuzesereignisses bildet und ihm gemäß der ratio essendi vorausgeht, ist das Kreuz umgekehrt als epistemologische Voraussetzung der Trinitätslehre zu begreifen und liegt dieser gemäß der ratio cognoscendi voraus. Diese gegenseitige Verschränkung von Kreuzesoffenbarung und Trinitätslehre führt die Theologie in einen methodischen Zirkel.

Was am Kreuz offenbar wird, ist für Balthasar zuerst und vor allem „die ganze Distanz des Sohnes vom Vater“,[218] d.h. die Gottverlassenheit des menschgewordenen Sohnes. Ist der Sohn am Kreuz von Gott verlassen, dann ist auch der Vater im Himmel gottverlassen.[219] Der Geist, welcher als das

---

[215] Vgl. TD IV, 71f: „Aber wenn Gott Liebe sein soll, kann er es nicht nur intransitiv sein, sondern er muß auch transitiv den Je-Andern lieben“. Vgl. Epilog, 28 u. 31 und *Krenski*, Passio Caritatis, 180-183.

[216] TD IV, 72.

[217] TD III, 301f.

[218] A.a.O., 297. Zu der soteriologischen Notwendigkeit dieser Gottverlassenheit siehe unten, Drittes Kapitel, II.

[219] Trotz seiner Transzendenz dem Theodrama gegenüber ist der Vater also an ihm beteiligt und, gleich dem Sohn und Geist, von ihm betroffen. „[J]a man könnte sagen, daß er der zentrale Spieler ist, da *er* ‚die Welt so sehr geliebt hat, daß er seinen einzigen Sohn für sie dahingegeben hat‘ (Joh 3,16)“ (TD II,2, 484).

„Wir" von Vater und Sohn dafür sorgt, daß die Einheit der göttlichen Personen bei aller Unterscheidung gewahrt bleibt, erscheint am Kreuz „in der Entbergung der Einheit geradezu als bloße Distanz."[220] Das Kreuz ist die höchste Offenbarung der Unterschiedenheit der drei göttlichen Personen in ihrer bleibenden Einheit.

Die Gottverlassenheit am Kreuz offenbart für Balthasar ein innergöttliches, ewiges Ur-Drama zwischen den drei göttlichen Personen.[221] Ist die Schöpfung eine erste, der Alte Bund eine zweite, Inkarnation und Kreuz eine dritte Kenose Gottes innerhalb der Heilsgeschichte, so fungiert die ewige Zeugung des Sohnes als die allen heilsgeschichtlichen Kenosen vorausgehende, innergöttliche Ur-Kenose. Diese Ur-Kenose Gottes ist für Balthasar, wenngleich aus den extratrinitarischen Kenosen im analogen Rückschlußverfahren abgeleitet, „Voraussetzung und Überholung"[222] aller nur möglichen Differenzen zwischen Gott und seiner Schöpfung: „all dessen ..., was Trennung, Schmerz, Entfremdung in der Welt, und was Liebeshingabe, Ermöglichung von Begegnung, Seligkeit in ihr sein wird."[223] Der innergöttliche Abstand von Sohn und Vater im Geist begründet den Abstand Gottes von Gott am Kreuz immer schon in seiner Möglichkeit. Nur weil das innergöttliche Drama ist, kann das Weltdrama werden. Für Balthasar gilt deshalb, „daß mit der ‚Entleerung' des väterlichen Herzens beim Hervorbringen des Sohnes jedes mögliche Drama zwischen Gott und einer Welt immer schon miteinbeschlossen und überholt ist, da jede Welt nur innerhalb der vom Heiligen Geist sowohl offengehaltenen wie überbrückten Differenz von Vater und Sohn ihren Ort haben kann."[224]

Balthasar schließt sich mit dieser Begrifflichkeit dem russisch-orthodoxen Theologen Sergej Bulgakov an.[225] Der Vater enteignet sich in der Zeugung des Sohnes seiner eigenen Gottheit restlos, indem er sie dem Sohn übergibt: „er ‚teilt' sie nicht ‚mit' dem Sohn, sondern ‚teilt' dem Sohn alles Seine ‚mit'."[226] Er verzichtet förmlich darauf, seine Gottheit für sich allein zu besitzen, „für sich allein Gott zu sein".[227] Da die Zeugung des Sohnes durch den ihm nichts vorenthaltenden Vater zeitlos, der Vater also nicht „vor" dieser Hingabe gedacht werden kann, entspricht die Identität des Vaters als Person seiner Hingabebewegung („eine Gebärde, die er nicht nur ‚tut', sondern

220 TD III, 297.
221 Vgl. TD IV, 235.
222 TD III, 302.
223 Ebd.
224 A.a.O., 304. Vgl. a.a.O., 303: „Hierin liegt schon, daß jede mögliche Aussendung des Sohnes in die Welt (*processio* als *missio* bis zum Kreuz) innerhalb der gleichursprünglichen Danksagung für eine nur innerhalb der ‚Zeugung' des Sohnes schaffbare, ihm zugehörige, auf ihn hin gestaltete, nur in ihm ‚rekapitulierbare' Welt beinhaltet. Das, wohinein er geliefert werden kann, ist voraus schon das Seine, auch wenn es ihn nicht aufnimmt."
225 Vgl. *S. Boulgakof*, Du verbe incarné (Agnus Dei), übers. v. C. Andronikof, Paris 1943 (La sagesse divine et la théanthropie; 1), 139-174 u. 305-308. Siehe zu Bulgakov *J. O'Donnell*, The Trinitarian Panentheism of Sergej Bulgakov, in: Gregorianum 76 (1995): 31-45.
226 TD III, 300.
227 A.a.O., 301.

‚ist'").[228] Vaterschaft im Ewigen bedeutet die Hingabe alles dessen, was der Vater selbst hat, nämlich seiner eigenen Göttlichkeit. Mehr kann der Vater nicht hingeben; „er *ist* das ganze Wesen Gottes in dieser Selbsthingabe, so daß darin die ganze unendliche Mächtigkeit und zugleich Unmächtigkeit Gottes sich anzeigt, der nicht anders Gott sein kann als in dieser innergöttlichen ‚Kenose'."[229]

Der Vater, der nicht ohne den Sohn Gott sein will oder kann, bindet sich in diesem ur-kenotischen Akt völlig an den Sohn. Indem er ihm seine ganze Gottheit übergibt, setzt er eine Distanz und personale Unterschiedenheit innerhalb der einen Gottheit: „es geht, menschlich gesprochen, um den restlosen Verlust des ‚ganzen Habens und Besitzens', die Gottheit einschließlich, um etwas also, das vom Schenkenden her wie ein absolutes ‚Wagnis' erscheinen könnte, wenn nicht gleich-ewig ihm die unendliche Dankbarkeit für das Geschenk entgegenkäme, eine Dankbarkeit, die bereit ist, für den Schenkenden das Äußerste zu leisten."[230] Der Vater ist ganz und gar davon abhängig, daß der Sohn die ihm übereignete Gottheit dem Vater verdankt. Andernfalls würde der Sohn die den innergöttlichen Abstand umgreifende Einheit Gottes zerstören. Die Selbsthingabe des Vaters bedeutet deshalb für Balthasar „so etwas wie einen ‚Tod', eine erste radikale ‚Kenose', wenn man will: einen Über-Tod, der als Moment in jeder Liebe liegt und innerhalb der Schöpfung alles grundlegen wird, was in ihr guter Tod sein wird".[231]

Die Ur-Kenose des Vaters wird vom Sohn in einem gleichwertigen ur-kenotischen Akt beantwortet. Wie sich der Vater dem Sohn hingibt, so auch der Sohn dem Vater. Die Ur-Kenose des Sohnes beinhaltet zwei Momente: zum einen die Selbstverdankung des Sohnes oder sein „Sich-entspringen-lassen-Können",[232] zum anderen die „Eucharistierung des Sohnes"[233] oder sein „willig-dankbares Sich-verströmen-Lassen durch den Vater, vollzogen sowohl in der absoluten Spontaneität wie im absoluten ‚Gehorsam' (als Entsprechen-Wollen) dem Vater gegenüber".[234] Der Sohn erkennt die Herkunft seiner göttlichen Freiheit aus dem Vater dadurch dankbar an, daß er sich

---

[228] A.a.O., 302. Vgl. TL II, 126: „Was der Vater, den Sohn zeugend, diesem schenkt, ist die vollkommene unteilbare Gottheit, die er besitzt, aber nur so besitzt, daß er, als der unvordenklich Zeugende, sie nur als verschenkte besitzt." Mit Thomas von Aquin gesprochen: Die Hingabe der Gottheit an den Sohn kommt dem Vater nicht als etwas Akzidentielles zu, sondern subsistiert im Vater, so daß die innertrinitarischen Personen subsistierende Relationen sind. Vgl. *Thomas v. Aquin*, STh I q 29 a 2 & 4; dazu *W. Kasper*, Der Gott Jesu Christi, Mainz 1982 (Das Glaubensbekenntnis der Kirche; 1), 343.

[229] TD III, 303.

[230] TD IV, 221.

[231] A.a.O., 74. Vgl. *Speyr*, Johannes, Bd. 1, 48, zit. n. TD IV, 226: „Gewiß kann in Gott von keinem Tod als Ende die Rede sein, denn sein ewiges Leben ist ja unendlich. Aber wenn unter Tod die Hingabe des Lebens verstanden wird, dann hat diese Hingabe in Gott ihr Urbild... Denn der Vater gibt ja sein ganzes Leben dem Sohn, der Sohn gibt es dem Vater zurück, und der Geist ist selbst das ausgegossene, hingegebene Leben."

[232] TD IV, 75.

[233] TD III, 308.

[234] A.a.O., 306.

nicht nur aus dem Vater heraussetzen läßt, sondern darüber hinaus spontan bereit ist, „jede von Gott nur erdenkliche Form von Selbstverströmung anzunehmen".[235]

Entspricht der Vater als Person seiner Ur-Kenose, so gilt Gleiches für die Identität des Sohnes. Der Sohn ist als Person mit seiner ewigen Sendung aus dem Vater identisch. Der Sohn *ist* und *besitzt* die Gottheit „im Modus des Empfangs dieser Einheit von Allmacht und Unmacht vom Vater her".[236] Indem er der Ur-Kenose des Vaters zustimmt, akzeptiert er, daß in Gott „Allmacht (des Alles-geben-Könnens) und Unmacht (da nichts anderes wahrhaft mächtig ist als die Gabe)"[237] eins sind. Diese dankbare Rückwendung des Sohnes zum Vater ist mit der Hingabe des Vaters gleichwertig, der Sohn daher dem Vater als Gott gleich. Er könnte „anders als in Selbstenteignung dem Vater gar nicht gleichwesentlich sein".[238] Die Passivität des Sohnes in seinem „Sich-entspringen-lassen-Können" ist für Balthasar sogar die Vorbedingung für seine Zeugung durch den Vater. Der Autor bezeichnet sie als „passive *actio*" und kontrastiert sie mit dem „Sein-lassen-Können" des Vaters, welches er mit dem Begriff einer „aktiven *actio*" umschreibt.[239]

Die absolute Selbsthingabe des Vaters an den Sohn und des Sohnes an den Vater setzt einen unendlichen Abstand in Gott, die Form einer „urbildlichen Distanz zwischen Gott und Gott",[240] die durch den aus Vater und Sohn hervorgehenden Geist offengehalten, besiegelt und überbrückt wird.[241] „Die Entsprechung von zeugender Hingabe und verdankender Bereitschaft (zu jeder Vergebung) über das trennende Ganz-anders hinweg ist ... die als Wir sich ergebende Weise, das Absolute zu sein: die Identität der gebenden Gabe und der sich-empfangenden und verdankenden Gabe als Gabe schlechthin".[242] Dabei ist es die Aufgabe des Geistes, die Differenz von Vater und Sohn zu bezeugen, offenzuhalten und kundzutun.

Beide Hervorgänge in Gott sind nicht zufällig, sondern wesensnotwendig.[243] Diese Notwendigkeit wird in der Gotteslehre Balthasars dadurch zur Geltung gebracht, daß das innergöttliche Geschehen streng mit dem Wesen Gottes identisch gedacht wird: „... da jede Person, die als Moment des Pro-

---

[235] A.a.O., 307. Vgl. a.a.O., 303, wo Balthasar vom „Sich-Gegebensein" und der „sohnliche[n] Danksagung (Eucharistie)" spricht.

[236] A.a.O., 303. Vgl. a.a.O., 301: „Die Antwort des Sohnes auf den geschenkten gleichwesentlichen Besitz der Gottheit kann nur ewige Danksagung (*eucharistia*) an den väterlichen Ursprung sein, so selbstlos und berechnungslos, wie es die erste Hingabe des Vaters war."

[237] TD III, 303.

[238] A.a.O., 308.

[239] Alle Zitate aus TD IV, 75.

[240] TD II,1, 242.

[241] TD III, 301.

[242] A.a.O., 303.

[243] Dabei erscheint der ursprunglos zeugende Vater für Balthasar in analoger Anwendung seiner Geschlechteranthropologie als „primär (über-)männlich", der Sohn als der in seinem Hervorgang passiv Geschehenlassende als „zunächst (über-)weiblich", wobei allerdings dem Vater, insofern er „in seinem Zeugen und Hauchen sich selbst immer schon durch die von ihm Ausgehenden mitbestimmen läßt", selbst etwas „(Über-)Weibliches" zukommt (TD IV, 80).

zesses der Hervorgänge existiert, als solche mit dem Wesen oder Sein Gottes identisch ist, kann dieses letztere keinesfalls als ein Viertes, unbeteiligt Beharrendes neben der ‚Bewegtheit' des personalen Geschehens betrachtet werden, es muß mit diesem Geschehen als solchem identisch sein."[244] Die Theologie kann nicht zuerst im Rahmen einer natürlichen Theologie Gottes Wesen definieren, um sich erst in einem zweiten Schritt der Dreieinigkeit zuzuwenden. In einem solchen Fall bliebe das innergöttliche Theodrama dem Wesen Gottes geradezu akzidentiell. Gottes Wesen ist aber mit dem innertrinitarischen Theodrama identisch, es ist „nicht nur koextensiv dem Ereignis der ewigen Hervorgänge, sondern durch die je-einmalige Teilnahme von Vater, Sohn und Geist an ihm mitbestimmt, es existierte mit andern Worten nie anders als je vaterhaft, sohnhaft und geisthaft."[245]

Gottes Wesen ist dann aber ereignishaft. Die göttliche Selbstgegenwart ist ereignisvolle Selbstgegenwart. Die innertrinitarischen Prozessionen sind „ein wirkliches Sich-Ereignen",[246] wenngleich es sich bei ihnen nicht um ein Werden im innerweltlichen Sinne handelt, demzufolge etwas entstünde, was irgendwann einmal nicht war.[247] Gottes Wesen ist zugleich Werden und „völlige Ruhe", wobei diese Ruhe aber nochmals als „ewige Bewegtheit" verstanden werden muß.[248] Der gegenseitige Austausch der Personen ist kein abgeschlossenes Geschehen, sondern „ewig aktuell" und „unendlich"; es handelt sich geradezu um „einen ins Je-Größere offenen Komparativ".[249] Der Austausch der göttlichen Hypostasen findet jenseits von Raum und Zeit statt, hier gibt es kein Langeweile hervorrufendes „'Je-schon-Wissen'", vielmehr kommt es zwischen den Hypostasen zur Freude des „immer neu Findens", „des steten, übertreffenden Erfülltwerdens", „der gegenseitigen Anerkenntnis und Anbetung des Gottseins".[250] Es kann sogar „von gegenseitiger Bitte"[251] gesprochen werden. Keine der Hypostasen überwältigt die anderen, „da ihre Subsistenz immer auch auf einem Sein-*lassen* beruht."[252] Der Hervorgang des Sohnes aus dem Vater und des Geistes aus Vater und Sohn ist ein ewiges Geschehen, ist ewige, unvordenkliche Gegenwart und zugleich immer Zukunft. Gott ist als Gott nicht nur für den Menschen, sondern auch für sich selbst das „Je-mehr".[253] Immer wieder entläßt Gott neue „Reichtü-

244 A.a.O., 57. Aus diesem Sachverhalt folgt für Balthasar, daß eine christliche Gotteslehre von vornherein als trinitarische entwickelt werden muß. Es kann keine Lehre von den göttlichen Eigenschaften geben, die nur das absolute Wesen oder Sein Gottes, nicht aber die innertrinitarischen Ausgänge betrachtet. Vgl. TL II, 126f.

245 TL II, 127.

246 TD IV, 59.

247 Das innertrinitarische Geschehen begründet deswegen die „innere Möglichkeit und Wirklichkeit" (a.a.O., 59) allen Werdens in der Welt. Vgl. a.a.O., 90.

248 A.a.O., 67 mit Zitat aus *Speyr*, Johannes, Bd. 1, 42-43 und Verweis auf *Speyr*, Johannes, Bd. 1, 361.

249 TD IV, 68 mit Verweis auf von *Speyr*, Johannes, Bd. 1, 408.

250 Alle Zitate finden sich in TD II,1, 233.

251 A.a.O., 234.

252 A.a.O., 235.

253 TD IV, 68.

mer“ aus sich selbst. Vater, Sohn und Geist „überraschen“[254] sich in Analogie zu menschlich Liebenden gegenseitig immer neu: „so ist ‚der Sohn die erste Erwartung des Vaters und auch seine erste Erfüllung, und er bleibt die Ewigkeit lang das, was er war und ist: Erwartung und Erfüllung. Unübertreffbare Erwartung, die immerfort in der Erfüllung übertroffen wird, trotzdem die Erwartung unübertreffbar war …‘“[255] Die innertrinitarischen Geschehnisse sind die „Übererfüllung einer Erwartung, ein dem Sichereignenden immanentes Je-mehr.“[256] Sie sind so von der Überraschung gekennzeichnet, daß Balthasar die Beziehung zwischen den trinitarischen Personen mit Adrienne von Speyr geradezu als „trinitarische[s] Gespräch“ oder als „Ur-Gebet“ aneinander bezeichnen kann: Gott steht anbetend und verherrlichend vor Gott; Vater, Sohn und Geist geben sich gegenseitig die Ehre.[257]

Wenn es in der Ur-Kenose Gottes um Leben und Tod Gottes selber geht, so ist sie in höchster Form dramatisch. Sie ist förmlich ein innergöttliches Ur-Drama, alles andere als statisch, so daß erst die Heilsgeschichte ihr Lebendigkeit verschaffte. Balthasar spricht mit Adrienne von Speyr von einem „Vor-Opfer des Sohnes und damit der Trinität“[258], welches das Kreuz in sich einschließt. Die Trinität ist nicht, „im Sinne Hegels, ein Spiel der Liebe ohne letzten Ernst“,[259] ein „‘Spiel‘ absoluter, aber vom realen Schmerz abstrahierender, somit des ‚Ernstes‘ der Trennung und des Todes entbehrender ‚Seligkeit‘ …“[260] Vielmehr ist jede Dramatik der Weltgeschehnisse überhaupt erst durch den Ernst der innergöttlichen Ereignisse ermöglicht. „Daß Gott (als Vater) seine Gottheit so weggeben kann, daß Gott (als Sohn) sie nicht bloß geliehen erhält, sondern ‚gleichwesentlich‘ besitzt, besagt eine so unfaßliche und unüberbietbare ‚Trennung‘ Gottes von sich selbst, daß jede (durch sie!) ermöglichte Trennung, und wäre es die dunkelste und bitterste, nur *innerhalb* ihrer sich ereignen kann.“[261]

---

254 *Speyr*, Die Welt des Gebetes, 42, zit. n. TD IV, 69.

255 TD IV, 69 mit Zitat aus *Speyr*, Die Welt des Gebetes, 23. Das Zitat endet wie folgt: „‚Und nochmals ereignet sich dieser Überschwang im Hervorgang des Heiligen Geistes, da Vater und Sohn ihre gegenseitige Liebe in dieser Weise übertroffen sehen, daß sie als eine dritte Person aus ihnen hervorgeht‘.“

256 TD IV, 81.

257 A.a.O., 84.

258 A.a.O., 467.

259 A.a.O., 221.

260 TD III, 302f. Ein solches Fehlurteil bezeugt für Balthasar lediglich „eine hybride Selbstüberschätzung der geschöpflichen Freiheit, die trügerische Meinung, die Fähigkeit, Nein zu Gott zu sagen, begrenze die göttliche Allmacht derartig, daß erst sie damit Gott in ein ernsthaftes Drama einbeziehe“ (a.a.O., 304). Vgl. auch a.a.O., 304f: „Der Einwand, die Zeugung des Sohnes sei für den Vater ohne Risiko, folglich ‚undramatisch‘, ist irrelevant; gerade daß eine risikoreiche Welt nur innerhalb der *processio* des Sohnes (und deren Verlängerung als ‚Sendung‘) geschaffen werden kann, zeigt, daß jedes ‚Risiko‘ Gottes von der ohnmächtigen Macht der göttlichen Selbsthingabe umfangen und von ihr her ermöglicht wird: man kann nicht sagen, der Vater ‚riskiere‘ etwas, wenn er den Sohn ans Kreuz gehen läßt; erst dann sei er des Ernstes der sohnlichen Verdankung sicher.“

261 A.a.O., 302. Vgl. auch a.a.O., 301: „Dieser göttliche Akt, der den Sohn hervorbringt, als die zweite Möglichkeit, an der identischen Gottheit teilzuhaben und sie zu sein, ist die Setzung

Innerhalb der innergöttlichen Dramatik ist für Balthasar daher auch die Weltschöpfung und die missio des Sohnes in die Welt anzusiedeln. Der Weltplan Gottes ist in der processio des Sohnes einbeschlossen. Dann ist die missio des Sohnes mit seiner processio aus dem Vater aber identisch.[262] Mit Adrienne von Speyr kann Balthasar sagen, daß der väterliche Wille, den Sohn hervorzubringen, und der Wille, ihn in die Welt zu senden, einen einzigen Willen bilden. „Ausgehen und Kommen sind also für den Sohn eine einzige Handlung und Bewegung: die innere und die äußere Sendung sind eins …"[263] Der Abstieg des Sohnes in das Heilsdrama drückt in der Zeitlichkeit nur das aus, was er im dreieinigen Leben immer schon bedeutet, nämlich seine völlige Bereitschaft, jeden Willen des Vaters zu erfüllen.[264] Die Kenose des Gottessohnes ist „nichts anderes als die irdische Darstellung der trinitarischen Armut, in der alles immer schon verschenkt ist",[265] sein irdischer Gehorsam ist „sowohl das Instrumentar wie auch der Gehalt seines ewigen Verhaltens dem Vater gegenüber".[266] Wenn der Sohn also an einem geschichtlichen Zeitpunkt die Gottverlassenheit erleidet, ist sein Leiden dennoch ein ewiges, „selbst überzeitlich und vorzeitlich".[267] Inkarnation und Kreuz sind „‘selbst nicht das Erste …, sondern gründen in einem ewigen himmlischen Opfer- und Hingabewillen des Sohnes, im untrennbaren Zusammenhang mit der Liebe des dreieinigen Gottes.'"[268] Die ewige Schlachtung des Lammes, von der in der Johannesapokalypse die Rede ist, ist aber „keinesfalls gnostisch als ein von Golgatha unabhängiges himmlisches Opfer gemeint, sondern ist der Ewigkeitsaspekt des geschichtlichen blutigen Opfers am Kreuz (Apk 5,12)".[269] Es ist der Zustand, in dem der Sohn von Ewigkeit her die Gottheit verkörpert. Der Abstand, der sich ökonomisch zwischen Sohn und Vater im Geist auftut, ist dann stets als Modalität oder „Ausdrucksform"[270] des Abstandes zu deuten, der innertrinitarisch schon von Ewigkeit her zwischen den göttlichen Personen waltet. Ist im Theodrama „Gott von Gott verlassen, … dann ist auch das noch immer eine ökonomi-

---

eines absoluten, unendlichen Abstands, innerhalb dessen alle möglichen andern Abstände, wie sie innerhalb der endlichen Welt bis einschließlich zur Sünde hin auftreten können, eingeschlossen und umfangen sind."

262 Vgl. TD IV, 70.

263 *Speyr*, Johannes, Bd. 4, 263, zit. n. TD IV, 70f.

264 Balthasar betont, „daß sein Gehorsam die *kenotische* Übersetzung seiner ewigen Sohnesliebe gegenüber dem ‚je-größeren' Vater darstellen sollte" (MP, 186). Der Sohn „drückt innerhalb der *oikonomia* nur aus, was er im ewigen dreieinigen Leben immer neu ausgedrückt hat: seine völlige Bereitschaft, jeden Willen des Vaters zu erfüllen" (*Speyr*, Epheser, 143, zit. n. TD IV, 469).

265 TD IV, 472. Vgl. a.a.O., 473.

266 A.a.O., 223. Vgl. auch a.a.O., 228 (mit Zitat aus *Speyr*, Das Geheimnis des Todes, 82): „‘Die Erfahrung der Hingabe seines irdischen Lebens an den Himmel' ist die zeitliche Übersetzung seiner ewigen Hingabegebärde an den Vater."

267 *Speyr*, Johannes, Bd. 1, 185, zit. n. TD IV, 227.

268 TD IV, 466 mit Zitat aus *Speyr*, 1Korinther, 345.

269 MP, 152.

270 TD II,2, 484.

sche Form der personalen Beziehungen innerhalb der immanenten Trinität."[271]

Durch die Kenose des Gottessohnes kommt es für den überweltlichen Gott daher zu keiner Veränderung oder gar „Selbstentfremdung".[272] Gott ist Gott genug, um durch Menschwerdung, Tod und Auferstehung des Sohnes zu dem zu werden, was er immer schon ist. Und doch handelt es sich bei der Heilsökonomie um ein Geschehen, das für den vorweltlichen Logos tatsächlich etwas Wirkliches darstellt. Für Balthasar darf daher „in paradoxen, vielleicht (hegelisch) mißverstehbaren Formen das Zeitliche ins Ewige eingezeichnet ... werden",[273] etwa mit der Aussage, daß die gegenseitige Verlassenheit von Vater und Sohn am Kreuz den Vater erst ermessen läßt, „wie groß seine Liebe zum Sohn und die Liebe des Sohnes zu ihm ist".[274] Was im Heilsdrama geschieht, entspricht in Gott einer bloßen Möglichkeit. Durch die Inkarnation, die in der Souveränität der göttlichen Freiheit stattfindet, wird der in der immanenten Trinität „wesentlich ‚relative' und insofern ‚kenotische' Akt des Sohns ... ein personaler (esse completum subsistens), aber in seiner Weise ebenfalls ‚kenotischer" Akt".[275]

Die Umlegung der immanenten in die ökonomische Trinität hat aber auch Rückwirkungen auf das ewige Sein Gottes. Nach der Auferstehung Christi von den Toten erhält die Menschheit Christi „aufgrund ihrer letzten Ausweitung (in der Eucharistie) und Ausleerung (bis zur Öffnung des Herzens)"[276] Anteil an der ewigen Herrlichkeit des göttlichen Sohnes. Dies bedeutet für die immanente Trinität zum einen, „daß dieser Übergang des eucharistisch gewordenen Leibes in einen Zustand ewigen Lebens jenseits von allem Tod (Röm 6,9)"[277] auch der Dramatik des Kreuzesgeschehens ewige Gegenwart verleiht. Die Wundmale Jesu bleiben in der ewigen Trinität aktuell. Zum anderen sendet der auferstandene Mensch Jesus, dessen Freiheit auch in Ewigkeit dem Vater gegenüber erhalten bleibt, nunmehr den Geist zusammen mit dem Vater in Kirche und Welt.[278]

---

271 Ebd.

272 MP, 274. Vgl. a.a.O., 144 und TD IV, 469.

273 TD IV, 239.

274 *Speyr*, Johannes, Bd. 4, 460, zit. n. TD IV, 239. Vgl. ebd. weitere Zitate aus den Schriften A. v. Speyrs: „‘Wäre diese Trennung nicht gewesen, so wäre das gegenseitige Schenken nie so vollkommen geworden [Johannes; Bd. 2, 353].' ‚Erst im Opfer, das in der Trennung liegt, kann sich der Inhalt der Liebe entfalten'; so ‚vollendet der Vater sein Opfer, indem er opfernd sein Liebstes aus dem Jenseits ins Diesseits hinein übergibt' [Johannes, Bd. 1, 377-378]."

275 Epilog, 70.

276 TD III, 338.

277 Ebd.

278 Indem der Auferstandene den Geist schenkt, dessen Wirken nach dem neutestamentlichen Zeugnis der eigentliche Beweis für die Auferstehung Christi ist, verleiht er Anteil an seinem Drama und an seinem Ausgang aus dem Vater. Die Kindschaftsgnade wird damit erst nach dem Durchgang durch das „*Triduum Paschale*" (a.a.O., 341) frei. Vgl. MP, 277. „Das Auftauchen des in der vollständigen Sündentaufe begrabenen Sohnes geschieht in den Schoß des Vaters hinein (den er innertrinitarisch nie verließ), in den er die durch ihn aus der Sündenflut Geretteten mitnimmt, als die ‚in ihm zu Kindern Vorherbestimmten' (Eph 1,5)" (TD III, 341). Ging es in der Geschichte Gottes mit der Menschheit seit Schöpfung und Bund um das Sein

Trotz der scheinbaren Eintragung zeitlicher Vorstellungen in den Gottesbegriff handelt es sich für Balthasar also nicht um einen Prozeß Gottes. Die zeitlichen Vorstellungen haben für ihn nur einen paradoxen Charakter. Die trinitarische Liebe ist immer schon „vollendete Eucharistie",[279] absolute Selbsthingabe der göttlichen Personen aneinander. Aller Gegensatz in Gott ist immer schon in die Einheit überwunden. Wenn Gott „nicht primär ‚absolute Macht', sondern absolute ‚Liebe' ist, dessen Souveränität nicht im Festhalten des Eigenen, sondern in seiner Preisgabe sich kundtut, so daß diese Souveränität sich jenseits dessen ausbreitet, was sich innerweltlich als Macht und Ohnmacht gegenübersteht",[280] dann wird eine Selbstentäußerung des Gottessohnes in der Menschwerdung ontisch möglich, ohne daß damit ein „gnostisch-naturhafter oder hegelisch-logischer Prozeß"[281] Gottes angenommen werden und die Gotteslehre dem Verdikt des Theopaschismus verfallen muß.

4. Kenotische Liebe, Schöpfung und Sünde

In der Ur-Kenose Gottes sind nun für Balthasar die drei anderen gesamttrinitarischen Kenosen Gottes in Schöpfung, Bund (Noah-, Abrahams-, Mosebund) und Menschwerdung des Sohnes umgriffen und ermöglicht. Sie müssen geradezu als Folgerungen aus ihr gelten.[282] „Alles Zeithafte ereignet sich im Umgriff des ewigen Geschehens, als dessen mögliche Folge (daher *opera trinitatis ad extra communia*), wobei es nicht notwendig, vielmehr nochmals sinnlos ist, innerhalb der Ewigkeit einen Zeitpunkt anzusetzen, an dem der dreieinige Gott eine Welt zu schaffen beschließt."[283] Es stellt sich für Balthasar jedoch die Frage, aus welchem Grunde es überhaupt zu den extratrinitarischen Kenosen kommt, wenn Gott schon von Ewigkeit her die vollendete und in sich dramatische Liebe ist.

Die extratrinitarischen Kenosen Gottes dienen angesichts des immer schon in sich dramatischen innergöttlichen Lebens der gegenseitigen *Verherrlichung* der göttlichen Personen. „Was hat Gott von der Welt? Ein zusätzliches

---

Gottes für und mit uns, so überhöht sich dieses Sein Gottes in der Menschwerdung und Auferstehung des Sohnes. Seit der Auferstehung ist Gott ganz für den Menschen da und in seiner Trinität offenbar. Vgl. MP, 278.

279 TD IV, 239.

280 MP, 147.

281 A.a.O., 151.

282 Vgl. TD III, 308: „Mit dieser Ur-Kenose sind die übrigen Kenosen Gottes in die Welt hinein grundsätzlich ermöglicht und bloße Folgerungen aus ihr: die erste ‚Selbstbeschränkung' des dreieinigen Gottes aufgrund der den Geschöpfen geschenkten Freiheit, die zweite tiefere ‚Selbstbeschränkung' desselben dreieinigen Gottes durch seinen Bund, der von Gottes Seite her von vornherein unauflöslich ist, geschehe mit Israel, was da wolle, und die dritte nicht nur christologische, sondern gesamttrinitarische Kenose aufgrund der Menschwerdung des Sohnes allein, der nun seine von vornherein eucharistische Haltung im ‚*pro nobis*' von Kreuz und Auferstehung für die Welt verdeutlicht."

283 A.a.O., 304.

Geschenk, das der Vater dem Sohn, aber ebensosehr der Sohn dem Vater und der Geist beiden macht, ein Geschenk deshalb, weil die Welt durch das unterschiedliche Wirken jeder der drei Personen am göttlichen Lebensaustausch innerlichen Anteil gewinnt und sie Gott deshalb, was sie Göttliches von Gott erhielt, mitsamt dem Geschenk ihres Geschaffenseins auch als göttliches Geschenk erstattet."[284] Die Schöpfung wehrt die Gefahr eines „göttlichen Solipsismus" ab, wodurch „jeder Anschein einer bloß äußerlichen ‚Verherrlichung' überwunden wird."[285] Der trinitarischen Liebe eignet, im Anschluß an Jürgen Moltmann formuliert, eine Offenheit auf die Einbeziehung weiterer Personen,[286] die es verhindert, daß sich die göttliche Liebe als „doppelter Egoismus"[287] nach innen abschließt.

Soll die Welt am göttlichen Liebesaustausch teilnehmen, dann kann Gott sie „nur als Mitteilung seines innertrinitarischen Lebens der Liebe wollen und deshalb auch nur nach deren Urbild gestalten".[288] Das Abbild muß auf das Urbild hin offen sein und an ihm teilnehmen. Balthasar spricht von einer „Eintiefung des geschöpflichen Anders-als-Gott in das ungeschaffene Anders-in-Gott".[289] Dem geschaffenen Abbild muß von Gott Freiheit zugeeignet werden, damit es am innergöttlichen Leben gegenseitiger Selbsthingabe teilnehmen kann. Dies ist möglich, insofern die Welt innerhalb der innertrinitarischen Beziehungen erschaffen wird und an diesen partizipiert. Balthasar sieht aus der urbildlichen Distanz zwischen den göttlichen Personen „unendliche Freiheitsräume"[290] entstehen, die „nicht Rückzug oder Resignation, sondern positive Gestalt der unendlichen Liebe" darstellen und nur bildlich beschrieben werden können („des Vaters Schoß").[291] Jeder Hypostase eignet ein solcher eigener Freiheitraum.[292] In diesen Freiheitsräumen hat die Schöpfung ihren Ort, so daß nicht eine „Leere"[293] oder eine „Kontraktion Gottes von sich selbst auf sich selbst zurück (Zimzum)"[294] angenommen werden muß, um „neben" Gott Raum für die Schöpfung zu schaffen.

---

284 TD IV, 476. Vgl. schon a.a.O., 470: „Das muß so zusammengedacht werden, daß das Werk der *oikonomia*, das wie für die Welt, so auch für Gott keinesfalls nichts ist, selbst Gott in einer bestimmten Hinsicht ‚bereichert', ohne seinem ewigen Leben etwas ihm Fehlendes hinzuzufügen."

285 A.a.O., 464.

286 Vgl. *J. Moltmann*, Trinität und Reich Gottes: Zur Gotteslehre, München [2]1986, 184.

287 *H. U. v. Balthasar*, Vortrag am 24.4.88 anläßlich des Patroziniums des Theologischen Studienseminars St.Georg/Freiburg (unveröffentlichtes Manuskript), zit. n. *Krenski*, Passio Caritatis, 172.

288 TD IV, 87.

289 A.a.O., 92.

290 TD II,1, 233 (bei Balthasar hervorgehoben).

291 A.a.O., 238.

292 Vgl. a.a.O., 233: „Den Akten der sich austauschenden Liebe muß so etwas wie unendliche ‚Dauer' und unendlicher ‚Raum' gewährt werden, damit das Leben der *communio*, der Gegenseitigkeit sich entfalten kann."

293 A.a.O., 248.

294 A.a.O., 238. Vgl. a.a.O., 251. Balthasar modifiziert damit die kabbalistische Lehre Isaak Lurias vom Zimzum, die von Jürgen Moltmann in die christliche Theologie übernommen wurde. Gott braucht sich Balthasar zufolge keineswegs zurückzuziehen, um Platz für die Schöp-

Spricht Balthasar allgemein von der Erschaffung der Welt in den innergöttlichen Freiheitsräumen, so macht er nähergehend den göttlichen Sohn als den Ort der Schöpfung aus. Die Welt kann „an keinem anderen ‚Ort' ihre Möglichkeit und Wirklichkeit erhalten als im ewigen Sohn, der sein Gottsein ewig der Freigebigkeit des Vaters verdankt."[295] Der Sohn ist „Urbild und damit Ziel der Welt",[296] er stellt die „Exemplar- und Zielursache"[297] der Schöpfung dar. Die Welt ist im, durch und für den Sohn als dem ewigen Wort des Vaters erschaffen, insofern er unter den drei trinitarischen Personen sowohl „der erste total Empfangende" als auch der seine Gottheit mit dem Vater an den Geist Weitergebende und damit der „bis ins Letzte Einverstandene, Antwortende, Mitwirkende ist. Sofern er Gott ist, ist er ewige, unendliche Freiheit; sofern er der Sohn des Vaters ist, ist er diese Freiheit im *‚tropos'* der Bereitschaft, des Empfangs, des Gehorsams, und darin der Entsprechung, des Wort- und Bild- und Ausdruckseins."[298] Will der dreieinige Gott eine Welt mit endlichen Freiheiten erschaffen, so muß der Sohn „Grund und Ziel"[299] dieser Welt sein und muß sie selbst in ihrem Verlauf bestimmen: An ihm „muß jedes Weltspiel sich ausrichten und von dorther gerichtet werden."[300]

Die Freiheit des Geschöpfs kann nun aber auch zu deren Mißbrauch führen. Gott plant daher „die Welt von Ewigkeit her so ..., daß sie der Eventualität des Mißbrauchs der Freiheit, der menschlichen (und englischen) Sünde ‚gewachsen' ist."[301] Das muß nicht bedeuten, daß Gott von vornherein die Welt auf die Sünde hin (und die Erlösung von ihr) schafft, sondern nur, daß der Abfall der geschöpflichen Freiheit von der gegenseitigen Liebeshingabe der göttlichen Personen gegebenenfalls untergriffen werden kann: „... der primäre Weltentwurf gestaltet die Welt rein positiv nach dem Bild des dreieinigen Lebens, aber so, daß, wenn Negativität von der Welt her auftritt, dieser durch die innersten Positivitäten des trinitarischen Lebens ... wirksam

---

fung zu schaffen. Vgl. *Moltmann*, Trinität und Reich Gottes, 124f; *ders.*, Gott in der Schöpfung: Ökologische Schöpfungslehre, München 1985, 98-105.

295 TD II,1, 237. Mit dem Sohn ist für Balthasar jedoch ebenso die ganze Gottheit der Ort der Welt: Sie ist gegenseitiges „Geschenk" der göttlichen Personen aneinander.

296 Ebd. In TL II, 154 spricht Balthasar vom Sohn als dem „'mundus archetypus'".

297 TD II,1, 242.

298 Ebd.

299 A.a.O., 243. Vgl. TD II,2, 237.

300 TD II,1, 244. Ist die Welt damit ihrem Gehalt nach in der „Idee" des Sohnes grundgelegt, dann kann man für Balthasar von der konkreten Welt als der besten aller Welten sprechen, „*weil* sie von Gott in seiner absoluten Freiheit als die adäquat erscheinende Nachbildung der Idee des freigehorsamen Sohnes gewählt worden ist" (ebd.). Bei dieser Aussage gilt es für Balthasar jedoch erstens zu beachten, daß die Unendlichkeit aller Möglichkeiten, die Idee des Sohnes zu spiegeln, nicht eine Beliebigkeit einschließt („so daß Gott gleichsam aufs Geratewohl aus unendlich vielen möglichen Welten irgendeine auszuwählen hätte" [ebd.]), und zweitens, daß die konkrete Weltordnung, welche die Freiheit des Menschen und die Erlösung der Welt am Kreuz einschließt, für Gott „nötigend gewesen" (ebd.) sei. In unserer faktischen Welt stellen Menschwerdung, Kreuzigung und Auferstehung „die vollkommene Liebe des Vaters zur Welt" dar (a.a.O., 245). Es kann neben dieser Idee der Welt keine anderen geben.

301 TD IV, 87.

entgegnet werden kann."[302] Die Schöpfung beinhaltet in diesem eingeschränkten Sinne einen „Umriß, eine Präfiguration des kommenden Kreuzes".[303]

Die Schöpfung des Menschen, so haben wir bemerkt, gründet für Balthasar im Wesen Gottes, der von Ewigkeit her ein Sein-Lassen des Anderen ist, welches sich als Unmacht zwischen den göttlichen Personen äußert.[304] Die Erschaffung menschlicher, zur Sünde fähiger Freiheit ist Gott nur möglich, weil der Vater dem Sohn echte und vollkommene Freiheit zugestanden, und dieser seine Freiheit vom Vater in dankender Rückwendung und freiwilliger Selbstverströmung oder Eucharistierung angenommen hat. „Bund und Schöpfung sind nicht nur ermöglicht durch die ‚eucharistische' Antwort des Sohnes an den Vater, sondern auch so ‚überholt', daß sie beide nur innerhalb dieser Antwort, von ihr umgriffen, Wirklichkeit werden können."[305] Die Welt ist gegründet im Sohn und umschlossen von der positiven Antwort des Sohnes an den Vater. Ob der Mensch will oder nicht, er ist damit immer schon Teil des innertrinitarischen Austauschs.[306] Die Trennung des Sünders von Gott ist in der positiven innergöttlichen Trennung zwischen Vater und Sohn grundgelegt, die vom Heiligen Geist offengehalten und gleichzeitig überbrückt wird.

Balthasar zufolge muß zur Erklärung der menschlichen Sünde von der eucharistischen Selbstverströmung des Sohnes zum dadurch ermöglichten Bund und der durch sie sinnvoll werdenden Schöpfung zurückgedacht werden. „Daß aber menschliche Freiheit und ihre Perversion sich immer nur innerhalb der Eucharistie des Sohnes ereignen, weil diese – rückwärts gelesen vom Kreuz zum Bund zur Schöpfung – immer schon die Voraussetzung jeder möglichen und wirklichen Welt ist, zeigt die Konfrontation des Grundlosen der göttlichen Liebe mit dem Grundlosen der menschlichen Sünde."[307] Gott wird in der Schöpfung implizit, im Bund explizit durch die endliche Freiheit eingeschränkt, insofern er eine Freiheit aus sich heraussetzt, „die sich aus nichts anderem als aus sich selbst der göttlichen entgegenstellen kann."[308] In Analogie zum Sohn partizipiert die menschliche Freiheit mit ihrem Ja oder

---

302 Ebd.

303 *Speyr*, Die Schöpfung, 31, zit. n. TD IV, 87. Balthasar sieht eine solche Vorschattung „etwa in den ersten horizontal-vertikalen Scheidungen im Schöpfungsprozeß" (TD IV, 87), ohne allerdings zu erläutern, was damit gemeint sein könnte.

304 Vgl. TL II, 76: „Wenn es aber absolut gut ist, daß es den Andern gibt, dann ist diese Andersheit innerhalb der vollkommenen Wesenseinheit das Fundament für die mögliche Andersheit auch des mit Gott nicht wesenseinen Geschöpfs und für die diesem eigentümlichen unaufhebbaren Differenzen. Ohne daß die dem Geschöpf eignende ‚major dissimilitudo' von Gott (DS 806) angetastet würde, da Gottes Aseität in keinem noch so gnadenhaften Zustand des Geschöpfs eingeholt werden kann, muß in Gott trotzdem eine Voraussetzung liegen, die es ermöglicht, ein Geschöpf zu planen und ins Dasein zu setzen, das in seinem Sein und Wesen eine abbildhafte Ähnlichkeit mit Gott, dem Dreieinigen, hat."

305 TD III, 307.

306 Vgl. TD IV, 93.

307 TD III, 309.

308 A.a.O., 305.

Nein an der göttlichen Autonomie. Das mögliche Nein der Sünde ist daher schon im Vorhinein in das Ja des Sohnes zum Vater im Geist eingeschlossen und unterfangen. Die negative Gottlosigkeit der Sünde entspringt geradezu Gottes „Gott-losigkeit (der Liebe natürlich)“.[309] Der Abfall endlicher Freiheiten von Gott ist erst ermöglicht durch die „Unvorsichtigkeit“ der göttlichen Liebe, die sich ganz und gar hingibt, ohne etwas für sich zu behalten. Durch die ewig sich verdankende Rückwendung des Sohnes an den Vater kann Gott die endliche Freiheit des Menschen erst ernstnehmen. Der Mensch kann zur göttlichen Freiheit Nein sagen, ohne daß der göttliche Heilsplan durchkreuzt würde, was Gott zu einer gescheiterten und tragischen Gestalt werden ließe.

Von seinem analogen Freiheitsverständnis aus definiert Balthasar die Sünde als des Menschen „Autonom-sein-Wollen ohne Verdankung und Verströmung“ oder, in Bezug auf die Trinität, als „die Negierung der Partizipation an des Sohnes geschenkter Autonomie“.[310] Im Gegensatz zum Sohn, der seine Gottheit in ewiger Danksagung an den Vater besitzt, will die endliche Freiheit in ihrem Nein zum Schöpfer ihre Freiheit nicht verdanken. Der sündige Mensch lebt seine Freiheit, als sei er aus sich selber entsprungen, als hätte er sie selber verursacht. Er ignoriert, daß er seine Freiheit empfangen hat. In „absurder“ Weise will der Mensch sich und seine Freiheit besitzen, ohne gleichzeitig an der Personalität Gottes teilzuhaben, „die diese Natur je verschenkt, empfängt, verdankt und verströmt, als hingegebene repräsentiert“.[311]

In dieser Selbsttäuschung über seinen eigenen Ursprung in Gott verfällt der Mensch der Lüge. Er widerspricht seinem Imagocharakter, der ihm durch den Ort der Schöpfung innerhalb der innergöttlichen Freiräume zukommt.[312] In der Abkehr von Gott und der Weigerung, sein Leben ganz und gar zu verdanken, verweigert sich der Mensch Gott, verfällt der Gottlosigkeit und verschließt sich dem Leben selbst. Aus dem *Liebestod* Gottes, „der allerpositivsten Gott-losigkeit Gottes“, die bei der größtmöglichen Trennung in Gott die Einheit Gottes bewahrt, wird der *Sündentod* des Menschen, die „negative Gott-losigkeit“, welche die Einheit mit Gott und damit die Grundlage seiner

309 A.a.O., 301.

310 A.a.O., 306. Vgl. ebd.: „Möglich war das Nein aufgrund der trinitarischen ‚Unvorsichtigkeit‘ der göttlichen Liebe, die in der Hingabe keine Schranken und Rücksichten auf sich selbst kannte. Darin lag ihre vollkommene Macht wie ihre Unmacht und grundsätzliche Verwundbarkeit, die beide voneinander untrennbar sind. Deshalb muß gleichzeitig gesagt werden, daß Gott innerhalb seiner – wo anders wäre die Kreatur? – in der Wehrlosigkeit der absoluten Liebe den Widerspruch gegen diese Liebe erduldet und in der Allmacht derselben Liebe ihn nicht dulden kann und will.“

311 A.a.O., 305f.

312 Zur inhaltlichen Bestimmung der Imago des Menschen vgl. TL II, 77f. Balthasar sieht die imago trinitatis an vier Punkten erscheinen: 1) der Realdistinktion des geschaffenen Seins, d.h. der Nichtidentität von Sein und Wesen innerhalb des identisch daseienden Geschöpfs, 2) in der Polarität dessen, was beim Geschöpf dessen Einheit ausmacht: einerseits die Einheit der Gattung oder Art, andererseits die Einheit der individuellen Einzelheit, 3) die Differenz zwischen Akt und Kontemplation, und 4) die Differenz der Geschlechter und ihrer spezifischen Rollen.

eigenen Existenz zerstört.[313] Der Liebesschmerz Gottes wird infolgedessen zum Schmerz der negativen Gottlosigkeit. Ist der Schmerz Gottes ein positiver Schmerz, da die Trennung der göttlichen Personen immer schon in ihrer Einheit aufgehoben ist, so wird der Schmerz des Menschen ein negativer Schmerz, denn das Band der Einheit ist in der Diastase von Sünder und Gott durchschnitten.[314]

In Gott selbst liegt für Balthasar damit die Bedingung der Möglichkeit geschöpflichen Leidens. „In diesem gegenseitigen ‚Verbluten' Gottes, das sein Blutkreislauf ist, liegt … das Fundament auch des Totseins durchaus in Gott".[315] Das Liebesdrama Gottes bildet den „Ansatzpunkt für das, was Leiden werden kann, wenn die Vorsichtslosigkeit, mit der der Vater sich (und *alles* Seinige) weggibt – was zur wesenhaft göttlichen Vorsichtslosigkeit der totalen Selbstverdankung und des Sich-verschwenden-lassens des Sohnes und zu der des ihm mitgegebenen Geistes führt – auf eine Freiheit stößt, die diese Vorsichtslosigkeit nicht beantwortet, sondern in die Vorsicht des Bei-sich-selber-beginnen-Wollens verwandelt."[316] Der Schmerz hat ursprünglich also eine positive Bedeutung, weil es der Schmerz der Liebenden ist. „Gott ist sozusagen der erste unschuldig Leidende, er gibt so das Maß für alles Weltleid und für dessen letztlich satisfaktorischen, erlösenden Sinn."[317] Das innergöttliche Geschehen „rechtfertigt" die Leiden der Welt und die Teilnahme Gottes daran, insofern das „Vakuum von Leiden und Tod … einen eminent positiven Sinn innerhalb des Andersseins" gewinnt.[318]

Es zeigt sich in dieser Schöpfungslehre schon der Ansatz der Balthasarschen Soteriologie, insofern Sünde und Leiden des Menschen innertrinitarisch vorgeschattet sind, d.h. in einem abbildlichen, wenngleich durch die Sünde verkehrten Zusammenhang mit dem innergöttlichen Liebesleben stehen. Weil der Mensch zur Teilnahme am Liebesleben Gottes bestimmt ist, kann der göttliche Sohn am Lebensleid des Menschen partizipieren. Und umgekehrt: Weil der göttliche Sohn am Lebensleid des Menschen partizipiert, kann der Mensch am Liebesleben Gottes teilhaben.

III. Der Richter und sein Henker: Kritisches zur Theodramatik

Bevor wir uns im nächsten Kapitel der Soteriologie zuwenden, die auf der Trinitätslehre aufbaut, werden wir an dieser Stelle ein weiteres Mal die Besprechung der Balthasarschen Theologie unterbrechen, um einige kritische

313 TD III, 306.
314 Vgl. TD IV, 88f und TL II, 78.
315 TD IV, 221.
316 TD III, 305.
317 TD IV, 217.
318 Epilog, 29.

Reflexionen anzustellen. Unsere Kritik wird sich auf anthropologische, christologische und trinitätstheologische Aspekte der Balthasarschen Theodramatik konzentrieren.

1. Zum anthropologischen Ansatz der Theodramatik

Balthasars Entwurf der Theodramatik gründet auf der Überzeugung, daß die menschliche Existenz am besten als tragische zu verstehen ist. Die menschliche Tragik sei in Form der Tragödie seit Homer explizit, im Alten Testament implizit zum Ausdruck gebracht.[319] Im Neuen Testament konvergieren für Balthasar das griechische und das hebräische Denkschema. Balthasar will deshalb die Heilsgeschichte als Theodrama verstehen, ist doch „Jesus Christus der Erbe aller Welttragik ...: der Griechen wie der Juden, der sogenannten Ungläubigen wie der sogenannten Gläubigen."[320]

Eugen Biser merkt in einer Rezension des ersten Bandes der *Theodramatik* dazu kritisch an, daß Balthasars Dramenkonzept der Gefahr eines elitären Denkens verfällt. Das Theatergleichnis sei den wenigsten Menschen am Ende des 20. Jahrhunderts vertraut genug, um heute noch den Zugang zu theologischen Aussagen zu erleichtern.[321] Nun stellt die mangelnde Verbreitung des Kulturguts „Theater" an sich noch kein Argument gegen dessen Verwendung zur Verdeutlichung theologischer Konzeptionen dar. Balthasar weiß selbst, daß das Theater in den letzten beiden Jahrhunderten gerade noch „eine traditionelle und immer deutlicher kommerzielle Einrichtung für Publikumsunterhaltung ohne letzte Notwendigkeit"[322] ist, zudem die Kulturgüter in der Gegenwart immer mehr „einer personzerstörenden Massen(un)kultur"[323] weichen müssen. Er verteidigt sich zu Recht mit der anthropologischen Feststellung, daß aller menschlichen Existenz die Tendenz zu Eigen ist, sich selbst zu erspiegeln, was im theatralischen Geschehen eben nur explizit gemacht werde. An dieser Stelle ist Bisers Vorwurf des Elitarismus kein letztgültiger Einwand gegen Balthasars Projekt.

Schwerer wiegt nun aber ein anderer Einwand Bisers, der den Vorwurf des Elitarismus nochmals von theologischer Seite aus reformuliert, diesmal gegenüber der auf dem Begriff der Sendung aufbauenden Anthropologie Balthasars.[324] Wir sahen oben, daß Balthasar den Rollenbegriff des Theaters

---

319 Vgl. *H. U. v. Balthasar*, Die Tragödie und der christliche Glaube, in: *ders.*, Spiritus Creator: Skizzen zur Theologie III, Einsiedeln 1967, 347-355.

320 A.a.O., 356.

321 Vgl. *Biser*, Kategorienwechsel, Sp. 447.

322 TD I, 65.

323 TD III, 450. Vgl. auch Balthasars ratlose Frage in Epilog, 8, wo im Medienzeitalter noch ein Anknüpfungspunkt angesichts der „anima technica vacua" gefunden werden könne.

324 Zu der auf dem Sendungsbegriff aufbauenden Anthropologie Balthasars siehe *H.-P. Göbbeler*, Existenz als Sendung: Zum Verständnis der Nachfolge Christi in der Theologie Hans Urs von Balthasars (unter besonderer Berücksichtigung der „Gestalt" des Priestertums und von Ehe und Familie), St. Ottilien 1997.

durch den biblischen Begriff der Sendung theologisch zu überhöhen versucht. Biser weist nun darauf hin, daß auch der Sendungsbegriff in seinem biblischen Kontext ein elitäres Moment beinhaltet, insofern Sendung nämlich „eine theologische Charakteristik jener wenigen aus der Alltagswelt Herausgerufenen" ist, „die der biblische Begriff des Prophetismus umschreibt."[325] Balthasar leitet die Sendungsbegrifflichkeit letztlich, wie wir sahen, sogar aus der einzigartigen Rolle Jesu Christi im Heilsdrama ab. Balthasar meint zwar, den Sendungsbegriff unter Zuhilfenahme der paulinischen Rede vom Charisma (1 Kor 12) auf alle Gläubigen ausweiten zu können; es fragt sich jedoch, ob er die neutestamentliche Vorstellung des Charismas durch die Ableitung des Personbegriffes nicht völlig überfrachtet. Aus den vom Geiste verliehenen Charismen von 1 Kor 12 läßt sich neutestamentlich kaum eine einmalige Personalität des jeweiligen Charismenträgers ableiten.

Für die Grundlegung der Balthasarschen Anthropologie scheint denn auch in der Tat weniger die neutestamentliche Charismenvorstellung als die Sendungsvorstellung der ignatianischen Exerzitien Pate gestanden zu haben.[326] In diesem spirituellen Werk des Ordensgründers spielt die Sendung des Individuums durch Gott die zentrale Rolle für die Personwerdung des Einzelnen. Der Exerzitiant soll zur gehorsamen Annahme des göttlichen Willens für das eigene Leben bewegt werden. In diesem Prozeß kommt der Passivität des Exerzitianten eine große Bedeutung zu, denn nur in völliger Indifferenz und absolutem Gehorsam gegenüber Gott kann der Ruf und die Sendung Gottes vernommen und befolgt werden. Denjenigen, die sich diesen Exerzitien unterziehen, mag tatsächlich ihre Sendung in Kirche und Welt eröffnet werden, die sie zu einem „homo ecclesiasticus" werden läßt.[327] Es fragt sich jedoch, ob damit der Mehrheit der Christen in ihrem Alltagsleben bei ihrer christlichen Identitätsfindung geholfen ist. Es ist zu befürchten, daß sich nur wenige in diesem Konzept wiederfinden können.[328] Ein anthropologisches Mo-

---

325 *Biser*, Kategorienwechsel, Sp. 448.

326 Vgl. *Ignatius v. Loyola*, Die Exerzitien, übertragen v. H. U. v. Balthasar, Einsiedeln – Freiburg [11]1993 (Christliche Meister; 45). Balthasar leitete nicht nur regelmäßig die Exerzitien des Ordensgründers der Societas Jesu, sondern forderte schon 1948 in einem Artikel für die Zeitschrift „Orientierung", daß sich die Theologie von der ignatianischen Spiritualität „befruchten und bereichern" (*Löser*, Die Ignatianischen Exerzitien, 155f) lassen sollte. Vgl. zur Bedeutung der Exerzitien auch TD II,1, 278-280, und *J. Servais,* Théologie des Exercises spirituels: H. U. von Balthasar interprête saint Ignace, Bruxelles 1996 (Ouvertures; 15).

327 Balthasar hatte zweifelsohne selbst ein solches Sendungsbewußtsein, das sich für ihn als Auftrag zur Gründung der Johannesgemeinschaft explizierte. Vgl. Unser Auftrag; *M. Greiner*, Die Johannesgemeinschaft. Ein Gespräch mit Cornelia Capol und Martha Gisi, in: *K. Lehmann* u. *W. Kasper* (Hg.), Hans Urs von Balthasar: Gestalt und Werk, Köln 1989, 133-151.

328 Vgl. *Biser*, Kategorienwechsel, Sp. 448: „[G]reift dieser Ansatz, an seinem ursprünglichen Ziel, der Definition des Rollenbegriffs, gemessen, nicht viel zu hoch? Ist die Sendung die abschließende Antwort auf die mit der Rolle aufgeworfene Werfrage? Geht die mit dem Rollenbegriff verbundene Sinnerwartung nicht in eine andere, vergleichsweise bescheidenere Richtung? Wartet der menschliche Rollenträger nicht einfach darauf, ausgespannt, vom Joch der Funktionen entlastet zu werden, und wäre es auch nur dadurch, daß er sich schlicht unter das Joch dessen stellt, der ihn an sich nimmt und ihm dadurch erst zur vollen Annahme seiner selbst verhilft?"

dell empfiehlt sich jedoch kaum, wenn es nur für eine Minderheit aus dem Ordensstand und seinen zeitgenössischen Derivaten (z.B. die Johannesgemeinschaft) Aussagekraft besitzt. Eine den Einsichten der Reformation verpflichtete Theologie wird sich hier Luthers Anwendung und Erweiterung des Begriffs der monastischen Berufung auf den Beruf eines jeden Christenmenschen ins Gedächnis rufen und eine analoge Ausweitung von Balthasars Sendungsmodell einfordern.[329]

Aus reformatorischer Perspektive stellt uns die Balthasarsche Sendungsanthropologie aber noch vor ein weiteres theologisches Problem. Balthasars Personbegriff erweckt den Eindruck, als werde der Mensch erst durch sein eigenes Mit-Tun zur Person. Wohl wird dem Menschen die personifizierende Sendung durch die göttliche Gnade verliehen. Der Mensch muß sich jedoch seine Sendung erst selbst aneignen, um zur Person zu werden. Er muß zu seiner Personwerdung beitragen. Nun bleibt aber in dem sich entwickelnden Prozeß der persönlichen Aneignung immer ein Defizit zwischen dem Sollen und dem Sein des Menschen. Nur der menschgewordene Gottessohn selbst ist ja von Ewigkeit her mit seiner Sendung identisch. Alle anderen Menschen sind in einem fortwährenden Prozeß der Personwerdung begriffen. Gegen diesen Synergismus und Prozeßcharakter der Personwerdung des Menschen müssen hier aber Bedenken erhoben werden. Die These, daß der Mensch erst durch die Bewußtwerdung und Aneignung seiner personifizierenden göttlichen Sendung zur Person wird, erweckt den Anschein, als seien diejenigen Menschen, die sich ihrer göttlichen Sendung nicht bewußt sind oder sich diese noch nicht oder erst teilweise angeeignet haben, noch keine Personen.[330] Sind etwa nur Christen Personen im Vollsinne des Wortes? Wird dem Menschen in biblischer Perspektive aber nicht seine Personalität ganz und gar und unverbrüchlich von Gott geschenkt? Kennt Gott nicht jeden Menschen von Mutterleib an und ruft ihn oder sie beim Namen (vgl. Ps 139)? Die von Gott geschenkte Personwürde ist unkonditional. Sie darf weder von der Fähigkeit, noch von der Willigkeit des Einzelnen abhängig gemacht werden, sich seiner Sendung bewußt zu werden oder sich diese anzueignen. Die Personalität und damit die personale Würde ist dem Menschen mit seiner Erschaffung durch Gott unverlierbar gegeben: Sie ist Geschenk.

Soll hier von einem Prozeß der Aneignung der Sendung gesprochen werden, weil der Mensch Gott immer auch als personales Wesen antwortet, so muß eine Unterscheidung zwischen objektiver und subjektiver Personwerdung, zwischen dem Werden eines Menschen „zur" Person und dem Prozeß des Werdens „als" Person vorgenommen werden. Man müßte dann sagen,

---

[329] Vgl. dazu *K. Holl*, Die Geschichte des Worts Beruf (1924), in: *ders.*, Gesammelte Aufsätze zur Kirchengeschichte, Bd. III, Der Westen, Tübingen 1928, 189-219. Siehe zur Bedeutung der „evangelischen Räte" für die Theologie Balthasars *M. Scheuer*, Die Evangelischen Räte: Strukturprinzip systematischer Theologie bei H. U. von Balthasar, K. Rahner, J. B. Metz und in der Theologie der Befreiung, Würzburg 1990 (Studien zur systematischen und spirituellen Theologie; 1).

[330] Vgl. zur Problematik *I. U. Dalferth*, Der auferweckte Gekreuzigte: Zur Grammatik der Christologie, Tübingen 1994, 156f.

daß der Mensch durch seine ihm durch Gott unkonditional verliehene Sendung schon immer *zur* Person geworden ist und dennoch durch die prozeßuale subjektive Aneignung dieser Sendung *als* Person wird.[331]

2. Zum christologischen Ansatz der Theodramatik

Balthasars Überlegungen zur Immanenz und Transzendenz Gottes im Theodrama reihen sich in den gewaltigen Chor zeitgenössischer Versuche ein, die von der Alten Kirche übernommenen und auch im Mittelalter und der Reformation nicht überwundenen Probleme der christologischen Lehrbildung zu lösen. Zentrale Bedeutung kommt in diesem Zusammenhang der Frage nach der Zweinaturenlehre zu. Obgleich diese Lehre beim Konzil von Chalkedon abschließend definiert wurde, blieb es nachfolgenden Generationen überlassen, den Lehrsatz von den beiden Naturen in der einen Person Jesu Christi theologisch zu explizieren. Balthasars Lösung des christologischen Problems, und damit auch der Frage nach Immanenz und Transzendenz Gottes im Weltgeschehen, liegt unter dem für seine Christologie und Anthropologie zentralen Begriff der „Sendung“ verborgen. Die Personalität eines Menschen wird, wie wir sahen, durch die von Gott verliehene individuelle Sendung begründet. Dies trifft in analoger Weise auch für den menschgewordenen Gottessohn selbst zu. Jesus erhält vom himmlischen Vater die zeitliche Sendung (missio) zur Erlösung der Welt. Qualitativ betrachtet ist diese Sendung unendlich. Sie macht Jesus zur absoluten oder göttlichen Person. Diese Göttlichkeit drückt sich für Balthasar in der Identität zwischen zeitlicher Sendung (missio) und ewiger Sendung (processio) des Sohnes aus dem Vater aus.[332]

Die Pointe der Balthasarschen Lösung des christologischen Problems liegt in der kenotischen Vorstellung von der „Hinterlegung“ des göttlichen Wissens des Sohnes beim Vater während der Periode der Menschwerdung. Jesu Person und Bewußtsein als Gottmensch definieren sich auf Erden einzig und allein vermittels seiner Sendung vom Vater zur Erlösung der Welt. Die göttliche Identität des inkarnierten Sohnes und sein Wissen um diese Identität beschränken sich im Laufe seines Erdendaseins auf diese Sendung, die ihm von Augenblick zu Augenblick durch den Heiligen Geist neu vermittelt wird.

Balthasar bietet mit seiner kenotischen Sendungs- und Inkarnationschristologie eine Lösung des christologischen Problems „von oben“ an. Er denkt die Einheit Jesu mit Gott durch die Konzepte Präexistenz, Kenose und Menschwerdung und begründet die Einheit der Person Jesu Christi in der Zweiheit seiner Naturen im Rahmen seiner Inkarnations- und Bewußtseinschristologie durch die Lehre von der kenotischen „Hinterlegung“ des göttlichen Wissens des Sohnes beim Vater. Balthasar kombiniert hier die johanneische Sendungschristologie mit der urchristlich-paulinischen Kenosisvorstellung aus dem Christushymnus im Philipperbrief (vgl. Phil 2,5-11). Beide Vorstel-

331 Vgl. Dalferth, 156f.
332 Vgl. TD II,2, 143.

lungskomplexe werden durch das mythologisch anmutende Bild von der „Hinterlegung" miteinander in Einklang gebracht.

Balthasars christologisches Konzept stellt uns vor zwei Probleme. Wir fragen zuerst, ob das christologische Problem im Blick auf das Zeugnis der Schrift in *hermeneutisch* befriedigender Weise gelöst wird. Dazu müssen wir uns kurz mit der Eigenart christologischer Aussagen im Neuen Testament beschäftigen. Das Neue Testament kennt eine ganze Reihe christologischer Konzeptionen. In ganz unterschiedlicher Weise stellen etwa die synoptischen Evangelien Jesu Leben, Leiden und Sterben dar. Jesu Identität als Sohn Gottes wird entsprechend in unterschiedlicher Weise begründet. Markus bietet eine Geist-Christologie, derzufolge Jesus im Moment seiner Taufe mit dem göttlichen Geist begabt wird. Lukas und Matthäus sehen dagegen Jesu Gottessohnschaft in je unterschiedlicher Weise schon in der Jungfrauengeburt begründet. Johannes schließlich geht noch weiter „zurück" und erkennt in Jesus von Nazareth den präexistenten Logos wieder, der in der Welt sein Zelt aufgeschlagen hat.[333] Angesichts dieser Pluralität christologischer Konzeptionen im Neuen Testament stellt sich für die Systematische Theologie die Frage, wie diese einzelnen Konzepte verstanden und in eine christologische Gesamtkonzeption integriert werden können.

Balthasar trifft eine Auswahl unter der Vielzahl der neutestamentlichen Christologien und interpretiert die von ihm favorisierten christologischen Konzeptionen schließlich im Rahmen seiner Vorstellung eines trinitarischen Heilsbeschlusses zur Menschwerdung des Sohnes in real-ontologischer Weise. Darf aber die Pluralität christologischer Vorstellungskomplexe im Neuen Testament, so muß gefragt werden, auf einige wenige verengt werden? Und weiter: Dürfen die verschiedenen neutestamentlichen Christologien so miteinander gelesen und harmonisiert werden, als handle es sich um realistische, konzeptionell systematisierbare Aussagen? Handelt es sich bei den neutestamentlichen Christologien nicht vielmehr um Bilder und Metaphern, die sich Balthasars konzeptionellem Verständnis verschließen?[334] Die im Neuen Testament verwendeten christologischen Begriffe, auch die der Sendung oder

---

[333] Siehe zu den verschiedenen Christologien der neutestamentlichen Schriften *L. Goppelt*, Theologie des Neues Testaments, Zweiter Teil: Vielfalt und Einheit des apostolischen Christuszeugnisses, hg. v. *J. Roloff*, Göttingen [3]1980; *H. Hübner*, Biblische Theologie des Neuen Testaments, Bd. 3, Hebräerbrief, Evangelien und Offenbarung: Epilegomena, Göttingen 1995; *R. Schnackenburg*, „Der Vater, der mich gesandt hat". Zur johanneischen Christologie, in: Anfänge der Christologie (FS F. Hahn), hg. v. *C. Breytenbach* u. *H. Paulsen* unter Mitwirkung v. Christine Gerber, Göttingen 1991, 275-291; *P. Stuhlmacher*, Zur paulinischen Christologie, in: *ders.*, Versöhnung, Gesetz und Gerechtigkeit: Aufsätze zur biblischen Theologie, Göttingen 1981, 209-223. Vgl. auch *W. Pannenberg*, Grundzüge der Christologie, Gütersloh [6]1982, 131-158.

[334] Vgl. Dalferths Kritik an der altkirchlichen christologischen Lehrbildung: „Das Problem ... dieser sekundären und tertiären christologischen Lehrbildungen ist, daß sie im Rahmen des ontologischen Denkschemas die christologischen Bilder und Texte in hermeneutisch unkritischer Weise realistisch auslegen und ausdeuten. Sie nehmen die Bilder als Beschreibung der Sache, setzen die Darstellung mit dem Dargestellten gleich und behandeln Bildaussagen wie begriffliche Prämissen, aus denen sich logische Folgerungen ableiten lassen. Doch das ist hermeneutisch falsch und theologisch abwegig." (*Dalferth*, 146)

der Entäußerung, müssen, so scheint uns, in der Tat als bildlich-metaphorische Explikationsversuche und nicht als real-ontologische Aussagen über die Identität Christi verstanden werden.[335] Sie eignen sich nicht dazu, realistisch ausgedeutet und auf Kosten anderer neutestamentlicher Konzeptionen begrifflich systematisiert zu werden.[336]

Über diesen hermeneutischen Einwand hinaus müssen nun zweitens aus dogmatischen Erwägungen heraus Anfragen an die Balthasarsche Christologie gestellt werden. Wir fragen: Ist Balthasars Modell geeignet, die durch die Konzilsformulierung von Chalkedon aufgeworfenen dogmatischen Probleme der christologischen Lehrbildung zu lösen? Anders gewendet: Vermag die kenotische Inkarnationschristologie Balthasars die Frage nach der Einheit der beiden Naturen in der einen Person Christi zu beantworten? Was soll man sich unter einer „Hinterlegung" nicht nur des göttlichen Wissens, sondern auch der göttlichen Macht und Herrlichkeit, ja der Gottheit des Sohnes beim Vater vorstellen?[337] Wie kann der göttliche Sohn einen „Teil" von sich selbst ablegen, noch dazu sein eigenes Wesen? Wie will Balthasar einsichtig machen, daß die Identität zwischen dem incarnandus und dem incarnatus gewahrt bleibt, wo im Übergang in den status exinanitionis die Gottheit des Sohnes beim Vater zurückgelassen wird? Macht nicht gerade sein göttliches Wissen die Identität der Person des göttlichen Sohnes mit aus?

Wolfhart Pannenberg hat die grundsätzliche Schwierigkeit einer kenotischen Christologie wie folgt auf den Punkt gebracht: „Sie kann das geschichtliche Menschsein Jesu mit der traditionellen Christologie nur durch den Gedanken einer Selbstaufgabe des Logos verbinden, verliert aber eben damit die Möglichkeit, Gott als eins mit diesem geschichtlichen Menschen zu denken."[338] Eben diese Problematik zeigt sich auch in Balthasars kenotischer Inkarnationschristologie. Wenn der ewige Sohn nämlich sein göttliches Wissen und sogar seine Gottheit beim Vater „hinterlegt", dann wird uneinsichtig, inwiefern in Christus überhaupt noch der ewige Sohn Gottes begegnet.[339] Auch der von Balthasar hier eingeführte Gedanke, daß die Gottessohnschaft Jesu sich diesem während des status exinanitionis nur durch seine

---

335 Vgl. *Goppelt*, 404.

336 Siehe zum Christushymnus des Philipperbriefes *O. Hofius*, Der Christushymnus Philipper 2,6-11: Untersuchungen zu Gestalt und Aussage eines urchristlichen Psalms, 2., erw. Aufl., Tübingen 1991 (WUNT; 17); vgl. ferner *Hübner*, Biblische Theologie, Bd. 2, 324-337; *E. Käsemann*, Kritische Analyse zu Phil 2,5-11, in: *ders.*, Exegetische Versuche und Besinnungen, Erster und zweiter Band, Göttingen [6]1970, 72.

337 Vgl. TD II,2, 209; TD IV, 232f (mit Zitat aus *Speyr*, Johannes, Bd. 3, 170-171) und TL II, 262.

338 *Pannenberg*, Grundzüge der Christologie, 330. Vgl. a.a.O., 317-334, die Kritik Pannenbergs an den verschiedenen Fassungen der Kenosischristologie, insbesondere bei den Kenotikern der neulutherischen Erlanger Schule des 19. Jahrhunderts.

339 Diese Problematik taucht schon bei der Interpretation des Christushymnus im Philipperbrief selbst auf. Vgl. *Käsemann*, Kritische Analyse, 54f. Käsemann vertritt die Ansicht, daß es dem Hymnus letztlich auf das Werk Christi ankommt und nicht auf Christi „Zuständlichkeit" (a.a.O., 72). „Gott ward Mensch, wird hier konstatiert, nicht mehr und nicht weniger ... Die für uns vielleicht unvermeidliche Frage nach der Kontinuität der Person im Übergang stellen, heißt den Text überfordern ..." (ebd.)

universale Sendung zur Erlösung der Welt vermittelt, hilft über diese Schwierigkeit nicht hinaus. Die universale Sendung Jesu Christi setzt ja, um vollbracht werden zu können, ein göttliches Subjekt gerade voraus, kann dieses aber nicht selbst begründen.

Das Problem der Selbstentäußerungschristologie Balthasars liegt letztlich in ihrem christologischen Ausgangspunkt „von oben" begründet. Wo im Rahmen der Zweinaturenlehre von der Inkarnation des präexistenten Gottessohnes ausgegangen wird, verfängt sich die theologische Argumentation in einer aussichtslosen Wahl zwischen alexandrinischer Skylla und antiochenischer Charybdis. Hält die Theologie an der Integrität der göttlichen Natur im menschgewordenen Gottessohn fest, wird sie entweder Schwierigkeiten haben, die volle Menschheit Jesu darzustellen (das Problem aller „alexandrinischen" Konzeptionen), oder aber sich schwer tun, die Einheit Jesu in beiden Naturen in konzeptionell befriedigender Weise auszudrücken (das Problem aller „antiochenischen" Konzeptionen).[340] Gibt sie aber die Integrität der göttlichen Natur in der Menschwerdung auf, wie dies bei Balthasar der Fall zu sein scheint, wird nicht mehr einsichtig, inwieweit der inkarnierte Gottessohn noch mit dem präexistenten identisch ist.[341]

Muß die menschliche Erkenntnis Jesu von Nazareth als des Sohnes Gottes aus diesem Grunde ihren Ausgangspunkt anstatt in Präexistenz und Inkarnation nicht vielmehr in dessen Tod und Auferstehung nehmen? Die Erscheinungen des Auferstandenen sind nicht zufällig der Punkt, an dem der Glaube der Kirche historisch seinen Ausgang genommen hat.[342] Dem Glauben erweist sich erst retrospektiv von der Auferstehung her, daß in Jesus von Nazareth und seiner Botschaft das Gottesreich angebrochen und Gott selbst begegnet ist.[343] Das Neue Testament hat von dieser Erfahrung des Auferstandenen her in verschiedenen christologischen Bildern versucht, das Geheimnis des Ursprungs Jesu zu ergründen. Diese Bilder bleiben der Auferstehungsbotschaft gegenüber sekundär. Es scheint daher auch für die Systematische Theologie angemessen, die christologische Lehrbildung von Kreuz und Auferstehung ausgehen zu lassen. Der Gedanke der Gottheit Jesu muß m.a.W. kreuzestheologisch entwickelt werden. Der inkarnatorische Ansatz Balthasars scheint uns demgegenüber weder die Entstehung des Glaubens an die Gottheit des Menschen Jesus von Nazareth, noch die Einheit von Gottheit und Menschheit in der Person Christi hinreichend erläutern zu können.

---

340 Vgl. *Pannenberg*, Grundzüge der Christologie, 331.

341 Pannenberg stellt daher die Effektivität aller christologischen Ansätze von oben in Frage: „[Z]eigt diese Sachlage nicht noch einmal, daß ‚von oben nach unten' zwar der Weg Gottes selbst zu seiner Einheit mit Jesus von Nazareth geführt hat, daß jedoch dies nicht der Weg unserer Erkenntnis dieser Einheit sein kann?" (a.a.O., 325f).

342 Vgl. *P. Stuhlmacher*, Biblische Theologie des Neuen Testaments, Bd. 1, Grundlegung: Von Jesus zu Paulus, Göttingen 1992, 161-179.

343 Vgl. *Jüngel*, Gott als Geheimnis, 497.

3. Zum trinitätstheologischen Ansatz der Theodramatik

Im Folgenden werden wir aus ökumenischer Perspektive einige Anfragen an Balthasars Trinitätslehre formulieren. Diese Anfragen treffen sich in vielen Punkten mit Vorbehalten, die schon innerhalb der römisch-katholischen Diskussion vorgebracht wurden und die wir deshalb immer wieder in unsere kritischen Überlegungen einbeziehen werden. Diese Konvergenz verwundert nicht weiter, herrscht doch, wie schon die lutherischen Bekenntnisschriften klarlegten, zwischen den Kirchen der Reformation und der katholischen Kirche weitgehende Übereinstimmung in Fragen der Trinitätslehre.[344] Wir werden uns im Zusammenhang der Trinitätslehre mit zwei oben schon angesprochenen Fragenkomplexen beschäftigen. Wir fragen einerseits: Wie ist das analoge Rückschlußverfahren zu beurteilen, mit welchem Balthasar von der ökonomischen auf die immanente Trinität schließt? Wir fragen andererseits: Besteht mit Notwendigkeit die Gefahr einer Mythologisierung des Gottesbegriffes, wenn neben dem Drama der ökonomischen Trinität kein Ur-Drama in der immanenten Trinität postuliert wird?

Balthasars Programm der Theodramatik entspringt dem Anliegen, die wesentlichen Lehrinhalte christlicher Theologie direkt aus dem dramatischen Heilsgeschehen zwischen Gott und der Welt herzuleiten. Mit der darin implizierten Ablehnung einer statischen Essenzenontologie reiht sich Balthasar in einen breiten Strom innerhalb der gegenwärtigen Theologie ein, der Gott, Christus, Mensch und Welt konkret aus der Heilsgeschichte ableiten will.[345] Balthasar schließt analog von der Gottesoffenbarung in Jesus Christus auf die immanente Ebene der ewigen Wesenstrinität zurück, wobei Christus die „konkrete Analogia Entis" bildet, welche als Ausgangspunkt für die Rückschlüsse auf die Wesenstrinität fungiert. Schlüsselpunkte in diesem Rückschlußverfahren bilden neben einer Deutung des Lebens Jesu Menschwerdung und Kreuz.

Balthasar erweist sich mit seiner Trinitätslehre, wie von verschiedener Seite angemerkt wurde, als Neu-Chalkedoniker.[346] Die ökonomische Offenba-

---

344 Vgl. Schmalkaldische Artikel, 1. Teil, in: Die Bekenntnisschriften der evangelisch-lutherischen Kirche, hg. im Gedenkjahr der Augsburgischen Konfession 1930, 5. durchges. Aufl., Göttingen 1963, 415: „Diese Artikel sind in keinem Zank noch Streit, weil wir zu beiden Teilen dieselbigen [gläuben und] bekennen. Darumb nicht vonnoten, itzt davon weiter zu handeln."

345 Siehe zu den neueren Entwicklungen innerhalb der trinitätstheologischen Diskussion *E. Maurer*, Tendenzen neuerer Trinitätslehre, in: VF 39 (1994): 3-24; *Chr. v. Schönborn*, Immanente und ökonomische Trinität: Zur Frage des Funktionsverlustes der Trinitätslehre in der östlichen und westlichen Theologie, in: FZPhTh 27 (1980): 247-264; *Dorothea Wendebourg*, Person und Hypostase. Zur Trinitätslehre in der neueren orthodoxen Theologie, in: Vernunft des Glaubens (FS W. Pannenberg), hg. v. *G. Wenz* u. *J. Rohls*, Göttingen 1988, 502-524. In diesem Anliegen trifft sich Balthasar übrigens auch mit dem Wittenberger Reformator, der schon im 16. Jahrhundert der scholastischen Theologie gegenüber das heilsgeschichtliche Denken der Schrift neu zur Geltung zu bringen suchte.

346 Siehe zum Neu-Chalkedonismus *A. Grillmeier*, Der Neu-Chalkedonismus: Um die Berechtigung eines neuen Kapitels in der Dogmengeschichte, in: *ders.*, Mit ihm und in ihm: Christologische Forschungen und Perspektiven, Freiburg 1975, 371-385. Zum Einfluß des Neu-Chal-

rung Gottes läßt für ihn Aussagen nicht nur über Gottes Sein für uns, sondern auch über das immanente Wesen Gottes selbst zu. Am Kreuz offenbart sich der dreieinige Gott von Ewigkeit her als Liebe. Gott liebt von jeher den Anderen. Da der Mensch nicht in der Lage ist, die ewige, unendliche Liebe Gottes gleichwertig zu erwidern, kann die Liebe Gottes von Ewigkeit her nur eine innertrinitarische sein. Der göttliche Vater liebt von Ewigkeit her den Sohn, der Sohn den Vater, wobei das Band dieser Liebe selbst noch einmal als die göttliche Person des Heiligen Geistes vorgestellt wird. Balthasar beschreibt die innergöttliche Liebe als Ur-Kenose Gottes, einen Begriff, den er wiederum mit Bildern Adrienne von Speyrs („Selbsthingabe", „Wagnis", „Risiko", „Übertod") illustriert. So erweist sich von der Menschwerdung, dem Leben und schließlich dem Kreuz Jesu Christi aus, *daß* und vor allem *wie* Gott Liebe ist: in der durch den Geist zusammengehaltenen gegenseitigen Selbstentäußerung oder Selbsthingabe des Vaters an den Sohn, des Sohnes an den Vater und beider an den Geist.

Von einer strikt chalkedonensisch interpretierten Christologie her hat Karl Rahner Balthasars Neuchalkedonismus vorgehalten, in seiner Leidenstheologie die beiden Naturen Christi zu vermischen. Von Gott könne nicht gesagt werden, daß dieser am Kreuz leide. Was leide, sei lediglich die menschliche Natur Christi. Alles andere sei weder für den Menschen eine tröstliche, noch für die Theologie eine statthafte Aussage, werde damit doch in geradezu gnostischer Weise die Geheimnishaftigkeit Gottes verletzt.[347]

Ähnlich äußerte sich auch Johannes Baptist Metz, der mit seinem Lehrer Rahner die strikt chalkedonensische Auslegung des christologischen Dogmas teilt. Metz wirft Balthasar (und auch anderen) vor, durch eine gnostisch anmutende Theologie des Leidens in Gott das Leid der Welt verständlich machen zu wollen, anstatt das Theodizeeproblem – wie es sich für eine biblische Theologie gezieme – in Klage und mitunter auch Anklage zu ertragen.[348] Er fragt kritisch: „Ist hier nicht doch zu viel spekulative, gnosisnahe Versöhnung mit Gott hinter dem Rücken der menschlichen Leidensgeschichte am Werk?"[349] Metz befürchtet „eine sublime Verdoppelung menschlichen Leidens und menschlicher Ohnmacht" und eine „Verewigung" oder „quasi mythische Universalisierung des Leidens",[350] welche nicht nur theologisch ungerechtfertigt sei, sondern darüber hinaus noch den höchst bedenklichen Nebeneffekt erziele, allem Protest gegen das Leiden den Wind aus den Segeln

---

kedonismus auf Balthasars Denken siehe ferner *C. O'Regan,* Von Balthasar and Thick Retrieval: Post-Chalcedonian Symphonic Theology, in: Gregorianum 77 (1996): 227-260.

347 Vgl. *K. Rahner*, Im Gespräch, Bd. I, hg. v. *P. Imhoff* u. *H. Biallowons*, München 1982, 245f. Vgl. auch *K. Rahner*, Jesus Christus – Sinn des Lebens, in: *ders*., Schriften zur Theologie, Bd. XV, Wissenschaft und christlicher Glaube, bearb. v. P. Imhoff, Einsiedeln – Zürich – Köln 1983, 206-216.

348 Vgl. beispielsweise *J. B. Metz*, Theologie als Theodizee?, in: *W. Oelmüller* (Hg.), Theodizee – Gott vor Gericht?, München 1990, 116f. Siehe auch *J. B. Metz*, Theologie versus Polymythie oder Kleine Apologie des biblischen Monotheismus, in: *O. Marquard* (Hg.), Einheit und Vielfalt (XIV. Deutscher Kongreß für Philosophie Gießen 1987), Hamburg 1990, 180.

349 *Metz*, Theologie als Theodizee?, 117.

350 Ebd.

zu nehmen. Auch einen unguten Einfluß Hegelscher Theologie meint Metz ausmachen zu können, „also zu viel Herabdeutung des Leidens auf dessen Begriff“ und vielleicht sogar „eine heimliche Ästhetisierung des Leidens“.[351] Das Leiden der Unschuldigen dürfe aber nicht heroisiert werden, denn „es ist in seinen Wurzeln alles andere als ein starkes solidarisches Mitleiden, es ist nicht einfach Zeichen der Liebe, sondern weit mehr erschreckendes Anzeichen dafür, nicht mehr lieben zu können.“[352] Auch das johanneische Argument, Gott sei die Liebe und müsse daher von Ewigkeit her den Anderen lieben, läßt Metz nicht gelten. Das christliche Verständnis Gottes als Liebe dürfe keineswegs „vom griechischen oder neuheidnischen Seinsdenken“ her interpretiert werden, sondern vielmehr „von jenem biblischen Bundes- und Gerechtigkeitsdenken, in dem alle Seinsaussagen einen Zeitvermerk haben“; dann aber muß „der johanneische Satz ‚Gott ist Liebe‘ als Satz mit einem Verheißungsvermerk gehört werden: Gott wird sich uns als Liebe erweisen.“[353]

Wenngleich Karl Rahners Gnosisvorwurf nicht an allen Stellen des Balthasarschen Denkens einfach von der Hand zu weisen ist, ist seine Kritik gegenüber der neuchalkedonensischen Christologie Balthasars nicht zwingend. Balthasar hat deutlich gemacht, daß die Annahme des menschlichen Leides für den menschgewordenen Gottessohn keineswegs eine Vermischung der beiden Naturen Christi bedeutet, da ja von einer Einheit der *Person* des menschgewordenen Gottessohnes ausgegangen werden muß. Balthasar rekurriert gegenüber Rahners Festhalten an der Impassibilität Gottes zudem zu Recht auf den biblischen Gottesbegriff, der durchaus einen mitleidenden, leidenschaftlichen Gott kennt.[354]

Schwerer wiegt Rahners Vorwurf des Gnostizismus, der sich auch in den von Metz geäußerten Bedenken widerspiegelt. Kann von der göttlichen Liebesoffenbarung in der Welt tatsächlich auf das immanente Leben der Trinität zurückgeschlossen werden? Und können dann noch einmal umgekehrt die Leiden der Welt in dem analog erschlossenen göttlichen Ur-Drama begründet werden? Balthasars Herleitung allen menschlichen Leides aus der dramatischen Gotteslehre kann in der Tat als zu leichtfertige, zu glatte, zu ästhetische Antwort auf die Theodizeeproblematik anmuten. Ist diese Ableitung theologisch gerechtfertigt und ist sie überhaupt notwendig?

Mit beiden Fragen hat sich in einem bemerkenswerten Beitrag der katholische Theologe Jürgen Werbick auseinandergesetzt.[355] Ausgangspunkt sei-

---

351 Ebd.

352 Ebd.

353 Alle Zitate finden sich a.a.O., 117f.

354 Schon Gregor Thaumaturgos vertrat die Meinung, daß sich das göttliche Leiden durch seinen freiwilligen Charakter auszeichne und deswegen keine Unvollkommenheit Gottes beinhalte. Zur patristischen Diskussion über die Frage vgl. *W. Elert*, Der leidende Christus, Bild und Dogma, in: *ders.*, Der Ausgang der altkirchlichen Christologie: Eine Untersuchung über Theodor von Pharan und seine Zeit als Einführung in die alte Dogmengeschichte, aus d. Nachlaß hg. v. *W. Maurer* u. *Elisabeth Bergsträßer*, Berlin 1957, 71-132; *Maas*, 48-56.

355 *J. Werbick*, Gottes Dreieinigkeit denken? Hans Urs von Balthasars Rede von der göttlichen Selbstentäußerung als Mitte des Glaubens und Zentrum der Theologie, in: ThQ 176 (1996): 225-240.

ner Kritik ist Balthasars Anspruch, einen christlichen Gottesbegriff zu entwickeln, der Gott so als ewige Liebe denkt, daß in Gott der Abgrund zum Anderen immer schon aufgetan und überwunden ist. Werbicks Kritik an Balthasars Lösung dieses Problems stützt sich auf hermeneutische Überlegungen. Er führt Balthasars Verständnis der göttlichen Liebe auf die *exklusive* Bevorzugung einer bestimmten Metaphorik zurück, die er in ihrer Einseitigkeit als gefährlich beurteilt: die Metaphorik von Selbstentfremdung und Selbstverzicht.[356] Es geht Werbick im Gegensatz zu Metz nicht darum, *daß* christliche Theologie Gott von Ewigkeit her als Liebe definieren muß, sondern vielmehr darum, *wie* diese göttliche Liebe inhaltlich beschrieben werden muß.

Wenn Werbick von der „Metaphorik" der Selbstentäußerung und Selbsthingabe spricht, dann insistiert er zu Recht darauf, daß die Begriffe, mit denen Schrift und Theologie die Realität Gottes umschreiben müssen, notwendigerweise eine „bildliche" Qualität haben. Sie sind menschlichen Erfahrungszusammenhängen entnommen und können daher nur als Grenzaussagen auf die göttliche Realität angewandt werden.[357] Wir sahen schon im Zusammenhang unserer Besprechung der Christologie, daß Balthasar die Pluralität christologischer Vorstellungszusammenhänge auf einige wenige Bilder verengt und diese dann begrifflich und real-ontologisch verabsolutiert. Eine ähnliche Tendenz beobachtet Werbick in Balthasars Umgang mit der Pluralität derjenigen Metaphern, mit welchen die christliche Theologie die Realität der göttlichen Liebe umschreiben muß. Balthasar verabsolutiere im Rahmen seiner Explikation der göttlichen Liebe die kenotische Metaphorik der Selbstweggabe und Selbstentäußerung, indem er das göttliche Liebesleben als dreifache ewige Ur-Kenose und die göttlichen Personen als gegenseitige Selbstweggabe aneinander definiert. Metaphern zeichnen sich aber für Werbick gerade durch ihre Resistenz gegen ihre Systematisierung im Rahmen theologischer Begriffsbildung aus.[358] Sie eigneten sich zum tentativen und immer einseitigen Umschreiben des göttlichen Geheimnisses, verweigerten sich aber einem definitorisch-festlegenden Gebrauch. Sie können daher Werbick zufolge auch nicht dafür herhalten, innergöttliche Bedingungen der Möglichkeit von Gottes Handeln in der Welt zu bestimmen.[359]

---

[356] Vgl. a.a.O., 230.

[357] Vgl. a.a.O., 235f: „Unter einer Metapher verstehe ich hier eine *Grenz-Aussage*, die Gott ‚zusammenbringt und zusammenhält' mit menschlichen Grunderfahrungen und im denkenden Zusammenhalten entdeckt, wie solche Grunderfahrungen in der Wirklichkeit Gottes selbst ‚verwurzelt' sind und in dieser Verwurzelung ihre ‚innere Norm' haben. Grenz-Aussagen sind die Metaphern insofern, als sie an der Grenze des Sagbaren göttliche und menschliche Wirklichkeit zusammenhalten, im Geiste Gottes und Jesu Christi – also aufgrund des in der Schrift bezeugten Offenbarungsgeschehens – zusammenhalten *dürfen*."

[358] Vgl. a.a.O., 236: „[S]ie sind ‚empfindlich' dagegen, als begründungsfähiges Systemprinzip überfordert zu werden. Sie sind ‚empfindlich' dagegen, zu schnell in begrifflicher Abstraktion aus der Vielfalt metaphorischer Verweisungen herauspräpariert und zum ‚ein-deutigen' Ausgangspunkt stringenter Ableitungen genommen zu werden." Vgl. auch *Dalferth*, 217.

[359] Vgl. *Werbick*, 236: „So ist etwa die theologisch so entscheidend wichtige Metaphorik der Liebe ‚empfindlich' dagegen, begrifflich auf Selbstentäußerung und Selbstweggabe festgelegt zu

Indem Werbick die neutestamentlichen Bilder als Metaphern bezeichnet, betont er die notwendige Pluralität und Kontextualität alles menschlichen Redens von Gott. Dies ist ein zweiter wichtiger Punkt, der gegenüber Balthasars analoger Ableitung des innergöttlichen Liebesdramas festgehalten werden muß. Werbick bestreitet, daß ein einziges Bild ausschließlichen Geltungsanspruch zur Beschreibung der göttlichen Realität beanspruchen kann. Er verweist im Blick auf die von Balthasar bevorzugte Metaphorik von Selbstentfremdung und Selbsthingabe zu Recht darauf, daß sich diese Bilder zwar anböten, „wenn man dem Ideal eines ursprünglichen, einsam-vollkommenen Selbstbesitzes verpflichtet ist, auf den ‚dann' (logisch, nicht zeitlich sekundär) um des Teilens willen Verzicht geleistet werden mußte, …"[360] Diese Rede dürfe aber keinesfalls universalisiert werden, denn sie entspringe einer partikularen menschlichen Lebenserfahrung, m.a.W. einem bestimmten historischen, sozialen, psychologischen oder existentiellen Kontext, der nicht im Zuge trinitätstheologischer Überlegungen als normativ behauptet werden dürfe.[361]

Besteht keine biblische oder theologische Notwendigkeit, die immanentgöttliche Liebe als Ur-Kenose oder gegenseitige Selbsthingabe zu begreifen, so stellt sich nun für Werbick die Frage, aus welchem Grund Balthasar gerade diese Metaphorik in den Mittelpunkt seiner trinitätstheologischen Überlegungen stellt. Werbick argumentiert, daß man die göttliche Liebe ebenso gut als „Sich-Selbst-Mitteilung" verstehen könne, ohne damit der einseitigen Dramatik im Gottesbegriff zu verfallen, welche Balthasars Rede von der Selbsthingabe mit sich bringt.[362] Den Grund für Balthasars Festhalten an der Terminologie der innergöttlichen Trennung vermutet Werbick in einer kenotischen Schöpfungslehre, die der problematischen Konzeption eines selbstgenügsamen Gottes entspringe. Balthasar müsse die Schöpfung als eine extratrinitarische Selbstentäußerung Gottes verstehen, um dadurch zu „erklären …, was Schöpfung, Geschichte, Partnerschaft zum Menschen für einen Gott bedeuten können, der ja in sich schon vollkommen, unendlich, unermeßlich usw. ist, der Schöpfung also gar nicht bedürfen kann".[363] Problematisch an der Rede der Schöpfung als Kenose sei aber, daß sie einseitig „das Risiko des Scheiterns, das Risiko für den

---

werden und dann auf die Frage antworten zu *müssen*, wie vollkommene Liebe durch sich selbst die Möglichkeit der Nichtliebe mitbegründet."

360 A.a.O., 230.

361 Vgl. a.a.O., 236f. Feministische Theologinnen haben in der Tat deutlich gemacht, wie problematisch die Rede von der Selbsthingabe in bestimmten Kontexten sein kann. Vgl. *Elisabeth Moltmann-Wendel*, Art. Liebe III. Feministische Diskussion, in: Wörterbuch der Feministischen Theologie, hg. v. *Elisabeth Gössmann* u.a., Gütersloh 1991, 249-251; *Evi Krobath*, Art. Sünde/Schuld III. Feministisch-theologische Diskussion, in: Wörterbuch der Feministischen Theologie, hg. v. *Elisabeth Gössmann* u.a., Gütersloh 1991, 387-390. Gegenüber Balthsars Monopolisierung der Metaphorik von Selbstentäußerung und Selbsthingabe plädiert Werbick deswegen zu Recht für eine Vielfalt von Bildern zur Beschreibung der göttlichen Liebe. Vgl. *Werbick*, 235.

362 Für Werbick kann dieses Bild ebenso gut zum Ausdruck bringen, daß dem Anderen die Freiheit gegeben wird, mit der eigenen Selbstmitteilung auf den Liebeserweis zu antworten und dadurch „eine wechselseitige Beziehung des Einander-sich-Schenkens einzugehen" (*Werbick*, 230).

363 A.a.O., 232.

Schenkenden (Freigebenden), vom Mißbrauch des Geschenks durch den Beschenkten“[364] betone, ein Risiko, das dann durch die vorausgehende Ur-Kenose Gottes abgesichert werden muß. Gott kann eine Trennung von der Welt nur erleiden, wo diese Trennung innertrinitarisch immer schon überwunden ist. Die Freiheit der kreatürlichen (Nicht-)liebe muß deshalb bei Balthasar in der Freiheit der innergöttlichen Liebe angelegt werden.

Überzeugt diese Lösung jedoch? Werbick hat Zweifel: „Ist das Nein zu Gott, das Nein zu der Liebe, die Gott ist, wirklich *in Gott begründbar*?“[365] Selbst da, wo man Balthasars Annahme der Schöpfung als Selbstbeschränkung Gottes folge, erbringe dessen immanent-trinitarische Lösung nicht die erwünschten Ergebnisse. Die Parallelisierung zwischen dem sündigen Beziehungsabbruch durch die menschliche Freiheit und der innergöttlichen Freiheit trage nämlich gerade nicht: „Die immanente Dreieinigkeit impliziert in keiner Weise das Risiko des Beziehungsabbruchs, das Gott in seiner Beziehung zum freien Geschöpf eingeht. *Dieses* Risiko ist nicht ‚grundgelegt‘ durch die innergöttlichen Relationen, …“[366] Gott ist ein ewiges Liebesgeschehen, dessen göttliche Freiheit mit der göttlichen Notwendigkeit zusammenfällt. Es kann kaum dafür herhalten, als Bedingung der Möglichkeit des Neins der menschlichen Freiheit herangezogen zu werden.[367]

Für Werbick erweist sich Balthasars Versuch, die Möglichkeit kreatürlicher Nichtliebe in der innergöttlichen Liebe grundzulegen, als der eigentliche Grund, warum Balthasar das innergöttliche Liebesgeschehen überhaupt erst durch die Vorstellung der ewigen Selbstweggabe dramatisiert.[368] Er untermauert mit dieser These den Verdacht, den schon Johann Baptist Metz gegenüber Balthasars Trinitätstheologie vorgebracht hat, den Verdacht, daß es hier letztlich darum geht, eine theologische Antwort auf die Theodizeefrage zu finden. Kann eine solche Antwort jedoch befriedigen? Handelt es sich nicht doch um eine „heimliche Ästhetisierung des Leidens“, eine zu „spekulative, gnosisnahe Versöhnung mit Gott“, wie Metz mutmaßt?[369]

---

364 A.a.O., 233.

365 A.a.O., 235. Vgl. a.a.O., 234: „… wie kann sich an der Wirklichkeit der vollkommenen Liebe die Möglichkeit der Nichtliebe aufweisen lassen, an der Wirklichkeit der in Liebe erfüllten Freiheit die Möglichkeit der in Nichtliebe sich verlierenden (kreatürlichen) Freiheit?“

366 A.a.O., 233.

367 Vgl. a.a.O., 235: „Kann … wirklich behauptet werden, das göttliche Freiheitsgeschehen, worin die Personen der Trinität nun wirklich mit einer … absolut ‚selbstverständlichen Wesens-Notwendigkeit‘ ‚nicht anders können‘, als in den jeweils Anderen bei sich selbst zu sein, begründe in irgendeinem Sinne die *Freiheit des Neinsagenkönnens* durch den Menschen?“ Ähnlich argumentiert Moltmann, der betont, daß die innergöttliche Liebe eine wesensnotwendige Liebe ist und daher von der freien Liebe Gottes zur Schöpfung abgehoben werden muß. Moltmann unterscheidet deshalb prägnant zwischen der innergöttlichen Liebe als „Liebe zum Gleichen“ und der göttlichen Liebe zur Schöpfung als „Liebe zum Anderen“ (*Moltmann*, Trinität und Reich Gottes, 121). Der ewige Sohn sei für den Vater zwar der Andere, aber nicht das Andere. Nur das Geschöpf sei für Gott das Andere. Vgl. a.a.O., 74. Vgl. auch *Jüngel*, Gott als Geheimnis, 500 u. 509.

368 Vgl. *Werbick*, 235.

369 *Metz*, Theologie als Theodizee?, 117. Werbick lehnt konsequenterweise Balthasars Konzept ab. Es sei soteriologisch überflüssig und hermeneutisch fragwürdig, denn es beruhe auf einer

Wenn Werbick den Grund für Balthasars Verabsolutierung der Metaphorik von Selbstentäußerung und Selbsthingabe in einer Gotteskonzeption findet, die er als selbstgenügsam kritisiert, so trifft sich seine Analyse mit unserer eigenen Interpretation der Balthasarschen Theologie von ihrer Frontstellung gegenüber Hegel her. Balthasars Trinitätslehre, so sahen wir, ist von dem Bemühen getragen, einer Mythologisierung des Gottesbildes in den Fußspuren des Idealismus zu entgehen. Um dieses Ziel zu erreichen, setzt Balthasar neben den Ereignissen der ökonomischen Trinität eine zweite Ebene der immanenten Trinität an. Gott, der nicht nur liebt, sondern selbst die Liebe ist, kann dies für Balthasar nicht nur im Verhältnis zur Welt sein, sondern muß von Ewigkeit her je schon den Anderen lieben. Dies unterscheide den christlichen Gott einerseits von dem „apersonal sich verströmende[n] Bonum des (christlichen) Neuplatonismus“,[370] andererseits von dem erst in der geschichtlichen Selbstdifferenzierung zu sich selbst kommenden absoluten Subjekt Hegels.[371] Balthasar meint, das innergöttliche Ur-Drama zwischen Vater, Sohn und Geist annehmen zu müssen, um die göttliche Freiheit der Schöpfung gegenüber wahren und die vermeindlich mythologische Vorstellung einer Geschichte und Entwicklung Gottes umgehen zu können. Ist das Problem einer Mythologisierung des Gottesbegriffs durch Gottes Heilsgeschichte mit der Welt jedoch, so müssen auch wir fragen, durch die Annahme dieses protologischen, innergöttlichen Ur-Dramas befriedigend zu lösen? Oder handelt es sich bei der postulierten Gefahr der Mythologisierung lediglich um das zweifelhafte Produkt platonischen Denkens und bei der Annahme eines innergöttlichen Ur-Dramas folglich nur um eine reichlich spekulative und durch die biblische Offenbarung nicht gedeckte Verdoppelung der göttlichen Wirklichkeit?

Balthasar hat sich gegen den in diesen Fragen impliziten Vorwurf eines unbiblischen Platonismus ausdrücklich verwahrt und darauf hingewiesen, daß die ökonomische Offenbarung der Trinität am Kreuz durchaus eine neue Dimension in das innergöttliche Leben bringt. Dies sei sogar so sehr der Fall, daß es im Sinne der Hegelschen Philosophie mißverstanden werden könne. Argumentative Schützenhilfe kommt von Thomas R. Krenski, der die Be-

---

„spekulativen Fixierung biblischer Metaphorik“ und einem zuhöchst problematischen „Verständnis von negativer Theologie, die gleichwohl immer weiter zurückfragt in Bedingungen der Möglichkeit, die schließlich auch noch der *Wirklichkeit* der Liebe, die Gott ist, als ihre Ermöglichung vorausliegen sollen… Man geht gleichsam den Schritt in die Ewigkeit zurück, ohne daß von der so gesetzten Bedingung der Möglichkeit her irgendein Licht auf das Ermöglichte fiele, denn diese ewige Ur-Kenose bleibt eine Setzung, die theologisch nicht in sich einleuchtend gemacht werden kann. Vielmehr muß man damit rechnen, daß sich diese Setzung als theo-logische Immunisierung für ein zutiefst zwiespältiges soteriologisches Konzept erweist und als Interpretationsrahmen einer biblischen Hermeneutik, die sich der Problematik biblischer Metaphorik im Ansatz entzieht“ (*Werbick*, 240).

370 *Werbick*, 229.

371 Vgl. zu Hegel *L. Oeing-Hanhoff*, Hegels Trinitätslehre: Zur Aufgabe ihrer Kritik und Rezeption, in: ThPh 52 (1977): 378-407; *H. Küng*, Menschwerdung Gottes: Eine Einführung in Hegels theologisches Denken als Prolegomena zu einer künftigen Christologie, Freiburg – Basel – Wien 1970 (Ökumenische Forschungen, II. Soteriologische Abteilung; 1).

griffe „Enhypostasie“ und „Perichorese“ in die Diskussion einbringt, um den Platonismusverdacht von Balthasar abzuwehren.[372] Die Ereignisse der Heilsgeschichte, so Krenski, stehen in einem enhypostatischen Verhältnis zur ewigen Wesenstrinität. Wie der Logos im Menschen Jesus einwohnt, so auch die ewige Trinität in der Heilsgeschichte. Oder mit dem trinitätstheologischen Bild der Perichorese: Wie Vater, Sohn und Geist durch ihre gegenseitige Einwohnung eine Einheit bilden, so auch ökonomische und immanente Trinität. Es müsse deshalb „von einer Perichorese der ewigen Passionswahl Gottes und der kontingenten Kreuzesgeschichte Jesu Christi“[373] gesprochen werden. Insofern beinhalte die Heilsgeschichte trotz allen Ur-Dramas tatsächlich ein Novum für Gott, sei also für Balthasar in ihrer Bedeutung für Gott keineswegs minimiert.

Balthasar will offensichtlich die in dem Platonismusvorwurf implizierten Gefahren für das Verständnis der Heilsgeschichte vermeiden. Dennoch bleiben seine Auskünfte merkwürdig zweideutig. Bringt das Kreuz tatsächlich eine neue Dimension in das innergöttliche Leben hinein, so will nicht einsichtig werden, inwiefern die Annahme des Ur-Dramas überhaupt der Vorstellung einer Geschichte Gottes mit der Welt Vorschub leisten kann. Wird hier das Ur-Drama nicht überflüssig? Sind die Ereignisse der Heilsgeschichte aber tatsächlich schon im ewigen Ur-Drama vorweggenommen, so gelingt es Balthasar nicht zu verdeutlichen, wie es sich bei diesem um etwas anderes handelt als eben besagte platonische Verdoppelung der Wirklichkeit.

Balthasars Ur-Drama ist letztlich ein fragwürdiger Versuch, der Sogkraft der Hegelschen Philosophie mithilfe eines Rückgriffs auf neuplatonisch-scholastisches Gedankengut zu entgehen. Da auch Balthasar sich letztlich nicht völlig der argumentativen Kraft des Hegelschen Gottesbegriffes entziehen kann, ist das Ergebnis ein merkwürdig unausgeglichenes Amalgam aus platonischen und Hegelschen Vorstellungen. Zweifelsohne muß man das Anliegen Balthasars würdigen, die Gottheit Gottes der Welt gegenüber zu wahren. Dennoch sind Zweifel an der Notwendigkeit seiner Annahme eines protologischen Ur-Dramas berechtigt. Eine solche Verdoppelung der Wirklichkeit scheint uns nicht wirklich notwendig, wenn man den christlichen Gottesbegriff konsequent von der biblischen Offenbarung her bestimmt.[374] Eberhard Jüngel hat im Anschluß an ein Wort Hegels daran erin-

---

[372] *Krenski*, Passio Caritatis, 289.

[373] Ebd. Balthasar kommt in dieser Interpretation der Deutung des Verhältnisses von ökonomischer und immanenter Trinität nahe, die J. Moltmann vorgelegt hat. Vgl. *Moltmann*, Trinität und Reich Gottes, 177: „Das Verhältnis des dreieinigen Gottes zu sich selbst und das Verhältnis des dreieinigen Gottes zu seiner Welt ist nicht einlinig als Urbild – Abbild, Idee – Erscheinung, Wesen – Offenbarung zu verstehen, sondern als ein *Wechselverhältnis*. Mit dem Begriff ‚Wechselverhältnis‘ wird das Weltverhältnis Gottes seinem Selbstverhältnis nicht gleichgestellt, sondern gesagt, daß es auf dieses zurückwirkt, obgleich es primär von diesem bestimmt wird… Der *Schmerz des Kreuzes* bestimmt das innere Leben des dreieinigen Gottes von Ewigkeit zu Ewigkeit.“

[374] Vgl. *Jüngel*, Gott als Geheimnis, 511: „… durch die im Kreuz Jesu Christi begründete Unterscheidung von Gott und Gott sind das Absolutheitsaxiom und mit ihm das Apathieaxiom und das Unveränderlichkeitsaxiom als für den christlichen Gottesbegriff untaugliche Axiome

nert, „daß Gott nicht neidisch ist.“[375] Gottes Selbstmitteilung, Hingabe und Liebe für die Welt tun seiner Gottheit keinen Abbruch, auch wenn diese nicht protologisch abgesichert ist. Wenn, wie auch Balthasar einräumt, das Kreuzesereignis auf die ewige Wesenstrinität einwirkt, dann muß daran festgehalten werden, daß die Annahme der immanenten Trinität keine protologische, sondern vielmehr eine eschatologische Wirklichkeit umschreibt.[376] Wohl ist damit nicht gesagt, daß Gott erst durch die Geschichte zu sich selbst kommt. Es wird vielmehr nur der erkenntnistheoretischen Tatsache Rechnung getragen, daß die Unterscheidung zwischen immanenter und ökonomischer Trinität erst eschatologisch vollzogen werden kann.[377] Erst die eschatologische Zukunft wird deutlich machen, daß Gott von aller Ewigkeit her derjenige war, als der er sich in Jesus von Nazareth offenbart hat. Damit erledigt sich allerdings die Notwendigkeit, vom Heilsdrama auf Golgatha auf ein vorgängiges Ur-Drama in der Ewigkeit analog zurückzuschließen.

Die Annahme einer innergöttlichen Wirklichkeit, welche der Wirklichkeit Gottes in und mit der Welt vorausgeht, ist aber auch aus einem weiteren Grunde theologisch problematisch. Setzt Balthasar aufgrund seiner Annahme des ewigen Ur-Dramas nicht die Bedeutung der Heilsgeschichte herab?[378] Was sind die Folgen der Annahme des Ur-Dramas für das christliche Verständnis der Liebe Gottes für die Welt? Balthasar scheint in der Tat mit seinem trinitarischen Ur-Drama die Bedeutung der göttlichen Liebeserklärung für diese Welt zu minimieren. Gott kann das Risiko der Liebe zur Schöpfung nämlich nur dann eingehen, wenn dieses Risiko in Ewigkeit innertrinitarisch „abgesichert“ ist. Gott könnte nicht riskieren, eine Schöpfung ins Leben zu rufen und ihr gegenüber seine unendliche Liebe unter Beweis zu stellen, wenn die Möglichkeit eines sündigen Neins der Schöpfung zu Gott nicht zuvor durch das liebende Ja des Sohnes zum Vater „unterfangen“ wäre. Der biblische Gott, der sich in Schöpfung, Erlösung und Vollendung an die Schöpfung bindet, hat sich bei Balthasar schon im Voraus innertrinitarisch rückversichert. Gottes Liebe ist bei Balthasar keine *rückhaltslose* Liebe für die Schöpfung mehr. Wird aber die Macht der göttlichen Liebe nicht

---

destruiert worden.“ W. Pannenberg hat schon in seinen *Grundzügen der Christologie* argumentiert, daß die Schöpfung der nichtgöttlichen Welt nicht unbedingt eine Veränderung Gottes besagen muß, wenn man voraussetzt, daß „Ewigkeit und Zeit sich nicht gegenseitig ausschließen“ (*Pannenberg*, Grundzüge der Christologie, 331). Er schlägt vor, „die Ewigkeit in der – hier unplatonischen – Tradition Augustins so zu denken, daß ihre Gegenwart das im Nacheinander der Zeit Getrennte in sich und zusammen-schließt“ (a.a.O., 332). Diese unplatonische Annahme, daß die Ewigkeit alle Zeit in Gleichzeitigkeit zusammenschließt, erlaubt es demnach, Gott in der Schöpfung engagiert zu sehen, ohne deswegen eine mythologische Veränderung in Gott annehmen zu müssen.

375 *Jüngel*, Gott als Geheimnis, 356.

376 Vgl. *Moltmann*, Trinität und Reich Gottes, 178.

377 Vgl. *Pannenberg*, Systematische Theologie, Bd. 1, 359.

378 Dieser Vorwurf wurde schon erhoben von *C. Kappes*, Freiheit und Erlösung: Überlegungen zu den Grundlagen der Soteriologie in den Entwürfen von Hans Urs von Balthasar, Karl Rahner und Jürgen Moltmann, Bielefeld 1986, 129. Dazu kritisch *Krenski*, Passio Caritatis, 284-292.

in unbiblischer Weise geschmälert, so müssen wir wiederum fragen, wenn Gott die Möglichkeit abgesprochen wird, sich frei und rückhaltslos an seine Schöpfung zu binden? Ist es nicht des Gottes, der sich faktisch zur Erschaffung der Welt entschlossen hat, unwürdig anzunehmen, er hätte sein „Projekt Weltschöpfung" auch sein lassen können? Der Schrift erweist sich jedenfalls die Macht der Liebe Gottes gerade in der Bindung an die frei gewollte Schöpfung.[379] Auch dort, wo das Neue Testament die Liebe des Vaters zum Sohn thematisiert, bleibt stets der Mensch im Blick.[380] Wenn die Theologie Gott als Liebe definiert, darf sie dies deshalb gerade *nicht* in Absehung seines Verhältnisses zur Schöpfung tun.[381]

Hier stellt sich uns letztlich die Frage nach einer angemessenen inhaltlichen Fassung des Begriffs der göttlichen Freiheit. Balthasar versteht die göttliche Freiheit als Wahlfreiheit.[382] Gott ist für Balthasar frei, weil er die Wahl hat, die Welt zu schaffen oder aber nicht zu schaffen. Muß aber die göttliche Freiheit notwendigerweise als Wahlfreiheit verstanden werden? Gibt es nicht noch andere Formen der Freiheit? Äußert sich Gottes Freiheit wirklich darin, die Welt schaffen oder auch nicht schaffen zu können? Gott hat die Welt faktisch geschaffen und damit offenbart, daß sich die Freiheit der göttlichen Liebe gerade in ihrer liebenden Selbstmitteilung an das Andere äußert. Muß Gottes Liebe dann nicht doch als Liebe zum Geschöpf gedacht werden, ohne daß dadurch der göttlichen Freiheit Abbruch getan würde?[383]

---

379 Vgl. *Jüngel*, Gott als Geheimnis, 509: „Das Neue Testament spricht ... von der Liebe Gottes stets in strenger Beziehung auf den Menschen und seine Welt. Die innergöttliche Selbstbezogenheit, die Liebe ist, ereignet sich demnach als radikale Bezogenheit Gottes auf das ihm gegenüber schlechthin Andere, auf das – deshalb zu schaffende – Menschenwesen."

380 Vgl. a.a.O., 500 u. 526.

381 *Dalferth*, 160 meint deswegen, „daß Gott *unbedingte Liebe* ist, die unser Heil nicht nur will, sondern bewirkt hat, und zwar so, wie Gott sich selbst bestimmt hat: als unbedingte Liebe, die nicht etwa ihre unendliche Wichtigkeit für uns unabweisbar zur Geltung bringt, weil sie zwar ohne uns, wir aber nicht ohne sie sein könnten, sondern die gerade umgekehrt unser endliches Leben für sich so unendlich wichtig nimmt, daß sie ihr eigenes Sein an die freie Anerkennung durch uns bindet." Vgl. *Werbick*, 233: „... es ist das Risiko der Liebe, die Gott essentialiter ist, einer Liebe, die nicht immer schon alles ‚umfängt und in sich birgt', einer Liebe, die so unergründlich und unerschöpflich ist, daß sie auch das tödliche Risiko der Liebe will und ihm gewachsen ist, die es riskiert, weil es der Liebe zutiefst entspricht und weil es sie zutiefst beglückt, es zu riskieren." Vgl. auch *J. Moltmann*, Antwort auf die Kritik an „Der gekreuzigte Gott", in: *M. Welker* (Hg.), Diskussion über Jürgen Moltmanns Buch „Der gekreuzigte Gott", München 1979, 169f.

382 Die Frage der göttlichen Freiheit stellt sich für Balthasar nicht im Rahmen der Gotteslehre, wie dies bei Karl Barth der Fall ist. Balthasar baut keine Alternative zwischen Gottes Freiheit und Gottes Liebe auf und behauptet auch nicht, Gott habe die Wahl, Liebe oder aber Nicht-Liebe zu sein. Gott hat sich im Kreuz Christi unverbrüchlich als Liebe erwiesen und ist – da die Offenbarung Gott als den offenbart, der er von Ewigkeit her ist – von aller Ewigkeit her Liebe. Um an Gottes Identität als Liebe auch ohne die Schöpfung festhalten zu können, postuliert Balthasar ja gerade das trinitarische Ur-Drama. Vgl. zu Barth kritisch *Moltmann*, Antwort, 168-174. Dennoch kehrt die Frage der göttlichen Freiheit im Zusammenhang der Schöpfungslehre zurück.

383 Spricht dann nicht Einiges dafür, der neuplatonischen Emanationenlehre ein Wahrheitsmoment einzuräumen? So z.B. Werbick, der die göttliche Liebe als überströmende Liebe versteht. Schöpfung ist dann nicht Selbstbeschränkung der göttlichen Liebe, sondern der „Selbst-

Nun würde Balthasar die Aussage, daß Gott als Liebe zum Anderen gedacht werden muß, gar nicht abstreiten wollen. Ganz im Gegenteil, auch für ihn liebt Gott von ewig her den Anderen. Dieser könne aber gerade nicht der endliche Mensch sein, denn dieser sei gar nicht in der Lage, die ewige Liebe Gottes gleichwertig zu erwidern. Deshalb liebt der göttliche Vater von Ewigkeit her im Geist den göttlichen Sohn und wird von diesem wiederum im Geist zurückgeliebt.

Gegen dieses Argument muß jedoch eingewandt werden, daß es zwischen der göttlichen Liebe ad intra und der göttlichen Liebe ad extra einen wesentlichen Unterschied gibt. Handelt es sich nämlich bei der innergöttlichen Liebe des Vaters zum Sohn und umgekehrt des Sohnes zum Vater um – wie Moltmann betont hat – eine wesensnotwendige Liebe, so ist Gottes Liebe zur Welt Liebe zum Wesens-anderen und damit schöpferische und freie Liebe.[384] Reicht es angesichts dieser, wie wir meinen, notwendigen Unterscheidung aus, wenn Balthasar Gottes ewiges Sein als Liebe schon darin erkennen zu können glaubt, daß der Vater im Heiligen Geist den Sohn und der Sohn in demselben Geist den Vater liebt? Muß im Licht der neutestamentlichen Botschaft nicht vielmehr davon ausgegangen werden, daß sich Gottes Identität als Liebe in der Liebe des Vaters für den *menschgewordenen* Sohn äußert? Damit würde aber die Heilsgeschichte Gottes mit den Menschen zum unverbrüchlichen Bestandteil der göttlichen Identität.

Nun würde Balthasar die Unterscheidung von notwendiger und freier Liebe nicht akzeptieren, wenngleich natürlich auch für ihn das göttliche und das geschöpfliche Sein unterschieden werden müssen. Wie den Geschöpfen, so eignet dem ewigen Sohn Balthasar zufolge die Freiheit zur Nicht-Liebe. Hier kehrt nun allerdings bei Balthasar im Rahmen der Trinitätslehre die unglückliche Entgegensetzung zwischen göttlicher Freiheit und Liebe und damit auch die aus dem Nominalismus herrührende Argumentation zurück, daß Gott auch anders als Liebe hätte sein können.[385] Besteht, so fragen wir, *diese* Analogie zwischen der Liebe des Sohnes zum Vater und der Liebe der Geschöpfe zu Gott? Kann wirklich gesagt werden, der Sohn habe die (Wahl-) Freiheit, den Vater nicht zu lieben? Handelt es sich hierbei nicht um eine höchst mythologische und daher kaum statthafte Vorstellung? Eine auch nur

---

erweis ihrer schöpferischen Unüberwindlichkeit und ihrer unüberwindlichen Beziehungsfähigkeit“ (*Werbick*, 234). Wo Gott verstanden werde als die über sich hinausdrängende Liebe, die überall da Liebe hervorrufen will, wo Nicht-Liebe ist, dort werde der göttlichen Liebe zwar ein gewisses „Unbefriedigtsein“ attestiert, bei dieser handele es sich jedoch um ein „‘Unbefriedigtsein‘ der Überfülle“, nicht des Mangels (a.a.O., 235). Vgl. dazu *Moltmann*, Trinität und Reich Gottes, 120f. Auf die Frage von Gottes Freiheit angewandt schließt Moltmann aus dieser Beobachtung, daß der neuplatonischen Emanationenlehre ein gewisses Wahrheitsmoment eingeräumt werden müsse. „Gottes Selbstbestimmung ist ein freies Überströmen seiner Güte und keine Willkür. Das Überströmen seiner Güte ist aber freie Selbstbestimmung und kein Naturereignis“ (*Moltmann*, Antwort, 172). Vgl. *ders.*, Trinität und Reich Gottes, 122f u. 128.

384 So *Moltmann*, Trinität und Reich Gottes, 74. Moltmann bezeichnet deswegen den Sohn als den Anderen für den Vater, die Welt aber als das Andere.

385 Vgl. *Moltmann*, Antwort, 170.

potentielle Möglichkeit der innergöttlichen Nicht-Liebe scheint uns die Einheit des Gottesbegriffes unter der Hand aufzulösen. Gott kann nicht Nicht-Liebe sein, nicht einmal potentiell. Auch in der Trinitätslehre hat die (nominalistische) Annahme, Gott könne auch anders, als die Liebe zu sein, nichts verloren. Der ewige Sohn hat nicht die Möglichkeit, den Vater nicht zu lieben. Die Möglichkeit der kreatürlichen Nicht-Liebe kann deswegen, wie Werbick deutlich gemacht hat, nicht aus der Liebe Gottes selbst abgeleitet werden.[386] Damit zerbricht aber die von Balthasar im Moment der Freiheit lokalisierte Analogie zwischen der Personalität der Menschen und derjenigen des ewigen Sohnes. Umgekehrt muß an der Unterscheidung zwischen der Liebe zum Gleichen und der Liebe zum Anderen festgehalten werden. Wenn Gott die Liebe ist, so ist er tatsächlich nicht nur innergöttliche Liebe, sondern er ist die Liebe, welche das Geschöpf liebt. Die Vorstellung einer auch nur potentiell selbstgenügsamen innertrinitarischen Liebe in der Form des Balthasarschen Ur-Dramas muß damit abgewiesen werden.

---

386 Vgl. *Werbick*, 233.

DRITTES KAPITEL: KREUZ UND ERLÖSUNG

Das Kreuz ist in der christlichen Tradition, beginnend im neutestamentlichen Zeugnis, zuerst und vor allem Ausdruck des Heilswillens Gottes gegenüber der der Sünde verfallenen Menschheit. Mit dieser folgenschweren Bemerkung hört die Gemeinsamkeit der christlichen Theologen zur Heilsbedeutung des Kreuzes jedoch schon auf. Schon das Neue Testament kennt eine ganze Reihe von Erklärungsmodellen, welche dem Glaubenden die Heilsfunktion des Gekreuzigten nahebringen sollen. Die Theologiegeschichte hat eine ganze Bandbreite an Interpretationsschemata hervorgebracht. Auch in der Gegenwart ist die Diskussion keineswegs abgeebbt, ganz im Gegenteil: Die bisher geläufigen Modelle werden seit der Aufklärung radikaler denn je in Frage gestellt. Hans Urs von Balthasar ist sich dieser Problematik bewußt und versucht eine Soteriologie zu entwickeln, welche sowohl der Pluralität biblischer Erklärungsmodelle als auch den vielfältigen Diskussionsbeiträgen in der Theologiegeschichte gerecht werden soll.

Bevor wir uns in diesem Kapitel der Balthasarschen, von ihm selbst unter die Überschrift „Dramatische Soteriologie" gestellten Heilslehre zuwenden, ist es nötig, Balthasars Lesart des biblischen und theologiegeschichtlichen Zeugnisses vorzustellen. Hier entwickelt Balthasar die Kriterien für eine umfassende christliche Heilslehre.

I. Quellen der Soteriologie Hans Urs von Balthasars

1. Die Schrift: Fünf soteriologische Motive

In seiner Besprechung des neutestamentlichen Zeugnisses von der Heilsbedeutung des Kreuzes Jesu stellt sich für Balthasar zuerst die Frage, wie das Kreuz oder der Tod Jesu zu dessen Leben ins Verhältnis gesetzt werden kann und muß. Balthasar sieht in der Schrift allen Versuchen eine Absage erteilt, die den Tod Jesu in ungebrochene Kontinuität mit seinem Leben setzen wollen, um so die Botschaft des Lebens und Sterbens Jesu etwa auf den Nenner der „Solidarität mit den Sündern" zu reduzieren.[1] Demgegenüber findet er in den neutestamentlichen Schriften sowohl eine Einheit zwischen Jesu Leben und seinem Tod ausgesprochen – „inkarnatorische" und „staurozentrische"

---

[1] Vgl. dazu TD III, 62 u. 217f; TD II,2, 221.

Soteriologie dürfen nicht getrennt werden –,[2] als auch ein deutliches „Gefälle“[3] des Lebens Jesu auf die Stunde seines Todes hin. Der Tod Jesu sei nicht primär Folge seines Lebens. Vielmehr sei das Leben Jesu Vorlauf auf seinen Tod.

Die „Stunde“ (*hora*) meint im Neuen Testament nicht nur die chronologische Stunde des Todes Jesu auf Golgatha, sondern muß für Balthasar als Einschnitt in Jesu Leben wahrgenommen und in ihrer „qualitativ-zeitlosen“ Bedeutung gesehen werden, die den chronologischen Zeitbegriff sprengt.[4] Sie ist sowohl hinsichtlich ihres Zeitpunkts als auch ihres Inhaltes bei Gott verborgen und auch Jesus selbst im Vorhinein nicht zugänglich, sondern nur in ihrer Unausweichlichkeit bewußt. Dennoch stützt sich Jesu Vollmacht, seine Lehre und vollends sein Anspruch, wie Balthasar formuliert, „Gottes majestätische Autorität auf Erden zu verkörpern“,[5] antizipierend auf sie. Im Gegensatz zum Leben Jesu zeichnet sich die „Stunde“ durch Jesu Passivität oder sein Geschehenlassen aus, welches jedoch als „Über-aktion“ oder als Jesu „Einverstanden-sein mit einer Über-forderung“ verstanden werden müsse.[6] Sie hat ihre Kehrseite in der Auferstehung, die Balthasar mit den Vätern als Folge der Menschwerdung des Neuen Adam und mit Paulus als „Lichtseite“ des Kreuzes verstanden wissen will.[7]

Das Ereignis der Stunde bleibt Balthasar zufolge für das Neue Testament Mysterium und kann nur durch verschiedene Theologumena umkreist werden.[8] Sie ist in grundlegender Weise auf dem Hintergrund der Bundesvorstellung des Alten Testaments zu interpretieren (Noahbund, Abrahamsbund, Sinaibund).[9] Nur innerhalb der Erwählungs- und Bundestradition des Alten Testaments könne von einem Versöhnungsereignis gesprochen werden. Gemäß dieser Tradition ist dem Menschen von Gott echte Freiheit gegeben, die entsprechend den Qualitäten der unendlichen Freiheit gekennzeichnet ist. Der Bundesschluß Gottes mit dem Menschen berücksichtigt für Balthasar dessen Würde als freies Geschöpf und enthält deswegen ein forderndes Moment der Bundesgerechtigkeit. Der Mensch ist zur Antwort auf Gott aufgefordert. Daraus ergibt sich für Balthasar notwendigerweise die Einsicht Anselms von Canterbury, daß eine allein von Gott her vollbrachte Versöhnung ohne Mitwirkung des Menschen unmöglich ist. Auf dem Hintergrund des vielfachen Bundesbruchs durch die Menschen steht im Kreuzesgeschehen das „pro nobis“ des Handelns Gottes im Zentrum. Hier laufen verschiedenartige Stränge zusammen: die Notwendigkeit eines Gerichts über die Menschen, das Erfordernis von Sühne, der Sieg der Gnade – auch durch das Gericht hindurch –, die Wiederherstellung des Bundes.

2 TD III, 218.
3 A.a.O., 212.
4 Vgl. a.a.O., 215f.
5 A.a.O., 215.
6 A.a.O., 218.
7 Vgl. a.a.O., 218f.
8 Vgl. a.a.O., 218.
9 Vgl. a.a.O., 210f.

Balthasar findet im Neuen Testament unter Einbeziehung aller Schriften fünf „Hauptaspekte der Versöhnung“.[10] Erstens, die besonders von Paulus und Johannes für die Versöhnung der Welt mit Gott vorausgesetzte *Dahingabe* des Sohnes, sowohl durch die Menschen als auch durch den Vater selbst. Bedeutsam ist für Balthasar hier die Einwilligung Jesu in seine Dahingabe, welche der Autor als „aktives Einverstandensein, ja Selbsthandeln“[11] charakterisiert, und die das Opfer Jesu alle vorausgehenden Opfer des Alten Bundes grundsätzlich transzendieren läßt.[12] Als zweites Motiv führt Balthasar das paulinische Motiv des *Platztausches* zwischen dem sündlosen Gottessohn und den sündigen Menschen an: Christus wird für uns zur Sünde, auf daß wir gerecht werden. Aus diesem Platztausch erfolgt drittens die *Freisetzung* des Menschen von den verschiedenen ihn knechtenden Mächten, sei es die Sünde, der Teufel, die Weltmächte, die Gewalt der Finsternis, das Gesetz oder das Zorngericht. Diese Freisetzung wird Balthasar zufolge in Analogie zum „Loskauf“ des versklavten Israels in Ägypten beschrieben, welche von Gott im Anschluß an alttestamentliche Vorstellungen ein Blutopfer – als Bild für gewaltsamen Tod und Lebenshingabe – verlangt, ohne das es keine Vergebung geben kann.

Die Befreiung des Menschen wird aber für Balthasar im Neuen Testament nicht nur negativ als „Befreiung von“, sondern auch positiv als „Befreiung zu“ beschrieben, woraus sich als vierter Aspekt des Kreuzes die Befreiung zur *Einführung in das göttliche, trinitarische Leben* ergibt. Mit dem Gottessohn sind wir zu Kindern Gottes berufen, was wir als Mitglieder am Leibe Christi werden können. Damit deutet sich auch das fünfte und letzte Motiv an, welches Balthasar im Neuen Testament als Interpretament des Kreuzesgeschehens ausfindig macht. Die *Liebe Gottes* ist der das gesamte Versöhnungsgeschehen umgreifende Grund der göttlichen Zuneigung zum Menschen. Wenngleich die Wiederherstellung des Bundes in der Schrift immer wieder hervorgehoben wird und damit die verwandten, aber keinesfalls identischen Vorstellungen von der Gerechtigkeit und dem Zorn Gottes zentrale Bedeutung für das Verständnis des Kreuzes haben, ist doch der alles tragende Grund nirgendwo anders als in der Liebe Gottes zum Menschen zu suchen.

Angesichts der überragenden Bedeutung, welche die „Stunde“ für Schrift und kirchliche Tradition besitzt, muß für Balthasar der Einsatzpunkt einer jeden Soteriologie im Kreuz liegen. Dabei unterliegt die Theologie drei Forderungen. Zum einen müssen alle fünf genannten Aspekte in gleich gewichteter Weise aufgenommen werden, zum anderen darf „das volle Gewicht der (durch alle fünf Aspekte angezielten) Hauptaussage“[13] nicht wegen angeblicher Zeitgebundenheit beeinträchtigt oder durch ein weniger bedeutendes

---

10 A.a.O., 221. Zur Frage nach einer Versöhnungs-„lehre“ im Neuen Testament vgl. TD II,2, 220, Anm. 12.

11 TD III, 221.

12 Vgl. ebd., 221: „Die eucharistische Selbsthingabe Jesu zeigt in den Einsetzungsworten, daß seine Selbsthingabe aller Auslieferung durch die Menschen in den Tod voraus ist, und daß der endgültige Bund Gottes mit den Menschen in dieser Dahingabe besiegelt wird …“

13 A.a.O., 224.

Äquivalent ersetzt werden. Zuletzt darf die Spannung zwischen den verschiedenen biblischen Elementen nicht voreiligen Harmonisierungsversuchen oder „einer Scheinsynthese“[14] zum Opfer fallen. Im nun darzustellenden Durchgang Balthasars durch die Theologiegeschichte zeigt sich die Schwierigkeit, diese Balance zu wahren.

2. Die Tradition: Unterschiedliche Gewichtungen

Balthasar unterteilt die Theologiegeschichte grob in drei Epochen: die Väter, das Mittelalter und die Neuzeit, letztere beginnend mit der Reformation. Balthasars Darstellung ist weniger daran interessiert, ein theologiegeschichtlich detailliertes Bild der soteriologischen Diskussionen zu entwerfen, als vielmehr in groben Zügen Entwicklungslinien darzustellen, welche die verschiedenen Problemkomplexe einer zu erarbeitenden dramatischen Soteriologie aufzeigen. Die Väter tragen für ihn zur Entwicklung dieser dramatischen Erlösungslehre ihr Verständnis vom admirabile commercium bei, ohne jedoch der Wucht der neutestamentlichen Aussagen über das Sündewerden Jesu gerecht werden zu können. Die mittelalterliche Theologie liefert mit ihrer Lehre von der satisfactio Balthasar zufolge unverzichtbare Überlegungen zur Problematik, wie Gottes Liebe und Gerechtigkeit zusammengedacht werden können.[15] Die Theologie der Neuzeit schließlich erkennt für Balthasar zu Recht die Problematik der überkommenen Vorstellungen biblischen soteriologischen Denkens. Fragwürdig erscheint es ihm allerdings, wenn neuzeitliche Theologen vorschnell nach neuen soteriologischen Ufern Ausschau halten, was für ihn tendenziell in der Entwicklung der mit dem Stichwort „Solidarität“ zu charakterisierenden Soteriologie geschieht. Balthasar würdigt bei anderen Vertretern der neuzeitlichen Theologie aber auch das Bemühen, mit der Väterkonzeption vom „wunderbaren Tausch“ vollends Ernst zu machen und die Vorstellung der „Substitution“, verstanden als Übernahme der menschlichen Sünde durch Christus, radikal durchzuführen. Hier ist für Balthasar Luther am weitesten vorgedrungen, dessen Theologie zu seiner Zeit „wie ein plötzlicher Donnerschlag“[16] gewirkt habe, jedoch wegen der seinem Denken vermeindlich inhärenten Problematik keine ebenbürtigen Nachfolger finden konnte.

a. Die Kirchenväter: Admirabile Commercium

Die Theologie der Väter ist nach Balthasar ganz bestimmend vom dritten biblischen Motiv des Platztausches geprägt.[17] Das Platztauschmotiv gewinnt unter

[14] Ebd.

[15] Balthasar bespricht hier nur die herausragenden soteriologischen Modelle des Anselm von Canterbury und Thomas von Aquin. Vgl. a.a.O., 235-245.

[16] A.a.O., 263.

[17] Balthasar erwähnt in diesem Zusammenhang besonders Irenäus, Athanasius und Hilarius. Vgl. zum Platztauschmotiv bei den Vätern TD II,2, 218-220.

dem zur Zeit des Konzils von Ephesus aufkommenden Begriff des admirabile commercium für die Väter der Auseinandersetzungen mit den verschiedenen christologischen Häresien wegen seine hervorgehobene Bedeutung. Diese Konflikte machten es notwendig, die Realität der Menschwerdung, die volle Gottheit und volle Menschheit Christi und damit das neutestamentliche „pro nobis" des Kreuzesgeschehens abzusichern. Der „Tausch" bezieht sich für die Väter primär auf den Austausch zwischen Christi göttlicher und unserer menschlichen Natur: Gott wird Mensch, auf daß wir vergöttlicht werden können.

Balthasar betont, daß die Väter mit der Menschwerdung nicht ein einmaliges Ereignis meinen, sondern „den bleibenden Zustand des Mensch-(geworden-)seins"[18] des Gottessohnes, wobei sie an „die Annahme eines ganzen leidbehafteten Menschenlebens"[19] denken („Tertullian: ‚*forma moriendi causa nascendi est*'"[20]). Somit erübrigt sich für Balthasar jede Polemik gegen die angeblich untergeordnete Bedeutung von Passion und Auferstehung in der Vätertheologie. Wohl ist der Erlöser für die Väter schon in der Inkarnation mit der Menschennatur identisch, jedoch bewirkt er deren Erlösung erst durch Passion und Auferstehung. Die seit Papst Leo I. in der römischen Liturgie beheimatete commercium-Formel drücke daher spätestens seit der Zeit Augustins den Tausch zwischen menschlichem Leiden und Christi Gnade aus.[21]

Für Balthasar stellt sich mit Blick auf die patristische Theologie jedoch die Frage, ob hier mit der Radikalität des Platztauschmotivs, wie sie vom neutestamentlichen Zeugnis her gefordert wird, Ernst gemacht werde. Er diagnostiziert eine „unbewußte Grenze"[22] im patristischen Verständnis des Tauschbegriffs. Der sündlose Gottessohn nehme gemäß Röm 8,3 zwar die Ähnlichkeit unserer sündigen Natur an. Darunter verstünden die Väter aber lediglich die Sündenfolgen oder diejenigen menschlichen Schwächen, welche selbst schuldlos sind. Christus nimmt diese an, insofern er als Darsteller im Welttheater nicht nur sich selbst, sondern uns in sich darstellt, d.h. sich die sündige Menschennatur zueignet und einprägt.[23] Hier stellt sich für Balthasar jedoch die Frage, inwieweit das „Rollenspiel" dem leidenden Christus innerlich wird, inwieweit sich Christus m.a.W. mit seiner Rolle „identifiziert". Balthasar hält eine tatsächliche Identifikation für erforderlich, die er in seiner eigenen dramatischen Konzeption vertritt. Indem der Erlöser bei den Vätern nur die Sündenfolgen und -strafen, nicht aber die Sünde selbst übernimmt, kann er Balthasar zufolge seine Erlöserrolle nicht voll ausführen. Dabei hält Balthasar den Vätern allerdings zugute, daß sie bemüht sind, den „evangelischen Realismus"[24] voll festzuhalten, so daß die gemachte „Einschränkung"[25] im Vollzug des admirabile commercium eine unbewußte ist.

---

18 TD III, 225.
19 A.a.O., 227.
20 *Tertullian*, Carn. 6,6, zit. n. TD III, 227.
21 Vgl. TD III, 228.
22 A.a.O., 230. Hier im Anschluß an Gregor von Nazianz beobachtet.
23 Vgl. a.a.O., 230 u. TD II,2, 219.
24 TD III, 234.
25 A.a.O., 230.

b. Das Mittelalter: Satisfactio

Im Mittelalter ist für Balthasar Anselm von Canterbury der erste Theologe, der eine systematische Soteriologie entwickelt, die sowohl Motive der Schrift als auch der Väter vereinigt.[26] Anselm erschwere sich seine Soteriologie unnötigerweise dadurch, daß er versucht, remoto Christo zu argumentieren, um seine Aussagen auch für Ungläubige verständlich darlegen zu können. Anselm sei sich aber seiner methodischen Selbstbeschränkung und des Mysteriencharakters des Versöhnungsgeschehens bewußt, so daß seine Hervorhebung der rationalen Aspekte der Erlösung keinesfalls mit einem rationalen Beweis gleichgesetzt werden dürfen.

In Anselms Denkgebäude steht nach Balthasar der Begriff der satisfactio im Zentrum, welcher dem dritten biblischen Motiv vom Freikauf oder der Erlösung entspricht und von den lateinischen Vätern (Tertullian, Hilarius, Ambrosius) übernommen wurde.[27] Anselm setzt nach Balthasar zu Recht voraus, daß Gottes Ehre weder durch ein bloßes Verzeihen auf Seiten Gottes noch durch einfaches Bereuen auf Seiten des sündig gewordenen Menschen bereinigt werden kann.[28] Vielmehr sei sowohl die Initiative des sich erbarmenden Gottes als auch die Mitarbeit des Menschen notwendig, um die Ehre Gottes wiederherzustellen.

Balthasar betont, daß für Anselm kein Widerspruch zwischen dem rechtlichen und dem personalen Aspekt der Gott-Mensch-Beziehung besteht.[29] Der Vorwurf des „Juridismus“[30] an Anselm gehe daher daneben. Die Dramatik der Welterlösung entspringe für den Mönchstheologen außerdem keinesfalls einer der Gott-Mensch-Beziehung gegenüber übergeordneten „Schicksalsnotwendigkeit (*necessitas antecedens*)“, sondern lediglich derjenigen „Notwendigkeit, die dem Charakter der handelnden Freiheiten (*necessitas sequens* ...) entspringt.“[31] In dieser Argumentation wird Balthasar Anselm folgen. Gottes Freiheit sei für Anselm identisch mit dessen Richtigkeit (rectitudo), absoluter Wahrheit, Gutheit, Gerechtigkeit und Barmherzigkeit. Gott

---

26 Für die mittelalterliche Soteriologie vgl. auch TD II,2, 220-223.

27 Andere biblische Motive werden jedoch ebenfalls miteingebracht oder sind zumindest impliziert.

28 Vgl. a.a.O., 220f: „... es ist heute Mode, gegen die sogenannte ‚Satisfaktionstheorie‘ Anselms Sturm zu laufen, unter dem Vorwand, der Begriff der (nur durch ein unverdientes und zugleich unendlich wertvolles Leiden wiederherzustellenden) ‚Ehre Gottes‘ sei zeitbedingt, die Vorstellung eines durch die geschichtliche Tat erst zu versöhnenden Gottes sei anthropomorph und zudem falsch, weil der Vater den Sohn ja nicht sende, um erst durch sein Kreuz mit der Welt versöhnt zu werden, sondern von vornherein aus erbarmender Liebe zur Welt (vgl. Joh 3,16). Nun, dies weiß Anselm selber gut genug, aber er sieht vor allem das unlösbare Ineinander von göttlicher Gerechtigkeit und Liebe und die Notwendigkeit, daß die Neuordnung des Verhältnisses zwischen Gott und Menschheit ein (von einem göttlichen Menschen) innerhalb der Welt getanes Werk sei. Wer hinter die grundlegenden Intuitionen Anselms zurückgeht, verfälscht und verkleinert die Sendung Jesu, die dann notgedrungen zu einer bloßen symbolischen *Darstellung* dessen wird, was ohnehin schon *ist*, ob man dies zugeben will oder nicht ...“

29 Vgl. TD III, 236f.

30 A.a.O., 235.

31 A.a.O., 237.

ist es somit seiner Ehre schuldig, die von der geschaffenen Freiheit verursachte Unordnung in der Weltordnung durch seine eigene Gerechtigkeit und Barmherzigkeit zu bereinigen.[32] Die ästhetische Weltsicht gehe hier mit Notwendigkeit in eine dramatische über. Gott muß die Welt erlösen, so er denn das von ihm in der Schöpfung begonnene Werk in der Berufung des Geschöpfs zur seligen Anschauung Gottes vollenden will.[33] Der Mensch ist hierzu nicht in der Lage, da er alles, auch seinen eigenen Tod, Gott verdankt. Damit wird die Menschwerdung des Gottessohnes aber (im oben differenzierten Sinne) notwendig. Jesus kann dem Vater seinen Tod als „Werk der Übergebühr"[34] zur Erlösung der Menschen anbieten, da er als Sündloser den Tod nicht erleiden mußte und als Gott mit seinem Tod genug geleistet hat, um alle zu erlösen.

Zu Recht, so betont Balthasar und hebt damit einen weiteren Punkt hervor, der auch seiner eigenen Konzeption zugrunde liegt, geht Anselm davon aus, daß der Beschluß zur Erlösung der Welt ein trinitarischer ist. Nicht ein vermeindlich „grausame[r] Vatergott"[35] zwinge den Sohn zu einem blutigen Opfer auf Golgatha, sondern dieser biete sich „aus eigenem Antrieb (*sponte*)"[36] dazu an, den Tod zu erleiden. Der Vater gestattet es, er fordert es nicht. Zuletzt geht die anselmischen Soteriologie für Balthasar mit Recht davon aus, daß die Befreiung der Sünder durch den Erlösungstod Jesu nicht automatisch wirkt, sondern vielmehr von der subjektiven Aneignung der Erlösungsgnade durch die Gläubigen abhängt. Auch hierin wird Balthasar Anselm in seiner eigenen Theologie folgen.

Kritisch bemerkt Balthasar zu Anselms Modell erstens, daß durch die Zentralität des Loskaufmotivs das bei den Vätern schon unbewußt vorhandene Problem „jetzt als bewußtes und unentbehrliches Moment"[37] auftaucht: Jesu Erlösungstod kann für Anselm nur wirksam werden, wenn Jesus mit der Sünde als solcher nicht in Kontakt kommt. „Weniger als je ist Jesus ‚Träger der Sünde'."[38] Sein Leiden ist nicht sacramentum, sondern vielmehr exemplum. Zum zweiten bemängelt Balthasar, daß Anselm das Verhältnis zwischen der souveränen Entscheidung der Gottheit zum Leiden und dem Gehorsam der Menschheit Jesu nicht ins Verhältnis zu setzen vermag. Es muß begründet werden, so merkt Balthasar an, warum sich Jesu Gehorsam an den Vater richtet, anstatt an die gesamte Trinität. Es räche sich, daß Anselm wegen des Axioms der Unveränderlichkeit Gottes keine Kenose des Gottessohnes annehmen kann. Hier wird Balthasars eigenes Modell Abhilfe zu schaffen versuchen, indem die innere Verbindung von ewiger processio des Sohnes aus dem Vater und zeitlicher missio des Sohnes in die Welt betont wird. Drittens

---

32 Vgl. ebd.

33 Vgl. a.a.O., 238f.

34 A.a.O., 239. Nicht Jesu Leben in Gerechtigkeit kann für Anselm die Erlösung bewerkstelligen, ein solches schuldet Jesus dem Vater ohnehin.

35 A.a.O., 239, Anm. 12.

36 A.a.O., 238.

37 A.a.O., 240.

38 Ebd.

kritisiert Balthasar an Anselms Modell, daß die Verbindung zwischen menschgewordenem Gottessohn und der Menschheit unzureichend ausgedrückt wird. Dies habe zur Folge, daß letztlich unerklärt bleibt, wie die Erlösungsgnade von Christus den Menschen zugeeignet werden kann.[39]

c. Die Neuzeit: Wunderbarer Tausch

Balthasar sieht die neuzeitlichen Erlösungsmodelle durch zwei gegenläufige Tendenzen charakterisiert.[40] Ein Strang der neuzeitlichen Theologie wolle biblische Vorstellungen, wie die vom Opfer, vom Lösegeld oder von der Genugtuung, die der Gegenwart unverständlich geworden sind, durch zeitgemäßere ersetzen. Andere neuzeitliche Theologen suchten die Diastase zu überwinden, welche in der Theologie der Kirchenväter Person und Tat Jesu von der Menschheit trennten. Beide Anliegen laufen Balthasar zufolge einander zuwider. Das erste Anliegen betone die ursprünglich ontisch, später personal-bewußtseinshaft verstandene „Solidarität" Jesu mit der Menschheit und verstehe Jesu Tod konsequenterweise als Folge seines Lebens.[41] Das zweite Anliegen hebe dagegen die Substitution, welche Christus für die Menschheit geleistet hat, hervor und wolle aus diesem Grunde die paulinische Kreuzestheologie neu zur Geltung bringen.

Balthasars Besprechung der unter dem Begriff der Solidarität zusammengefaßten Soteriologien erübrigt sich für unsere Zwecke, insofern diese ohne den Gedanken der Stellvertretung für Balthasar letztlich alle nicht wirklich in der

---

[39] Thomas von Aquin bringt für Balthasar Anselm gegenüber keine wirklich neuen Gesichtspunkte. Mehr als Anselm stelle er die Einführung in das göttliche Leben durch die Kindschaftsgnade und die Liebe Gottes als eigentlichen Initiator des Erlösungsgeschehens sowie biblische Überlegungen in den Mittelpunkt seiner Überlegungen. Es klärten sich auch einige bei Anselm problematische Punkte. So erkläre Thomas durch die Vorstellung von Christus als Haupt der Kirche und der persönlichen Gnade als gratia capitis, wie die Erlösungsgnade vom Gottessohn auf die Glieder seines Leibes übergehen könne. Auch relativiere Thomas das anselmische Verständnis der necessitas, die das Erlösungswerk hervorbringt: Gott hätte Thomas zufolge in einem freien Weltbeschluß durchaus auch einen anderen Heilsweg festsetzen können. Dennoch fehlt Balthasar auch in der Soteriologie des Thomas jede Berührung zwischen Christus und der Sünde. Jesus verliere trotz seines Leidens nie die selige Gottesschau. Die Gottverlassenheit Jesu am Kreuz wird für Balthasar somit keineswegs in ihrer ganzen Bedeutung erkannt. Positiv hält Balthasar fest, daß Thomas das zeitliche Leiden der Menschheit des Gottessohnes durch einen geheimnisvollen Zirkelschluß auf den Heilswillen Gottes Einfluß nehmen läßt. Christi Leiden gilt Thomas weder nur als ein Zeichen des göttlichen Versöhnungswillen, noch als ein „sakramentales Zeichen, das dieses Versöhntsein Gottes der Welt wirkkräftig zuwendet" (a.a.O., 245). Vielmehr sei der unberührbare Gott für Thomas durch ein weltliches Geschehen berührt, insofern „die ewige Liebe Gottes das in der Zeit vollbrachte Liebeswerk zur Versöhnung bestimmt, ..." (ebd.). Zu Thomas vgl. a.a.O., 241-245.

[40] Vgl. zu Balthasars Besprechung der neuzeitlichen Soteriologie a.a.O., 245-294.

[41] Als Vertreter der ersten Richtung nennt Balthasar Socin, Herder, Kant, Schleiermacher und, in der Gegenwart, H. Küng, E. Schillebeeckx, die „radikale Befreiungstheologie" und allen voran Karl Rahner, dessen Soteriologie Balthasar einen neunseitigen Exkurs widmet. Vgl. a.a.O., 253-262; *Williams*, 31-34.

Lage sind, „die Wucht der biblischen Aussagen wiederzugeben".[42] Es ist für unser eigenes Anliegen lediglich nötig, Balthasars Darstellung der Lutherschen Position zu resumieren, insofern sich Balthasars eigene dramatische Soteriologie im wesentlichen als eine Auseinandersetzung mit Luther verstehen läßt.

Balthasar sieht Luthers Anliegen darin, die Lücke, welche in der Theologie der Kirchenväter offengeblieben war, durch eine Radikalisierung des Motivs vom „wunderbaren Tausch" zu schließen.[43] Im Gegensatz zu den Vätern verstehe Luther den Tausch jedoch nicht mehr als einen solchen zwischen Christi Göttlichkeit und unserer Menschlichkeit – das Theologumenon von der Vergöttlichung des Menschen spiele keine Rolle –, sondern „als connubium zwischen dem Bräutigam Christus, der nie gesündigt hat, und dem ‚arm verachtet bösen Hürlein', der Seele":[44] Christus nehme die Sünde des Menschen auf sich und schenke diesem statt dessen seine Gerechtigkeit.

Im Gegensatz zu der ihm überkommenen Tradition führt Luther Balthasar zufolge den Tauschgedanken jedoch nur *„rein formal"*[45] durch. Luther unterscheide zwischen der Tat der Sünde, die im selben Moment nicht als „Vergessen und Verachten Gottes"[46] erfahren wird, und dem erst später durch das Hinzukommen des Gesetzes erwachenden Bewußtsein (conscientia) der Sünde. Christus habe zwar nicht die *Tat* der Sünde begangen, erscheine uns aber dennoch gänzlich als Träger der Sünde, insofern er sie als *Zustand* erfahren hat. Obwohl selbst sündlos, müsse Christus den Zorn Gottes aushalten. Luther geht nach Balthasar soweit zu sagen, daß Christus die „Versuchung zur Gotteslästerung in sich hinuntergewürgt hat".[47] Damit übernimmt Christus „die endgültige Situation des Sünders"[48] und macht die eigentliche Höllenerfahrung des Sünders durch. Christus wird zum Urbild des simul iustus et peccator, ist zugleich „höchst gerecht und höchst Sünder, höchst völlig Lügner und höchst wahrhaftig, zugleich höchst siegreich und höchst verzweifelnd, zugleich höchst selig und höchst verdammt".[49] Luther sieht nach Balthasar hierin „die konsequente Durchführung der chalkedonensischen Formel",[50] insofern Christus mit der menschlichen Natur die immer schon sündige und dem göttlichen Gericht verfallene Natur annimmt.

Um Christi Sieg über Sünde und Tod zu erläutern, ergänze Luther das Bild vom ehelichen Austausch zwischen Bräutigam Christus und Braut Seele

---

[42] TD III, 276.

[43] Balthasar bespricht die Soteriologie Luthers sowohl in der *Theodramatik* (a.a.O., 263-269) als auch im Zusammenhang der *Theologik* (TL II, 305-314). In beiden Werken lehnt sich Balthasars Darstellung eng an die Lesart der Theologie Luthers an, die Theobald Beer in seinem schon angeführten Werk vorgelegt hat. Balthasar preist dies zuhöchst fragwürdige Buch als „Fundgrube" (TD III, 263, Anm. 1) oder als „ein Werk, dessen Hellsicht wir viel verdanken" (TL II, 307, Anm. 9).

[44] TL II, 307.

[45] A.a.O., 308.

[46] Vgl. TD III, 264.

[47] *Luther*, WA 5, 612, zit. n. TL II, 308; vgl. auch TD III, 266.

[48] TL II, 308.

[49] *Luther*, WA 5, 602-603, zit. n. TL II, 308.

[50] TD III, 265.

durch das ebenfalls patristische Bild von der Menschheit Christi, die von der Gottheit dem Teufel als Köder angeboten und von diesem verschluckt wird, aber „dank der Idiomenkommunikation mit der Gottheit als tote lebendig ist und deshalb den teuflischen Tod von innen her überwindet."[51] Wichtig ist Balthasar an diesem Bild Luthers, „daß die sündentragende, gekreuzigte Menschheit Christi im dramatischen Vorgang rein passiv bleibt",[52] während der Sieg über den Teufel ganz auf Seiten der Gottheit liegt. Das Leiden der Menschheit Christi kann nur durch das Theologumenon der Idiomenkommunikation zum erlösenden werden. Doch Balthasar stößt sich auch hier daran, daß Luther in der Interpretation dieses Theologumenons neue Wege geht. „Aber wieder ist diese Idiomenkommunikation nicht die im Sinn der Tradition verstandene, sondern eine rein formale (die extremen Widersprüche vereinende), und damit ihrem wahren Sinn ‚verfremdete'."[53]

Die im Neuen Testament ausgedrückte und vor allem durch Anselm wieder hervorgehobene Notwendigkeit der menschlichen Teilnahme im Erlösungsgeschehen reduziert sich für Balthasar bei Luther in problematischer Weise auf reine Passivität. Das ist Balthasar zu wenig: „'Daß Christus in seiner Erniedrigung den Teufel, die Hölle und alles in sich selbst verzehrt, das ist *communio idiomatum*', die demnach von der Zweinaturenlehre weg zu einem rein dramatischen Aktualismus hin ‚verfremdet' wird."[54] Dieser Aktualismus drücke sich bei Luther in „abstrakten Paradoxen",[55] aber auch „durch eine christologische Psychologie"[56] aus, derzufolge sich gegenseitige Extreme in der Person Christi im Kampf miteinander befinden. Für Luther sei „Christus zugleich ‚tot und lebendig, zugleich verdammt und selig, zugleich in Schmerz und Freude, um so alles Böse in sich zu absorbieren und alles Gute aus sich zu verziehen'."[57]

Die Vorstellung vom Sünde-Werden Christi findet nach Balthasar ihre anthropologische Entsprechung in Luthers Lehre vom „Gerecht-Werden des Menschen durch den Glauben allein (*sola fide*)", welche „das schlechthinnige Prius der Tat Christi dem Menschen gegenüber" ausdrückt.[58] Wie der Tausch zwischen Christus und der Seele rein formal, noch vor der Bewußtwerdung durch den Sünder erfolgt, so kann sich dieser „dessen nur in einem ebenso formalen, aller Psychologie vorausliegenden, auch von jeder Liebe noch unberührten Akt reinen Glaubens versichern."[59] Balthasar betont, daß Luther streng zwischen „gratia" und „donum" unterscheidet, d.h. zwischen dem formal vollzogenen Tausch und der Gnadengabe des Heiligen Geistes, welche es dem Gerechtfertigten ermöglicht, die in ihm verbleibende Sünde zu bekämpfen und „das zu werden, was wir aufgrund der ersten Gnade fak-

[51] TL II, 309f. Vgl. TD III, 265
[52] TD III, 265.
[53] TL II, 310 mit Zitat aus *Beer*, 380.
[54] TD III, 266 mit Zitat aus *Luther*, WA 43, 579, 40ff.
[55] Ebd.
[56] Ebd.
[57] Ebd. mit Zitat aus *Luther*, WA 3, 426, 34-36.
[58] TD III, 267.
[59] TL II, 308.

tisch sind."[60] So komme es bei Luther zu einer durchgängigen Doppelung der Vorstellung von Sünde und Gerechtigkeit. Zu der von Christus hinweggenommenen Sünde trete die im Menschen noch verbleibende hinzu. Zu der von Christus ein für allemal vollbrachten Gerechtigkeit, die dem Menschen als gratia zugerechnet wird, komme die Gerechtigkeit, die aufgrund des in der Gnade liegenden Anspruchs auf Heiligkeit erforderlich und vom Menschen selbst zu erwerben sei und die im Bereich des donum verortet werde. Diese letzte Form der Gerechtigkeit ermögliche es Luther sogar, von Lohn und Verdienst zu sprechen.[61] In Parallelität zum christologischen Paradox komme es durch diese Unterscheidung auch im Gläubigen zu der Widerspruchseinheit, die sich in der Formel vom simul iustus et peccator ausdrückt. Der Gerechtfertigte ist zugleich Sünder, „was die Gleichsetzung der (nach der Taufe durchgehend verbleibenden) concupiscentia mit der (durchgehenden) Sünde voraussetzt."[62] Damit aber, so Balthasar, hebt Luther die Dramatik der Welterlösung auf, insofern diese „Personen und deren seinshafte Konstitution"[63] voraussetzt. Die sei bei Luther aber fraglich: „Ob der Mensch als Sünder und Gerechter einer oder zwei ist, ob er ein sich durchhaltendes Subjekt ist, ist nicht mehr auszumachen."[64]

In der Anthropologie wiederholt sich somit für Balthasar das schon in der Christologie angetroffene Phänomen, daß der Mensch rein passiv bleibt, während alle Aktivität auf Seiten Gottes liegt. In der Tat entfaltet Luther Balthasar zufolge seine Christologie nach dem Schema der Anthropologie und umgekehrt seine Anthropologie nach dem Schema der Christologie. Christus erscheine dadurch als das Gegenbild der erlösten Seele.[65] Hier beginnen jedoch für Balthasar die „Dunkelheiten und auch Inkonsequenzen"[66] der Tauschlehre Luthers. Was christologisch denkerisch möglich scheint, ist für Balthasar anthropologisch nicht mehr konsequent durchführbar. Obgleich der die Erlösung ergreifende Glaube bei Luther der Tat Christi keineswegs synchron sei – solches sei nur die objektive, der subjektiven Glaubensaneignung durch den Einzelnen vorausgehende Statusveränderung der sündigen Menschheit –, „kann Luther (durch eine ‚glückliche Inkonsequenz') nicht umhin, zu einem tätigen ‚Ergreifen', ‚An-sich-Reißen' des Glaubens und der in ihm enthaltenen Güter aufzufordern, was zweifellos nach einer Leistung des Menschen aussieht."[67] Letztlich müsse der glaubende Mensch deshalb doch auch für den Reformator aktiv werden und die für ihn vollbrachte, fremde Gerechtigkeit sich ergreifend aneignen. Dies brachte Balthasar zufolge die Theologie

---

[60] A.a.O., 309.

[61] Vgl. TD III, 267f und TL II, 309.

[62] TL II, 307.

[63] TD III, 268.

[64] Ebd. Vgl. TL II, 309.

[65] Balthasar erkennt hier eine Parallelität zu Rahners These, daß jeder christologische Satz auch ein anthropologischer und umgekehrt sei, „bloß daß hier alles – die ganze Theologie und Anthropologie – grundsätzlich auf Soteriologie und diese grundsätzlich auf das zentrale *commercium* reduziert ist" (TD III, 265).

[66] A.a.O., 267.

[67] Ebd.

nach Luther („Schon Luther selbst öffnet den Weg zu dieser Inkonsequenz ...") dazu, daß „man die christliche Anstrengung, der Sünde zu entkommen, aus dem Bereich des ‚donum', wo Luther sie anerkennt, in den Bereich der ‚gratia' einführte, aus dem er sie unbedingt verbannt wissen wollte."[68]

Aber auch im Blick auf die Christologie erweist sich für Balthasar Luthers Projekt letztlich als nicht durchführbar. Trotz seines formalen Festhaltens an der Zweinaturenlehre könne Luther nicht von einer die beiden Naturen verbindenden Hypostase sprechen. Die Idiomenkommunikation fände nur zwischen den beiden Naturen Christi statt, „ohne daß die identische Person des Sohnes die Vermittlung beider bewirkte."[69] Luther kenne konsequenterweise keinen „den leidenden Christus bis in die Gottverlassenheit begleitenden Sendungsgehorsam."[70] Darüber hinaus sei es Luther nicht möglich, einen Zusammenhang zwischen Menschwerdung und Sühnewerdung herzustellen, so daß in der Folge auch das thomanische Theologumenon von Christus als dem Haupt der Menschheit entfallen müsse.

Es ist für Balthasar angesichts dieser vermeindlichen Probleme nicht verwunderlich, daß Luthers Theologie in ihrer radikalen Form nicht weitergeführt werden konnte. Melanchthon entwickele das Verständnis der Gnade als imputatio, „holt" aber für Balthasar damit „Luthers ursprüngliche Intuition keinesfalls ein."[71] Was in der Folgezeit bleibe, sei der schon vor Luther bekannte Gedanke vom stellvertretenden Strafleiden Christi. Dieser werde über die anderen Reformatoren (Calvin, Melanchthon, später Quenstedt), aber auch von den Gegenreformatoren, bis in die Gegenwart – Balthasar nennt Karl Barth, Wolfhart Pannenberg und Jürgen Moltmann – weitergegeben. Richtig an der Idee des stellvertretenden Strafleidens ist für Balthasar die Erkenntnis der Tatsache, daß der Gedanke der Solidarität des Gottessohnes mit der Menschheit ohne den Gedanken der Substitution nicht genügt, um dem neutestamentlichen Zeugnis vom Kreuzesgeschehen gerecht zu werden. Dennoch bleibt für Balthasar die Frage offen, wie der Substitutionsgedanke dem heutigen Menschen erklärlich gemacht werden könne, denn diesem seien die antiken Opfer- und Sühnetheorien der Völker fremd geworden und Analogien im Naturbereich stünden nicht zur Verfügung.[72]

II. Dramatische Soteriologie

Balthasar geht es in seiner Deutung des Erlösungsgeschehens darum, die verschiedenen biblischen Erlösungsmotive gleichermaßen zu berücksichtigen.

---

68 TL II, 311.
69 Ebd.
70 A.a.O., 310.
71 TD III, 269.
72 Vgl. a.a.O., 276.

Der göttliche Sohn wird von den Menschen, aber auch vom Vater selbst um der Menschen Erlösung willen dahingegeben (1). Als Sündloser tauscht er den Platz mit den sündig gewordenen Menschen, auf daß diese gerecht werden (2). Die Menschen werden freigesetzt von allen Mächten der Sünde und des Kosmos, die sie knechten, und zwar in Form eines Loskaufes, welcher im Anschluß an alttestamentliche Opfervorstellungen eines „Blutopfers" bedarf (3). Sie werden aber nicht nur *von* den sie knechtenden bösen Mächten, sondern auch *zur* Teilnahme am göttlichen, trinitarischen Leben als Kinder Gottes befreit (4). In allem erweist sich das gesamte Erlösungsgeschehen als Auswuchs der alles umfassenden Liebe Gottes (5).

Um dieser Pluralität biblischer Motivik gerecht zu werden, entwickelt Balthasar eine „dramatische Soteriologie", die das Kreuzesereignis in einem doppelten Kontext verortet: zum einen im vertikalen Zusammenhang der Trinitätslehre, zum andern im horizontalen Kontext der Geschichte Gottes mit der Menschheit, von der Schöpfung über den Bund bis hin zum Triduum Paschale von Kreuz, Abstieg zur Hölle und Auferstehung zum Vater.

Die Balthasarsche Erlösungslehre wird hier in einem Zweischritt darzustellen sein. Zuerst besprechen wir ihre objektive Seite. Wir analysieren in einer Betrachtung des Kreuzesgeschehens, seiner Fortsetzung in Christi Abstieg in die Hölle und seiner Vollendung im österlichen „Gang zum Vater" das Wesen der Stellvertretung als zwischen-gott-menschliches und trinitarisches Geschehen. Unser besonderes Augenmerk wird auf die Frage nach dem Verhältnis von göttlichem Zorn und göttlicher Liebe gerichtet. In einem zweiten Teil wenden wir uns der subjektiven Seite der Erlösung zu und ergründen die Frage, wie die exklusiv durch Christus für uns vollbrachte Erlösung durch Vermittlung der Kirche zu einer inklusiven werden kann, an der wir selbst von Gott beteiligt werden. Wir beschäftigen uns in diesem Zusammenhang mit Fragen der Mariologie, der Eucharistie und der Ekklesiologie.

1. Das Erlösungshandeln Gottes: Theologie der drei Tage

Ausgangspunkt für Balthasars soteriologische Überlegungen ist das biblische Motiv von der göttlichen Liebe als Motor des Erlösungsgeschehens. Die im vorangegangenen Kapitel beschriebene Trennung des Sünders von Gott kann Gott nicht unbetroffen lassen.[73] Der vorausgehende „einhellige trinitarische Heilsbeschluß"[74] führt zur ökonomischen Sendung des Sohnes in Inkarnation, Kreuz und Auferstehung, welche allein das Weltdrama vor dem Scheitern bewahren kann. Die ökonomische Trinität muß das Drama der Weltent-

[73] A.a.O., 306. Vgl. TD II,1, 70-80. Hier sieht Balthasar eine Parallele zur Dramenliteratur, welche den Tod in seinen verschiedenen Bedeutungsinhalten ebenfalls ins Zentrum rückt. Vgl. TD I, 345-436.

[74] TD II,2, 172.

fremdung durchspielen. Gott versöhnt *durch* die dramatischen Ereignisse von Kreuz und Auferstehung die Welt mit sich und sich mit der Welt. Der Gottessohn muß seine eigene Göttlichkeit hinter sich lassen und selbst auf der Weltbühne erscheinen.

Im Anschluß an den Ersten Petrusbrief (1,19f) argumentiert Balthasar, daß das zu opfernde Lamm tatsächlich schon vor Erschaffung der Welt in einer „vorbehaltlosen Übereinstimmung der vollkommenen Liebe“[75] dazu auserwählt ist, die Welt mit Gott zu versöhnen. Alle drei göttlichen Personen entscheiden sich „durch eine gegenseitige Einfügung der ‚Gesichtspunkte‘ der Personen“[76] gemeinsam zur erlösenden Sendung des Sohnes in die Welt. „Eine (freie) Schöpfung kann überhaupt nur vom ganzen dreieinigen Gott entworfen und beschlossen werden, wobei man diesen Beschluß mit Recht als von Ewigkeit gefaßt ansetzt.“[77] Das Leiden des Gottessohnes am Kreuz ist diesem nicht aufgezwungen, vielmehr ist seine „‘Bereitschaft‘ (als aktivsprungbereiter ‚Gehorsam‘) … als spontanes ‚Angebot zu‘“[78] zu verstehen. Der Sohn wählt in seiner göttlichen Freiheit selbst den Weg der Menschwerdung. Balthasar kann sogar sagen, daß „der Vater als gleichsam Bittender dem Sohn die Initiative zugleich des Selbstangebotes und des Gehorsams an den Vater ließ.“[79]

a. Karfreitag

aa. Der Tod als Mitte des Erlösungsgeschehens

Die Handlung des Theodramas muß sich Balthasar zufolge um den Tod drehen. Dieser werde nach dem Neuen Testament durch die Sünde verursacht, er „reißt das Menschenwesen, wie es Gott vor Augen steht, mitten entzwei“.[80] Das menschliche Leben erhält erst im Tod und dem Gericht Gottes Sinn und endgültige Ausrichtung. Die Rettung des Menschen muß deswegen durch Christus im Hiatus des Todes und nicht schon in der Menschwerdung vollzogen werden.[81] Im Tod liegt „die Mitte des Spielraums, der Ort der dramatischen Wende und Entscheidung“[82] des Theodramas: „die Mitte dieser wiederherstellenden Tat ist notwendig die Bruchstelle selber: Tod, Hades, Verlorenheit in Gottferne.“[83] Alles muß darauf ankommen, wie Gott in der

---

75 A.a.O., 473. Vgl. TD IV, 227.

76 TD IV, 83.

77 TD III, 307.

78 Ebd.

79 TD IV, 84. Vgl. a.a.O., 224.

80 MP, 135. Vgl. TD II,2, 44.

81 Der Tod ist die Stelle, „an der der sündige und sterbliche Mensch ‚am Ende‘ ist“, weswegen gilt: „das mittendurch zerbrochene Bild kann nur von Gott her, vom ‚zweiten Adam aus dem Himmel‘ wiederhergestellt werden“ (MP, 135).

82 TD II,2, 44.

83 MP, 135.

Kenose des Sohnes den menschlichen Tod „unterfassen“,[84] überwinden und umwerten kann.[85]

Am Kreuz und dem sich daran anschließenden Abstieg Christi in die Hölle macht sich der Gottessohn die Tragik des menschlichen Lebens zu Eigen, um sie in seinem Liebesgehorsam zu überwinden.[86] Nicht die Kreatürlichkeit als solche, sondern das konkrete Menschenschicksal, die durch Sünde und Tod geprägte conditio humana, nimmt Christus an, um den Menschen Erlösung zu schaffen.[87] Die Sendung des Sohnes in die Welt findet also in einem qualifizierten Sinne durchaus um der Sünde willen statt. Daraus darf für Balthasar aber nicht gefolgert werden, daß der Vater den gewaltsamen Tod des Sohnes durch Menschenhand wollte.[88] Es verbietet sich für Balthasar überhaupt, darüber zu spekulieren, ob Christus nur um der Erlösung der Menschen von der Sünde willen Mensch geworden ist oder er sich auch in einer sündlosen Menschheit inkarniert hätte. Wenngleich der Logos in der geltenden Heilsordnung um der Erlösung der Menschen von der Sünde willen Mensch geworden ist, so wird „sein Menschwerden … letztlich nicht von diesem Motiv bedingt, sondern durch die alles Weltliche übersteigende freie und großherzige Liebe Gottes.“[89]

Der von Christus erlittene Tod darf nun für Balthasar nicht als der quasinatürliche Tod des alttestamentlichen Sterbenden mißverstanden werden. Es geht beim Erlösungsleiden nicht um das „Vollzogenhaben eines finalen Aktes der Selbsthingabe des menschgewordenen Sohnes an den Vater …, wie ihn jeder menschliche Tod – mehr oder weniger ratifiziert durch das Individuum – strukturhaft in sich trägt …“[90] Balthasar lehnt ebenfalls eine Vorstellung ab, die er bei Anselm von Canterbury oder Karl Rahner findet: „keinesfalls kann die Stellvertretung nur als ein von der Finsternis der Sünde getrenntes, durch reine Verdienstlichkeit sie überwiegendes Werk angesehen werden …“[91] Die Sühne könne nicht über die ontisch oder juridische „Würde“, die Unschuld oder Freiheit der Person Christi begründet werden. Solidarität mit den Verlorenen heißt für den Gottessohn mehr als nur „äußerlich-stellvertretend für sie sterben“.[92]

---

84 TD IV, 297.

85 Vgl. TD II,2, 44: „Wenn es, vom Menschen her betrachtet, je eine (schuld-)todlose gnadenhafte Vollendung seines Wesens in der Eröffnung des Gnadenraumes Gottes gegeben hat, ist sie jetzt so sehr verschollen, daß für die Eröffnung dieses Raumes, von Gott her betrachtet, keine andere als eine staurologische Form mehr vorgesehen ist.“

86 Vgl. TD II,1, 48.

87 Vgl. MP, 134-136 u. 142f.

88 Vgl. TD IV, 226f.

89 TL II, 154. Vgl. TL II, 212f. Vgl. auch TD II,2, 232f: „Die Schrift spricht nie anders als in der Zusammenschau beider Momente: daß Christus als der Erlöser der Menschheit kam, aber ihr keinesfalls einen bloßen Nachlaß der Schuld erwirkte, sondern vielmehr die Fülle aller göttlichen Güter …, die der Vater uns wie selbstverständlich mitschenkt, wenn er seinen einzigen Sohn für uns dahingibt.“ Vgl. auch a.a.O., 43.

90 MP, 160.

91 TD III, 312.

92 MP, 223.

Auf der anderen Seite verwirft Balthasar aber auch die Idee Luthers, daß es sich bei der Stellvertretung um „eine Identifikation des Gekreuzigten mit dem aktuellen Nein der Sünde selbst … (das nach Luther in Jesus wenigstens aufsteigt und von ihm ‚hinuntergewürgt' wird)"[93] handelt, so daß Christus geradezu mit der Sünde selbst identisch würde. Die von Gott vollbrachte Erlösung der Menschen besteht vielmehr darin, daß der göttliche Sohn in die von ihm selbst geschaffene Welt kommt, Mensch wird und die *Situation* des Sünders innerlich übernimmt. Da sich die Sünde für den Menschen primär darin äußert, daß dieser aus der liebenden Gottesgemeinschaft herausfällt und der Gottlosigkeit verfällt, kommt es für den menschgewordenen Sohn konkret darauf an, diese negative Gottlosigkeit der Menschen selbst zu erfahren. Am Kreuz muß Gott von Gott verlassen sein, um so mit den Sündern, die Gott verlassen haben, solidarisch zu werden, mehr noch, für sie stellvertretend die vollkommene Gottverlassenheit zu erleiden.[94]

Das Erlösungsdrama beginnt im Innern Jesu mit der Vereinsamung gegenüber dem Gott, der sich bis zur Kreuzigung und der Höllenfahrt zunehmend entzieht.[95] Hier, am Ölberg, wo für Jesus die „Stunde" schlägt und er den Kelch trinkt, kommt es zum „Einlaß der Weltsünde in die leib-seelisch-personale Existenz des Stellvertreters und Mittlers."[96] Jesu wird von einer „abgründigen Angst" vor der „Schmach" und „Schande" des Fluchtodes befallen.[97] In Anschluß an Bonaventura argumentiert Balthasar, daß Christus in der Ölbergangst so sehr mit den Sündern leidet, „daß deren realer bevorstehender Gottverlust (poena damni) von der menschgewordenen Liebe Gottes in Gestalt eines timor gehennalis übernommen wird: indem die Sünde der Welt ihm ‚aufgeladen' wird, unterscheidet Jesus sich und sein Schicksal nicht mehr von dem der Sünder … und erfährt dergestalt die Angst und das Grauen, das von Rechts wegen sie zu empfinden hätten."[98] Christi Tod ist nichts weniger als der „Absturz des ‚Verfluchten' (Gal 3,13) von Gott weg."[99] Da die Schau des Vaters in der Menschwerdung vom Sohn beim Vater hinterlegt wurde und fortan nur noch verhüllt vorhanden ist, Christus zudem während seines Erdendaseins um seine gottessohnliche Identität nur

93 TD III, 312f.

94 Vgl. TD IV, 235: „Einzig der Gott-Mensch kann die ganze Gottfremde der Weltsünde in seiner Differenz gegenüber dem Vater wegsühnen, sowohl in Ganzheit für alle, wie in Ganzheit für jeden Einzelnen."

95 Vgl. MP, 193f.

96 A.a.O., 194.

97 Vgl. a.a.O., 198.

98 A.a.O., 196f. Balthasar zitiert *Bonaventura*, In 3 Sent. d. 16 a. 2 p. 2 concl. (Quaracchi III, 356). Vgl. auch Balthasars ausführliche Beschäftigung mit der Theologie Bonaventuras im Rahmen der theologischen Ästhetik H II,1, 265-361, und hier zum Kreuz besonders a.a.O., 353-361. Zur Kreuzestheologie Bonaventuras siehe das oben schon zitierte Werk von W. Hülsbusch.

99 MP, 159. Mit A. v. Speyr betont Balthasar, daß die Trennung des Sohnes vom Vater „nicht nur leiblich-sinnlich, sondern geistig erfahren wird, sonst wäre die Passion ‚nichts weiter als eine physische Prozedur; der Sohn würde lediglich wie ein Stoiker oder Fakir eine Folter über sich ergehen lassen'" (TD IV, 237f mit Zitat aus *Speyr*, Johannes, Bd. 2, 141).

vermittelt durch seine Sendung aus dem Vater weiß, kann es trotz der Identität von sohnlicher missio und processio tatsächlich zur „Sichtlosigkeit des Kreuzes“[100] kommen.

Wenngleich vom Alten und Neuen Bund her Annäherungen an die Nachterfahrung Jesu gefunden werden können, ist die Erfahrung der Gottlosigkeit der Sünder durch Christus für Balthasar ohne Parallele in der Heilsgeschichte.[101] Balthasar kann mit Luther und Calvin sagen, daß Jesus die Hölle selbst erfährt, „gar deren letzte Steigerung (Quenstedt).“[102] Jesus erfährt den Tod anders und doch tiefer und radikaler als alle anderen Menschen.[103] Seine Erfahrung der Gottlosigkeit entspringt nicht der eigenen Sünde und ist insofern nicht mit der Gottlosigkeit der Sünder identisch. Da er jedoch stellvertretend für alle Sünder die absolute Gottlosigkeit erfährt, er, der sein Leben in vollkommenem Gehorsam dem Vater gegenüber lebte, mißt seine Liebe einen Abgrund der Gottverlassenheit aus, der größer nicht sein könnte.

Leistet Christus mit seinem Erleiden der absoluten Gottverlassenheit Stellvertretung für die gesamte Menschheit, so ist ihm dies nur aufgrund seiner gottmenschlichen Identität möglich.[104] Die hypostatische Union ist m.a.W. die „Bedingung der Möglichkeit eines realen In-sich-Tragens der Gesamtschuld“[105] der Menschheit. In Christus leidet Balthasar zufolge „Gott als *Mensch* … und Gott *nur* als Mensch … Aber nicht Gott mit irgendeinem Menschen zusammen, sondern Gott, der absolut Einzige, in diesem absolut einzigen Menschen, der deshalb der Einzige ist, weil er Gott ist.“[106] Die Erlösung setzt somit christologisch die Zweinaturenlehre voraus. Diese ist aber wiederum nicht ohne die Trinitätslehre zu denken. Denn es gilt, richtig verstanden: „Unus de Trinitate passus est.“[107] Die Trinität der göttlichen Personen ist für Balthasar daher im Erlösungsgeschehen direkt beteiligt, sie bleibt „nicht gleichsam ‚unbehelligt‘ oberhalb des Kreuzesgeschehens schweben“,

---

100 TD IV, 107. Vgl. a.a.O., 234: „In der Hinterlegung löst sich auch das Rätsel eines ökonomischen Nichtwissens des Sohnes: es erfolgt um des Gehorsams willen.“ Vgl. a.a.O., 108 u. 232f. Hierin widerspiegelt sich Balthasar und Speyr zufolge die anthropologische Grundwahrheit, derzufolge „das Überraschtwerden vom Ereignis“ (TD IV, 234 mit Verweis auf *Speyr*, Isaias, 91-92) zum Menschsein selbst gehört.

101 Vgl. MP, 160. Zu den Nachterfahrungen im Alten und Neuen Bund vgl. MP, 175-182.

102 TD III, 313. Balthasar weist jedoch daraufhin, daß Jesus in gewisser Weise auch das Gegenteil der Hölle erfährt, insofern die Gottverlassenheit den Menschen durch Jesu Erlösungsleiden gerade erspart wird.

103 Vgl. ebd.

104 Vgl. MP, 160f u. 224.

105 MP, 194. Diese setzt wiederum ein Dreifaches voraus. Erstens, daß das ganze menschliche Bewußtsein durch den Logos und seine ewige Liebesgesinnung gegenüber dem Vater bestimmt ist. Zweitens, daß die menschliche Natur ganz und gar als Raum für das reine Mitleiden des Gottessohnes mit den Menschen zur Verfügung steht. Und drittens, daß eine echte Solidarität oder Kommunikation zwischen der durch den Logos angenommenen Menschennatur und der realen Gesamtmenschheit besteht. Vgl. a.a.O., 197.

106 A.a.O., 224f.

107 Vgl. DH 401 u. DH 263. Vgl. zu dieser Formel neben dem oben schon zitierten Beitrag von W. Elert *J. Chéné*, Unus de trinitate passus est, in: RSR 53 (1965): 545-588; *J. Meyendorff*, Eastern Christian Thought, Washington – Cleveland 1969, 59-67.

als ob „Christus oberhalb seiner Gottverlassenheit noch die *visio beatifica* genießt".[108] Die Lösung des durch die menschliche Sünde ausgelösten Theodramas findet in letzter Konsequenz „innerhalb der von keinem Geschöpf erahnbaren Tiefe der Beziehung der göttlichen Hypostasen"[109] statt. Nur der Gottessohn selbst, der aus dem intimsten Verhältnis mit dem Vater herkommt, kann eine Gottverlassenheit erfahren, die „jenseits von Scheol und Gehenna" liegt.[110] Christus unterwandert das menschliche Schicksal jeder möglichen Gottferne und Gottentfremdung kraft seiner absoluten Distanz vom Vater, welche aus der trinitarischen Einheit mit dem Vater im Geist entspringt. „Eine solche Distanz ist aber nur innerhalb der ökonomischen Trinität möglich, die das absolute Anderssein der innergöttlichen Personen voneinander ins Heilsgeschichtliche transponiert, unter Einbeziehung – und damit Aussöhnung – der sündigen Distanz von Gott."[111]

Die zwischengöttliche Distanz der immanenten Trinität ist für Balthasar in der Tat so groß, daß jede Distanz innerhalb der Schöpfung sich nur innerhalb dieser ersten Distanz ereignen kann. Wo sich das sündige Nein der Kreatur zu seiner Selbstverdankung aus Gott an die Stelle des sohnlichen Ja zum Vater schiebt, dort braucht der menschwerdende Sohn seine Stelle innerhalb der Trinität nicht zu verlassen, um sich stellvertretend und erlösend an die Stelle des Sünders zu versetzen. „Er kann es aufgrund seines *topos* innergöttlicher absoluter Differenz vom schenkenden Vater."[112] Weil das göttliche Leben von Ewigkeit her dramatisch ist, kann Gott aus sich heraustreten und doch in sich verbleiben. Balthasar sieht darin eine „trinitarische Unterwanderung"[113] des Weltgeschehens durch Gott. „Nur weil Schmerz und Tod Gott selbst innerlich sind, und zwar als flüssige Form der Liebe, kann er Tod und Schmerz durch seinen Tod und seine Auferstehung besiegen … Schmerz und Tod sind nicht kraft einer ewigen Gleich-Gültigkeit seines Wesens überholt, sondern deshalb, weil sie von Gott her, kraft seiner absoluten Freiwilligkeit, ewig Sprache … seiner Herrlichkeit sind."[114]

Im Gang ans Kreuz und in die Hölle geht Gott ins absolut Gottfremde und Verworfene, und doch kommt in der Abwendung von Vater und Sohn ökonomisch nichts anderes als deren gegenseitige Zuwendung im Geist zum

---

108 TD III, 310.

109 A.a.O., 313.

110 TD IV, 232.

111 Ebd. Vgl. a.a.O., 299: „Die Lehre von Gottes Dreieinigkeit, die eine ganz neue, rein christliche Form der negativen Theologie ist, bleibt als Lehre der Erweis der absoluten Tat Gottes, kraft derer Gott künftighin die Sünde der Welt im Licht des unterfassenden Sterbens des Sohnes sehen wird."

112 TD III, 310. Vgl. TD IV, 223.

113 TD III, 309.

114 *F. Ulrich*, Persönlicher Brief an Hans Urs von Balthasar, zit. n. TD IV, 221f. Vgl. TD IV, 301: „Das ganze Geheimnis der Todes-Nichtigung des Sohnes darf somit, abschließend, nicht bloß als ein solches der ‚Erlösung' (von der Todesnichtigkeit dieser weltlichen Existenz) verstanden werden, es ist erlösend nur, sofern es als letzten Sinn-Horizont die alles umgreifende trinitarische Liebe Gottes offenbart."

Tragen.[115] Der Sohn erfährt die Gottverlassenheit des Menschen, geradezu dessen Hölle, und diese Erfahrung ist aufgrund der trinitarischen Beziehung zum Vater tiefer als der Mensch sie je erfahren hätte, hätte der Gottessohn nicht die Erlösung vollbracht. Dabei drückt der restlose Gehorsam des Sohnes die tiefste Verbindung des Sohnes mit dem Vater aus.[116] Deshalb gilt: „[I]n der Kreuzesverlassenheit wird, als in der höchsten kreatürlichen Negativität, die höchste Positivität der trinitarischen Liebe offenbar."[117]

Indem Christus seinen ewigen Liebestod zum Sündentod in der Gottlosigkeit werden läßt, nimmt er diesen in den gegenseitigen innergöttlichen Tod der Hingabe auf.[118] Der in selbstloser Liebe handelnde Gott erleidet in der Person des Sohnes durch Platztausch den Tod des Sünders und gibt diesem Sündentod durch seinen eigenen Liebestod eine neue Bedeutung. Dadurch „erfolgt eine vollkommene Umwertung des Todes und seines Reiches, und entsprechend auch eine solche des Daseins als ‚Sein zum Tode'."[119] Christus nimmt durch seinen eigenen, aus Liebe erlittenen Sühnetod dem Sündentod der Menschen den „Stachel" und führt die Menschen in das trinitarische Leben sich gegenseitig aufopfernder Liebe ein.[120]

bb. Liebe und Zorn Gottes

Nun gilt es für Balthasar, das Erlösungsleiden Christi am Kreuz unter einem weiteren Gesichtspunkt zu betrachten. Für Jesus äußert sich die stellvertretende Gottverlassenheit im Horizont der alttestamentlichen Offenbarung des in seiner Liebe eifersüchtigen Gottes vor allem in der Erfahrung des göttlichen Zorns.[121] Die biblische Rede vom Zorn Gottes darf für Balthasar kei-

[115] Vgl. TD II,2, 485; TD IV, 243. Vgl. TD III, 312: „wobei im Mysterium der Verfinsterung und Entfremdung zwischen Gott und dem sündentragenden Sohn als eigentlicher Stelle der Stellvertretung die allmächtige Unmacht der Liebe Gottes aufscheint: was ‚erfahren' wird, ist das Gegenteil dessen, was faktisch geschieht."

[116] Vgl. TD III, 325: „In dieser zornhaften Entfremdung sind sich Vater und Sohn im gemeinsamen Liebeswerk an der Welt ökonomisch näher als je …"

[117] TD IV, 473. Vgl. a.a.O., 228: „Jesu Tod, auch sein bitterster Tod in Verlassenheit, ist so gesehen reiner Ausdruck seiner ewigen, trinitarischen Lebendigkeit." Balthasar spricht mit A. v. Speyr auch davon, „daß sein ganzes, ins äußerste gehendes Leiden eine Folge, ja geradezu ein Ausdruck seiner ewigen dreieinigen Freude ist" (a.a.O., 228). Eine Analogie dazu besteht für A. v. Speyr im Schmerz der Gebärenden, welcher sich zwischen die Liebe zum Mann und die Liebe zum Kind schiebt. So kann von der Passion Christi geradezu als etwas Weiblichem gesprochen werden. Vgl. a.a.O., 229. Insofern eine göttliche Person reine Relation ist und ihre Seligkeit im „Hingabe-*Sein*" findet, kann Balthasar sagen: „die Übernahme des Todes im Schmerz der Gottverlassenheit kann für den Sohn (und die andern göttlichen Personen) nicht nur ein aus absoluter Liebe und Freude übernommenes ‚fremdes' Werk sein, sondern ein Ausdruck der eigensten Lebendigkeit" (a.a.O., 230f).

[118] A.a.O., 227. Vgl. Epilog, 85. Die verschiedenen Aspekte, die dem Tod eignen, sind im weltlichen Drama vorgeschattet. Vgl. TD I, 345-387.

[119] Epilog, 85.

[120] Vgl. TD III, 295.

[121] R. Schwager hat auf die Abhängigkeit Balthasars von Karl Barth in der Betonung des Zorns Gottes im Zusammenhang des Erlösungsgeschehen aufmerksam gemacht. Vgl. *Schwager*, Der wunderbare Tausch, 292f.

nesfalls vorschnell ad acta gelegt werden, unter dem Vorwand etwa, daß sie sich nicht mit dem Axiom der Unveränderlichkeit Gottes vertrage. Unter Verweis auf die Schrift *De ira Dei* des Kirchenvaters Laktanz argumentiert Balthasar: „... ein Gott, der nur liebte und das Böse nicht haßte (‚eine gar gewinnende und einschmeichelnde Rede'), würde sich selbst widersprechen ..."[122] Auch ist es für Gott nicht möglich, in der Welt ein Gesetz von Lohn und Strafe zu erlassen, ohne dieses „gleichsam ohne sein Zutun walten"[123] zu lassen. Ein gnädiger Gott muß auch zürnen können, wobei Gottes Zorn nicht als „irrationaler Affekt"[124] verstanden werden darf. Gott wird nicht von seinem Zorn beherrscht, sondern herrscht über diesen.

Balthasar versteht den Zorn Gottes im Anschluß an verschiedene alt- und neutestamentliche Schriftstellen als die notwendige Kehrseite der göttlichen Liebe.[125] Hat sich Gott in Liebe und Gnade auf das Geschöpf eingelassen, dann muß er um seiner eigenen Treue und Wahrhaftigkeit willen der Sünde zürnen, anstatt sich gleichgültig von seinem Werk abzuwenden.[126] Er muß die Sünder als solche verwerfen, um ihnen seine Gnade zuwenden zu können. Damit wird der Zornstrahl Gottes zum Gericht über die sündigen Menschen.

Am Kreuz erfährt Christus den göttlichen Zorn, den er während seines Erdenlebens selbst verkündete.[127] Er erleidet diesen Zorn sowohl von Seiten

---

122 TD III, 315.

123 A.a.O., 316.

124 Ebd. Vgl. zu der von Schwager u.a. im Rekurs auf den von Klaus Koch für das Alte Testament hervorgehobenen Sünde-Unheil-Zusammenhang geäußerten Kritik *Schwager*, Der wunderbare Tausch, 309-312.

125 Vgl. TD III, 317: „Gerade die bis auf den Grund sich offenbarende Liebe im Herzen Gottes zeigt die absolute Entschiedenheit seines Widerstandes allem gegenüber, was sie verletzt; und gerade die trinitarische Gestalt dieser Liebesoffenbarung in Jesus Christus erlaubt uns, die Einheit von Liebe und Zorn als notwendig einzusehen." Balthasar verweist a.a.O., 316f (vgl. TD IV, 240f) auf Jes 54,9; Ps 30,6; Hos 11,8ff; Jer 31,20; Hebr 10,31; Jk 4,12; Lk 22,5 und Mt 10,28.

126 Vgl. MP, 209f. Im Alten Testament richtet sich der dem Eifer Gottes verwandte Zorn vor allem gegen das bundesbrüchige Israel und erweist sich damit als Funktion des liebenden Bundesschlusses. Im Neuen Testament ist Balthasar zufolge sowohl vom Zorn Jesu als auch vom Zorn Gottes die Rede. Jesu Zorn wird in ganz verschiedenen Zusammenhängen thematisiert. Jesu Zornausbrüche gegenüber seinen ganz verschiedenen Gegnern weisen jedoch alle ein gemeinsames Merkmal auf: Sie geschehen immer dann, wenn die sich in Jesus offenbarende Liebe des Vaters, der Heilige Geist, verletzt wird. Vom göttlichen Zorn wird im Neuen Testament zudem in differenzierter Weise gesprochen. Während Balthasar bei den Synoptikern eine stete Steigerung zwischen Liebe und Zorn feststellt, derzufolge ein je größeres Erbarmen Gottes bei seinem Zurückgewiesen-Werden einen je größeren Zorn auslöst, komme es bei Johannes zu einem statischen Gleichgewicht zwischen göttlicher Liebe und Zorn. In der Apokalypse schließlich werde der Zorn Gottes vollends offenbar, wenn das Lamm Gottes in die Schlacht gegen die widergöttlichen Mächte reitet und die „Weinkelter des Zornes des Grimmes des allmächtigen Gottes" tritt (19,11.15). Die Offenbarung hebe aber gleichzeitig hervor, daß das Lamm den Zorn Gottes ausführen kann, weil es ihn ursprünglich selber getragen hat und als „geschlachtetes" oder „erwürgtes" auf dem Thron sitzt. Vgl. zum Ganzen TD III, 317-320.

127 Vgl. TD IV, 241.

Gottes als auch der Menschen.[128] In Übernahme des Zorns erfüllt er seine Sendung aus dem Vater und zeigt sich gleichzeitig mit den Sündern solidarisch.[129] Der Sohn erfährt die Hoffnungslosigkeit des menschlichen Neins gegen Gott und das gnadenlose Nein der göttlichen Gnade gegen diesen menschlichen Widerstand. „Der Sohn, der sich ganz auf den Vater ver-lassen hat (bis zur Identifikation mit den Brüdern in ihrer Verlorenheit), muß gerade jetzt vom Vater verlassen sein. Er, der sich vom Vater ganz hat ver-geben lassen, muß jetzt fühlen, daß es ‚ver-gebens' war."[130] In der subjektiv von Christus erfahrenen Vergeblichkeit seines Leidens leuchtet jedoch die Vergebung auf. Gott selbst bereinigt die Sünde, indem er in Christus als Richter auf die Seite der Gerichteten tritt, „um Gottes Sache für sie auszufechten."[131] Wird Christus als menschgewordener Gottessohn vom göttlichen Zorn getroffen, so nimmt er ihn kraft seiner göttlichen Identität in die innertrinitarische Liebesbeziehung von Vater und Sohn auf, wo er aufgelöst wird. „Indem der Zorn Gottes ihn anstelle der Unzähligen trifft, zerspaltet Gott ihn wie einen Blitzstrahl in die Unzähligen hinein: hier erschafft Gott der Vater im Heiligen Geist die Eucharistie des Sohnes, die seine Inkarnation erst wirklich vollendet."[132] Der Widerspruch der Sünde scheint die Gottheit zu entzweien. Die eucharistische Aufhebung der sündigen Welt in die trinitarischen Beziehungen der göttlichen Personen hinein erzeugt nachgerade einen scheinbaren „Widerspruch in Gott selbst".[133] In den innertrinitarischen Beziehungen kommt es jedoch zur „Transfiguration"[134] des Neins der Sünder durch Christus. „Der Zorn Gottes gegen die Verneinung der göttlichen Liebe trifft auf eine göttliche Liebe, die des Sohnes, die sich diesem Zorn aussetzt und ihn entwaffnet und buchstäblich gegenstandslos macht."[135] Dabei bleibt nur die „Grenzmöglichkeit" offen, daß ein Sünder sich so mit seiner Sünde identifiziert, daß es der trinitarischen Liebe nicht zu gelingen vermag, diesen in sich mitaufzunehmen.

---

128 Vgl. TD III, 322 mit Verweis auf *Barth*, KD II,1, 443. Hier finde sich Jesus in der Nachfolge der Propheten, die nicht nur das jeweilige Pathos Gottes der Welt gegenüber zum Ausdruck brachten, sondern gleichzeitig die Welt vor Gott vertraten, so daß sie von dem offenbarten Zorn Gottes „wie zerrissen" (TD III, 321) wurden. Balthasar stellt in der Entwicklung von den Propheten über den Gottesknecht bei Deuterojesaja bis zur Menschwerdung einen „immer tiefern Abstieg auf der ‚Treppe des Gehorsams'" fest, der durch einen „immer tieferen Abstieg des Zornes Gottes in den mittlerischen Menschen" ergänzt werde: „so weit, daß er das Zorneswort nicht mehr (wie Jeremia und Jesus während der Periode seines öffentlichen Wirkens) durchzugeben hat, daß er nicht einmal mehr für die Gestraften, Verworfenen fürbitten darf ..., sondern der Zorn vom Gottesknecht nur noch erlitten werden muß ..." (ebd.).

129 Vgl. TD III, 324.

130 A.a.O., 325.

131 MP, 210.

132 TD III, 324f.

133 A.a.O., 325.

134 A.a.O., 326.

135 Ebd.

cc. Die Preisgabe des Gottessohnes

Wie kann es zum Tragen der Sünde und dem Erleiden des Gotteszorns durch den menschgewordenen Gottessohn kommen? „Es kann ja nicht der Wille des Sohnes sein, mit dem Nein der ganzen Welt vor dem Vater zu erscheinen, sondern nur, den Willen des Vaters – die Sendung – bis in die äußerste Finsternis hinein zu erfüllen.“[136] Wer also, fragt Balthasar, hat dem Sohn die Sünde aufgeladen?

Balthasar hält dafür, daß es zuerst die gesamte, theologisch betrachtet sich aus Juden, Heiden und Christen zusammensetzende Menschheit ist, welche dem Gottessohn ihre Sünde auflädt. Die durch Judas repräsentierten Christen überliefern Jesus den Juden, die Juden überliefern Jesus den durch die Römer repräsentierten Heiden, die Heiden schließlich überliefern Jesus dem Tod.[137] Einer schiebt Jesus an den nächsten weiter. „Niemand will es gewesen sein. Und gerade so werden alle ihrer Schuld überführt.“[138] Diese Preisgabe durch die Menschheit kann für Balthasar mit René Girard als „Sündenbock-Mechanismus“ erklärt werden oder auch mit Wolfhart Pannenberg in dem Sinne, daß sowohl Juden als auch Römer mit Notwendigkeit für die Kreuzigung des Gottessohnes verantwortlich zu machen sind: „eben aufgrund des von ihnen bis ans Ende (buchstäblich) befolgten göttlichen Gesetzes müssen die Juden diesen Messias als Lästerer verwerfen … und die Römer den gleichen Mann als Aufrührer gegen die göttliche Staatsordnung kreuzigen.“[139]

---

136 A.a.O., 311.

137 Diese dreifache Überlieferung ist Balthasar zufolge für die Urchristen so wichtig, daß sie sich nach dem biblischen Zeugnis nochmals bei Paulus wiederholt. Vgl. MP, 204.

138 A.a.O., 205.

139 TD III, 311. In Girards Konzeption, derzufolge die Menschheit (nicht aber der gewaltlose Gott-Vater) die Schuld auf Jesus als den Sündenbock überträgt, ist nach Balthasar „die Übertragung der Weltschuld von der Menschheit her auf Jesus“ in Parallelität zu den rituellen Opfern der alten Religionen lediglich „eine psychologische Entlastung“ (a.a.O., 288). Daran schließt sich jedoch für Balthasar die Frage nach dem theologischen Recht der kirchlichen Eucharistiefeier an: „Wenn die Kirche die Eucharistiefeier als eine Vergegenwärtigung des ‚Kreuzesopfers‘ betrachtet, in welchem Christus sich effizient für die Menschheit dargebracht hat: wie kann sie dessen Hingabe dem göttlichen Vater vorstellen und darbringen, falls dieser – da er kein alttestamentlicher Gott mehr ist – ‚keine Freude‘ daran hat, weil er das Kreuz gar nicht wollte und es noch weniger dem Sohn befahl?“ (ebd.). Dieser vom kirchlichen Verständnis der Eucharistiefeier her argumentierenden Kritik muß allerdings mit I. Dalferth geantwortet werden: „[D]aß Gottesdienst und Opfergedanke in einer großen christlichen Tradition faktisch zusammengehören, signalisiert das Problem, nicht die Lösung“ (*Dalferth*, 294 im Zusammenhang der Opfertheologie des anglikanischen Theologen S. Sykes). Balthasar zufolge liegt R. Schwager, für den der Sündenbock Christus kein zufälliger ist, näher an Luthers Intuition als Girard. Auch verstehe Schwager die Schuldübertragung zu Recht nicht als rein soziologisch-psychologische, sondern als physische und moralische Übertragung nicht nur der Sündenfolgen, sondern der Sünden selbst. Das Kreuz ist hier notwendig, insofern die Menschen ihre Sünden auf Christus übertragen können, dieser sie übernimmt und nicht rächend auf die Täter zurückfallen läßt. Insofern aber auch Schwagers Konzeption nur vom Verhalten der Menschen zum Gekreuzigten handelt, Gottes Verhalten zu diesem jedoch außer Acht läßt, kann sie für Balthasar nicht die Frage beantworten, warum das Kreuz notwendig ist, wenn doch Gott ohnehin die Sünde vergibt. Diese Frage dürfe aber schon allein deshalb

Mit diesen Erklärungsmodellen ist für Balthasar das Aufladen der Sünde auf den menschgewordenen Gottessohn, wenngleich „durchaus real", so doch nur „vordergründig"[140] erklärt. Die Menschen können Jesus ihre Sünde nämlich nur dann aufladen, wenn dieser willig und fähig ist, deren Sünde auf sich zu nehmen. Jesus liefert sich Balthasar zufolge in der Tat selbst aus: einerseits im Gehorsam an den Vater, andererseits im Entschluß zur Wehrlosigkeit.[141]

Die Selbstauslieferung Jesu ist Kehrseite seiner Sendung in die Welt. Ihre Notwendigkeit ergibt sich aus der Differenz zwischen des Sohnes ewigem Einverständnis zu seiner erlösenden Sendung in die Welt und seinem gehorsamen Empfang dieser Sendung vom Vater her, die in der „Stunde" zu ihrem Höhepunkt gelangt. Obwohl der Sohn in Ewigkeit am trinitarischen Heilsbeschluß beteiligt ist, muß er diesen Beschluß während seines Erdenslebens gehorsam von oben empfangen. Von Ewigkeit her hat der Sohn seine Sendung bejaht und freiwillig auf sich genommen. Insofern die Sendung jedoch die Identifizierung des Gottessohnes mit dem sündigen Nein des Menschen gegen Gott und der daraus resultierenden Finsternis („eine *innere* Übernahme des Un- und Widergöttlichen"[142]) fordert, „kann die Übernahme der Stunde nur als die totale *Überforderung* des wesenhaft im Liebesgehorsam mit dem Vater Verbundenen erfahren werden, also nur in der zitternden Schwäche der Todesangst zunächst weg-gebeten, um dann … als der Wille des Vaters, nicht als der eigene, bejaht zu werden."[143] In der Welt empfängt der Sohn den selbst mitverantworteten ewigen Heilsbeschluß vom Vater, denn eine aktive Identifizierung mit dem Nein gegen Gott ist für Balthasar (gegen Luther) nicht denkbar. Der Sohn kann sich mit der Sünde nur identifizieren, insofern ihm diese Identifikation als eine vom Vater auferlegte erscheint. Aufgrund der trinitarischen Inversion wird der innertrinitarisch von Ewigkeit her gemeinsam getroffene Heilsbeschluß deswegen auf Erden dem Sohn als väterlicher Wille durch den Heiligen Geist vermittelt. So „entsteht nunmehr der Anschein, als lade der Vater – *cooperante Spiritu Sancto* – dem Sohn die Sünden der Welt auf: zum Ärgernis aller Gegner Anselms."[144] Der Gebets-

---

nicht fallengelassen werden, da Gott ja entweder das Aufladen der Sünden auf den Gekreuzigten selbst will oder zumindest zuläßt. Zudem zeige die Auferweckung von den Toten, daß Gott im Kreuzesgeschehen wirklich Stellung bezieht und Sündenvergebung und Kreuz in einem inneren Zusammenhang stehen. Ist das aber richtig, genügt es für Balthasar nicht, das alttestamentliche Gottesbild einfachhin mit Girard und Schwager zu entmythologisieren: „von einem gewalttätigen und zürnenden zu einem gewaltlosen, nicht vergeltenden Gott" (TD III, 291). Das anselmische Problem, wie sich Liebe und Gerechtigkeit Gottes (letztere darf für Balthasar nicht einfach wie bei Girard mit Gottes Gewalt gleichgesetzt werden) zueinander verhalten, sei damit neu gestellt. Was, so fragt Balthasar, heißt bei Paulus „Gericht", bei Johannes „Krisis" oder in der Apokalypse „Zorn Gottes"? Vgl. zum Ganzen *Schwager*, Der wunderbare Tausch, 273-312, sowie die verschiedenen Beiträge in *J. Niewiadomski* u. *W. Palaver* (Hg.), Dramatische Erlösungslehre: Ein Symposion, Innsbruck – Wien 1992.

140 TD III, 310.

141 Vgl. MP, 207.

142 TD III, 311.

143 Ebd.

144 A.a.O., 312.

kampf Jesu am Ölberg zeichnet sich vor allem durch den Kampf um das Ja zum väterlichen Willen aus. „Aller ‚Sinn' ist unerbittlich reduziert auf das demütige Vorziehen des Willens des Vaters um seiner selbst willen."[145]

In einem „paradoxe[n] Zusammenspiel"[146] mit den überliefernden Sündern handelt in der Überlieferung Jesu also letztlich Gott selbst: Der Vater überliefert den Sohn, der Sohn überliefert sich selbst. Beide offenbaren in der Überlieferung ihre Liebe zum Menschen. Die freie Selbsthingabe Christi läßt die absolute Liebe des Vaters kundwerden (Joh 10,18). Der Vater ist der ursprünglich Handelnde; des Sohnes Kreuz ist das Medium der Versöhnung Gottes mit der Welt, und dem Geist kommt es zu aufzuzeigen, daß das Erlösungswerk vollbracht ist.[147] Die „Theologie der Preisgabe" kann für Balthasar also nur eine trinitarische sein: „Christus muß Gott sein, um sich für das Liebesgeschehen, das vom Vater ausgeht und sich die Welt versöhnen will, so zur Verfügung zu stellen, daß in ihm die ganze Finsternis des Widergöttlichen gerichtet und aufgelitten wird. Das preisgebende Handeln der Menschen kann in diesem Geschehen nur untergeordnet sein."[148]

b. Karsamstag

aa. Solidarität oder Stellvertretung?

Am Kreuz, wo die Menschheit ihre Schuld auf den Gottessohn wirft und dieser deren Schuld nicht nur in seiner Menschheit, sondern in seiner trinitarischen Sendung auf sich nimmt, kommt es für Balthasar zum Höhepunkt, zur Akme des Theodramas. Mit Jesu Sterben hat die Dramatik des Erlösungsgeschehens jedoch noch kein Ende. Die Trennung des Sohnes vom Vater steigert sich Balthasar zufolge nach dem Tod Jesu am Kreuz noch einmal in sei-

---

145 MP, 198. Nach Balthasar kann vom Kreuzesleiden Jesu in einem subjektiven Sinne durchaus als von einem Strafleiden gesprochen werden, insofern nämlich, als „der Gekreuzigte die Last nicht wie eine äußerliche trägt, sondern sich von denen, die sie zu tragen hätten, in keiner Weise distanziert (er ist ja schon eucharistisch in ihnen!), so daß er subjektiv durchaus als ‚Strafe' erfahren kann, was objektiv es für ihn nicht ist" (TD III, 314). Balthasar verweist hier auf eine Überlegung des Kirchenvaters Hilarius, der zwischen der vis poenae und dem sensus poenae unterscheidet. Er will damit den Stimmen gerecht werden, die die Rede vom Strafleiden aus der Überlegung heraus ablehnen, daß ein Unschuldiger nicht die Schuld für Schuldige tragen könne. Angesichts der „[f]ür die menschliche Sprache nicht einzufangende[n] Überlegenheit des stellvertretenden Leidens Christi über alle möglichen Leiden als Sündenfolgen" betont Balthasar den analogen Charakter zwischen dem, was der Sünder als Zorn Gottes zu erwarten hätte, und dem, was der Sohn am Kreuz und in der Hölle an Gottverlassenheit erfährt: Ist das menschliche Nein gegen Gott grundlos, so ist „die Aussühnung, die Ausbrennung als eine leidende Transfiguration der grundlosen Sünde etwas unvorstellbar Über-Grundloses" (ebd.).

146 MP, 201.

147 Vgl. a.a.O., 223. Ähnlich *J. Moltmann*, Gerechtigkeit für Opfer und Täter, in: *ders.*, In der Geschichte des dreieinigen Gottes: Beiträge zur trinitarischen Theologie, München 1991, 84f.

148 MP, 202.

nem Abstieg ins Totenreich.[149] Dieser ist jedoch nicht als neue, von der Erlösungstat am Kreuz abgehobene Tat zu interpretieren, sondern vielmehr als „die Voraussetzung für das im ‚Reich' der Toten sich durchsetzende und auswirkende, am Kreuz aber grundsätzlich abgeschlossene (consummatum est!) Werk der Erlösung."[150] Durch Jesu Abstieg ins Totenreich wird die durch ihn erbrachte Erlösung den Menschen aller Zeiten zugänglich. Mehr noch: Der Abstieg des toten Jesus bringt seine Solidarität mit allen menschlichen Toten zum Ausdruck. „Wie er auf Erden solidarisch war mit den Lebenden, so ist er im Grabe solidarisch mit den Toten, wobei man dieser ‚Solidarität' die Weite, ja Fragwürdigkeit belassen muß, die eine subjektive Kommunikation geradezu auszuschließen scheint. Jeder liegt in seinem Grab. Und mit diesem Zustand ... wird Jesus zunächst einmal solidarisch."[151] Alttestamentlich ausgedrückt bedeutet dieses Sein bei den Toten Jesu Solidarität mit denen, die sich in der Scheol befinden, wobei Balthasar die Scheol weniger als einen Ort und mehr als einen Zustand verstanden wissen möchte: Jesu Solidarität mit den Toten ist „eine seelische Solidarität des toten Christus mit den im geistigen Hades Weilenden."[152]

Was aber geschieht während Jesu Hadesfahrt? Der Abstieg in die Scheol ist für Balthasar nicht als aktives Herabsteigen und noch weniger als ein siegreiches Erobern oder ein „triumphale[r] Siegeszug" zu deuten: „sosehr die Todeserfahrung objektiv eine innere Überwindung und damit einen Triumph über die Gegenmächte enthalten mochte, sowenig brauchte davon subjektiv irgend etwas erfahren zu sein: denn dies hätte ja gerade das Gesetz der Solidarität aufgehoben. Man vergesse nicht: unter den Toten gibt es keine lebendige Kommunikation. Solidarität heißt hier: Mit-Einsam-sein."[153] Am ehesten, so Balthasar, kann man von einem „Sein bei" und „Verkünden an" bzw. einem „Kundwerden(lassen)" der durch das Kreuz gewirkten, aktiv-gelittenen Erlösung an die Toten sprechen.[154] Der Sohn übt im Totenreich Solidarität mit den Toten und verkündet die am Kreuz vollbrachte „Versöhnung Gottes mit der Welt im ganzen als ein erfolgtes (factum) Ereignis."[155]

---

149 Vgl. zum Höllenabstieg auch *H. U. v. Balthasar*, Kleiner Diskurs über die Hölle, Ostfildern 1987; *ders.*, Theologische Besinnung auf das Mysterium des Höllenabstiegs, in: *ders.* (Hg.), „Hinabgestiegen in das Reich des Todes": Der Sinn des Satzes in Bekenntnis und Lehre, Dichtung und Kunst, Freiburg – München – Zürich 1982, 84-98.

150 MP, 229.

151 A.a.O., 227.

152 A.a.O., 239.

153 A.a.O., 241.

154 A.a.O., 229.

155 A.a.O., 236. Zu Balthasars Analyse der Texte, welche er zur Begründung für seine Vorstellung vom Höllenabstieg Jesu heranzieht (Mt 12,40; Röm 10,7f; Eph 4,8ff; Röm 14,9; Mk 3,24-27 par; Apk 1,18; Mt 27,51-53; 1 Petr 3,18-20; 4,6), siehe a.a.O., 231-236. Balthasar hat den Begriff der „Solidarität mit den Toten" später als ungenügend zurückgezogen. Vgl. TL II, 315, Anm. 1: „Der Begriff ‚Solidarität mit den Toten' war ein Kompromiß, er kommt im Folgenden nicht mehr vor." Balthasar fordert in derselben Anmerkung auch dazu auf, seine „Theologie der drei Tage" – „ein rasch geschriebenes Werk, da ich kurzfristig für einen erkrankten Autor einspringen mußte" – nicht mehr als Grundlage zur Darstellung seiner Theo-

Bedeutsam beim Abstieg Jesu in die Scheol ist für Balthasar nun die Tatsache, daß im Alten Testament noch nicht von Paradies oder Gehenna die Rede ist. Dieser Umstand verweist auf ein theologisches Problem bei der Beantwortung der Frage, wie sich die Erlösungstat Christi auf die vorchristlich Gestorbenen auswirken kann. Einerseits verfällt die vorchristliche Menschheit de jure einer ewigen Strafe, nämlich der poena damni oder Entbehrung der seligen Gottesschau; andererseits gibt es dem Neuen Testament zufolge schon im Vorlauf auf die Menschwerdung des Gottessohnes eine Heilsordnung, in der von Gerechten die Rede ist, welche mit der Gnade zusammenwirken und auf die Erlösung „warten". Für Balthasar ist die Spannung zwischen diesen beiden Vorstellungen für unser „durch die Zeitkategorie begrenztes Denken"[156] unauflöslich. Obwohl die vorchristlichen „Gerechten" schon die Erlösungsgnade zu Eigen haben, müssen sie für Balthasar in das infernum, um dort die Hadesfahrt Christi abzuwarten.

Erst durch den Abstieg Christi ins Totenreich kommt es zur Auflösung des Paradoxes, denn hier gelten die Zeitbegriffe der Welt nicht mehr. Der Zustand in der Scheol oder dem Hades bekommt unter christologischer Perspektive einen konditionalen Charakter. Mit Richard von St. Viktor gesprochen: „tenebantur debito damnationis aeternae, non quod eis aeterna fuerit, sed quod eis aeterna *fuisset*, nisi mors Christi eos ab hoc debito absolveret."[157] Da es im Totenreich keine Zeit gibt, kann weder die Scheolerfahrung des Erlösers noch das Warten der vorchristlich Unerlösten zeitlich festgelegt werden. Daher ist es für Balthasar notwendig, einen „paradoxen, sich selbst aufhebenden Begriff der ‚zeitweiligen poena damni' zu bilden ..."[158]: Die vorchristlich Verdammten brauchen die ihnen zukommende ganze poena damni nicht zu erleben, weil sie in Glaube, Liebe und Hoffnung auf Christus warten. Daß sie aber tatsächlich in Glaube, Liebe und Hoffnung auf Christus warten können, liegt darin begründet, daß Jesus durch seinen (zeitlich ja nicht festlegbaren) Abstieg zu den Toten mit einem „Lichtschimmer"[159] den Abgrund immer schon erhellte.

Die Feststellung der eingeschränkten Höllenerfahrung der vorchristlich Gerechten läßt Balthasar zufolge wiederum eine weitere Aussage zu, die Christi eigene Hadeserfahrung betrifft. Ist die poena damni der vorchristlich Liebenden nämlich nur eine konditionale, dann erlebt der tote Jesus als Einziger die ganze und vollkommene Höllenerfahrung. Die Hölle wird nachge-

---

logie zu verwenden. Es habe sich bei dem Werk lediglich um einen „Versuch" gehandelt, „der kühneren Lehre Adriennes von Speyr einen Weg zu bahnen." So „wird man sich fortan mit ‚Kreuz und Hölle' I und II (1966, 1972) auseinanderzusetzen haben." Trotz dieser Aufforderung des Autors werden wir hier auf das Werk „Mysterium Paschale" zurückgreifen; zum einen, weil es sich um eine Hans Urs von Balthasars eigener Theologie gewidmeten Arbeit handelt, zum anderen, weil die sich hier findenden Ideen durchaus auch an anderen Stellen seines umfangreichen Schrifttums finden, so daß man davon ausgehen kann, daß es sich um bleibend gültige Gedanken seiner eigenen Theologie handelt.

156 MP, 241.

157 *Richard von St. Viktor*, De pot. lig. atque solv., c.19 (PL 196, 1171), zit. n. MP, 242.

158 MP, 242.

159 A.a.O., 243.

rade zur exklusiven Erfahrung des Erlösers. Die *Solidarität* Jesu *mit* den Toten im Tod wird zur *Stellvertretung* Jesu *für* die Toten in der Hölle. Jesus erspart den Toten die ganze Todeserfahrung (nämlich die poena damni), indem er diese auf sich selbst nimmt.[160] Nicht Judas lotet den Grund der Hölle aus, wie in Dantes Inferno, sondern Christus selber.[161] Die Entstehung des neutestamentlichen Begriffs der Hölle erklärt sich für Balthasar demnach nicht historisch durch die Vermittlungsvorstellung der jüdischen Gehenna, sondern muß streng christologisch aus der Hadesfahrt Christi entwickelt werden. Die Hölle ist eine „Funktion des Christusereignisses; wenn aber Christus nicht nur für die Erwählten gelitten hat, sondern für alle Menschen, so hat er gerade auch ihr eschatologisches Nein seinem Heilsereignis gegenüber eingeholt …“[162]

bb. Kreuz und Hölle

Erleidet Jesus als einziger die ganze Höllenerfahrung, so trifft er keineswegs auf eine „bevölkerte Hölle“.[163] Dies wäre faktisch seine eigene Niederlage. Vielmehr geht der Sohn durch „die durch das Kreuz vom Menschen abgetrennte Sünde, das von Gott als das zweite – vom sündigen Menschen geschaffene – Chaos ewig Verdammte, das der Sohn aber als Toter subjektiv nicht als das erkennen kann, was es durch ihn ist, sondern nur ‚zur Kenntnis nehmen‘ kann, und zwar in einer absoluten Überforderung der Erkenntnis …“[164] Da die Menschen durch das Kreuzesopfer von der Sünde erlöst worden sind, trifft Jesus auf „die reine Substantialität der ‚Hölle‘ als der ‚Sünde an sich‘.“[165] Die Hölle ist Ort „der reinen Sünde als solcher, der nicht mehr am einzelnen Menschen haftenden, in lebendigen Existenzen inkarnierten, sondern aus dieser Individuation abstrahierten, in einer nackten Realität *als* Sünde (denn die Sünde *ist* eine Realität!) angeschauten Sünde.“[166] Die Sünde ist „amorph“[167] geworden, sie ist ein zweites Chaos, dem Urchaos vor der Schöpfung entsprechend.

Jesus begegnet in der Unterwelt mit der amorphen Sünde also dem, „was objektiv gesehen sein Sieg ist“,[168] dem „Produkt des aktiven Kreuzesleidens“,[169] dem „*Produkt* der Erlösung, das nurmehr in seinem An-sich vom

---

160 Vgl. a.a.O., 242: „Ist nicht gerade diese Ungleichheit die letzte Folge des Gesetzes der Solidarität? Untergreift Gott in Christus nicht, wie Gregor der Große richtig sieht, durch seine eigene je größere Tiefe alle Tiefen der Unterwelt?“

161 Vgl. ebd.: „Dann aber ist *er* es, der der je weitergehenden Verdammnis die Grenzen setzt, der den Markstein bildet, an dem das Unterste erreicht ist und die Bewegung der Umkehr einsetzt.“

162 A.a.O., 246.

163 A.a.O., 247.

164 TL II, 317f mit Zitaten aus und Verweisen auf *Speyr*, Kreuz und Hölle, Bd. I, 60-61, 244, 248f, 256, 264, 266, 306, 368, 408, 413.

165 MP, 247.

166 Ebd.

167 Ebd.

168 TL II, 317.

169 MP, 247.

Erlöser ‚geschaut‘ werden muß, um in seiner reinen Verworfenheit ein ‚Für-Ihn‘ zu werden: das, worüber ihm bei seiner Auferstehung Macht und Schlüssel ausgehändigt werden.“[170] Der tote Erlöser ist sich jedoch, das wird von Balthasar immer wieder gegen die Ostkirche betont, seines Sieges nicht bewußt, geht er doch als Toter durch die Hölle. „Es gibt nur die rein objektive Kenntnisnahme des Ungeheuerlichen, das die Weltsünde ist, eine geradezu ‚mechanische‘ Einsicht, da der Schauende (der ja tot ist) nicht weiß, wer er ist und ob er überhaupt ist, und in einer Art ‚Automatismus‘ ohne ‚Inwendigkeit‘ und deshalb auch ‚ohne Schmerz‘, als bloßes ‚Relikt‘ das Vorhandene zur Kenntnis nimmt.“[171]

Durch die stellvertretende Höllenerfahrung des toten Jesus findet die aktive Erlösungstat des lebenden Jesus am Kreuz ihre passive Entsprechung und damit ihren Abschluß. Damit erklärt sich für Balthasar auch – mit Nikolaus von Kues – der Unterschied des Karsamstagsleiden zum Kreuzesgeschehen. Balthasar wendet sich gegen die des öfteren von Luther und Calvin geäußerte Ansicht, daß Jesus schon am Kreuz die Höllenqualen durchlitten habe, so daß sich die Vorstellung einer eigenen Höllenfährt erübrige. Gegen die Reformatoren hält er daran fest, daß die Gottverlassenheit Jesu vor und nach dem Tode nicht gleichartig ist.[172] Während die Kreuzeserfahrung Balthasar zufolge eine aktiv-subjektive Leidenserfahrung darstellt, beinhaltet die Karsamstagserfahrung mit der visio mortis ein „Moment kontemplativer und objektiver (passiver) Betrachtung“.[173] Christus ist kraft- und leblos, es gibt weder einen aktiven Kampf gegen die Kräfte der Hölle noch einen subjektiven Triumph.

cc. Hölle als trinitarisches Ereignis

Auch die Höllenfahrt Christi ist für Balthasar ein trinitarisches Ereignis. Diese Dimension vermißt Balthasar in der Kreuzestheologie Luthers. Wenn der Sohn in den Sündenpfuhl der Hölle absteigt, in den Ort absoluter Einsamkeit, an dem es keinerlei Gemeinschaft, keine Liebe und keine Hoffnung mehr gibt, einen Ort also, der geradezu das Gegenteil des Himmels ist, sucht er den Vater dort, wo dieser sicher nicht zu finden ist. Die Suche des Sohnes ist daher absolut vergeblich, „absoluter Widerspruch, um so mehr als hier jede Zeit, jede Vergangenheit oder Zukunft völlig entschwunden ist.“[174] Der

170 A.a.O., 248. Vgl. a.a.O., 247: „insofern betrachtet der gestorbene Erlöser im Höllenscheol wirklich nichts anderes als seinen eigenen Triumph, dies aber nicht im Glanz des Auferstehungslebens ..., sondern im einzigen Zustand, der solchen innern Kontakt erlaubt: in der absoluten Lebensentleerung des Toten.“

171 TL II, 319 mit Zitaten aus *Speyr*, Kreuz und Hölle, Bd. I, 48, 49, 81, 166-167, 390.

172 Balthasar weist allerdings daraufhin, daß Luther an anderen Stellen auch von einem Erleiden der Hölle durch Jesus sprechen kann. Vgl. MP, 244 mit Verweis auf Luthers Kommentar zu Ps 16,10 (WA 5, 463).

173 MP, 246.

174 TL II, 318 mit Verweis auf *Speyr*, Kreuz und Hölle, Bd. I, 325f, 387. Wohl kennt schon das Kreuzesleiden eine Art von Zeitlosigkeit, die jedoch von derjenigen der Höllenerfahrung unterschieden werden muß. Vgl. dazu TD IV, 280-283. Handelt es sich in der Hölle für Baltha-

tote Gottessohn vollbringt hier „die existentielle Durchmessung der ganzen Dimension des Rein-Gegengöttlichen, des gesamten Gegenstandes des göttlichen eschatologischen Gerichts“: „Diese Durchmessung mißt zugleich die ganze Weite der väterlichen Sendung aus: die ‚Erkundung‘ der Hölle ist ein (ökonomisch-)trinitarisches Ereignis.“[175] Noch mehr: Die Hölle „dient ... den innergöttlichen Geheimnissen und ihrer Offenbarung ...“[176] Als Schöpfer der endlichen Freiheit, zu der mit Notwendigkeit auch das Gericht gehört, ist der Vater geradezu der Urheber der Hölle. Wenn er den Sohn zur Erlösung in die Welt sendet, so muß er ihn auch in die Hölle schicken, denn diese ist ja nichts anderes als die letzte Folge geschöpflicher Freiheit. Balthasar kann mit A. v. Speyr daher im mythologischen Bilde sagen, daß der Sohn am Karsamstag „in das dunkle Geheimnis des Vaters eingeführt wird ...“[177] Die Hölle ist das „Reservat“ des Vaters, „sofern er als Schöpfer (ja schon Erzeuger des Sohnes, in dem ja auch jede mögliche Welt schon mitentworfen wird) die Möglichkeit der Freiheit des Geschöpfs und aufgrund des Mißbrauchs dieser Freiheit dessen mögliches ewiges Verlorengehen voraussah und verantwortete ...“[178] Am Karsamstag zieht sich der Vater aus diesem Reservat zurück, „um den menschgewordenen Sohn in dieses letzte Dunkel einzulassen“,[179] damit aber auch sein Intimstes zu eröffnen: „Insofern ist der ‚Weg‘ des Sohnes in das Ausweglose der Sünde hinein, ohne daß er es wahrnimmt, zugleich der direkteste und trinitarisch intimste Weg in den Vater hinein.“[180] Wie man es sich vorzustellen hat, daß es in der einen dreieinigen Gottheit Dinge gibt, die der Vater kennt, aber nicht der Sohn, bleibt dabei Balthasars eigenes Geheimnis. Trotz aller Polemik gegen Hegel scheint er geradezu prozeßtheologisch anzunehmen, daß der Höllengang Christi zu einer Entwicklung der trinitarischen Beziehungen führt.

Hier erweist sich für Balthasar der zentrale, bei Luther vermeindlich fehlende Punkt des Höllengangs. Das Sein Christi mit den Toten ist die „letzte Folge seines vom Vater übernommenen Erlösungsauftrags“ und als solches ein „Sein im äußersten Gehorsam“.[181] Der Gang des Sohnes ist nachgerade

---

sar um eine „bloße Zeitnegation“ (a.a.O., 283), so spricht er in Bezug auf das Kreuz mit Speyr von einer „Überzeit“ (ebd. mit Zitat aus *Speyr*, Katholische Briefe, Bd. I, 327). Dabei ist die Zeitlosigkeit der Hölle jedoch auf die Überzeit des Kreuzes hingeordnet.

175 MP, 248.

176 TL II, 322 mit Zitat aus *Speyr*, Kreuz und Hölle, Bd. II, 190-191.

177 TL II, 321 mit Verweis auf *Speyr*, Kreuz und Hölle, Bd. I, 90-92, 337.

178 TL II, 321.

179 A.a.O., 321f. Vgl. TD IV, 242: „Wenn aber ‚der Sohn am Karsamstag die Hölle durchschreitet, dann tut er es als der, dem der Vater sein Geheimnis zeigt, das er nicht länger für sich behält ...‘ [Zitat aus *Speyr*, Johannes, Bd. 1, 283-284] ... Hier ‚läßt der Vater den Sohn das Intimste erfahren, was er besitzt: seine Dunkelheit, die sonst immer unter dem Lichte verborgen war, wie etwas, worüber man nicht redet, wie das letzte persönliche Geheimnis.‘ ... ‚Gott *zeigt* ihm sein Geheimnis; aber indem er ihm sein *Geheimnis* zeigt, zeigt er sich selber nicht ...‘ [Zitat aus *Speyr*, Johannes, Bd. 4, 186-187, 191] ... Die eröffnete Finsternis ist beides zugleich: das Ur-Geheimnis ... des Vaters und die von ihm zugelassene Sünde der Menschen, die sich gegen dieses Geheimnis auflehnt.“

180 TL II, 322.

181 MP, 248.

„Ausdruck seines ‚*Übergehorsams*‘ gegenüber dem Vater.“[182] Balthasar kann in Aufnahme eines Wortes von Franz von Assisi vom „Kadavergehorsam“[183] des toten Christus sprechen: „Der Gehorsam des Sohnes noch im Totsein, noch in der Hölle ist seine vollkommene *Identität* in allem Widerspruch und damit die Überwindung auch des letzten Widerspruchs durch diese alles unterlaufende Identität.“[184] Dieser Gehorsam ist aber nichts anderes als die trinitarische Liebe, die sich hier „als der hypostatische Gehorsam des ewigen Sohnes erweist.“[185]

dd. Hoffnung für alle

Als trinitarisches Ereignis ist der Gang zu den Toten dann aber auch Heilsereignis. Hölle und Fegefeuer gibt es vorchristlich nicht. Christus wird mit den Toten solidarisch, um diese aus dem Hades zu befreien. Wenn Jesus bei seiner Auferstehung das Totenreich, in dem es keinen Zugang zu Gott gibt, verläßt, so nimmt er die „Hölle“ mit sich, als Zeichen seiner Macht, künftig über Heil und Unheil zu richten. Wenngleich Balthasar zufolge nicht angenommen werden darf, daß Christus die Hölle „geleert“ habe, wird durch die Höllenfahrt Christi doch allen Menschen, d.h. auch denen, die in ihrem Leben Jesus nicht kannten, das Heil angeboten.[186] Jesus bringt mit seinem Hadesgang die Gnade in die Hölle und schafft das Fegfeuer, das ein „möglicher Ausgang aus der Scheol“[187] ist. Dabei betont Balthasar allerdings, daß das Werk Christi im Hades noch keineswegs die ewige Erlösung selbst darstellt. Diese bleibt dem Ostergeschehen vorbehalten. Der objektiv-passive Triumph ist nicht, wie dies in der Ostkirche gesehen wird, ein subjektiv-aktiver.

Wenngleich Balthasar die Lehre von der Allversöhnung ablehnt, kommt er mit seiner Theologie von Christi Höllengang einer solchen doch nahe.[188] Erreicht nämlich nur der tote Gottessohn die tiefste Stelle der Hölle, so blickt

---

[182] TL II, 322 mit Zitat aus *Speyr*, Kreuz und Hölle, Bd. II, 27. Vgl. TL, 322: „Das ‚Über‘ besagt, daß die Hölle in dem für den menschgewordenen Sohn absehbaren Horizont nicht mitsichtbar war, daß hier ‚auch dem Gehorsam eine unmögliche Form‘ gegeben wird, die ‚das Gefühl‘ erzeugt, ‚daß irgendein Irrtum vorliegt‘, daß der Gehorsam ein letztes Mal ‚überfordert‘ wird, sofern hier der Vater den Sohn ins Äußerste sendet, ‚um die List des Teufels durch eine Über-List der Liebe zu beantworten‘“ (mit Zitaten aus *Speyr*, Kreuz und Hölle, Bd. I, 409, 238).

[183] MP, 248.

[184] TL II, 323.

[185] Ebd.

[186] Balthasar schließt sich an diesem Punkt der durch die Theologie der „nachschleiermacherischen und nachhegelianischen Zeit“ (ebd.) vertretenen Ansicht an, daß der descensus Grundlage der „Heilseinstiftung in die Grundverfaßtheit der Welt“ (a.a.O., 251) und damit eines „universalen Heilsangebot“ (ebd.) sei. Vgl. ebd. den Verweis auf E. Güder, Ph. Marheineke, G. Thomasius und J. A. Dorner.

[187] TL II, 324. Vgl. TD IV, 329-337.

[188] Zur Frage der Allversöhnung vgl. TD IV, 243-264; *H. U. v. Balthasar*, Was dürfen wir hoffen?, Einsiedeln – Trier ²1989; *ders.*, Christlicher Universalismus, in: Antwort (FS K. Barth), Zollikon-Zürich 1956, 237-248; *ders.*, Apokatastasis, in: TThZ 97 (1988): 169-182. Siehe dazu ferner *W. van Laak*, Allversöhnung: Die Lehre von der Apokatastasis: Ihre Grundlegung durch Origenes und ihre Bewertung in der gegenwärtigen Theologie bei Karl Barth und Hans Urs von Balthasar, Sinzig 1990 (Sinziger theologische Texte und Studien; 11).

jeder sich von Gott abwendende Sünder nochmals in die Augen Gottes.[189] Es erscheint Balthasar eigentlich unmöglich, daß Gott den Sünder nicht „überreden“ könnte (im Sinne des Kirchenvaters Irenäus von Lyon), in die trinitarische Gemeinschaft göttlicher Liebe zurückzukehren. Dann aber „bliebe in der Hölle als das von Gott endgültig Verdammte die durch das Werk des Kreuzes vom Sünder getrennte Sünde zurück, eine durch die vom Menschen in sie investierte Kraft durchaus nicht nichtige Realität.“[190] Balthasar will diese Äußerungen allerdings nur als „Annäherungen“[191] verstanden wissen. In jedem Fall ist der Ort der Hölle aber „das bleibende Zeugnis für den Nachlaß der Sünde“, ja „geradezu ein Geschenk der göttlichen Gnade.“[192]

ee. Simul damnatus et redemptus

Die Hölle hat nun für Balthasar im Anschluß an die Theologie Adrienne von Speyrs noch einen weiteren, einen „anthropologisch-soteriologischen“ Aspekt. Die Höllenfahrt Christi wirkt sich direkt auf die menschliche Existenz aus, insofern „der … unterste, bloßgelegte Punkt zum Ausgangspunkt einer neuen Konsolidierung der Welt“[193] wird. Was ist damit gemeint? Christus begegnet in der „Hölle nicht nur der schon amorph gewordenen Sünde, sondern auch Gebilden, die Adrienne v. Speyr ‚Effigien‘ genannt hat. Sie bestehen aus dem, was ein Mensch von seiner Substanz der von ihm begangenen Sünde geliehen hat …“[194] An dieser Stelle schlägt in Balthasars Anthropologie, veranlaßt durch die Mystik Adrienne von Speyrs, das scholastische Substanzdenken durch. Balthasar versteht die menschliche Person als Substanz, die auf Himmel und Hölle verteilt ist. Einzelne Sünden werden nicht nur als Tatsünden verstanden, welche den sie begehenden Menschen, scholastisch gesprochen, nur akzidentiell betreffen. Jede Sünde betrifft die Substanz des Menschen, insofern dieser in der Sünde einen Teil seiner selbst investiert.

Ist die Hölle der Ort, an dem die Sünden der Welt abgeladen werden, so verharrt mit den Sünden auch ein substantieller Teil der Sünder in der Hölle. Auch der gerechtfertigte Sünder, welcher im Himmel der ewigen Seligkeit teilhaftig ist, hat mit seinen Sünden einen Teil seiner selbst an die Hölle ab-

---

189 Vgl. TD IV, 284: „‘Aber nun hat der Sohn sich so vor den Menschen hingestellt, daß dieser, auch wenn er Gott den Rücken zuwendet, ihn vor sich sieht und auf ihn zugehen muß. Und so kann der Sünder, auch wenn er es nicht weiß und nicht will, auf Gott zugehen.‘ … Anders gesagt: wer die vollkommene Verlassenheit für sich wählen und damit seine Absolutheit Gott gegenüber beweisen wollte, träfe vor sich auf die Gestalt eines, der absoluter verlassen ist als er selbst. Man kann sich deshalb ‚überlegen, ob es Gott nicht freisteht, dem von ihm abgewendeten Sünder in der Ohnmachtsgestalt des gekreuzigten, von Gott verlassenen Bruders zu begegnen, und zwar so, daß es dem Abgewendeten klar wird: dieser (wie ich) von Gott Verlassene ist es um meinetwillen’“ (Zitate aus *Speyr*, Philipper, 131-132 u. *H. U. v. Balthasar*, Eschatologie im Umriß, in: *ders.*, Pneuma und Institution: Skizzen zur Theologie IV, Einsiedeln 1974, 443-444). Vgl. TD IV, 286.

190 TD IV, 287.

191 Ebd.

192 Ebd. mit Zitaten aus *Speyr*, Epheser, 30-31.

193 TL II, 324.

194 Ebd.

gegeben. Während er als Erretteter im Himmel bei Gott weilt, ist er zugleich als Sünder in der Hölle begraben und verworfen. Die Sünden sind als Effigien nämlich nicht notwendigerweise endgültig ausgelöscht und entpersönlicht. Verziehene Sünden können auch wiederaufleben, wenn der Sünder seine Reue gleichsam bereut, so daß die Effigie wieder Lebendigkeit erhält.

Der tote Christus sichtet nun in seiner Höllenfahrt diesen verloren gegangenen Teil der Menschen. „Die Effigien gleichen einem hohlen Abdruck, wie wenn ein Körper im Sand gelegen hat."[195] Christus „ersetzt das Verlorene durch seine persönliche Gnade."[196] Der bei Gott verweilende Mensch wird m.a.W. durch die Gnade des toten Christus substantiell vervollständigt. Damit meint Balthasar in der Theologie Speyrs eine katholische Antwort auf die Anthropologie und Rechtfertigungslehre Luthers gefunden zu haben.[197] „Diese ganze Sicht der Effigien in der Hölle ist eine (völlig verwandelte) Parallele zu Luthers ‚simul justus et peccator'. Eine gewisse Annäherung liegt darin, daß wer weiß, daß er eine Effigie in der Hölle hat, ‚sich nie mehr als ein Gerechter betrachten' kann; ‚diese Versuchung ist vorbei; er weiß als Geretteter: sein Abbild hat die Hölle': ‚simul damnatus et redemptus'."[198] Speyr ersetzt Luthers aut-aut, demzufolge der gerechtfertigte Mensch, wenn er in sich selbst betrachtet wird, totus peccator, coram deo aber totus iustus ist, durch ein partim-partim. Hier ist der Mensch teils redemptus, teils damnatus: redemptus, insofern er als Erretteter im Himmel weilt, damnatus in Form seiner in der Hölle verweilenden Effigie.[199]

c. Ostern

Balthasar legt gegenüber der Ostkirche Wert auf die Feststellung, daß die eigentliche Erlösung des Menschen noch nicht am Karsamstag beim Abstieg des toten Christus in die Hölle stattfindet, sondern der Auferstehung Christi von den Toten an Ostern vorbehalten bleibt. Im Ereignis der Auferstehung tritt

[195] Ebd. Es kann sogar Effigien von noch lebenden Menschen geben: „wenn der Herr sich über sie legt, wie der Mann über die Frau, bräutlich, erhalten sie teil an dem für den Betreffenden am Kreuz gewirkten Heil" (ebd.), ja sogar am Kampf des Menschen gegen die Sünde in der Welt. Vgl. a.a.O., 325.

[196] A.a.O., 324.

[197] Vgl. a.a.O., 314f: „Auf die Abgründe, die Luther aufgerissen und die keine verharmlosende Theologie oder Ökumene geschlossen hat, wird erst in der Lehre Adriennes von Speyr, die wie niemand vorher diese Abgründe ausgelotet und ausgewortet hat, eine hinreichende Antwort erteilt. Wie kann der ganze theologische Widerspruch der Sünde … zugleich bejaht und in einem Tieferen überholt werden? Seltsamerweise kommt niemand dem lutherischen ‚Sinne' näher als Adrienne von Speyr, nicht nur in der Theorie, sondern bis in die zerreißendste Erfahrung hinein, und doch wird die Weise, wie Luther das ‚Simul' formuliert, nirgends schärfer widerlegt als hier."

[198] A.a.O., 325 mit Zitat aus *Speyr*, Kreuz und Hölle, Bd. I, 112.

[199] Insofern auch Luthers „simul iustus et peccator" den Sinn des partim-partim annehmen kann, steht Speyrs ultimative katholische Antwort auf Luther doch in keinem absoluten Gegensatz zur Rechtfertigungslehre des Reformators. Vgl. zur Frage *Althaus*, 211-213. Ob die Antwort Speyrs auf Luther der Tiefe der lutherischen Erkenntnis gerecht wird, muß unten kritisch erörtert werden.

die Wende von der größten Entfernung zur äußersten Nähe oder Intimität zwischen Vater und Sohn im Heiligen Geist ein. In seinem Gehorsam dem Vater gegenüber macht sich der Sohn am Kreuz und im Gang durch die Hölle den Zustand der Sünde zu Eigen, was ökonomisch zur Aufhebung der Initimität zwischen den trinitarischen Personen führen muß. Obgleich diese Intimität für Balthasar am Kreuz und in der Hölle ökonomisch aufgehoben ist, besteht sie immanent-trinitarisch immer weiter, da „die Entfernung ein Werk des trinitarischen Liebesgehorsam war, in dessen Gegenseitigkeit Vater und Sohn im Geist immer schon eins waren."[200] Nur durch diese Annahme meint Balthasar, wie wir im letzten Kapitel sahen, einer mythologischen Verstrickung Gottes in das Weltdrama wehren zu können. Dennoch darf man für Balthasar den Durchgang durch die gegenseitige Trennung keinesfalls auf „philosophische, zeitlos abstrakte Prinzipien reduzieren",[201] etwa in dem Sinne, als sei das Kreuz „nichts anderes als die (‚quasi-sakramentale') Manifestation einer immer gleichen, immer schon erfolgten Versöhntheit Gottes mit der Welt ..."[202] Die ökonomische Trinität muß vielmehr die Entfremdung von Vater und Sohn im Geist durchlaufen, um bei deren Aufhebung an Ostern das Schicksal der Welt mit in das innergöttliche Liebesleben aufnehmen zu können.

Bedeutet die Auferstehung trinitarisch die Umkehrung von größter Entfernung zu äußerster Nähe, so läßt sie sich für Balthasar christologisch als „radikalste Umkehr vom ewigen Tod zum ewigen Leben"[203] umschreiben. Wenngleich der ewige Sohn gemäß Joh 17,5 nach der Auferstehung dieselbe Herrlichkeit wiedererlangt, die er vor seiner Menschwerdung genoß, gewinnt mit der Auferstehung von den Toten die Menschheit Jesu „aufgrund ihrer letzten Ausweitung (in der Eucharstie) und Ausleerung (bis zur Öffnung des Herzens)"[204] Anteil an der göttlichen Herrlichkeit des Sohnes. Mit Jesu Menschheit gehen auch die Wundmale und das Leiden Christi in die Herrlichkeit der immanenten Trinität ein, wo sie nunmehr „dauernde Aktualität"[205] besitzen. Die verewigten Wundmale Jesu sind also mehr als „bloße Erinnerungszeichen an eine vergangene Erfahrung".[206] Mit ihrer Verherrlichung wird das Leiden Jesu „verewigt". Es bleibt sowohl in der Ewigkeit als auch für die geschichtliche Zukunft auf Erden immer gegenwärtig. In der Eucharistiefeier wird dieses ewige Leiden „von oben" der Zeit immer wieder neu eingestiftet. Gleichzeitig fordert die bleibende Sünde der Welt dieses erlösende Leiden „von unten" immer neu. Die „Aufgebrochenheit" des Leibes Christi im „Verteiltsein seines Fleisches und Vergossensein seines Blutes" läßt dann aber auch die Jünger Anteil an der durch die Auferstehung gewonnenen Unendlichkeit seiner Person gewinnen.[207]

---

[200] TD III, 337.
[201] Ebd.
[202] Ebd. Balthasar spielt hier auf die Theologie Karl Rahners an.
[203] Ebd.
[204] A.a.O., 338.
[205] Ebd.
[206] Ebd.
[207] Ebd.

In Bezug auf den Menschen Jesus wirkt sich die Auferstehung darin aus, daß er mit der göttlichen Herrlichkeit und Weltherrschaft auch die göttliche Freiheit des Sohnes empfängt, derer er sich während seines Lebens durch seinen Gehorsam würdig erwies. Diese göttliche Freiheit des Auferstandenen ist gleichsam „die Offenbarung seiner in seinem äußersten Gehorsam an den Vater immer schon verborgen investierten, nicht nur göttlichen, sondern auch menschlichen Freiheit ...“[208] Diese wiedergewonnene Freiheit zeigt sich nach Balthasar vor allem in der Aufhebung der „trinitarischen Inversion“. War der Sohn für die Zeit der Menschwerdung mit dem Willen des Vaters auch dem Geist untergeordnet, der den väterlichen Willen vermittelte und ihm doch gleichzeitig auch inhärierte, so kann der auferstandene Sohn in einem freien herrschaftlichen Akt diesen Geist auch als Mensch in Welt und Kirche senden.

Für die Gläubigen schließlich, die den Geist in der Taufe empfangen, bedeutet die österliche Geistausschüttung die Teilhabe an der Auferstehungsfreiheit des Sohnes, und zwar in Form ihrer neu gewonnenen Freiheit vom Gesetz. Sie sind hinfort nicht mehr dem Gesetz untertan, aber mit dem Geist der Freiheit empfangen sie doch auch den Geist des Gehorsams demselben Geist gegenüber. Sie leben fortan wie Jesus während seiner Menschwerdung in der Spannung des „in-über“ von eigenem Geistbesitz und gleichzeitigem Gehorsam unter den Geist, der ihnen den Willen des Vaters und des Sohnes vermittelt. Mit der Aufhebung der Vermittlungsfunktion des Gesetzes zwischen Gott und Mensch gewinnen sie in der Auferstehung und Geistausschüttung die Unmittelbarkeit zu Gott. „[D]er unendlich zeugende Schoß des Vaters, der den Sohn hervorgebracht hat, ist fortan als der Raum der absoluten Freiheit der Liebe das einzige dem Geistbegabten geschenkte Gesetz.“[209] Wie Christus in der Auferstehung aus der „Sündentaufe“ auftaucht, so tauchen die Gläubigen aus der Taufe auf, die für sie den Untergang der alten Welt und den Durchgang zum neuen Leben und zur neuen Schöpfung im Geist bedeutet. Indem der Auferstandene in der Taufe den Geist und in der Eucharistie sich selbst schenkt, verleiht er den Gläubigen die Kindschaftsgnade, nämlich Anteil an seinem Geschick und seinem Hervorgang aus dem Vater. Das bedeutet für sie die Einführung in eine neue, nämlich eine dramatische Existenzform. Sie müssen mit Christus sterben, um mit ihm aufzuerstehen.

Ostern hat somit für den Menschen eine doppelte Bedeutung. Indikativisch sagt die Auferstehung für den Menschen zuerst und vor allem ihre Befreiung aus: negativ ihre Befreiung von den Mächten des Bösen und des Todes, positiv ihre Befreiung zur Teilnahme am trinitarischen Leben Gottes. Beide Aspekte sind untrennbar miteinander verbunden. Imperativisch bedeutet die Auferstehung den Ruf in die Nachfolge Christi, wobei wiederum zwischen der Nachfolge im Sterben und der Nachfolge im Auferstehen differenziert werden muß.

---

[208] A.a.O., 339.
[209] A.a.O., 340.

aa. Befreiung von den Mächten

Mit der Befreiung von den Mächten ist für Balthasar eines der fünf besprochenen biblischen Themen aufgegriffen, welches besonders für die Theologie der Kirchenväter eine zentrale Bedeutung gewonnen hat, seitdem Origenes das alte markionitische Motiv vom Loskauf des Sünders vom Satan übernahm und verchristlichte.[210] Balthasar läßt die Frage offen, ob das Thema entmythologisiert werden muß und überhaupt entmythologisiert werden kann. Gleichwie man die Frage der Beherrschung der Welt durch äußere Mächte und das Problem der Personalität des außermenschlichen Bösen beurteile, die bleibende Wahrheit des Motivs von der Befreiung von den Mächten liege in der „Kernvorstellung eines Brechens seiner [sc. des Teufels] Macht durch das Kreuz".[211] Ob man den Teufel „als ent-personalisierte Geistesmacht oder zur Quasi-Personalität gesteigerte Weltsünde"[212] versteht, immer gehe es um eine Gegenmacht gegen Gott, deren Macht durch das Osterereignis gebrochen ist.

Die Brechung der Macht des Bösen, Teuflischen oder Dämonischen (für die Kirchenväter seien diese Begriffe austauschbar) bleibt für Balthasar allerdings eine eschatologische Aussage. Die gegengöttliche Macht ist zwar grundsätzlich gebrochen, aber zwischenzeitlich, d.h. bis zum Weltenende und zur Parusie Christi, können die Mächte des Bösen ihre Versklavung des Menschen im wilden Widerstand gegen die von Gott vollbrachte Erlösung der Welt sogar noch in gefährlichem Maße steigern. Balthasar nimmt diese Gesetzmäßigkeit der gegenseitigen Steigerung von Gottes Erlösungshandeln in der Welt und des widergöttlichen Widerstandes zum Anlaß, eine Theologie der Geschichte zu entwerfen: „Diese eschatologische Steigerung innerhalb des schon errungenen Sieges Christi und seiner programmatischen ‚Befreiung der Gefangenen (Lk 4,18)' ist das Kernproblem der Geschichtstheologie."[213]

bb. Befreiung zur Gotteskindschaft

Die negative Befreiung *von* den widergöttlichen Mächten bedeutet für die Gläubigen zugleich eine positive Befreiung *zur* Teilnahme am trinitarischen Leben Gottes. Die ganze Heilsgeschichte Gottes mit der Welt gipfelt in dieser Befreiung zur Gotteskindschaft. In der Teilnahme am Leben der Trinität gelangt der Mensch zu seinem von Urbeginn der Welt vorherbestimmten Telos. Nach Balthasar hat der dreieinige Gott aus keinem anderen Grunde die Welt überhaupt geschaffen.

---

[210] Balthasar nennt für das Neue Testament unter anderem Mt 12,28ff und Lk 13,16 und verweist auf Paulus. Siehe hierzu und zu Origenes a.a.O., 343.

[211] Ebd.

[212] A.a.O., 344.

[213] Ebd. Siehe dazu Balthasars schon angeführte *Theologie der Geschichte* sowie *H. U. v. Balthasar*, Das Ganze im Fragment: Aspekte der Geschichtstheologie, 2., verb. Aufl., Einsiedeln – Freiburg 1990. Zur Balthasarschen Theologie der Geschichte siehe auch *A. Peelman,* Hans Urs von Balthasar et la Théologie de l'Histoire, Bern u.a. 1978 (Europäische Hochschulschriften, Reihe XXIII, Theologie; 107).

Inwiefern bedeutet die Teilnahme am dreieinigen Leben Gottes für den Menschen eine Befreiung? Zur Beantwortung dieser Frage muß an Balthasars zweipoliges Verständnis der endlichen Freiheit erinnert werden.[214] Die menschliche Freiheit konstituiert sich für Balthasar einerseits aus dem „Aus-sich-selber-Beginnen“, andererseits aus dem „Raum-lassen-Müssen“ für unzählig viele andere endliche Freiheiten und dem „Sich-verdanken-Müssen“ der Quelle unbedingter, göttlicher Freiheit gegenüber.[215] In der Sünde verschließt sich der Mensch, wie wir sahen, dem zweiten Aspekt, den wir in theologischer Begrifflichkeit als Nächsten- und Gottesliebe bezeichnen können. Der Sünder versucht seine Freiheit einzig und allein aus sich selber zu leben und schließt sich in diesem aussichtslosen Versuch in sich selber ein. Eine Selbstbefreiung aus dieser selbstverschuldeten Unaufgeschlossenheit, seinem „Sich-selber-in-Ketten-Legen“,[216] ist nicht mehr möglich. Gott alleine kann in der Gnade dem Menschen einen Ausweg aus dem Gefängnis der Sünde schaffen. Dies geschieht Balthasar zufolge im Erlösungsgeschehen, das sich an Ostern vollendet und das es dem Menschen ermöglicht, seine eigene Freiheit aus sich selber zu leben, gleichzeitig andere endliche Freiheiten neben sich zu bejahen und in Teilnahme an der sohnlichen Selbstverdankung dem Vater gegenüber die eigene Freiheit dankend von der unendlichen Freiheit zu empfangen.

cc. Geistausschüttung als Befähigung zur Nachfolge

Die Befreiung zur Gotteskindschaft erfüllt sich für die Glaubenden mit dem Osterereignis durch die Verleihung des Heiligen Geistes. Im Anschluß an die Auferstehung und Verherrlichung Jesu wird der „die gesamte Sendung des Sohnes begleitende, miterfahrende und gleichsam in sich einbergende Geist der durch die Passion befreiten Menschheit, der Kirche Christi eingehaucht.“[217] Vor der Verherrlichung des Sohnes inhäriert der Geist gemäß Joh 7,39 ökonomisch ganz und gar in und über dem Sohn und ist demzufolge den Jüngern noch nicht gegeben. Erst mit dem Ostergeschehen wird er der Kirche eingehaucht.

Die Gabe des Geistes befähigt die Jünger zur Nachfolge Christi im Mit-Sterben und Mit-Auferstehen mit Christus. In der Nachfolge partizipieren die Christen an des Sohnes Gehorsam dem himmlischen Vater gegenüber, wodurch sie auch am innergöttlichen Leben teilnehmen. Nun bedeutet Balthasar zufolge die Nachfolge Christi für die Glaubenden keineswegs, daß sich Mit-Sterben und Mit-Auferstehen in einer linearen Abfolge wie in Jesu eigenem Erdendasein einstellen. Es geht für die Christen in der Tat nicht um eine „Wiederholung der historischen Abfolge des Lebens Jesu auf das Kreuz hin ..., da der den Glaubenden verliehene Geist je das Ganze – Gang zum

[214] Vgl. oben, Zweites Kapitel, I. 3.
[215] TD III, 345. Vgl. ferner TD II,1, 194 u. 199.
[216] TD III, 345.
[217] A.a.O., 358.

Kreuz, Passion, Auferstehung und Himmelfahrt – in sich hat."[218] Die zweite Phase der Nachfolge, das, was Paulus wechselweise als das „Mitauferstehen, Mitleben, Mitherrschen, Mitverherrlichtwerden, Mit-zum-Himmel-Fahren" schildert,[219] bleibt in ihrer Fülle „eschatologische Hoffnung (vgl. Phil 3,11),"[220] die erst in der Parusie Christi zu ihrer Vollendung gelangt. Dennoch hat das Mit-Auferstehen für Balthasar schon jetzt Auswirkungen auf das Leben der Christen. Wenngleich dieses üblicherweise auf das Kreuz zuläuft, können „Phasen von Dunkelheit und Licht, Bedrängnis und Tröstung (2 Kor 1,4-7) sich für den Christen synchron oder diachron erweisen", weshalb Balthasar beide Aspekte der Nachfolge Christi „als seine Existenz gleichzeitig und untrennbar prägende *Existentialien* bezeichnen" kann.[221] Diese Gleichzeitigkeit von Kreuz und Auferstehung im Leben des Glaubenden zeige sich paradigmatisch in der Bekehrung des Sünders, in welcher die Begegnung mit dem Licht Christi zugleich „kreuzigendes Licht und befreiender Herausruf aus dem Dunkel" ist.[222]

Zuletzt stellt sich Balthasar in diesem Zusammenhang die Frage nach der Möglichkeit der Nachfolge des Herrn in einer „geschenkten Erfahrung von Kreuz und Hölle".[223] Ist es Christen möglich, in ihrem Mit-Sterben sogar die vom toten Christus durchgemachte Höllenerfahrung nachfolgend zu erleben? Balthasar bejaht diese Frage – es sei daran erinnert, daß Adrienne von Speyr in der Tat jährlich am Karsamstag Christi Höllenerfahrung mystisch nacherlebte –, betont aber auch, daß der hier Nachfolgende nie in die gleiche Dialektik gestellt werden wird wie Christus, da er „eine andere Affinität zu seinen sündigen Brüdern besitzt als der Herr."[224] Auch in der Kreuzesnachfolge des Christen gilt für Balthasar der Analogiesatz des Vierten Laterankonzils, demzufolge bei aller Ähnlichkeit eine je größere Unähnlichkeit herrscht: „einer könnte sehr wohl in seine persönliche Sünde die anonyme Sünde aller mitsühnend auf sich nehmen wollen ... und dann einfach ‚wir Sünder' sagen: wenn er so mit dem Kreuz Christi konfrontiert wird und wirklich an ihm teilbekommt ..., dann wird er in einem unauflöslichen Widerstreit und Widerspruch stehen zwischen dem, was er in Christus leidet und dem, was er ihm als Sünder (der eins ist mit allen Sündern) antut."[225] Auch als stellvertretend Mitleidender wird der Christ immer auch selbst durch Christus stellvertreten.[226]

---

218 Ebd.

219 A.a.O., 358f. Balthasar verweist z.B. auf Röm 6,4.5.8; 8,17; 2 Kor 10,11; 13,4; 2 Tim 2,11.12 und (den deuteropaulinischen) Eph 2,5f.

220 A.a.O., 359.

221 A.a.O., 360.

222 Ebd. Ebenso sei in der Beichte die „Qual der Entblößung" Bedingung für die österliche Absolution (ebd.). Sie findet sich im Neuen Testament sowohl in der johanneischen Licht-Finsternis-Dialektik als auch in den Beichtbriefen der Johannesapokalypse ausgedrückt.

223 TL II, 325.

224 A.a.O., 326.

225 A.a.O., 326f.

226 Vgl. a.a.O., 327: „Gerade wenn man in das Leiden des Herrn und gar in seine Hölle miteingelassen wird, kann man diesem Widerspruch nicht entgehen: daß man mit ihm leidet und daß er gleichzeitig für mich leidet."

2. Die Mitwirkung des Menschen in der Erlösung

Hat Christus am Kreuz für die Sünder stellvertretend Gottverlassenheit und Gotteszorn auf sich genommen und ihnen damit objektiv Erlösung von der Sünde verschaffen, so muß für Balthasar diese objektive Erlösung dem einzelnen Menschen allererst subjektiv vermittelt werden. Aus dem Theodrama zwischen Vater und Sohn im Geist und dem objektiven Tauschgeschehen zwischen Christus und den Sündern erklärt sich für ihn noch nicht, wie die Menschen „aufgrund dieser Tat, die selber der Inbegriff ihrer Sünde ist, an deren Stelle der Gnade Gottes teilhaft werden, ihre Freiheit als Kinder Gottes gewinnen konnten."[227] Die exklusive Stellvertretung muß zur inklusiven werden.[228] Gegen die vermeindlich reformatorische Vorstellung einer nur forensischen Rechtfertigung fragt Balthasar kritisch: „Geht es nur um den Übergang vom Indikativ der Rechtfertigung zu einem Imperativ, diese im Glauben zu ergreifen und uns dadurch innerlich heilen zu lassen und mit Christus und in seiner Nachfolge Buße zu tun? Aber woher erhält der ‚ungläubige' Sünder den die Rechtfertigung ergreifenden Glauben?"[229] Die Erlösung muß für Balthasar vom Menschen effektiv angeeignet, ihm nicht nur forensisch zugerechnet werden. Der Mensch muß also selbst im Erlösungsgeschehen beteiligt sein. Hier bedarf es für Balthasar der kirchlichen Vermittlung, damit die objektive Erlösungsgnade von den Menschen subjektiv angeeignet werden kann.[230] Diese kirchliche Vermittlung ist schon im zeitlichen Voraus zur Erlösungstat Christi in der Person Marias vorgezeichnet und im Theodrama anwesend.[231] Sie geschieht durch die Zeiten hindurch durch das Opfer der Kirche am Altar in der Meßfeier, in dem Christus in Kirche und Welt hinein „eucharistiert" wird, und muß zuletzt in der Dramatik der Kirche durch das gegenseitige Einstehen der Christen füreinander gekrönt werden. So bilden für Balthasar Mariologie, Lehre von der Eucharistie und Ekklesiologie notwendige Aspekte einer Theologie des Kreuzes.

a. Die vollkommene Mitwirkung des Menschen im Erlösungsdrama

Die theologische Notwendigkeit der Einbeziehung des Menschen in das Theodrama erweist sich für Balthasar heilsgeschichtlich darin, daß der Gottesbund mit Abraham „etwas viel zu Positives"[232] war, als daß er am Kreuz nur negativ im Sinne des Bundesbruchs hätte vertreten sein können. Der Glaube Abrahams und seiner Nachfolger im Alten Testament muß beim

227 TD III, 327f.
228 Vgl. a.a.O., 327.
229 Ebd.
230 Vgl. dazu TD IV, 424-431.
231 Vgl. TD III, 328.
232 Ebd.

Kreuzesgeschehen auch positiv in Erscheinung treten. Für Balthasar ist er es im Jawort Marias zur Menschwerdung des Sohnes, „ein Jawort, das über alle menschlichen Hinfälligkeiten auch der Großen des Alten Bundes hinaus so rein, unbegrenzt und endgültig war, daß es alle Schicksale des bejahten Sohnes miteinschloß, weshalb aus ihm mit Recht das Freisein Marias von jedem Schatten der Menschheitsschuld erschlossen wird."[233] Maria repräsentiert den reinen Glauben Israels und fungiert in dieser Funktion als Beweis, daß Gott seinen Bund nicht umsonst geschlossen hat.

Maria fällt als Repräsentantin des gläubigen Israels unter dem Kreuz die Brückenfunktion im Blick auf die Heiden zu, die zum Glauben kommen und damit des Neuen Bundes teilhaftig werden. Sie vermittelt „zwischen den untreuen Bundesgenossen Jahwes, die sich zu den Heiden geschlagen haben ... und den künftigen, die durch die Gnade des ‚geschlachteten Lammes' zum Glauben kommen werden."[234] Diese Vermittlung nimmt Maria in doppelter Weise wahr: zum einen in ihrem Jawort zur Menschwerdung des göttlichen Sohnes, zum andern in der ihr eigenen Verlassenheit unter dem Kreuz. Beide Male vermittelt Maria zwischen Israel und den Heiden, insofern sie als Vertreterin Israels und der ganzen Menschheit Antwort auf Gottes Heilsangebot gibt.

Marias Jawort zur Menschwerdung ist Balthasar zufolge eine unabdingbare Voraussetzung für das Kommen des Gottessohnes in diese Welt. Ohne die vollkommene menschliche Antwort auf Gottes Heilswillen in Marias Jawort wäre die Menschwerdung des Gottessohnes gar nicht möglich gewesen, weswegen dieses marianische Jawort für Balthasar als „Mitvoraussetzung für die Menschwerdung des Sohnes"[235] verstanden werden muß, wenngleich es nicht mit Gottes Heilstat auf eine Stufe gestellt werden könne. Gott braucht, „um zu den Sündern zu gelangen, einen Menschen ..., der durch ein sündeloses Jawort seine Fleischwerdung ermöglicht. Die Sünder allesamt haben ihren Platz *nach* seiner Menschwerdung, nur jene Frau, die sie ermöglicht, steht *vor* ihr."[236] Gleichzeitig repräsentiert es „den höchsten Akt der Kreatur Gott gegenüber ...: die entschlossene und für sich selbst verantwortliche Bereitschaft zum Willen Gottes mit all seinen Folgen."[237] Wird Maria damit zum Urbild allen menschlichen Glaubens, so gibt sie ihr Jawort zur Menschwerdung nicht nur für sich allein, sondern „‚im Namen des ganzen Menschengeschlechts', also der Sünder ..., derer, die als solche die Menschwerdung ablehnen."[238] Ihr Jawort zur jungfräulichen Geburt hat eine grundsätzlich andere Qualität als das Jawort aller anderen Gläubigen, die immer vom Zustand der Sünde zu dem des Glaubens überwechseln müssen.

---

233 Ebd. Vgl. MP, 219. Zur Mariologie Balthasars siehe auch *B. Leahy*, The Marian Principle in the Church according to Hans Urs von Balthasar, Frankfurt u.a. 1995 (Europäische Hochschulschriften, Reihe XXIII, Theologie; 558).

234 TD III, 328.

235 A.a.O., 369.

236 TL II, 328.

237 TD III, 330.

238 Ebd.

Maria gibt ihr Jawort jedoch nicht aus eigener, subjektiver Glaubensstärke, sondern sie besitzt die Kraft ihres Glaubens nur „als Magd des durch sie, aber weit über sie hinaus verfügenden Herrn."[239] Dieses Darüberhinaus ihres Einverständnisses erlaubt es Maria, die gesamte Menschennatur in sich zu repräsentieren und mit dieser „unbedingt solidarisch"[240] zu sein.

Die Solidarität Marias mit der gesamten Menschheit, die sie im Jawort zur Menschwerdung ausgedrückt hat, erfordert für Balthasar im Fortgang des Theodramas eine vollkommene Erniedrigung, „eine Versetzung der Mutter auf den ‚letzten Platz', *hinter* den Letzten der Sünder, mit dem sie solidarisch zu sein sich nicht weigert."[241] Balthasar überträgt ohne weiteres soteriologische Muster aus der Christologie auf die Mariologie. Von beiden, Jesus und Maria, wird ausgesagt, daß ihr stellvertretendes Wirken in der Menschwerdung angelegt ist, aber erst in der Verlassenheit an oder unter dem Kreuz zur Vollendung kommt. Balthasars „Solidaritätsmariologie" widerspiegelt seine „Solidaritätschristologie" auch dort, wo von Maria eine Passion ausgesagt wird: „Als Vor-Erlöste hat sie Teil an seiner ‚Vor-Passion' ..."[242] Wenn Christus seine Stellvertretungsrolle nur durch sein Leiden erfüllen kann, so gilt Gleiches auch für Maria: „Für sie ‚braucht der Sohn nicht zu leiden', aber sie wird *in ihm* mit ihm leiden müssen. Und außerdem *durch ihn*, denn das Schwert, das ihr Herz durchbohrt, wird ... schließlich durch den Sohn selber geführt. Es ist nicht das Schwert des Widerspruchs der Sünde, sondern der ‚gladius benignus' (Augustin) der teilgebenden Liebe."[243]

Die Erniedrigung Marias geschieht schon im Vorlauf auf das Kreuz. Sie zeigt sich in dem, was Balthasar als Marias dreifache Armut bezeichnet: Sie ist weggegeben an Josef, so daß sie sich nicht einmal Gott selbst schenken kann. Sie ist weggegeben an den sie überschattenden Heiligen Geist, „so daß ihr Jawort dazu gar nicht einem bange erwarteten freien Entschluß glich",[244] sondern nur einem Sich-Einfügen in das schon Bestimmte. Sie ist schließlich in Nachfolge der alttestamentlichen Frauen Sara, Hanna und Elisabeth „unbefruchtet und fruchtlos"[245] – anders kann ihre Jungfrauengeburt für Balthasar nicht angenähert und verständlich gemacht werden.

Die Erniedrigung der Mutter gipfelt in den vielfachen Abweisungen der Mutter durch ihren Sohn während der Zeit seines Wirkens und vor allem un-

---

239 A.a.O., 331.

240 Vgl. ebd.: „Sagt sie dankbar Ja zum kommenden Retter, so in keiner Hinsicht für sich allein, sondern von vornherein für alle, die des ‚Heils Israels' bedürfen."

241 Ebd.

242 TL II, 329. Diese Teilhabe der Gottesmutter geht soweit, daß Maria sogar Anteil an Christi Höllenfahrt erhält; sie steht „am Eingang" der Hölle, auch wenn sie nicht darum weiß (vgl. ebd.). Ihr nicht-erlöschender Glaube ist ohne Trost, „er erscheint ihr, wie dem Sohn seine Verlassenheit, vergeblich und sinnlos, trotz seiner Notwendigkeit. Sie erlebt den Karsamstag nicht in der Hölle, aber in einer Nacht des Ausharrens vor der unbegreiflichen, jeden Schritt verwehrenden Mauer. Bis in diese nichtteilnehmende Teilnahme mußte der Sohn sie mitnehmen, denn es gibt, von der ‚Vor-Passion' her, keine andere als mitleidende Liebe ..." (TL II, 329).

243 TL II, 328 mit Zitat aus *Speyr*, Kreuz und Hölle, Bd. II, 198.

244 TD III, 333.

245 A.a.O., 334.

ter dem Kreuz. Jesus schickt seine Mutter weg und verweist sie auf den „letzten Platz" hinter allen Sündern, „hinter den jetzt offenbar gewordenen Bundesbruch des Alten Bundes und die Gottlosigkeit alles Heidentums."[246] Obgleich der Mutterschoß als „'Erstling des Waltens Jahwes, als frühestes seiner Werke von urher' (Spr 8,22)" mit dem Sohn schon „'vor Grundlegung der Welt ausersehen worden war' (1 Petr 1,19f)",[247] kann er unter dem Kreuz nur „in die allgemeine Vergeblichkeit weggeschickt werden, in einer letzten Abscheidung, die nunmehr – im Gericht – die einzige Form der Beziehung ist."[248]

In dieser Beziehungslosigkeit unter dem Kreuz drückt sich für Balthasar nochmals die absolute Vereinsamung des Sohnes am Kreuz aus, der der gesamten sündigen Menschheit gegenübersteht, deren Fruchtlosigkeit „auf ihn und in ihn hinein zurückstrahlt und ihm sein Leiden als ebenso hoffnungslos fruchtlos erscheinen läßt."[249] Wenn Jesus am Kreuz hängt und dort seine sündlose Mutter erblickt, ohne erkennen zu können, daß sich deren Sündlosigkeit seinem eigenen Kreuzesleiden verdankt, sie m.a.W. durch sein eigenes Leiden „vorerlöst"[250] ist, so muß ihm der Zweck seiner Erlösungstat entschwinden, sein Leiden sinnlos und „seine ‚Leistung' als überflüssig erscheinen …: nicht durch ihn ist sie, was sie ist (sie war ja vor ihm schon so): durch diesen Anblick versiegelt der Vater, der ihm diese Mutter vorweg geschenkt hat, sein erlösendes Tun vor seinen Augen …"[251] Obgleich Maria ihrem Sohn als „Ermöglichung wie verbürgtes Ziel seines Leidens"[252] am nächsten steht, erscheint sie ihm unter dem Kreuz als die Fernste. Hier wiederholt sich zwischen Sohn und Mutter dasselbe Geschehen wie zwischen Sohn und himmlischem Vater: Die höchste Nähe verbirgt sich im Kreuzesgeschehen als allergrößte Entfernung.[253]

In ihrer Verlassenheit unter dem Kreuz auf dem „letzten Platz" hinter allen Sündern sagt Maria noch einmal stellvertretend für alle Sünder Ja zur Heilstat Gottes an den Menschen. Sie „unterfaßt" in ihrer eigenen Armut die Armut der verneinend sich verschließenden Sünder, wird nochmals „solidarisch mit all diesen Armen".[254] Durch diese Solidarität kann sie schließlich zur

[246] A.a.O., 335.

[247] Ebd.

[248] A.a.O., 336.

[249] A.a.O., 335.

[250] MP, 219.

[251] TD III, 332. Vgl. ebd.: „Objektiv, für den Sohn unerkennbar, steht am Ende seines Leidens der erlöste, makellose Mensch: ihm inkarnatorisch, innergeschichtlich vorgegeben und – ihm jetzt unerkennbar – durch den Vater vorgezeigt in Maria."

[252] Ebd.

[253] Diese Verbergung des Zieles seiner Sendung vor Jesu Augen ist Balthasar zufolge notwendig für die Ausführung der Erlösungssendung. Nur wo ihm Sinn und Zweck seiner Sendung gänzlich entschwindet, kann Christus „im reinen Umsonst (der Gnade), in der reinen Überflüssigkeit der Liebe eucharistisch über-(alle Maßen)-verflüssigt werden in die ganze Sünde der Welt hinein: für ihn völlig umsonst, weil er im Tragen der Sündenfinsternis weder Licht noch Sinn mehr sehen kann" (a.a.O., 333).

[254] A.a.O., 334.

Heilsmittlerin werden, eine Funktion, die für Balthasar zum Ausdruck bringt, daß Gott in der Welt nie alleine, sondern immer im Zusammenwirken mit dem Menschen handelt. „Wie in der ersten Schöpfung Gott sich verschweigt und nur durch die Ermächtigung des Geschöpfs zu eigenem Sprechen, Können, Sichverdanken dieses selber anspricht, so wird die Jungfrau in der zweiten Schöpfung durch das im Tod verstummende Wort zu einer neuen Mutterschaft ermächtigt: von sich her die Antwort der erlösten Schöpfung auf das verstummte Wort hervorzubringen. Und dies – weil Marias Jawort von vornherein enteignet und ‚im Namen des ganzen Menschengeschlechts' ausgesprochen worden war – nun auch im Namen all derer, die sich weigern zu antworten. Sie alle, als Einzelne, sind untergriffen nicht nur vom Wort Gottes, das stellvertretend ‚für sie' in der Finsternis stirbt, sondern auch von der Antwort der Kirche, die ursprünglich, am Kreuz, in ihrer Finsternis stellvertretend für sie antwortet."[255] Durch Maria vermittelt sich damit die durch Christus vollbrachte Erlösung den Menschen, deren Versuch, aus sich selbst heraus ohne Verdankung an Gott zu leben, von Maria „von innen her unterwandert"[256] wird. Indem sie ihr Ja „des Hinausgeschicktwerdens in die noch vollkommenere Unbrauchbarkeit"[257] spricht, ratifiziert sie stellvertretend für alle, auch für diejenigen, die sich dieser Anerkennung selbst verweigern, daß unsere Erlösung allein von Gott kommt.

Insofern nun mit Maria die menschliche Freiheit beim Kreuzesgeschehen in ihrem Ja zur Erlösungstat Gottes mitrepräsentiert ist, verbietet es sich für Balthasar, mit Luther dem Menschen bei seiner Erlösung eine rein passive Rolle des Empfängers zuzuweisen. Es sei höchst bedeutsam, „[d]aß der Sohn nicht einfach mit den Sündern allein ist – in jenem absoluten Tauschhandel, der Luther vorschwebte –, sondern daß da ein Zeugnis des allem vorweg *‚sola gratia'* handelnden Gottes mitgegenwärtig ist ..."[258] In Maria ist die endliche Freiheit am Kreuzesgeschehen mitbeteiligt. In ihrem Ja zu Gott wiederholt sich ihre jungfräuliche Empfängnis, so daß die unbefleckte Mutter zur makellosen Braut, dem „Schoß der Kirche", wird.[259] Maria wird damit zur Vorausverkörperung der makellosen Kirche, die unter dem Kreuz steht und das Ja der Menschheit spricht.[260]

---

255 A.a.O., 336.

256 Ebd.

257 Ebd.

258 A.a.O., 333.

259 Vgl. a.a.O., 334.

260 Vgl. ebd.: „In der ersten Empfängnis war sie ‚Gefäß (nicht Braut) des Geistes' zu jungfräulicher Mutterschaft dem Sohn gegenüber, in der zweiten aber wird sie ebenso jungfräulich zur Braut des eucharistisch sich verströmenden Sohnes Gottes selbst." Sie ist als Einzige „fähig, den eucharistisch vertausendfachten Samen Gottes in ihrem Schoß zu empfangen" (ebd.). Siehe zur Bedeutung Marias für die Ekklesiologie Balthasars neben der oben schon angeführten Monographie von B. Leahy *L. S. Chapp,* Who is the Church? The personalistic categories of Balthasar's ecclesiology, in: Communio. International Catholic Review 23 (1996): 322-338; *J. Saward,* Mary and Peter in the Christological Constellation: Balthasar's Ecclesiology, in: *J. Riches* (Hg.), The Analogy of Beauty: The Theology of Hans Urs von Balthasar, Edinburgh 1986, 105-133.

b. Die eucharistische Mitwirkung des Menschen im Erlösungsdrama

Neben Marias Mitwirkung am Erlösungsgeschehen kommt es für Balthasar in der kirchlichen Eucharistiefeier zu einer zweiten Form nicht nur der Heilsvermittlung, sondern auch der menschlichen cooperatio im Theodrama. Durch die inklusive Stellvertretung am Kreuz ist die Menschheit für Balthasar zwar bewußt oder unbewußt immer schon am Kreuzesgeschehen beteiligt, aber erst in der Eucharistie bezieht Jesus die Kirche „in Form einer mitbeteiligenden Aktion“[261] explizit in das Erlösungsdrama ein. Erst hier wird nämlich das auf Golgatha vollbrachte Heil an die Menschen seinshaft vermittelt.

Die Bedeutung der Eucharistie für die seinshafte Vermittlung des Heils ergibt sich für Balthasar aus einer Überlegung zu der Frage, wie die in einem einzigen Menschen vollbrachte Erlösung der ganzen Menschheit zugeeignet werden kann. Wird der Sohn Gottes Mensch, dann muß seine Menschwerdung ja nicht nur den einen Menschen, in dem er sich inkarniert, betreffen, sondern die Menschennatur an sich. Wie aber läßt sich ein solcher Einschluß der ganzen Menschheit im menschgewordenen Gottessohn denken?[262] Die griechischen Kirchenväter (in der alexandrinischen Tradition) versuchten Balthasar zufolge das Problem vornehmlich durch das Logos-Sarx-Schema zu lösen, demzufolge das „Fleisch“ das Medium der inneren Gemeinschaft hergab, welche zwischen Christus und der Menschheit vermittelte. Noch in der deutschen Mystik und später im Hegelianismus und der nachhegelschen Theologie komme dieser Gedanke zum Tragen, insofern hier Christus menschwerdend nicht einen Menschen, sondern die gesamte Menschennatur annimmt. Dieser Vorstellung gegenüber betont Balthasar aber mit Johannes Damaszenus, „daß die Bestimmtheit der göttlichen Sohnschaft Jesu ihn gerade zu einem sehr bestimmten einzelnen Menschen zu machen vermag,“[263] ohne daß deswegen sein Wirken und Sein in seiner universalen Wirkung beschränkt werden müßte.

Balthasar will die Kommunion des menschgewordenen Gottessohnes mit der Menschheit vornehmlich im Ereignis des heilbringenden Leidens Jesu

---

261 TD III, 363.

262 Eine Lösung läßt sich für Balthasar in analoger Weise schon in der Natur annähern, insofern hier „jedes Individuum trotz seiner Exklusivität alle andern inkludiert, sofern es der ganzen Natur konkret teilhaftig ist (was keinen Platonismus einschließt, der die Natur jenseits ihrer Individuationen konkret sein läßt)“ (TD II,2, 214; vgl. TL II, 210f). Diesem Gedanken entspringt in der Tat derjenige von der Solidarität der Menschheit in der Sünde Adams. Diese Analogie geht Balthasar allerdings nicht weit genug, da es sich bei Christus nicht nur um ein bloßes Geistsubjekt wie jedes andere handelt, sondern um „eine der Gesamtnatur (als Art und als Summe der Individuen) überlegene Person“ (TD II,2, 214). Insofern er der personale, göttliche Logos ist, der die Vernunftnatur selber geschaffen hat, haben alle Menschen von Natur aus immer schon teil an ihm. Balthasar bezieht sich bei diesem Gedanken vor allem auf die griechischen Kirchenväter Irenäus, Origenes, Athanasius und Cyrill von Alexandrien. Vgl. dazu a.a.O., 214f.

263 TD II,2, 217 mit Verweis auf *Joh. Damaszenus*, De fide orth. III 7 (PG 94, 1009 A B).

und – im Anschluß daran – in der Eucharistie lokalisieren. Auch an diesem Punkt bieten ihm die Väter Orientierungshilfe an, wenn sie, wie etwa Cyrill von Alexandrien, in Jesu Fleisch die gesamte Menschennatur gekreuzigt sehen und argumentieren, daß Jesus den Schrei der Gottverlassenheit „'im Namen der ganzen Menschennatur'" ausgestoßen hat, „sofern der zweite Adam sich in den Strunk des ersten eingepfropft hat".[264] Daß der „wunderbare Tausch" von der Inkarnation auf das Kreuz zuläuft und damit zum Platztausch nicht nur „wertneutral" zwischen göttlicher und geschöpflicher Natur, sondern zwischen dem Sünder und dem Sündlosen wird, dies erkennt Balthasar zufolge jedoch „erst die westliche, augustinisch-anselmische Soteriologie".[265] Hier wird das commercium der griechischen Väter zum realen Platztausch, der voraussetzt, daß in Jesus nicht irgendein Mensch für die anderen leidet, sondern vielmehr die göttliche Person des Sohnes in ihrer menschlichen Natur. „Die Sendung Jesu geht auf die Versöhnung der Welt mit Gott (2 Kor 5,18f), der Menschheit in ihrer Spannung zwischen Artwirklichkeit und Einzelsubjekten; deshalb hat er für dieses gespannte Ganze einzustehen, und dies kann nicht gleichsam von außen her geschehen, indem das ‚*pro nobis*' bloß ein ‚zu unsern Gunsten' besagte, sondern von innen, in einer realen Übernahme der personal-sozialen Situation des Sünders, so, daß es ‚an unserer Stelle' bedeutet."[266] Daß es zu einer solchen realen Stellvertretung kommen kann, will Balthasar mit Thomas von Aquin im Rückgriff auf den patristischen Gedanken von Christus als dem Haupt seines Leibes, der Kirche, begründen. „In Christo non solum fuit gratia sicut in quodam homine singulari, sed sicut in capite totius Ecclesiae cui omnes uniuntur sicut capiti membra, ex quibus constituitur mystice una persona. Et exinde est quod meritum Christi se extendit ad alios in quantum sunt membra eius' (S Th III 19,4)."[267] Die durch Christi Stellvertretung den Menschen erworbenen Gnaden fließen diesem Modell zufolge vom Haupt auf die Glieder des Leibes über.[268] Diese Begründung bei Thomas reicht für Balthasar jedoch nicht aus. Er greift deshalb auf einen Gedanken bei den Vätern zurück und argumentiert, daß die Realität der Gliedschaft am mystischen Leibe Christi und

---

264 TD II,2, 219 mit Verweis auf *Cyrill*, Quod unus sit Christus (PG 75, 1325). Vgl. TD II,2, 219 auch den Verweis auf *Cyrill*, In Rom 6,6 (PG 74, 796). Vgl. zur Frage auch TL II, 274-280.

265 TD II,2, 220.

266 A.a.O., 221.

267 Zit. n. a.a.O., 222f (bei Balthasar hervorgehoben).

268 Vgl. a.a.O., 222: „Wieweit kraft der Stellvertretung des ersten Adam durch den zweiten und seine Kirche die unabsehbaren Leiden der Menschheit in das Sühnewerk miteinbezogen werden, bleibt Gottes Geheimnis." Balthasar verweist als biblische Begründung auf die bekannte Stelle des Kolosserbriefes (1,24), wo von einem „Aufleiden für den Leib Christi, die Kirche, was an den Leiden Christi noch aussteht", die Rede ist. Daß dieses Aufleiden mystisch erfahrbar ist, zeigt sich für Balthasar konkret am Leben Adrienne von Speyrs. Vgl. a.a.O., 222, Anm. 20; ferner a.a.O., 224f. Hier erweist sich für Balthasar, daß die Stellvertretung Christi nicht (mit Luther, Barth oder Pannenberg) in dem Sinne mißzuverstehen ist, daß durch sie den Menschen eine Strafe erspart bliebe. Vielmehr müssen diese durch ihre Kommunion mit dem Haupt der Kirche an seinen stellvertretenden Leiden teilnehmen, was zumeist im Glauben geschieht, aber auch mystisch erfahren werden kann.

damit auch das Verschenken des eigenen Leibes und Blutes im commercium erst in der Eucharistie deutlich wird.[269]

Wie aber ist die Menschheit bzw. die Kirche durch die Eucharistie am Erlösungsgeschehen beteiligt? Und inwiefern kann sie angesichts ihrer Sündhaftigkeit überhaupt am Erlösungsgeschehen beteiligt sein? Balthasar entfaltet beides, die Möglichkeit und die Faktizität der kirchlichen Mitwirkung, in fünf Schritten.

1. Die grundlegende Voraussetzung der menschlichen Mitwirkung am Erlösungsgeschehen liegt in der objektiven Erlösung oder Zustandsveränderung der Sünder durch Jesu Leiden und Sterben begründet. Solange die Menschen im Zustand der Sünde verharren, also erlösungsbedürftig sind, können sie selbst nicht an der Erlösung mitwirken. Durch Jesu Leiden und Sterben werden die Sünder aber objektiv erlöst, und dies noch bevor die Erlösung im Glauben ergriffen wird. Der Indikativ der objektiven Erlösung geht dem Imperativ der subjektiven Aneignung der Erlösung im Glauben voraus. Balthasar meint, dies der „Engführung Luthers“[270] gegenüber festhalten zu müssen. Die objektive Erlösung ist alleinige Tat des menschgewordenen Gottessohnes, noch nicht die seines mystischen Leibes, der Kirche. Die objektive Erlösung räumt das grundlegendste Hindernis auf Seiten des Menschen aus dem Weg, welches einer Mitwirkung am Heil im Wege steht. Sie versetzt die Sünder in die Lage, nicht nur Heilsempfänger zu sein, sondern im Anschluß daran auch Heilsmitwirkende zu werden.

2. Eine zweite Voraussetzung für die menschliche Mitwirkung im Heilsgeschehen liegt für Balthasar in der notwendigen Allzeitlichkeit des Theodramas. Nur wenn sich das Heilsgeschehen hier und jetzt ereignet, kann der Mensch auch hier und jetzt daran beteiligt werden. Nun besitzt die geschichtliche Passion Christi für Balthasar tatsächlich aus drei Gründen eine „bleibende Aktualität“[271] für die weiterlaufende Geschichte: zum einen durch die Einbergung der ökonomischen Trinität in die immanente Trinität; zum zweiten durch die Ausgießung des Heiligen Geistes, der Leben, Kreuz und Auferstehung Jesu in sich einbirgt, in Welt und Kirche; und zum dritten „mit der dauernden Re-Präsenz des leibhaftig ‚für uns‘ dahingegebenen Christus“[272] in der Eucharistiefeier, welche mit der Materialität von Leib und Blut Christi nach dem Verständnis der griechischen Kirchenväter auch das ganze Heilsgeschehen im Sinne einer „Aktualpräsenz der Person und des Heilswerkes Jesu im Abendmahl“[273] mit anwesen läßt.

3. Soll nun der Mensch im Heilsgeschehen selbst mitwirken, dann ist es für Balthasar notwendig, daß die Kirche, wenn sie den Auftrag Jesu erfüllt und Eucharistie feiert, nicht nur ein ihr fremdes, nämlich Christi Opfer darbringt, sondern innerlich daran beteiligt ist. In der Eucharistie muß die Kir-

[269] Vgl. a.a.O., 223; TD III, 324f.
[270] TD III, 363.
[271] A.a.O., 364.
[272] A.a.O., 365.
[273] *J. Betz*, Die Eucharistie in der Zeit der griechischen Väter, Bd. I/1, Freiburg 1955 (ohne Seitenangabe), zit. n. TD III, 365.

che auch ihr eigenes Opfer vor Gott bringen, darf darin folglich nicht nur „einen bloßen Akt der Darbringung (*oblatio*)“ sehen, sondern auch „ein dem Opfer Christi wenigstens analoges Opfergeschehen (*sacrificium*)“.[274] Daß ihr dies möglich ist, erfordert wiederum ein Dreifaches:

a) Zum ersten müssen die Glaubenden die durch Jesu Opfer auf Golgotha vollbrachte objektive Zustandsveränderung im Glauben anerkennen und sich aneignen. In dieser „Zustimmung zu seinem Für-uns-Leiden“ ist allerdings immer schon ein inchoatives „Mit-Gehen seines Weges“ impliziert, wenngleich dieses opus operantis nicht Teil des vorausgesetzten opus operatum sein kann.[275] Das immer unvollkommen bleibende opus operantis muß nicht Teil des opus operatum sein, da Maria ja schon stellvertretend für die gesamte Menschheit die vollkommene menschliche Antwort auf das Leiden Christi gegeben und darin den inchoativen Akt des Glaubens zur Vollendung gebracht hat.

b) Zum zweiten setzt nun die Möglichkeit, daß die Kirche in der Eucharistie auch ein eigenes Opfer darbringt, voraus, daß sich Christus selbst in die Hände der Kirche gegeben hat, einer Kirche, die Balthasar zuallererst als weiblich-marianische Kirche verstanden wissen will. Wie Jesus sich im Schlußakt seines Lebens dem Willen des Vaters überantwortet, so hat er sich Balthasar zufolge tatsächlich schon im ersten Akt seines Lebens, der Menschwerdung des Präexistenten, seiner Mutter überantwortet, auf deren Fürsorge er als Kleinkind gänzlich angewiesen war. In dieser Selbstübergabe des Gottessohnes an die Mutter verberge sich „der Ansatzpunkt … für die Möglichkeit des ins Leiden Gehenden, die Kirche über sich und sein Opfer verfügen zu lassen.“[276] Der männliche Erlöser ist in die „liebende, wenn auch machtlose Sorge“ der „weiblichen Kirche“ gelegt: „Diese zum Menschsein überhaupt wesentlich hinzugehörige Situation kann vom menschwerdenden Sohn Gottes nicht übersprungen werden, erfährt hier aber eine vollendende Überhöhung ins Übernatürliche, die durch die Zeit der Kirche hindurch fortdauert. Er übergibt ihr nicht nur die Früchte seines Lebens und Leidens in ihre Verwaltung, sondern sich selbst.“[277]

c) Zum dritten setzt für Balthasar die Beteiligung der Kirche am Opfer der Eucharistiefeier dann aber voraus, daß Jesus sich nicht nur an die Kirche im

---

[274] TD III, 367.

[275] A.a.O., 368.

[276] A.a.O., 370.

[277] Ebd. Indem Christus sich eucharistisch in die Hände der weiblich-marianischen Kirche übergeben hat, ist er gleichfalls auch „in die Hände eines jeden, der ihm ‚Mutter‘ wird, indem er den Willen des Vaters tut und ihn in der Welt geboren werden läßt“ (a.a.O., 371), gegeben. Darin liegt für Balthasar die Begründung des Priestertums aller Gläubigen, welches wiederum dem Priestertum des männlichen Amtes legitimierend vorausgeht: „… ein amtliches Tun der Presbyter wird als solches in einer Kirche des Menschgewordenen, Gekreuzigten und Auferstandenen nur tragbar, wenn es verantwortet wird von der ‚über-amtlichen‘, auch das Amt in sich einbergenden Frau, die als einzige das zur Menschwerdung des Wortes erforderte Ja spricht“ (ebd.). „So, und nur so kann man sagen, daß in der Eucharistie die Gemeinde in das Opfer Christi einbezogen und jenes vollendete Opfer von Haupt und Gliedern Gott dargebracht wird …“ (a.a.O., 372).

ganzen, sondern darüber hinaus explizit in die Hände des (männlichen) Priesteramtes übergeben hat, das ihn am Altar darbringen soll. Jesus habe sich am Abend seiner Verhaftung tatsächlich nicht nur den Sündern überliefert, so daß diese ihn als Sündenbock opfern können, sondern im Voraus dazu der (Amts-)Kirche, die ihn ebenfalls darbringen soll.[278]

Wenngleich die Selbstübergabe Christi an die weiblich-marianische Kirche die legitimierende Grundlage für deren Möglichkeit ist, in der Eucharistie ein Opfer darzubringen, so ist sie es doch nicht selber, die das Opfer darbringen kann. Dies ist nur „aufgrund einer ausdrücklichen Beauftragung"[279] möglich, welche Balthasar zufolge nur dem (männlichen) Amt gegeben ist. So wie Maria den Glauben Israels zusammenfaßt, unter dem Kreuz personifiziert und in den kirchlichen Glauben übergehen läßt, so wird die amtliche Funktion des alttestamentlichen Priestertums für Balthasar im Anschluß an den Hebräerbrief in Christus aufgehoben, um von diesem in seiner christologischen Vollmacht den Jüngern verliehen zu werden. Es gilt daher für Balthasar: „Diese Repräsentation Christi innerhalb der Weiblichkeit der marianisch-glaubenden Kirche ist dem Mann vorbehalten".[280] Gleichwohl ist es die weibliche Kirche, die das Tun der männlichen Priester verantworten muß.

4. Dies bringt uns zu einem vierten Punkt. Hat Balthasar zuvor dargelegt, *daß* die Kirche die Möglichkeit hat, das Opfer der Eucharistie nicht nur als das fremde Opfer Christi, sondern auch als das ihr eigene Opfer darzubringen, so geht es ihm hier darum, *wie* sich die Kirche faktisch am Opfer der Eucharistie beteiligt. Sie schließt sich in ihrer Darbringung des Selbstopfers Christi an den Vater im Geist zuerst „an die Gesinnung Christi selbst als *eucharistia*, preisende Danksagung"[281] an. Dabei darf die Danksagung nicht nur im Sinne des alttestamentlichen Lobopfers verstanden werden, wenngleich schon dieses selbst eine „Opferhaltung des Beters"[282] einschließe. Es handelt sich vielmehr um den Anschluß an den Dank des Sohnes an den Vater, sich für die Sünder stellvertretend hingeben und die Liebe des Vaters kundtun zu dürfen. Im Anschluß an den Hebräerbrief (13,10-16) hält Balthasar deswegen daran fest, daß zwischen den Lobgebeten der Gemeinde und der Opferhaltung Jesu eine innere Verbindung besteht.

5. Diese innere Verbindung zwischen Lobopfer und realem Opfer vollendet sich für die Christen dadurch, und damit kommen wir zu Balthasars letztem Punkt, daß sie selbst ein reales Opfer erbringen, indem sie die an ihnen ergangene Taufe ratifizieren und die Wirkungen des Todes an sich geschehen

278 Vgl. a.a.O., 372: „Die Sünder sollen nicht die einzigen sein, die den Sündenbock der Menschheit über ihre Grenzen zu Gott zurückschicken; es sollen dort, wo die Mutter mit ihrer Zustimmung steht, auch jene stehen, die offiziell, im Namen der Kirche, ‚das Lamm wie geschlachtet' Gott darbieten – für alle, um deretwillen es sich schlachten läßt, Sünder außerhalb oder in der Kirche."

279 Ebd. Vgl. a.a.O., 373: „Dieses Gestelltsein an die Stelle Christi ist das Wesen des geistlichen Amtes, auch wenn man sagen kann, daß die Möglichkeit eines solchen Gegenüber in der Identität der Funktion das Gegenüber von Christus und Maria zur Voraussetzung hat."

280 A.a.O., 373.

281 A.a.O., 374.

282 Ebd.

lassen. Indem die Gläubigen in der Taufe die objektive Statusveränderung, welche durch das Kreuzesopfer Jesu stattgefunden hat, anerkennen, verwachsen sie mit dem Tod Jesu, „realisieren im Glauben, aber durch die Wirksamkeit des Sakraments das, was im Kreuzesgeschehen objektiv schon erfolgt ist".[283] Sie sterben in der Taufe der Sünde ab.

Die Darbringung der Elemente von Brot und Wein ist somit nur „Vorblick auf das zentrale Geschehen im Kanon", nämlich das eigenständige Einstimmen der Kirche in das Tun Christi, „um dabei den Platz einzunehmen, den der Leidende und Verfügte ihr als einer Handeln-Dürfenden einräumt."[284] Dieses Handeln ist nichts anderes „als ein (marianisches) Sich-hinein-nehmen-Lassen in Jesu Verfügtsein in den Willen des Vaters hinein."[285] Marias Glauben unter dem Kreuz zeichnet sich aber, wie wir sahen, dadurch aus, daß sie in der Passivität des Geschehenlassens den eigenen Sohn an den Vater zurückgibt.[286] Wie die neue Eva als „Gehilfin des neuen Adam", so muß die Kirche in der Eucharistiefeier in schmerzlicher Weise geschehen lassen, was zur Erlösung notwendig ist.[287] Bei diesem Geschehenlassen Marias und der Kirche durch die Zeiten hindurch handelt es sich im existentiellen Sinn tatsächlich um ein Opfer, insofern es nichts anderes ist, als „der schmerzlichste Verzicht auf etwas und Verlust von etwas, ein Moment, das schon bei aller Anwendung des Opferbegriffs in natürlichen Religionen unverzichtbar ist."[288]

Bei aller Betonung der Einstimmung der Kirche in das Opfer Christi gilt es für Balthasar jedoch immer zu beachten, daß es zuallererst der auferstandene Christus selbst ist, der die Kirche in sein Opfer miteinbezieht, indem er seinen Tod „für uns" erlitt und uns damit die objektive Zustandsänderung bewirkte, die wir im Glauben nur noch ratifizieren. Wie Marias Opfer Antwort auf Christi Selbstopfer ist, so auch das kirchliche Opfer. „Man muß deshalb sagen, daß jedes eucharistische Opfer der Kirche immer schon von einer vorausgehenden, von Christus geschenkten Kommunion mit ihm umgriffen ist und ausgeht, um seinerseits wieder in eine neue, vertiefende Kommunion zu münden."[289] Wenngleich das Opfer der Kirche eigenes Tun ist, bleibt es doch für Balthasar „nichts als ein Echo auf das vorausgehende Gnadenwirken des Herrn, des dreieinigen Gottes durch den Sohn, es ist, paulinisch gesprochen, Glaube, dem ein Wirkendürfen geschenkt wird, und nicht ‚Werk'."[290] Als ein solches Wirkendürfen ist die menschlich-kirchliche cooperatio jedoch mit dem göttlichen Tun im Theodrama in unfaßlicher Weise verschränkt.

---

283 A.a.O., 376.

284 A.a.O., 378. Balthasar bezieht sich hier auf den Meßkanon.

285 Ebd.

286 Vgl. a.a.O., 376f: „er, der Sohn, soll alles wirken, was der Vater will, und dabei sie, Maria, samt allen Menschen, in sein Wirken hinein verfügen."

287 Vgl. a.a.O., 369: „Marias Geschehenlassen des Kreuzes ist das archetypische Geschehenlassen in allem kirchlichen Glauben, gerade auch im Ereignis der Eucharistie, die existentiell vollkommene und urbildliche Haltung, die der Kirche eingestiftet … wird."

288 Ebd.

289 A.a.O., 378.

290 Ebd.

c. *Die persönliche Mitwirkung des Menschen im Erlösungsdrama*

Balthasars Verständnis der kirchlichen Beteiligung am Opfer Christi im Rahmen der Eucharistiefeier machte schon deutlich, daß die Christen durch ihre Einbeziehung in den mystischen Leib Christi Anteil an seinem stellvertretenden Leiden haben.[291] Balthasar widersetzt sich aus diesem Grunde der Barthschen Unterscheidung zwischen Christi „Für-Sein" und unserem „Mit-Sein", welche allenfalls als eine vorläufige gelten könne. Die Solidarität der Menschen untereinander „vollendet sich eben erst in der ‚rekapitulierenden' Assimilation der Menschheit durch Christus in sich", die für das Leben der Christen „eminent dramatische Folgen" zeitige.[292]

Worin aber besteht das Für-Sein der Christen? Für Balthasar zeichnet es sich zum einen durch ein Verhalten aus, das wir im Anschluß an eines der beiden prävalenten soteriologischen Modelle der Neuzeit als „solidarisches Für-Sein" oder gegenseitige Solidarität kennzeichnen können. Diese Form der Partizipation der Christen an der Sendung des Gottessohnes zeigt sich für Balthasar hauptsächlich in „sichtbaren, äußern gegenseitigen Hilfeleistungen, für Christen selbstverständlich".[293] Dazu gehören nicht zuletzt die diversen, zumeist karitativen Aufgabenfelder der Kirche, etwa „Evangelisation, Einstehen für die Behebung der Ungerechtigkeit in der Güterverteilung oder Rassendiskriminierung oder Unterdrückung von Klassen und Völkern".[294]

Das Für-Sein der Christen besteht zum anderen aus dem, was wir in Kontrast zur gegenseitigen Solidarität der Christen als „stellvertretendes Für-Sein" oder gegenseitige Stellvertretung bezeichnen können: gegenseitige „Für-Bitte und Für-Leiden".[295] Dieses innere Für-einander-Einstehen ist Balthasar im Anschluß an Paulus wichtiger als das „solidarische Für-Sein", da es enger mit Christi eigenem stellvertretenden Für-Sein und Für-Leiden verbunden sei. Äußeres und inneres Wirken sind jedoch keine sich ausschließende Alternative, denn ersteres gewinnt durch letzteres an „Intensität und Wirksamkeit".[296]

Mit der Betonung des inneren Für-einander-Einstehens in Fürbitte und Fürleiden deutet Balthasar schon an, daß der Wirkungsradius der Christen innerhalb des mystischen Leibes Christi „eine in der Schöpfungsordnung un-

---

[291] Balthasar zufolge deuten die neutestamentlichen Aussagen über das Priestertum der Gläubigen auf deren Partizipation am Für-Sein Christi. Vgl. 1 Petr 2,5.9; Apk 1,6; 5,10; 20,6; Hebr 5,1. Vgl. dazu a.a.O., 379.

[292] TD III, 380 mit Verweis auf *K. Barth*, KD III,2, 242ff, 264ff.

[293] TD III, 393.

[294] A.a.O., 394.

[295] A.a.O., 393.

[296] A.a.O., 394. Vgl. zur Zuordnung von aktiver und kontemplativer Nachfolge Christi Balthasars Interpretation des Werkes der französischen Karmelitin Therese von Lisieux in: Schwestern, 177-202. Im Leben Thereses wird für Balthasar deutlich, „daß die Kontemplation selbst und an sich eine bewegende Kraft hat, ja letztlich die oberste Quelle aller Fruchtbarkeit, der erste Hebel aller wirklichen Veränderung ist" (a.a.O., 186). Die Kontemplation sei der Aktion deswegen überlegen, „weil sie innerhalb der kirchlichen Liebe die tiefere, fruchtbarere Wirkung besitzt" (a.a.O., 187).

vorstellbare Ausweitung"[297] erlebt. Er dehnt sich auf den ganzen, durch alle Zeiten und über aller Länder hinweg bestehenden mystischen Leib Christi aus, „schließt … auch Wirkmöglichkeiten im innern Freiheitsraum der Mit-Glieder Christi mit ein"[298] und erstreckt sich selbst auf den „Läuterungsort".[299] Für das gegenseitige Gebet und Leiden gibt es keine natürlichen Grenzen: „Die Ausmaße der geistlichen Gütergemeinschaft und der in ihr möglichen Einflußnahme eines Gliedes auf die andern ist grundsätzlich unbeschränkt. Und dies im Raum wie in der Zeit."[300]

Diese Ausweitung des Wirkungsbereiches innerhalb der Gemeinschaft der Heiligen ergibt sich Balthasar zufolge aus dem christologischen Einheitsprinzip der Kirche, dem Wirken des Geistes bzw. dem eucharistisch sich hingebenden Sohn.[301] Wenn sich die Gemeinschaft der Heiligen auf das christologische Einheitsprinzip gründet, so ist damit für Balthasar zuerst die Teilnahme an der Eucharistie und den anderen Sakramenten als dem einheitsstiftenden Prinzip gemeint. Balthasar verweist für diesen Aspekt auf die ursprüngliche Bedeutung des Begriffes communio sanctorum als einer Gemeinschaft der „Teilnahme an den kirchlichen Sakramenten, den *sancta*, und vor allem der Eucharistie".[302] Darüber hinaus geht aber „auch das, was die Einzelnen selbst aufgrund dieser Teilnahme an der verschenkten Liebe Christi leisten" in den gegenseitigen, einheitstiftenden Austausch der Kirche mit ein.[303] Die Einheit der Kirche wird nicht nur durch Christi Stellvertretung für uns, sondern auch durch unsere Stellvertretung und Solidarität füreinander etabliert.

Die Struktur der Kirche als Gemeinschaft der Heiligen zeichnet sich für Balthasar angesichts dieser beiden konstitutiven Elemente, der Präsenz des

---

297 TD III, 380.

298 Ebd.

299 A.a.O., 393.

300 A.a.O., 385. Balthasar zitiert zustimmend *L. Bloy*, Méditation d'un solitaire, éd. Bollery-Petit, 1909, 140f: „Eine bestimmte Regung der Gnade, die mich von einer tiefen Gefahr rettet, kann ausgelöst worden sein von einem heute morgen oder vor fünfhundert Jahren erweckten Liebesakt eines ganz unbekannten Menschen, dessen Seele in einer geheimnisvollen Beziehung zu der meinigen stand und der auf diese Weise seinen Lohn fand" (zit. n. TD III, 385f). In dieser Beurteilung spiegeln sich offensichtlich die mystischen Erfahrungen Adriennes von Speyr wider. Vgl. auch Balthasars Ausführungen zur Macht der Fürbitte und des „Einstehens für einen andern" a.a.O., 385.

301 Vgl. TD III, 381. Ein deutlicher Unterschied muß hier für Balthasar zwischen der kosmischen und der christologischen Allgemeinschaft gemacht werden. Die schon von den Griechen beobachtete „kosmische Sympathie aller Weltelemente" (a.a.O., 386) sei der innerkirchlichen Wirkmöglichkeit wohl vorausgesetzt, dürfe aber nicht mit dem christologischen Einheitsprinzip identifiziert werden. Das zeigt sich für Balthasar schon darin, daß es keine der civitas dei (oder communio sanctorum) vergleichbare civitas diaboli gibt. Vgl. a.a.O., 380f. Mit dieser Beobachtung verbindet sich für Balthasar eine Kritik am Konzept der Erbsünde. Wohl könne gesagt werden, daß dem Einzelnen aufgrund der gesamtmenschlichen Solidarität ein „positives Gut verlorengegangen ist; nicht hingegen, daß ihm etwas von der Sündhaftigkeit ‚Adams' … aufgezwungen wurde" (a.a.O., 389). Vgl. auch a.a.O., 389f: „der von diesem Manko Betroffene hat etwas *nicht* erhalten, was er unter andern Voraussetzungen hätte haben können, er hat aber nicht etwas erhalten, was man ihm, seiner personalen Freiheit zulasten kann."

302 A.a.O., 391.

303 Ebd.

Heiligen Geistes oder des eucharistisch sich hingebenden Sohnes einerseits und der gegenseitigen Liebeswerke der Christen andererseits, durch die Gleichursprünglichkeit von wahrer Einheit und gleichzeitiger Differenz aus.[304] Die Person Jesu Christi und der mystische Leib Christi existieren in einem perichoretischen Ineinander. Theologisch muß dies für Balthasar nicht verwundern, ist doch nach dem Neuen Testament der ewige trinitarische Ratschluß zur Menschwerdung und Erlösung gleichzeitig mit der Erwählung der Brüder (und Schwestern) zu betrachten. „In Christus gewinnt die Welt ihre Gestalt, wie er selber in ihr seine Vollgestalt gewinnt.“[305]

Das Ineinander von Einheitsprinzip und Vielfalt im mystischen Leib Christi erlaubt es Balthasar, die Frage der cooperatio zwischen Christus und den Christen zu entfalten. „Ein Raum ist in dem allgenügsamen gottmenschlichen Leiden für die Nachfolger offengelassen, weshalb Jesus den Seinen auch genau sein eigenes Schicksal voraussagt (Joh 16,1-4; Mt 10,24f). ‚Durch Gnade‘ wird eine Leidens- und Auferstehungsgemeinschaft hergestellt, die nur Sinn hat, wenn auch das *pro nobis* sich auf die Teilnehmenden ausdehnt.“[306] Balthasar sieht sich hier dem Mysterium der Zuordnung der göttlichen Heilsgnade mit dem Wirken des Menschen konfrontiert, welches er am Bild vom Weinstock und seinen Reben zu explizieren sucht.[307] Als Glied am Weinstock Christi sollen die Gläubigen für die Gemeinschaft der Heiligen Frucht bringen. Der Weinstock bedarf geradezu der Reben, um Frucht zu bringen. Aber gleichzeitig hat er sie selbst aus sich hervorgebracht „und durchtränkt sie mit seinen eigenen Säften, um sie zur erwünschten Leistung zu befähigen“.[308] Die eigene Leistung der Reben besteht Balthasar zufolge in dem marianisch-„bejahenden Geschehenlassen dessen, was sie sowohl gestaltet wie darüber hinaus zu ihrem Eigenwirken befähigt hat.“[309] Deswegen gilt: „Die Fruchtbarkeit der Zweige ist unauflösbar beides: eine ihnen eigene, aber ganz und gar geschenkte, übereignete.“[310]

Balthasar beruft sich im Zusammenhang dieser Vorstellung der Kooperation von menschlicher Freiheit und göttlicher Heilsgnade auf die anti-reformatorische Theologie Kardinal Cajetans und seines Schülers Nazarius, demzufolge die Fruchtbarkeit Christi auf seine Glieder „überfließt“, so daß diese

---

304 Vgl. a.a.O., 382. Balthasar sieht für die ekklesiologische Differenzierung der Glieder bei gleichzeitiger Einheit des Leibes Vorschattungen sowohl im „Reich der organischen Natur und der menschlichen Gesellschaft“ (ebd.) als auch im „Reich der ewigen dreieinigen Liebe“ (ebd.). Hier wie dort gilt, daß „wahre Einheit stets Differenz aus sich entläßt wie auch in sich einbirgt“ (ebd.). Die gleiche Wahrheit sei im paulinischen Bild vom Leib Christi zum Ausdruck gebracht (vgl. auch Eph 4,7ff).

305 A.a.O., 383.

306 A.a.O., 362. Vgl. a.a.O., 379. Balthasar erwähnt a.a.O., 361f als biblische Belege Mk 10,39f; Gal 2,19; Gal 6,17; 1 Kor 1,13; 2,2; Kol 1,24.

307 Vgl. a.a.O., 383: „Wir stehen jetzt vor dem Geheimnis, wie im mystischen Leib das Einheitsprinzip in seinen Gliedern alles zu leisten scheint … und dennoch im selben Gleichnis der Weinstock und die (von ihm abtrennbaren) Reben voneinander unterschieden werden müssen.“

308 Ebd.

309 Ebd.

310 Ebd.

aus einer abgeleiteten, aber ihnen doch eigenen Kraft gute Werke vollbringen können.[311] Die Verdienste Christi affizieren die Christen in zweierlei Weise: zum einen durch „Anrechnung", insofern Gott Christus und uns als eine Person betrachtet, zum andern „durch ein Überfließen, so daß wir als die lebendigen Glieder des Weinstocks an dessen Kraft der Fruchtbarkeit (oder Verdienstlichkeit) selber teil erhalten."[312] Balthasar faßt das Bild vom Weinstock in der nicht unproblematischen Formulierung zusammen: „Die Teilnahme der Kirche als bräutlicher Leib an den ‚Verdiensten' des ganzen Lebens und Leidens ihres Hauptes läßt sie mit diesem zusammen zum ‚Sakrament des Heils' der Welt werden ..."[313]

III. Mord im Dom: Versöhnung theodramatisch?

Wir werden uns in diesem Kapitel wiederum mit Balthasars Lesart der Lutherschen Theologie auseinandersetzen müssen, bevor wir uns seinem eigenen soteriologischen Ansatz zuwenden können. Im Blick auf Balthasars eigene Theologie werden wir zuerst nach seiner Interpretation des Heilsgeschehens und sodann nach der menschlichen Mitwirkung im Heilsgeschehen fragen.

1. Nochmals: Apologia pro theologia sua – Zu Balthasars Lutherinterpretation

Es wurde oben schon angemerkt, daß sich Balthasars Lutherinterpretation hauptsächlich dem Werk Theobald Beers, *Der fröhliche Wechsel und Streit: Grundzüge der Theologie Martin Luthers*, verdankt, das von Balthasars Johannes Verlag in einer Neuausgabe veröffentlicht wurde. Wenn wir uns im Folgenden mit Balthasars Interpretation der Soteriologie Luthers auseinandersetzen, so können wir deswegen auf die fast einhellige Zurückweisung des Beerschen Werkes in der Lutherforschung zurückgreifen. Alle Aspekte der Lutherdeutung Balthasars finden sich bei Beer und haben dort ihren Ursprung.[314]

[311] Vgl. a.a.O., 383f mit Zitat aus *Cajetan*, De fide et operibus adv. Lutheranos, 1532: „Wir sollen demnach nicht sagen, ‚daß wir das ewige Leben durch unsere Werke, *quatenus a nobis sunt*, verdienen, sondern daß wir das ewige Leben durch Werke verdienen, *quatenus a Christo in nobis et per nos sunt*'."

[312] TD III, 384. Balthasar sieht für diese gegenreformatorische Theologie einen gesicherten neutestamentlichen Anhalt, insofern nach dem Johannesevangelium der aus Christus Trinkende selbst zur Quelle wird, nach dem Kolosserbrief die Christen aufleiden, was an Christi Leiden noch fehlt (vgl. Kol 1,24), oder nach dem Römerbrief die Liebe Gottes aufgrund des Sterbens Christi in unsere Herzen ausgegossen ist (Röm 5,5).

[313] A.a.O., 394.

[314] Angesichts der vernichtenden Kritik, welche das Werk Beers gerade auch innerhalb der katholischen Lutherforschung gefunden hat, stellt sich die Frage, warum Balthasar auf diese

Es gilt zuerst, eine methodologische Bemerkung zum Umgang Beers und Balthasars mit Luther zu machen. Balthasar stützt seine Darstellung der Soteriologie Luthers wie Beer auf zwei *Bilder*, mit denen der Reformator seine soteriologische Konzeption illustriert: das Bild vom wunderbaren Tausch zwischen der Braut Seele und dem Bräutigam Christus und das Bild vom Köder (menschliche Natur Christi) und dem Angelhaken (göttliche Natur Christi), mit welchen der Satan getäuscht und überwunden wird. Wie in der Diskussion des Beerschen Buches von verschiedener Seite hervorgehoben wurde, ist es aber hermeneutisch unzulässig, die Theologie Luthers primär von den verwendeten Bildern her zu interpretieren, wenn genügend deskriptiv-erläuternde Texte vorhanden sind, auf die sich die Interpretation ebenso stützen kann.[315]

Neben diesem methodischen Vorbehalt stellen sich nun aber auch eine ganze Reihe inhaltlicher Irrtümer in der Lutherinterpretation bei Beer und Balthasar ein:

1. Die These ist falsch, daß bei Luther das christologische und das anthropologische „simul iustus et peccator“ innerlich miteinander verquickt sind, ja, auseinander abgeleitet würden. J. Wicks hat dieser These gegenüber darauf hingewiesen, daß das anthropologische „simul“ schon 1515/16 unabhängig von christologischen Überlegungen entwickelt wurde. Das christologische „simul“ fungiert zudem bei Luther lediglich im Sinne einer Veranschaulichung. Von einer dialektischen Formel, welche die ganze Theologie Luthers präge, kann also nicht die Rede sein.[316]

2. Die These ist zurückzuweisen, daß Luther die christologische Einheit der beiden Naturen in der einen Person Christi trotz seines formalen Festhaltens an der Zweinaturenlehre nicht erklärlich machen könne. Weder trifft zu, „daß bei Luther ‚nicht wie in der traditionellen Christologie, von einem Suppositum der göttlichen und der menschlichen Natur die Rede sein‘ kann“, noch die Aussage, „die Menschheit sei in Luthers Christologie nur ein Additum zur göttlichen Natur“,[317] bzw. bei Luther seien „Gottheit und Menschheit nur als Kompositum zusammengefügt“.[318] Diese These beruht, wie E. Iserloh aufgezeigt hat, auf einer verkürzten Zitation, fehlerhaften Übersetzung und daraus sich ergebenden Fehlinterpretation des Lutherschen Bildes von der Larve am Angelhaken durch Beer.[319]

3. Abzulehnen ist deshalb auch die Kritik Balthasars an Luther, daß die Menschheit Jesu im Erlösungsgeschehen völlig passiv sei, während nur die

---

zweifelhafte „Fundgrube“ zurückgegriffen hat, ohne sich zumindest die Mühe zu machen, die kritische Rezeption dieses umstrittenen Werkes zu würdigen. Beers Buch leidet selbst, wie E. Iserloh angemerkt hat, an einem erheblichen Mangel an Auseinandersetzung mit der gegenwärtigen Lutherliteratur. Vgl. *Löser*, Ein katholischer Versuch zu Luther, 569; *Iserloh*, 101.

[315] Vgl. *Wicks*, Sp. 3; *Iserloh*, 103.

[316] Vgl. *Wicks*, Sp. 6.

[317] *Iserloh*, 102 mit Zitat aus *Beer*, 432.

[318] *Beer*, 447, zit. n. *Iserloh*, 114. Siehe auch *Iserloh*, 113.

[319] Vgl. *Iserloh*, 102f. Siehe auch a.a.O.,113: „Wenn nach ihm [sc. Beer] ‚keine Personeinheit zwischen der Gottheit des Sohnes und der Hülle‘ gegeben ist, dann versteht er das Bild nicht. Das Schnappen nach der Larve wird ja tödlich für den Fisch, weil diese mit dem Angelhaken eine Einheit bildet.“

Gottheit aktiv den Sieg erkämpfe. Luther kann nach Balthasar keinen Zusammenhang zwischen Mensch- und Sühnewerdung herstellen. E. Iserloh hat jedoch hervorgehoben, daß schon bei den Kirchenvätern gemäß dem Bild von der Larve am Angelhaken der transzendente Gott allein der in der Erlösung Handelnde ist: „Denn die Menschheit Christi erlebt die tiefste Ohnmacht und Niederlage im Kreuzestod, der Sieg vollzieht sich in der Auferstehung an ihr dank der mit ihr verbundenen Gottheit.“[320] Dennoch könne weder bei den Vätern noch bei Luther gesagt werden, daß die Menschheit rein passiv bleibt. In dem bei Beer zitierten Luthertext aus dem Galaterkommentar von 1531/35 (WA 40/I, 417), der die Passivität der Menschheit Christi beweisen soll, spricht Luther, wie Iserloh zeigt, nur davon, daß die Menschheit Christi nicht an der Schöpfung beteiligt ist. Keineswegs sei eine völlige Passivität Christi im Erlösungsgeschehen ausgesagt. Die Menschheit Christi sei für Luther durchaus im Sinne einer Instrumentalursache beteiligt.[321] Hinsichtlich der von Balthasar ebenfalls bei Beer abgeschriebenen These, daß bei Luther Mensch- und Sühnewerdung nicht in einen inneren Zusammenhang gebracht würden, können wir deshalb nur mit Iserloh fragen: „Wie kann er behaupten, ‚Menschwerdung und Erlösung (im Sinne der Vernichtung der Sünde durch Gott allein) haben keine innere Verbindung‘ …, wenn Erlösung dadurch geschieht, daß die Menschheit (der Wurm am Angelhaken) in den Tod gegeben wird?“[322]

4. Falsch ist auch die These, daß der Mensch bei Luther im Erlösungsgeschehen rein passiv sei. Dieser alte kontroverstheologische Vorwurf von Seiten der katholischen Theologie an die Reformation ist inzwischen im ökumenischen Dialog der Anerkenntnis gewichen, daß Luther bzw. die reformatorische Theologie den Menschen keineswegs als bloß passiv verstehe, sondern durchaus akzeptiere, daß der Mensch als Person zu einer Antwort herausgefordert ist.[323] Wenn Luther den Menschen auffordert, die durch Christus vollzogene Erlösung im Glauben an sich zu reißen, macht er deutlich, daß die Erlösung durchaus die Personalität des Menschen anerkennt und voraussetzt. Dennoch ist der Glaube bei Luther entgegen Balthasars Ver-

---

[320] A.a.O., 114.

[321] Vgl. a.a.O., 113f: „Im Erlösungsgeschehen gilt, daß die Menschheit allein nichts ausgerichtet hat, sondern die Gottheit, die aber mit der Menschheit verbunden und somit die Menschheit in der Kraft der Gottheit ist. Die Menschheit ist demnach als Instrumentalursache beteiligt, an ihr vollzieht sich die Erlösung, durch Tod und Auferstehung wird sie voll hineingenommen in das göttliche Leben, und von ihr geht dieses auf die Erlösten über.“

[322] A.a.O., 114 mit Verweis auf *Beer*, 368. Wicks fragt zudem zu Recht, „mit welchem Recht man eine Soteriologie zur Norm erheben kann, in der eine aktive Menschheit herausgestellt wird“ (*Wicks*, Sp. 7).

[323] Vgl. *K. Lehmann* u. *W. Pannenberg* (Hg.), Lehrverurteilungen – kirchentrennend? I. Rechtfertigung, Sakramente und Amt im Zeitalter der Reformation und heute, Freiburg u. Göttingen 1986 (Dialog der Kirchen, Veröffentlichungen des Ökumenischen Arbeitskreises evangelischer und katholischer Theologen unter dem Protektorat von Bischof Hermann Kunst und Hermann Kardinal Volk; 4), 53: „Die – oft mißverstandene – *„Passivität“ des Menschen gegenüber Gottes rechtfertigendem Handeln* bedeutet nach reformatorischer Lehre, daß der Mensch sich die Gnade Gottes nur voll und ganz schenken lassen kann, nicht aber, daß der Mensch dabei Gott nicht antworte von Person zu Person.“

mutung keineswegs ein Werk des Menschen, sondern wird selbst durch Gottes Verheißungswort gewirkt.[324]

5. In sich widersprüchlich ist Balthasars Kritik an Luther im Blick auf die Frage, wie und wann sich eigentlich die durch das Heilswerk Christi hervorgerufene Veränderung im Sünder vollzieht. Einerseits zeiht Balthasar Luther im Anschluß an Beer, daß der Tausch zwischen Christus und Seele „rein formal", noch vor der Bewußtwerdung im Menschen stattfinde, so daß dieser sich dieser Veränderung nur „in einem ebenso formalen, aller Psychologie vorausliegenden, auch von jeder Liebe noch unberührten Akt reinen Glaubens"[325] sich versichern kann. An anderer Stelle hebt er dann aber selbst hervor, daß die objektive Zustandsveränderung des Menschen noch vor dessen subjektiver Aneignung im Glauben stattfinde. Balthasar will dies hier gegenüber Luthers vermeindlicher Meinung festhalten, derzufolge sich für den Mensch erst dann etwas ändere, wenn er das Heil im Glauben ergreife.[326]

Der Beerschen These von der vermeindlich reinen Formalität des ehelichen Tausches hat schon Wicks entgegengehalten, daß ihr ein „Mangel an einer systematischen Berücksichtigung des Wortes" zugrunde liege, „das für Luther die Gnade Christi vermittelt."[327] In der Tat wird die objektive Realität der durch Christus ein für allemal vollbrachten Erlösung für den Sünder dadurch subjektive Realität, daß er sich diese Heilswirklichkeit im Glauben aneignet. Der Glaube „ist ein ‚Dem-Wort-Anhangen', das gerecht macht und mit den Heilsgütern erfüllt."[328] Der heilsame Glaube ist allerdings selbst noch einmal Werk des Verheißungswortes im Menschen, also kein menschliches Werk.[329] Dabei muß allerdings festgehalten werden, daß für Luther ein von jeder Liebe unberührter Akt reines Glaubens gar nicht existiert.[330]

6. Zurückzuweisen ist auch die Auffassung Balthasars von der vermeindlich strikten Trennung von gratia und donum bei Luther. E. Iserloh hat aufgezeigt, daß beide Begriffe bei Luther einen engen Zusammenhang auf-

---

324 Vgl. *Lehmann/Pannenberg*, 53: „... eine Antwort ist kein ‚Werk'. Die Antwort des Glaubens ist selbst erwirkt durch das unbezwingbare und von außen auf den Menschen zukommende Wort der Verheißung. ‚*Mit*wirkung' kann es nur in *dem* Sinne geben, daß das Herz beim Glauben dabei ist, wenn das Wort es trifft und den Glauben schafft." Vgl. zur Verheißungsstruktur des Wortes und des Glaubens bei Luther neben dem oben schon angeführten Werk O. Bayers *Wicks*, Sp. 6. Ein entsprechendes Verständnis findet sich auch in der Confessio Augustana und den anderen lutherischen Bekenntnisschriften, wie H. G. Pöhlmann nachgewiesen hat. Siehe *Pöhlmann*, Rechtfertigung, 146-153.

325 TL II, 308.

326 Vgl. TD III, 363.

327 *Wicks*, Sp. 4.

328 *Flogaus*, 314.

329 Vgl. a.a.O., 315: „Der Glaube ist für Luther ... keine Qualität und kein Habitus des Menschen, der sich auch unabhängig von Christus im Herzen befinden könnte. Vielmehr ist er ganz an Christus und seine Anwesenheit gebunden ... *Unio*, Wechsel und Gütertausch sind nicht Auswirkungen einer bestimmten Tugendqualität des Menschen, sondern Auswirkungen der unverfügbaren und unsichtbaren Gegenwart Christi in uns."

330 *Lehmann/Pannenberg*, 59 sind deswegen der Ansicht, daß das, was das Konzil von Trient unter der Dreiheit von Glaube, Liebe und Hoffnung begreift, bei Luther im Glaubensbegriff zusammengefaßt sei.

weisen, insofern sie den äußeren und inneren Aspekt des Rechtfertigungsgeschehens bezeichnen. Die gratia besagt eine neugeschaffene Beziehung des Sünders zu Gott. „Das Fundamentum der neuen Relation zu Gott ist auf Seiten des Menschen das *donum* bzw. die Gerechtigkeit und der Glaube."[331] Der Begriff der Gnade bezeichnet eine äußere, forensische Wirklichkeit coram deo, der Begriff von der Gabe eine innere, effektive Wirklichkeit im Menschen. Beide Begriffe müssen unterschieden, dürfen aber nicht geschieden werden. Wie im ökumenischen Gespräch inzwischen herausgestellt wurde, spiegelt diese Unterscheidung Luthers die römisch-katholische Zweiheit von gratia increata und gratia creata wider. „Die prägnante Unterscheidung Luthers zwischen ‚Gnade' und ‚Gabe' … will festhalten, daß die ‚äußere' Gnade die Person des Glaubenden selbst betrifft und in Anspruch nimmt, durch den Heiligen Geist die Sünde zur ‚beherrschten Sünde' (‚peccatum regnatum') macht, zu ihrer Ausräumung antreibt und so die ganze konkrete Lebensführung des Glaubenden bestimmt."[332] Die Unterscheidung Luthers ähnelt daher auch der von dem gegenreformatorischen Theologen Nazarius eingeführten Unterscheidung der doppelten Auswirkung des Weinstocks Christus auf seine Glieder, nämlich im Anrechnen und Überfließen, die von Balthasar bejaht wird.

7. Im Anschluß an seine Ablehnung der Unterscheidung von gratia und donum kritisiert Balthasar die Verdoppelung der beiden Vorstellungen Sünde und Gerechtigkeit bei Luther: „Ob der Mensch als Sünder und Gerechter einer oder zwei ist, ob er ein sich durchhaltendes Subjekt ist, ist nicht mehr auszumachen."[333] Nun kann auch die katholische Theologie der Spannung zwischen der objektiven Zustandsveränderung des Sünders coram deo, dem opus operatum, und der immer nur inchoativen subjektiven Aneignung dieser Zustandsveränderungen, dem opus operantis, nicht entgehen. Sie wird bei Balthasar ausdrücklich anerkannt. Schon von daher ist seine scharfe Kritik an Luther unverständlich. Nun betont Luther auch, daß durch die Heilstat Christi tatsächlich eine Veränderung im Sünder stattfindet, insofern die Sünde zwar auch nach der Rechtfertigung im Sünder verbleibt, sich aber ontologisch verändert hat. Sie ist von einem peccatum regnans zu einem peccatum regnatum geworden. Angesichts dieser Aussage Luthers erübrigt sich Balthasars scharfe Kritik am Reformator u.E. eigentlich gänzlich.[334]

Der untrennbare Zusammenhang von äußerer Gnade und innerer Gabe bei Luther zeigt, daß Balthasars Vermutung, die Erlösung sei für den Reformator lediglich eine ontologische Veränderung des Menschen coram deo, nicht

---

331 *Iserloh*, 109.

332 *Lehmann/Pannenberg*, 55. Vgl. *Iserloh*, 109f: „Auf das *donum* als die *gratia intra nos* kann Luther so die Bezeichnung *gratia gratum faciens* anwenden (WA 40 I 226; vgl. *Beer* 140). Ihr entspricht die *gratia creata*, während der Gnade als der *gratia extra nos*, als der neuen Relation Gottes zum Menschen, sachlich weitgehend das entspricht, was die traditionelle Theologie mit *gratia increata* meint." Vgl. für die lutherischen Bekenntnisschriften wiederum *Pöhlmann*, Rechtfertigung, 300-310, 313-328 u. 352-356.

333 TD III, 268. Vgl. TL II, 309.

334 *Wicks*, Sp. 5. Vgl. auch a.a.O., Sp. 4.

aber im Menschen selbst, in dieser ausschließlichen Form unzutreffend ist. Für den Menschen hat sich nicht nur forensisch, sondern auch effektiv eine Veränderung ergeben, indem in ihm die Gaben des Heiligen Geistes und der Heilsgüter wirksam werden.[335] Deswegen gilt: „Der Mensch wird im Glauben an und in der Vereinigung mit Christus *sowohl gerechtfertigt als auch geheiligt. Iustificatio* und *sanctificatio* des Christen fallen in der *inhabitatio Christi* gleichsam ineinander, so daß nicht nur die Rechtfertigung, sondern auch die Heiligung ganz an die Anwesenheit Christi in uns und damit *extra nos* gebunden bleibt."[336]

Balthasars Reinterpretation des Kreuzesgeschehens ist also keineswegs so weit von Luthers Soteriologie entfernt, wie Balthasar glaubt. Seine Lesart der Theologie Luthers zeugt von vielerlei Mißverständnissen und Fehldeutungen und verwischt die wichtigen Parallelen zur eigenen Theologie. Balthasars Überlegungen lassen sich durchaus als Fortentwicklung und Vertiefung der Kreuzestheologie Luthers verstehen.[337] Er übernimmt Luthers Anliegen, mit der Formel vom admirabile commercium, welche der Reformator von den Kirchenvätern übernommen hatte, vollends Ernst zu machen und in diesem Tauschgeschehen auch die Sünde nicht außen vorzulassen. Für beide hat sich der menschgewordene Sohn die Gottlosigkeit der Sünder radikal zu Eigen gemacht, deren Sünde geradezu selbst auf sich geladen und ihnen stattdessen seine eigene Gerechtigkeit oder, um mit Balthasar zu formulieren, Anteil an der dreieinigen göttlichen Gemeinschaft geschenkt.

---

335 Vgl. auch die differenzierte Deutung des Sachverhalts bei *Flogaus*, 318: „Die Gerechtigkeit Christi, die wir im fröhlichen Wechsel als ‚*possessio nostra*' erhalten, ist immer ‚*extra nos*', und zwar eben dadurch, daß sie als fremde Gnade unablässig ‚*in nobis*' wirkt." Flogaus führt die innere Verbindung zwischen Gnade und Gabe bei Luther auf dessen Vorstellung von der Einwohnung Christi im Glaubenden zurück.

336 A.a.O., 319. Flogaus zufolge wird „die Verbindung und Simultaneität von Rechtfertigung und Heiligung im Motiv der Gegenwart *Christi* im Glaubenden" (ebd.), welche Luthers Theologie während des ersten Jahrzehnts seines reformatorischen Wirkens kennzeichnet, später in der Auseinandersetzung mit Schwärmertum und Antinomismus durch eine stärkere Differenzierung von beiden Aspekten ersetzt. Vgl. a.a.O., 320-322. Iserloh betont in diesem Zusammenhang, daß es sich bei den beiden Gerechtigkeiten nicht um die Unterscheidung zwischen imputierter und inhärierender Gerechtigkeit handelt, wie diese Begriffe 1541 auf dem Religionsgespräch zu Regensburg verwandt wurden, sondern daß es sich bei der zweiten Gerechtigkeit vielmehr um das „Wachstum in der Gnade bzw. Wegräumung des nach der Vergebung der Sündenschuld bleibenden sündigen Habitus" handelt (*Iserloh*, 106). „Insofern die uns eingegossene (*infunditur*) Gerechtigkeit wächst und erst im Tode vollendet wird, kann ich von einer zweiten Gerechtigkeit sprechen. Diese ist unsere eigene, nicht weil wir allein sie bewirken, sondern weil wir mit jener ersten mitwirken. Sie ist der gute Wandel in guten Werken" (ebd.). Iserloh folgert deswegen: „Hier ist die Beziehung und Rückbeziehung von der ersten zur zweiten Rechtfertigung bzw. Heiligung so eng, daß sicher schwerlich ein trennender Unterschied zur hochscholastischen Gnadenlehre aufzuweisen ist" (ebd.).

337 Gegen *Beer*, 377 u. 451-453. Es kann hier nicht darum gehen, nun unsererseits einen minutiösen Vergleich zwischen der Theologie Balthasars und derjenigen Luthers anzustellen. Ein solcher Vergleich wäre nicht nur anachronistisch, sondern gäbe letztlich für die Beurteilung der Frage, ob sich die Balthasarsche Soteriologie in der Gegenwart auch für die reformatorische Theologie als aussagekräftig erweisen kann, nicht allzu viel her.

Balthasar radikalisiert die Einsichten Luthers durch seine Interpretation der absoluten Gottverlassenheit des toten Jesus in seinem Gang durch die Hölle, die über die Kreuzesverlassenheit noch hinausgeht. Auch wenn nicht alle der manchmal geradezu gnostisch anmutenden Spekulationen hinsichtlich der Visionen des toten Jesu in der Hölle nachvollzogen werden können, empfiehlt sich Balthasars Verständnis der Höllenfahrt als einem trinitarischen Ereignis, welches den vorchristlichen Hades allererst zur Hölle vertieft und dabei gleichzeitig den verlorenen Sündern die tiefste Gottverlassenheit erspart. Balthasars Interpretation der Höllenfahrt Christi erlaubt es zudem, einer dualistischen Eschatologie zu wehren, indem sie der christlichen „Hoffnung für alle" begründeten Ausdruck verleiht. Diese *Hoffnung auf* die Allerlösung empfiehlt sich aus dem Gesamtduktus der neutestamentlichen Schriften zweifelsohne gegenüber Luthers Festhalten an den unergründlichen Ratschlüssen des deus absconditus.

Diese Hervorhebung der trinitarischen Dimension der Ereignisse des triduum mortis muß als der bedeutendste Schritt der Balthasarschen Soteriologie über das Erlösungsverständnis Luthers hinaus gelten. Balthasars Erlösungslehre gelingt es in beeindruckender Weise, das gesamte Heilsdrama so in den Horizont einer trinitarischen Gotteslehre zu integrieren, daß das Kreuz als Ausdruck der göttlichen, sich-selbst-hingebenden Liebe an den Anderen begreiflich wird. An diese Einsicht wird das ökumenische Gespräch mit Balthasar anknüpfen wollen.

2. Offene Fragen zu Balthasars Soteriologie

a. Stellvertretung als Opfer?

In jüngster Zeit gerät die Vorstellung vom Opfertod Christi am Kreuz und mit ihr die Lehre von der Stellvertretung Christi zunehmend in Verruf. Wie Balthasar in seiner Besprechung des Werkes René Girards bemerkt, ist die Vorstellung vom Opfer dem heutigen Menschen nur noch schwer verständlich zu machen. Zum einen erscheint nicht mehr einsichtig, wie eine Person für andere substituierend deren Schuld und Strafe auf sich nehmen kann, zum anderen erweckt die Vorstellung vom blutigen Opfertod Jesu am Kreuz den Verdacht, Gott sei grausam und rachsüchtig. Viele Theologen hinterfragen aus diesen Gründen die theologische Notwendigkeit einer Stellvertretungslehre, welche die Heilsbedeutung des Todes Jesu mit Hilfe der Opfervorstellung zu artikulieren versucht. Stellvertretend für viele merkt I. Dalferth kritisch an: „Daß Gott in Kreuzestod und Auferweckung Jesu *für uns* und *zu unseren Gunsten* gehandelt hat, ist Kern des christlichen Bekenntnisses. Ist es damit aber auch unerläßlich, dieses Erlösungshandeln Gottes als Versöhnung des Zornes Gottes und den Tod Jesu als Sühne und Opfer zu verstehen, um seine Heilsbedeutung zu erfassen?"[338] Wir werden

[338] *Dalferth*, 240.

uns im Folgenden mit der Kritik am Opferbegriff beschäftigen, um so den Beitrag der Balthasarschen Erlösungslehre zur gegenwärtigen soteriologischen Diskussion besser beurteilen zu können. Unsere Auseinandersetzung mit der Kritik am Opfergedanken muß sich hier der gebotenen Kürze wegen auf die Argumente Dalferths beschränken.[339]

Dalferths Kritik an der Opferkategorie geht von der Präsenz opfertheologischer Aussagen im Neuen Testament aus, die nicht zu bestreiten ist. Aus der Verwendung solcher opfertheologischen Vorstellungen als Deutekategorien für das Kreuz Christi folgt für Dalferth allerdings noch nicht, „daß deshalb auch in der dogmatischen Reflexion die Heilsbedeutung des Todes Jesu opfertheologisch verstanden werden müsse oder gar nur mittels der Kategorie des Opfers soteriologisch adäquat gedacht werden könne.“[340] Dies sei vor allem deshalb nicht der Fall, weil schon das Neue Testament die Opfervorstellungen nicht einfach nur rezipiere, sondern in mehrfacher Weise über sie hinausgehe. Die neutestamentlichen Autoren unterziehen den Opferkult Dalferth zufolge einer grundsätzlichen Kritik, spiritualisieren das Opferthema, gebrauchen die Opfervorstellungen nur in metonymer Weise und räumen schließlich der Bilderwelt des Opfers nur eine begrenzte Rolle ein, wenn sie das Kreuzesgeschehen unter soteriologischem Gesichtspunkt zu explizieren versuchen.[341] Diese mehrfache Distanzierung drückt sich nach dem neutestamentlichen Zeugnis in einer vielfältigen Abgrenzung des Todes und der Auferweckung Christi von den alttestamentlichen Opfern aus. Dalferth verweist darauf, daß „exklusive Theozentrik, soteriologische Universalität, christologische Historizität, eschatologische Endgültigkeit, radikal unkultischer Vollzug“[342] das christliche Heilsereignis aus neutestamentlicher Perspektive kennzeichnen: In Tod und Aufweckung Christi handelt Gott alleine, d.h. ohne menschliche Mitwirkung. Gott handelt ein für allemal, so daß keine Wiederholung notwendig ist. Gott handelt zum Wohl der ganzen Menschheit, also nicht nur zum Wohl des Volkes Israel. Gott handelt durch die historische Person Jesu von Nazareth, also in einem geschichtlichen, keinem mythischen Ereignis. Gott handelt schließlich durch ein Geschehen, das einen radikal profanen und damit unkultischen Charakter hat.

Angesichts dieser „charakteristischen Umgestaltung der Grammatik des christlichen Gebrauchs der Sühnopferkategorie“[343] im Neuen Testament muß die dogmatische Artikulation des Kreuzesgeschehens für Dalferth die Bedeutung der Tatsache bedenken, daß das Neue Testament Jesus als das Ende des Opferkultes verkündet. Diese Aussage dürfe nicht, wie es in der kirchlichen Tradition zumeist geschah, in dem Sinne verstanden werden, als sei Jesus selbst am Kreuz zum endgültigen und vollkommenen Opfer geworden, weswegen alle anderen Opfer nunmehr als nur vorläufig disqualifiziert

---

339 Vgl. zur exegetischen Diskussion *Hübner*, Biblische Theologie, Bd. 2, 277-291.

340 *Dalferth*, 249.

341 Vgl. ebd.

342 A.a.O., 273f.

343 A.a.O., 274.

wären. Vielmehr müßten die Ereignisse des triduum mortis et resurrectionis in dem Sinne als Ende des Opferkultes begriffen werden, daß Jesu Tod und Aufweckung die Kategorie des Opfers von vornherein als untauglich erwiesen haben, um das Verhältnis des Menschen zu Gott zu bestimmen.[344]

Wenn das Neue Testament vom Tod Jesu als einem Opfer spricht, so handelt es sich nach Dalferth bei dieser Rede keineswegs um eine wörtliche, sondern vielmehr um eine bildliche Rede. Diese Metaphorik besagt für Dalferth keineswegs, „daß die Kreuzigung als eine rituelle Tötung verstanden worden wäre. Das Opfer fungiert hier vielmehr als Bild, um das Geschehen der sich in Jesus hingebenden Liebe Gottes und des sich in Gottes Liebe hingebenden Lebens Jesu auszudrücken und verständlich zu machen."[345] Dieses Bild stehe im Neuen Testament in einer Pluralität anderer Bilder, Metaphern, Gleichnisse und Geschichten, die in ihrer neutestamentlichen Funktion alle erst dann recht verstanden werden, wenn man die „*Differenzen* zwischen ihrem Herkunftszusammenhang und ihrem neuen Verwendungszusammenhang"[346] sieht. Die Opfervorstellung müsse deswegen einer fundamentalen christologischen Revision unterzogen werden, „die zu einer semantischen Inversion zwischen Interpretament (Opfer) und Interpretandum (Heilstod Jesu Christi) führt, in der das Bild nicht die Sache, sondern die Sache das Bild auslegt und erhellt."[347] Wenn Jesu Tod als Opfer verkündet wird, so heißt dies nicht, daß dieser Tod in Analogie zum alttestamentlichen Sühnopfer begriffen werden müsse, daß Jesu Tod m.a.W. alle kultischen Erfordernisse eines Opfers erfüllt, sondern vielmehr, daß Jesu Tod das Verhältnis Gottes und des Menschen grundsätzlich neu bestimmt. In Tod und Auferweckung Jesu ist für das Neue Testament die Opferpraxis des Alten Bundes und damit auch die Opfervorstellung als soteriologische Kategorie überholt.[348]

Dies bedeutet Dalferth zufolge für die Kirche, daß der Opferkult ein für allemal abgeschafft ist, und somit für die christliche Theologie, daß die Opfervorstellungen sich selbst als soteriologische Kategorien überlebt haben. „*Gott selbst* hat das Heil seiner alles neu machenden Nähe bewirkt, deshalb bedarf es keiner Opfer und keines Opferkultes mehr. Er hat es *in und durch Jesus Christus* bewirkt, deshalb bedarf es keines soteriologischen Gebrauchs der Opfervorstellung mehr. Und er hat es *ein für allemal* bewirkt, deshalb kennt die christliche Gemeinde – recht verstanden – keine soteriologische Prolongation dieses Ereignisses, weder ekklesiologisch im eucharistischen Handeln der Kirche noch ethisch in der realisierenden Aneignung des Heils

344 Vgl. a.a.O., 295; *Hübner*, Biblische Theologie, Bd. 2, 287.

345 *Dalferth*, 295f.

346 A.a.O., 297.

347 Ebd. (bei Dalferth hervorgehoben). Dies geschehe in dreifacher Weise: durch funktionale Umbesetzung, Gleichsetzung von funktional Verschiedenem oder aber durch Übersteigerung.

348 Vgl. a.a.O., 299: „Mit Christus sind Opfer und Opferkult an ihr Ende gekommen, weil er dafür steht, daß die gestörte, beschädigte Gemeinschaft zwischen Gott und Mensch, die durch Opfer wiederhergestellt, bereinigt und neu geordnet werden sollte, *auf ganz anderem Weg* ein für allemal und ewig gültig wiederhergestellt, bereinigt und neu geordnet ist: durch Gottes eschatologische Selbstvergegenwärtigung in Kreuz und Auferweckung Jesu Christi."

durch aufopfernden Lebensvollzug."[349] Das Heilshandeln Gottes kann immer nur in Lob, Dank und vor allem Glauben erinnert werden. Jeder Gebrauch der Opfervorstellungen verbietet sich für Dalferth für die kirchliche Eucharistie oder die christliche Nachfolge genauso wie für die Explikation des Kreuzesgeschehens selbst, führe ein solcher Gebrauch doch unweigerlich zu einer Vermengung von Gotteshandeln und Menschenhandeln und bedrohe dadurch die Ausschließlichkeit und Einmaligkeit des Gotteshandeln zu unseren Gunsten.[350]

Dalferth verabschiedet mit der Opferkategorie auch die Vorstellung von der Stellvertretung. Christi Sterben dürfe nicht in dem Sinne verstanden werden, als könne ein äußerliches Werk einer uns äußerlichen Person kausale Wirkungen auf uns ausüben. „Christus ist also nicht extern auf uns bezogen als unser Stellvertreter in einem Transaktionsgeschehen zwischen Mensch und Gott."[351] Der zumeist juristisch oder kultisch artikulierte Gedanke der Stellvertretung oder Substitution setze nämlich fälschlicherweise voraus, „daß diejenigen, die an dieser Substitutions- oder Stellvertretungshandlung beteiligt sind, ontologisch als Individuen verstanden werden, die unabhängig von dieser Handlung und voneinander existieren, so daß diese Handlung wiederum nur als ein externes, exkludierendes Transaktionsgeschehen zwischen ihnen begriffen werden kann."[352] Die Wirkung der Heilstat Christi könne aber nicht durch Anrechnung auf den Menschen übertragen werden. Eine solche Verbindung ist für Dalferth soteriologisch unzulänglich, denn sie macht nicht ausreichend deutlich, daß im Kreuzestod Jesu Gott selbst zugunsten des Menschen handelt.[353]

Christi Sterben und Auferstehen darf für Dalferth schließlich nicht als Tat einer uns fremden Person (einer persona privata) verstanden werden, deren Wirkungen auf uns überfließen, sondern muß vielmehr als eine Tat Gottes in einer immer schon auf alle bezogenen Person interpretiert werden, durch die Gott den Menschen zusagt, ihr Heil verwirklicht zu haben. Dalferth erinnert hier an Luthers Begriff der Amtsperson, Bonhoeffers Vorstellung einer „Kollektivperson" oder Moules Verständnis des „corporate Christ".[354] Jesus müsse immer schon im Zusammenhang mit Gottes Handeln an der Menschheit gedacht werden, „als der, in dem Gott sich auf alle Menschen bezogen und sie in seine Gemeinschaft inkorporiert *hat* (Röm 5,18)".[355] Dann aber ist Jesus Christus „nicht der Produzent eines Heilswerkes, sondern er ist der Mittler, der in seiner eigenen Person uns vor Gott und Gott vor uns bringt und so zugleich Ort der Gegenwart Gottes bei uns und Ort unserer Gegenwart bei Gott ist."[356] Dalferth sieht mit der Deutung des Todes Jesu als eines Opfers

---

349 A.a.O., 299f. Vgl. a.a.O., 286.
350 Vgl. a.a.O., 300.
351 A.a.O., 305.
352 Ebd.
353 Vgl. a.a.O., 306.
354 Vgl. a.a.O., 301.
355 Ebd.
356 A.a.O., 306.

jedwede Deutung dieses Todes als einer notwendigen Tat, durch die den Menschen das Heil geschaffen wird, erschüttert. Nicht in seinem Tun liegt Jesu Bedeutung als Offenbarung der allen Menschen geltenden Liebe Gottes begründet, sondern vielmehr in der Ganzheit seines Lebens, inklusive seines Todes und seiner Auferweckung. „Er ist *in persona* der Ort der rettenden, befreienden und alles erneuernden Gegenwart Gottes."[357]

Wir werden uns hier nicht mit den sicher diskussionswürdigen und auch diskussionsbedürftigen Schlußfolgerungen auseinandersetzen können, die Dalferth aus der neutestamentlichen Opferkritik für seinen eigenen soteriologischen Ansatz zieht. Es fragt sich für uns, ob und inwiefern die von ihm geäußerte Kritik an der Übernahme alttestamentlicher Opfervorstellungen zur Interpretation des Kreuzesgeschehens die Balthasarsche Soteriologie betreffen und zu einer kritischen Auseinandersetzung zwingen.

Es besteht kein Zweifel, daß die Opfervorstellung für Balthasars Theologie eine zentrale und in der Tat vielfältige Rolle spielt. Balthasar gebraucht sie nicht nur für Jesu Sterben am Kreuz, sondern darüber hinaus für das Verhalten Marias unter dem Kreuz, der Kirche in der Feier der Eucharistie, der Gläubigen im täglichen Leben der Nachfolge und schließlich sogar im Rahmen seiner Lehre von der immanenten Trinität, wo von Vater, Sohn und Geist (im Anschluß an einen Begriff Adrienne von Speyrs) ein ewiges „Vor-Opfer" ausgesagt wird. Angesichts dieses Befundes scheint eine Fundamentalkritik an der Balthasarschen Soteriologie (und Gotteslehre) unausweichlich, jedenfalls wenn man den Dalferthschen Thesen zur christlichen Grammatik der Opferbegrifflichkeit ein zumindest relatives Recht einräumt, wie es hier der Fall ist.

Steht und fällt Balthasars Erlösungslehre mit dem allgegenwärtigen Gebrauch der Opferterminologie? Wir glauben nicht. Die Balthasarsche Interpretation der Ereignisse des sacrum triduum läßt dies jedenfalls nicht unbedingt als notwendig erscheinen. Balthasar ist sich, wie wir sahen, selbst bewußt, daß sich die überkommenen alttestamentlichen Opfervorstellungen wenig eignen, um der Gegenwart die Heilsbedeutung des Todes Jesu einsichtig zu machen. Balthasars Deutung des Erlösungsgeschehens als eines Opfers gründet sich biblisch nun aber gar nicht auf das alttestamentliche Sühnopfer. Der katholische Theologe ist zwar durchaus der Meinung, daß die verschiedensten alttestamentlichen Opfer- und Mahlvorstellungen im Tode Jesu konvergieren, weswegen die biblische Opferbegrifflichkeit nicht einfach aufgegeben werden könne.[358] In der Tat klingt sie immer wieder in seiner Deutung des Todes Jesu an. Dennoch spielt die Opferthematik in Balthasars Stellvertretungslehre nur eine untergeordnete Rolle. Nirgendwo trägt die alttestamentliche Vorstellung vom Sühnopfer die Begründungslast für die Beantwortung der Frage, inwiefern Jesu Sterben stellvertretende Bedeutung für die Menschen erlangt.

---

[357] Ebd.

[358] Vgl. MP, 191f.

Balthasar leitet seine Stellvertretungschristologie, wie wir oben sahen, von einer anderen alttestamentlichen Traditionslinie ab, nämlich der Mittlerfunktion zwischen Gott und Mensch, welche im Alten Testament zuerst Abraham, Mose und Saul, später den Propheten auferlegt wird, und die sich Balthasar zufolge über den Gottesknecht bei Deuterojesaja bis zu Christus zunehmend intensiviert. Der Mittler ist von Gott beauftragt, dem Volk seinen Willen und zunehmend auch seinen Zorn über deren Sünde auszurichten. Er vertritt in dieser Funktion Gott vor den Menschen.[359] Zugleich muß er aber auch das Volk vor Gott vertreten, was die Mittler in der Linie von Jesaja über Jeremia und Ezechiel bis zum Gottesknecht bei Deuterojesaja in einen immer stärkeren Zwiespalt bringt, bis Christus schließlich das von ihm selbst verkündigte göttliche Zorngericht selbst erleiden muß, und dies sowohl von Seiten der Menschen als auch von Seiten Gottes. Gegen Dalferth muß im Blick auf Balthasars Soteriologie daran festgehalten werden, daß die Stellvertretungsvorstellung nicht monokausal aus dem alttestamentlichen Opferkultus hergeleitet werden muß und deswegen auch nicht automatisch von einer Kritik an diesem betroffen ist.

Dogmatisch begründet Balthasar die Möglichkeit seiner Stellvertretungsvorstellung in dreifacher Weise: christologisch, soteriologisch und schließlich trinitarisch. Er argumentiert christologisch, daß es sich bei dem Mittler, der die gesamte sündige Menschheit vertritt, nicht um einen uns äußerlich bleibenden und uns äußerlich stellvertretenden Menschen handelt, sondern vielmehr um den göttlichen Sohn, der jeden einzelnen Menschen durch seine universale Sendung in sich umgreift und der zudem durch seine „Eucharistierung" in die Kirche hinein mit den durch seinen Tod und seine Auferstehung Erlösten eins wird.[360] Balthasars Soteriologie widerspricht keineswegs Dalferths Forderung, daß Christus nicht als persona privata betrachtet werden dürfe, die allen anderen Menschen äußerlich bleibt. Der katholische Theologe versteht den menschgewordenen Gottessohn durchaus als eine alle Menschen umgreifende absolute Person, was den von Dalferth bei Luther und Bonhoeffer hervorgehobenen Begriffen von der Amts- oder Kollektivperson entspricht.

Balthasar argumentiert zweitens soteriologisch, daß Jesu Stellvertretung nicht (wie dies seiner Ansicht nach beispielsweise bei Barth oder Pannenberg der Fall ist) als Strafleiden verstanden werden dürfe. Es handelt sich für ihn auch nicht um ein äußerliches Werk, das den Menschen (wie es bei Anselm oder Rahner der Fall sei) durch seine ontische oder juridische Würde in quasi-kausaler Weise angerechnet würde. Vielmehr übernimmt der göttliche Mittler *innerlich* die Situation der Sünder. Dies erweist sich sowohl in seinem Tragen des göttlichen Zornes als auch in seiner stellvertretenden Übernahme des zweiten Todes der Sünder, ihrer absoluten Gottverlassenheit, am Kreuz und im Gang durch die Hölle.[361] Damit trifft aber für Balthasar auch Dalferths These nicht zu, daß eine Interpretation des Kreuzesgeschehens mithilfe der

359 Vgl. TD III, 321; H III,2,1, 199ff.

360 Vgl. *Moltmann*, Gerechtigkeit für Opfer und Täter, 83.

361 Ähnlich argumentiert auch Moltmann a.a.O., 82-84.

Kategorie Stellvertretung notwendigerweise im Sinne eines äußerlichen Werkes zu verstehen ist, das uns nur durch seine Wirkungen quasi-kausal betrifft.

Insofern sich das stellvertretende Tragen des Zornes Gottes für den menschgewordenen Gottessohn in der Übernahme der Gottlosigkeit der Sünder darstellt, erweist sich für Balthasar der göttliche Zorn als die Kehrseite der göttlichen Liebe.[362] Hierin deutet sich der dritte und letzte für uns bedeutsame Punkt an. Balthasars Erlösungslehre ist in der trinitarischen Gotteslehre verankert und von dieser her zu lesen.[363] Der Mensch fällt in der Sünde aus der göttlichen Liebesgemeinschaft heraus und wird durch den Platztausch mit dem menschgewordenen Gottessohn wieder zurück in diese Liebesgemeinschaft eingeladen. Wir sahen, daß der Sohn den Platz der Sünder einnehmen kann, weil er innerhalb der Trinität selbst schon an demselben antwortenden Platz steht, wo er durch sein gehorsam-liebendes Ja zur Selbsthingabe des Vaters, mit dem er gleichzeitig in die Hingabe einwilligt, dem sündigen Nein des Menschen zur Liebe Gottes zuvorkommt.[364] So begründet sich die Vorstellung der Stellvertretung bei Balthasar zuletzt trinitarisch, was nochmals dadurch unterstrichen wird, daß es sich beim göttlichen Plan zur Erlösung der Welt um einen „trinitarischen Heilsbeschluß" handelt, an dem der Sohn von Ewigkeit her immer schon beteiligt ist. Hier können wir für Balthasars Theologie Dalferths kritischen Einwand zurückweisen, daß eine Stellvertretungsvorstellung notwendigerweise verwische, daß es sich bei Kreuz und Auferstehung um die Offenbarung des durch *Gott* vollbrachten Heils für die Menschen handelt.

Nun kommt der trinitarische Heilsbeschluß dem menschgewordenen Sohn für Balthasar allerdings, wie wir sahen, vom Vater durch den Geist vermittelt zu und muß von ihm im Gehorsam angenommen werden. Die trinitarische Fundierung des Heilsgeschehens im ewigen dreieinigen Heilsbeschluß erlaubt es Balthasar zwar, das Leiden Jesu auch dort noch als freiwilliges, seiner eigenen Initiative entspringendes Leiden zu verstehen, wo es ihm am Ende seines Lebens nicht nur von den Menschen, sondern auch vom himmlischen Vater aufgeladen zu werden scheint. Balthasar versucht durch seine Lehre von der Hinterlegung der Gottheit des Sohnes beim Vater und der sich in der Menschwerdung einstellenden „trinitarischen Inversion" darzulegen, inwiefern dem menschgewordenen Sohn der Weg ins Leiden dennoch als ein vom Vater vorgegebener Weg erscheint, der im Gehorsam angenommen werden muß.[365] Ausgehend von dieser Gehorsamsvorstellung kann Balthasar schließlich dem Opferbegriff als Interpretament für das Heilsgeschehen eine

---

362 Vgl. wiederum a.a.O., 81f.

363 Vgl. a.a.O., 84f.

364 Vgl. TD III, 310: „Das Nein der Kreatur ertönt an der ‚Stelle' der innergöttlichen Differenz, und der Sohn, der Mensch werdend in diese ‚Finsternis' des Neinsagens eintritt, braucht als ‚Licht' und ‚Leben' der Welt seine eigene ‚Stelle' nicht zu wechseln, wenn er, in die Finsternis scheinend, deren ‚Stellvertretung' unternimmt. Er kann es aufgrund seines *topos* innergöttlicher absoluter Differenz vom schenkenden Vater."

365 Die Vorstellung des heilerwirkenden „Gehorsams" nicht nur des Gottessohnes, sondern auch und gerade des Menschen Jesus, gewinnt im Zusammenhang mit dem Sendungsbegriff und

positive Bedeutung abgewinnen. Er entwickelt seine Opfervorstellung nun allerdings nicht, wie wir oben schon bemerkten, im Anschluß an die verschiedenartigen alttestamentlichen Opfer im Rahmen des Tempelkultus, insbesondere das Opfergeschehen vom großen Versöhnungstag (vgl. Lev 17).[366] Sein Opferbegriff leitet sich biblisch vielmehr vom alttestamentlichen Lobopfer und dogmatisch von einer Analyse der göttlichen Liebe her, die sich für Balthasar in der „aufopfernden" Selbsthingabe oder Selbstaufopferung für den Anderen ausdrückt. Wenn Balthasar beispielsweise innertrinitarisch mit Adrienne von Speyr von einem „Vor-Opfer" spricht, versteht er darunter die gegenseitige Liebeshingabe von Vater und Sohn aneinander im Geist. In diesem Sinne der liebenden Selbsthingabe stellt Balthasar zufolge auch das Kreuzesgeschehen für Jesus ein Opfer dar. Der von Dalferth vorgebrachte Einwand gegen die Opferbegrifflichkeit als dogmatischem Artikulationsmittel für die Heilsbedeutung des Todes Jesu trifft auf Balthasars Soteriologie also nur in bedingtem Maße zu, da das Opfer hier nicht primär im kultischen Sinne verstanden wird.[367]

b. Gerechtigkeit für Opfer und Täter?

Können wir die mit der Kategorie der Stellvertretung des Sünders operierende Soteriologie gegen die Einwände Ingolf Dalferths verteidigen, so müssen wir ihr gegenüber nun allerdings an anderer Stelle Vorbehalte anmelden.[368] Unser Einwand hat keinen kontroverstheologischen Charakter im engeren Sinne, sondern wird in Hinsicht auf eine der biblischen Botschaft angemessene Soteriologie sowohl innerhalb der katholischen als auch der reformatorischen Theologie diskutiert.[369] Es geht uns um die Beschränkung auf die

---

der Vorstellung von der „trinitarischen Inversion" daher grundsätzliche Bedeutung für das Balthasarsche Verständnis der Erlösung. Zur Bedeutung des Gehorsams Christi für die Trinitätslehre siehe oben, Zweites Kapitel, II. 3.

366 Vgl. dazu *H. Gese*, Die Sühne, in: *ders.*, Zur biblischen Theologie. Alttestamentliche Vorträge, München 1977 (BEvTh; 78), 85-106.

367 Angesichts dieser Interpretation muß dann allerdings gefragt werden, ob an der Opferterminologie überhaupt noch festgehalten werden sollte. Balthasar tut dies wohl hauptsächlich deswegen, weil die Opferbegrifflichkeit in der eucharistischen Liturgie der römischen Messe eine zentrale Stellung einnimmt. Dieser Grund kann aus reformatorischer Perspektive kaum überzeugen, insofern sich die liturgische Terminologie an biblischen und theologischen Erkenntnissen orientieren sollte, nicht aber umgekehrt. – Im Blick auf die Beziehung Gottes zum Kreuzestod Jesu bleiben bei Balthasar allerdings noch einige problematische Aussagen oder zumindest Unklarheiten, die, wie R. Schwager angemerkt hat, den Eindruck erwecken könnten, als werde der Tod des menschgewordenen Sohnes nicht nur von den Menschen, sondern geradezu auch von Gott, dem Vater, gewollt. Schwager fragt zu Recht kritisch an, ob „hier nicht eine Vermischung zwischen Gut (Wille Gottes) und Bös (Sünde)" droht, die „bei größerer Verbreitung unvermeidlich unheilvolle Folgen hätte" (*Schwager*, Der wunderbare Tausch, 312).

368 Zu diesem und dem nächsten Fragenkomplex siehe auch *S. Lösel*, Murder in the Cathedral? Hans Urs von Balthasar's New Dramatization of the Doctrine of the Trinity, in: Pro Ecclesia 5 (1996): 427-439.

369 Siehe dazu beispielsweise den schon angeführten Beitrag „Theologie als Theodizee?" von J. B. Metz sowie *Moltmann*, Gerechtigkeit für Opfer und Täter, 77.

Frage der Stellvertretung des Menschen als eines *Sünders*, welche Balthasars Soteriologie kennzeichnet.

Wir erinnern uns: Balthasar bedenkt soteriologisch zwei Arten des menschlichen Leidens: einerseits das selbstverschuldete Leiden des sich der göttlichen Liebe verweigernden Sünders, andererseits das freiwillige Leiden des in der Nachfolge Christi stehenden Gläubigen. Ist die erste Art des Leidens für Balthasar ein Auswuchs verweigerter Liebe und Selbstverdankung, so die zweite eine Folge der liebenden Selbsthingabe für andere. Der Tod kommt für Balthasar entsprechend nur als Sündentod oder aber als Liebestod in Betracht, wobei ersterer die Verkehrung des letzteren darstellt. Entsprechend der Rückführung des Leidens auf die eigene Sünde konzentriert sich Balthasars Soteriologie auf die Stellvertretung des Menschen als eines Sünders. Der menschgewordene Gottessohn übernimmt im Gang zum Kreuz und durch die Hölle den göttlichen Zorn und die Gottverlassenheit des zweiten Todes.

Ist das menschliche und kreatürliche Leiden jedoch, so müssen wir hier zuerst fragen, soteriologisch mit diesen beiden Kategorien ausreichend erfaßt? Wir glauben nicht. Balthasars zweifache Analyse des menschlichen Leidens spiegelt die vielfältige menschliche Lebenswirklichkeit nur unzureichend wider. Sie entspringt einem dyadischen Denkansatz, welcher der Komplexität der conditio humana nicht gerecht wird. Balthasar denkt nicht nur in seiner Anthropologie, sondern auch in anderen Bereichen seiner Theologie immer wieder in Gegensätzen: Vater-Sohn, Liebe-Sünde, Selbsthingabe-Selbstverweigerung. Dieses Gegensatzdenken wird der Vielschichtigkeit der menschlichen Wirklichkeit allerdings ebenso wenig gerecht wie der göttlichen. Für die Soteriologie Balthasars trifft der Verdacht zu, den der katholische Theologe Johann Baptist Metz gegenüber dem Erlösungsmodell Augustins geltend gemacht hat: „Nicht im Blickpunkt steht jenes Leid und jene Leidensgeschichte, die alltagsempirisch gerade nicht auf die Schuld bzw. Schuldgeschichte zurückgeführt werden können und die doch den größten Teil der himmelschreienden Leidenserfahrungen in der Welt ausmachen.“[370] Das Leiden der unzähligen Unschuldigen ist weder selbstverschuldet noch freiwillig. Es ist fremdverschuldet und unfreiwillig und muß daher soteriologisch als eine Realität sui generis betrachtet werden. Dieses Leid der Unschuldigen läßt sich nicht in dem Gegensatz von Liebe und Sünde subsumieren. Ist der Tod des Sünders eine Konsequenz pervertierter menschlicher Freiheit, so sind das Leiden und der Tod des Unschuldigen zumeist eine Konsequenz menschlicher Unfreiheit. Die Schrift spricht vom Leiden des unschuldigen Gerechten und unterscheidet dies vom Leiden des gottlosen Sünders.[371]

---

[370] *Metz*, Theologie als Theodizee?, 109. Vgl. zum Thema des Leidens und seiner Analyse in der Theologie des 20. Jahrhunderts *B. Krause*, Leiden Gottes – Leiden des Menschen: Eine Untersuchung zur Kirchlichen Dogmatik Karl Barths, Stuttgart 1980 (Calwer theologische Monographien: Reihe B, Systematische Theologie und Kirchengeschichte; 6), 5-59.

[371] Vgl. zu den biblischen Traditionen vom leidenden Gerechten *K. Th. Kleinknecht*, Der leidende Gerechtfertigte, Tübingen 1984 (WUNT, 2. Reihe; 13). Eine Übersicht über leidenstheo-

Nun besteht, wie J. Moltmann hervorgehoben hat, eine direkte kausale Verbindung zwischen dem Leiden des Opfers und dem Leiden des Täters. Die Gewalttat des Täters führt zum Leiden des Opfers und wirkt sich hier wie da, wenngleich in unterschiedlicher Weise, destruktiv aus.[372] Die Abfolge des dritten und vierten Kapitels im Buch Genesis verweist zudem auf den Zusammenhang zwischen der Sünde gegen Gott und derjenigen gegen den Mitmenschen. Kaum haben die Menschen (Adam und Eva) das Gesetz Gottes mißachtet und sind der Gottesgemeinschaft im Paradies verlustig gegangen, ist auch die Gemeinschaft der Menschen untereinander durch Gewalttat bedroht (Kain und Abel). Können die Sünder ihre Freiheit Gott nicht verdanken, sind sie auch nicht in der Lage, anderen Menschen Freiheit zuzugestehen.[373] Das selbstverschuldete Leiden des Sünders, der die eigene Freiheit nicht aus der Hand Gottes empfangen kann, führt geradezu mit Notwendigkeit zum fremdverschuldeten Leiden des Opfers, dem die eigene Freiheit von seinen Mitmenschen nicht zugestanden wird.

Wenngleich die soteriologische Reflexion diese Verbindungen zwischen der Sünde des Täters und dem Leiden des Opfers, zwischen nicht-verdankter und nicht-gewährter Freiheit zu beachten hat, muß sie doch zwischen beiden Phänomenen unterscheiden und darauf reflektieren, ob und inwiefern Gottes Heilshandeln auf beide bezogen ist. Wir fragen gegenüber Balthasars Theodramatik deshalb: Wird Gottes Heilswerk im Leben, Leiden, Sterben und Auferstehen unter der Kategorie der Stellvertretung der Sünders ausreichend erfaßt, oder werden in dieser Beschränkung wesentliche Aspekte des göttlichen Heilshandelns an und in der Welt ausgeblendet oder zumindest unterbelichtet? Konkret: Vergißt Balthasar, wenn er das Heilsgeschehen ausschließlich in der Stellvertretung des Menschen als eines Sünders begreift, nicht einen zweiten wichtigen Aspekt der göttlichen Stellvertretung, nämlich die Stellvertretung des Menschen als eines *Opfers der Sünde*? Bezieht sich das stellvertretende Leiden des Gottessohnes nur auf das Leiden und die Gottverlassenheit des Sünders oder nicht auch auf das Leiden und die Gottverlassenheit des Opfers? Muß die christliche Theologie m.a.W. nicht daran festhalten, daß der menschgewordene Gottessohn „Gerechtigkeit für Opfer und Täter" schafft?[374]

Die Theologie darf sich in der Tat in ihrer soteriologischen Reflexion nicht ausschließlich auf die Befreiung des Menschen von der Sünde und dem aus ihr entspringenden Leiden konzentrieren, sondern wird ebenso von Gottes

logische Aussagen im Alten und Neuen Testament bieten *G. S. Gerstenberger* u. *W. Schrage*, Leiden, Stuttgart – Berlin – Köln – Mainz 1977 (Kohlhammer-Taschenbücher; 1004: Biblische Konfrontationen). Eine systematisch-theologische Reflexion dieser Tradition bietet aus befreiungstheologischer Perspektive *J. Comblin*, Cry of the Oppressed, Cry of Jesus: Meditations on Scripture and Contemporary Struggle, übers. v. R. Barr, Maryknoll, N.Y. 1988.

372 Vgl. *Moltmann*, Gerechtigkeit für Opfer und Täter, 80: „Gewalttat zerstört das Leben auf beiden Seiten, aber auf verschiedene Weise: auf der einen Seite durch das Böse, auf der anderen Seite durch das Leiden. Der Gewalttäter wird unmenschlich und ungerecht, das Opfer wird entmenschlicht und rechtlos."

373 Vgl. *G. von Rad*, Das Erste Buch Mose. Genesis, Göttingen [11]1981 (ATD 2/4), 79.

374 So der Titel des schon zitierten Essays von Moltmann.

Befreiungshandeln zugunsten der unschuldig Leidenden handeln.[375] Dieser Sachverhalt muß gegenüber Balthasars Beschränkung auf die Sündenfrage geltend gemacht werden. Die soteriologische Reflexion darf im Bedenken des Erlösungshandeln Gottes dessen befreiendes Handeln in, durch und für die unschuldig Leidenden der Weltgeschichte nicht vergessen. Balthasars ausschließlich auf die Sündenproblematik bezogene Erlösungslehre muß daher, will sie ihren ökumenischen Anspruch einlösen, durch eine soteriologische Reflexion auf das Eintreten Gottes für die Leidenden ergänzt werden.[376] In der Tat prägt das Motiv der Parteinahme Gottes für die Armen, Unterdrückten und Leidenden die Darstellung der geschichtlichen Offenbarung Gottes an sein Volk im Alten Testament. Das Exodusereignis kann geradezu als Urintuition des Glaubens Israels gelten.[377] Von der Befreiung aus Ägypten bis hin zur Sozialkritik der großen Propheten durchzieht das Thema des befreienden Handelns Gottes für die Armen, Leiden und Unterdrückten den alttestamentlichen Glauben.

Im Neuen Testament wird diese Tradition fortgeführt. R. Schwager hat in Rückgriff auf Erkenntnisse der neueren Exegese hervorgehoben, daß sich im Neuen Testament neben einer staurologischen eine eschatologische Heilslehre findet.[378] Während die erste auf das Heilswerk Gottes im Kreuzestod Jesu konzentriert ist und im Kreuz den stellvertretenden Sühnetod für die Sünden der Menschheit sieht, betont die zweite die Nähe und den Anbruch der eschatologischen Gottesherrschaft in Wirken und Person Jesu.[379] Die Herausstellung der Basileia-Botschaft Jesu durch die Exegese läßt für die soteriologische Reflexion deutlich werden, daß Gottes Heilstat nicht nur auf die Befreiung des Menschen von der eigenen Sünde, sondern ebenso auf die Befreiung des Menschen von der Sünde anderer bezogen werden muß. In seiner Verkündigung der Nähe der Gottesherrschaft ruft Jesus seine Zuhörer zur Umkehr auf und bietet ihnen die Vergebung der Sünden an. Die angekündigte *Nähe* und der *Anbruch* des Gottesreiches in Jesu Wirken und Person wird aber ebenso in seiner Parteinahme für die Leidenden, Unterdrückten, Außen-

---

375 Vgl. *Metz*, Theologie als Theodizee?, 109f: „Die biblische Vision der Rettung, das im Gottesnamen (sotér) enthaltene Rettungsversprechen bezieht sich aber nicht nur auf die Erlösung von Sünde und Schuld, sondern vor allem auch auf die Errettung aus den Leidenssituationen der Menschen."

376 J. Moltmann hat aus diesem Grunde in dem schon erwähnten Aufsatz zwischen der die Sünder gerecht machenden und der den Opfern der Sünde Gerechtigkeit verschaffenden Gerechtigkeit Gottes unterschieden und sodann auf die „Analogie zwischen der ‚rechtfertigenden' und der ‚Recht schaffenden' Gerechtigkeit Gottes" (*Moltmann*, Gerechtigkeit für Opfer und Täter, 77) aufmerksam gemacht. „[W]ie Paulus die *Rechtfertigung des Sünders* zur Offenbarung der Gottesgerechtigkeit in der Welt wird, so ist im Alten Testament das *Rechtschaffen dem Rechtlosen* Inbegriff des göttlichen Erbarmens und damit der Gottesgerechtigkeit" (ebd.). Es gilt: „Auch die Recht schaffende Gerechtigkeit ist keine feststellende (*justitia distributiva*), sondern eine schöpferische Gerechtigkeit (*justitia justificans*)" (ebd.).

377 R. Albertz hat aufgezeigt, daß das befreiende Handeln Gottes Grundmotiv der Religionsgeschichte Israels darstellt. Vgl. dazu *R. Albertz*, Religionsgeschichte Israels in alttestamentlicher Zeit, 2 Bde., Göttingen 1992 (Grundrisse zum AltenTestament; 8).

378 Vgl. *Schwager*, Der wunderbare Tausch, 304f.

379 Vgl. a.a.O., 305; *Dalferth*, 25.

seiter und Randgruppen der Gesellschaft konkret. Die Nähe der Gottesherrschaft wirkt sich befreiend und heilend für die Opfer der Weltgeschichte aus: Blinde sehen, Lahme gehen, Taube hören und den Armen wird das Evangelium gepredigt. Die in die Geschichte einbrechende Gottesherrschaft bringt nach dem Neuen Testament dem Menschen die Fülle dessen, was das Alte Testament als den umfassenden Shalom Gottes bezeichnet: Friede, Gemeinschaft, Freundschaft, Heilwerden an Geist, Körper und Seele.

Das Erlösungshandeln Gottes hat dann auch eine „politische Dimension“, die über der Konzentration auf die individuelle Sündenproblematik nicht vernachlässigt werden darf. Daß sie bei Balthasar unterbewertet wird, hängt, wie Schwager zu Recht bemerkt hat, nicht zuletzt damit zusammen, daß er im Rahmen seiner theologischen Ästhetik den Gestaltbegriff ausschließlich in Bezug auf die Erfahrung der Kunst und der Liebe entwickelt. Schwager kritisiert, daß Balthasar darüber die „politische Gestalt“[380] vergißt, die nicht nur in der Geschichte, sondern auch im Alten und im Neuen Testament eine zentrale Rolle spielt.[381] Wird diese politische Dimension der biblischen Erlösungsbotschaft ernst genommen, dann rückt notwendigerweise auch die Not der unschuldig Leidenden und Unterdrückten ins Zentrum der theologischen Aufmerksamkeit.

Zuletzt muß in Ergänzung zu Balthasar daran festgehalten werden, daß Gott der Schrift zufolge nicht nur befreiend für die Leidenden eintritt, sondern sich auch mit ihnen in ihrem Leid identifiziert.[382] Die lateinamerikanische Befreiungstheologie spricht in diesem Zusammenhang von Gottes „vorrangiger Option für die Armen“,[383] während die schwarze Theologie in den Vereinigten Staaten aus den entsprechenden biblischen Traditionen ihr Wissen um den „God of the Oppressed“[384] ableitet. Moltmann entdeckt hier in der Schrift „eine *Solidaritätschristologie*“.[385] Wir sehen in einer solchen Rede von Gottes Identifizierung mit den unschuldig Leidenden eine hilfreiche und notwendige Ergänzung zur Stellvertretungschristologie Balthasars. Christus übernimmt in seinem Gang ans Kreuz und durch die Hölle nicht nur die Gottverlassenheit des Sünders, sondern ebenso sehr diejenige des Opfers. Gott erleidet nicht nur das Leiden der Täter, die sich von Gott *abwenden*, sondern auch das Leiden und die Gottlosigkeit der Opfer, die sich wie Hiob in ihrem Leiden Gott *zuwenden* – und ihn doch nicht finden können.[386] Gott

---

380 *Schwager*, Der wunderbare Tausch, 297. Vgl. a.a.O., 298: „Für die Gestalten der Kunst ist kaum jemand gestorben, und die Zahl derer, die für eine Gestalt der Liebe ihr Leben geopfert haben, ist verhältnismäßig klein verglichen mit jenen Millionen, die für eine politische Gestalt in den Tod gegangen sind.“

381 Vgl. a.a.O., 299.

382 Vgl. *Moltmann*, Gerechtigkeit für Opfer und Täter, 78.

383 *G. Gutiérrez*, Theologie der Befreiung, mit einer neuen Einl. d. Autors u. einem neuen Vorwort v. *J. B. Metz*, übers. v. H. Goldstein, 10., erw. u. neubearb. Aufl., Mainz 1992 ([1]1962) (Welt der Theologie), Vierter Teil, Kap. V: Armut als Solidarität und Protest, 343-361.

384 So der Titel des einflußreichen Buchs von *J. H. Cone* (New York 1973).

385 *Moltmann*, Gerechtigkeit für Opfer und Täter, 78. Vgl. a.a.O., 79f.

386 Vgl. *J. Ebach*, Die Welt, „in der Erlösung nicht vorweggenommen werden kann“ (G. Scholem) oder: Wider den „Trug für Gott“ (Hi 13,7). Thesen zum Hiobbuch“, in: Leiden, hg. v.

schafft nicht nur den Sündern Freiheit von ihrer Sünde, sondern auch den Unschuldigen Freiheit von der Sünde anderer.

c. Zum Verständnis des göttlichen Leidens

Balthasars einseitige Betrachtungsweise des menschlichen Leidens spiegelt sich in seinem unzureichenden Verständnis des göttlichen Leidens wider. Gemäß seiner Konzeption der *ökonomischen Trinität* erleidet der menschgewordene Sohn stellvertretend den Tod und die Gottverlassenheit des Sünders. Der Vater ist durch die Agonie des Sohnes selbst betroffen und kann daher in einem qualifizierten Sinn auch als leidend betrachtet werden, was allerdings nicht patripassianistisch mißverstanden werden darf. In der *immanenten Trinität* wiederum erleidet Balthasar zufolge der Vater einen „Liebestod" in dem ur-kenotischen Akt der ewigen Zeugung des Sohnes. Der Sohn erleidet seinen „Liebestod", indem er seine Gottheit dem Vater verdankt und sich dem Vater in absolutem Gehorsam zu seiner „Eucharistierung" in die Welt hinein zur Verfügung stellt. Die göttliche Person, die keinen Liebestod erleidet, ist der Heilige Geist. Dieser übernimmt in der ökonomischen und in der immanenten Trinität lediglich die Rolle des Liebesbands, welches die schmerzhafte Distanz zwischen Vater und Sohn offenhält und doch gleichzeitig überbrückt. Balthasar zufolge kann vom Geist als dem vinculum amoris kein Leiden ausgesagt werden. Obgleich er an der einen oder anderen Stelle in der Tat von einem Leiden des Geistes sprechen kann, betont er, daß der Geist nur an den Leiden des Sohnes partizipiert.[387]

An diesem Punkt offenbart Balthasars Theodrama der leidenden Liebe seinen letztlich binitarischen Charakter. Dem Geist kommt nur eine untergeordnete Rolle zu. Er hat infolge von Balthasars Verteidigung des strikt westkirchlichen Trinitätsmodells grundsätzlich Mühe, als eigenständige Person wahrgenommen zu werden. Wie wir im vorangegangenen Kapitel sahen, geht für Balthasar immanent-trinitarisch der Sohn vom Vater, der Geist dagegen vom Vater und vom Sohn (Filioque) aus. Balthasar hält an dieser westkirchlichen Ordnung der Trinität fest, obgleich er eingesteht, daß der Geist in der Ökonomie dem Sohn vorgeordnet ist. Die Möglichkeit dieser Vorordnung erklärt Balthasar mit der eigenwilligen Konstruktion der „trinitarischen Inversion", welche nach der Auferstehung des menschgewordenen Sohnes

---

W. Oelmüller, Paderborn – München – Wien – Zürich 1986 (Kolloquium Religion und Philosophie; 3), 20-27; *G. Gutiérrez*, Von Gott sprechen in Unrecht und Leid – Ijob, übers. v. H. Goldstein, München – Mainz 1988 (Fundamentaltheologische Studien; 15).

387 Vgl. *H. U. v. Balthasar*, Theologik, Bd. III, Der Geist der Wahrheit, Einsiedeln 1987, 188: „er ist nicht bloß ein ‚äußerer' Zeuge dessen, was Jesus auf Erden tut und leidet (das ist er auch), er ist gleichzeitig einer, der als der ‚Geist Christi' (Röm 8,9) von dessen Tun und Leiden eine Art innerliche Erfahrung erhält." Vgl. *H. U. v. Balthasar*, Einsamkeit in der Kirche, in: *ders.* Pneuma und Institution: Skizzen zur Theologie IV, Einsiedeln 1974, 265: „Als der den Sohn in sein ‚Ende' begleitende Geist hat er ein für alle Male die Erfahrung dieses Endens mitgemacht und kann, wenn er an Ostern der versammelten Kirche eingehaucht wird, von dieser zu seinem Wesen gehörenden Erfahrung nicht mehr abstrahieren."

wieder aufgehoben wird. Die Persönlichkeit des Geistes, so scheint uns, wird jedoch nur unzureichend begründet, wenn dieser nur als hypostatisierte Form der Liebe (vinculum amoris) oder aber als Überbrückung der Distanz zwischen Vater und Sohn in der Diastase des Kreuzes begriffen wird. Erst wo dem Geist eine aktive Rolle sowohl in der Heilsgeschichte als auch Vater und Sohn gegenüber eingeräumt wird, kann er wirklich als Person konzeptionalisiert werden.[388] Dazu bedarf es einer Reflexion auf das Werk des Auferstehungsgeistes in Kirche und Welt. Gott macht sich nicht nur im Werk der zweiten Person der Trinität das Leiden der Menschen zu Eigen, sondern leidet auch in der dritten Person der Trinität solidarisch mit, in und (stellvertretend) für die Opfer der Weltgeschichte. Mehr: Gott führt nicht nur sein Mit- und Fürleiden im Werk des Geistes fort, sondern darüber hinaus auch seine Befreiung der Menschheit von der Sünde und den Werken des Bösen.

Michael Welker hat aufgezeigt, daß der Geist im Alten Testament aus kollektiver Not und Sünde rettet, in Bedrängnissen aller Art anwesend ist, Machthabende und Machtstrukturen zum Guten verwandelt oder böse Geister aller Art kenntlich macht. Das Alte Testament erwarte den Messias als Geistträger, der die universale Ausbreitung von Recht, Erbarmen und Gotteskenntnis wirkt, ja die Schöpfung neu erschafft.[389]

Das Neue Testament spricht nicht nur von des Geistes befreiender und neuschaffender Aktivität in der Welt, sondern auch von dessen tröstender Gegenwart im Leiden der Kirche, die Christus nachfolgt. Johannes und Paulus verheißen, daß der Geist sich die Klage der leidenden Kirche und Schöpfung selbst zu Eigen macht: als der von Christus an Ostern auf die Kirche gesandte „andere Beistand" (Joh 14,16),[390] oder aber als der mit Stöhnen für uns eintretende Erstling der eschatologischen Erlösung (Röm 8,23.26).[391] Hier wie da ist der Geist im Leiden der Unschuldigen, Armen und Unterdrückten präsent und leidet mit ihnen.[392]

---

[388] Vgl. zur Frage *Dalferth*, 230f; *V. Lossky*, In the Image and Likeness of God, hg. v. J. H. Erickson u. T. E. Bird, New York 1985, 71-96; *P. Evdokimov*, L'Esprit Saint dans la tradition orthodoxe, Paris 1971, 63-68; *Pannenberg*, Systematische Theologie, Bd. 1, 343-347; *R. Schwager*, Jesus im Heilsdrama: Entwurf einer biblischen Erlösungslehre, Innsbruck – Wien 1990 (Innsbrucker Theologische Studien; 29), 276. Siehe zu Lossky *J. Freitag*, Geist vergessen – Geist-Erinnern: Vladimir Losskys Pneumatologie als Herausforderung westlicher Theologie, Würzburg 1995 (Studien zur systematischen und spirituellen Theologie; 15).

[389] Vgl. *M. Welker*, Gottes Geist: Theologie des Heiligen Geistes, Neukirchen-Vluyn 1992. Dazu auch *J. Comblin*, Der Heilige Geist: Gott der sein Volk befreit, übers. v. H. Goldstein, Düsseldorf 1988 (Bibliothek Theologie der Befreiung).

[390] Zur Rolle des Geistes im Johannesevangelium als rechtlichem Fürsprecher vgl. *R. Bultmann*, Das Evangelium des Johannes, Göttingen ^{21}1986 (KEK 2), 437-440.

[391] Zur Rolle des Geistes nach Röm 8,26f vgl. *H. Schlier*, Der Römerbrief (HThK 6), Freiburg u.a. 1977, 268ff; *H. R. Balz*, Heilsvertrauen und Welterfahrung: Strukturen der paulinischen Eschatologie nach Römer 8,18-39, München 1971, 69-92; *W. Bindemann*, Die Hoffnung der Schöpfung: Römer 8,18-27 und die Frage nach einer Theologie der Befreiung von Mensch und Natur, Neukirchen-Vluyn 1983, 76-81. Vgl. auch *Stuhlmacher*, Achtzehn Thesen, 202.

[392] Zum Mit-Leiden des Geistes vgl. *J. Moltmann*, Der Geist des Lebens: Eine ganzheitliche Pneumatologie, München 1991, 64; *J. Ratzinger*, Schauen auf den Durchbohrten: Versuche einer spirituellen Christologie, Einsiedeln 1984, 50, Anm. 9.

Das Theologumenon vom Mitleiden des Heiligen Geistes mit den Unschuldigen erlaubt es, die subordinatianischen Tendenzen in Balthasars Konzeption der dritten Person der Trinität zu überwinden, denn hier wird dem Geist ein eigenes heilschaffendes und kenotisches Werk ad extra zugeschrieben.[393] Dieses heilschaffende Werk des Geistes muß Konsequenzen für die immanent-trinitarische Konzeption des Geistes haben. Zum einen sollte eingestanden werden, daß die ewige Hauchung des Geistes ebenso sehr wie die Zeugung des Sohnes einen innergöttlichen kenotischen Akt darstellt. Sodann sollte neben dem Hervorgang des Geistes ex Patre Filioque eine parallele Zeugung des Sohnes ex Patre Spirituque anerkannt werden. Nur so wird dem Geist innerhalb der göttlichen Trinität eine gleichwertige Personalität zugeschrieben.[394]

Deutlich wird hier allerdings auch, daß die Konzeption der immanenten Trinität nicht einfachhin durch analoge Rückschlüsse aus der Heilsökonomie entwickelt werden kann. Wir sahen, daß Balthasar vom Leiden Jesu am Kreuz auf ein Leiden in Gott zurückschließt und dabei das kreatürliche Leiden als sündige Verkehrung des göttlichen Liebesleidens darstellt. Das innergöttliche Leiden der Liebe wird zur Bedingung der Möglichkeit für das Leiden der Welt. Beide Formen des Leidens sind einander analog, insofern sie beide der Freiheit entspringen: Vater und Sohn erleiden aus Freiheit den Liebestod, die Menschen aus Freiheit den Sündentod. Diese „analogia libertatis“ rechtfertigt die Rede von Leiden und Tod in Gott überhaupt erst. Wie aber, wenn Leiden und Tod in der Welt nicht als Folge der Freiheit, sondern als Folge der Unfreiheit bestimmt werden müssen? Welches wäre die Realität in Gott, die einem Leiden entspräche, welches der Unfreiheit des Menschen entspringt? Und welches wäre die immanente Realität Gottes, die einer heilsökonomischen Identifikation des Heiligen Geistes mit dem Leiden der Unschuldigen entspräche? Eine solche Analogie läßt sich kaum herstellen. Auf eine inhaltliche Bestimmung des innergöttlichen Lebens sollte deshalb verzichtet werden.

3. Die menschliche Mitwirkung im Erlösungsgeschehen

Die ökumenische Diskussion der letzten Jahrzehnte hat in Hinsicht auf die Rechtfertigungslehre erhebliche Fortschritte in der gegenseitigen Verständigung zwischen der römisch-katholischen Kirche einerseits und den reformato-

---

[393] Von einer Kenose des Geistes spricht beispielsweise *V. Lossky*, Die mystische Theologie der morgenländischen Kirche, übers. v. Mirjam Prager, Graz – Wien – Köln 1961 (Geist und Leben der Ostkirche; 1), 213f. Vgl. auch *D. L. Dabney*, Die Kenosis des Geistes: Kontinuität zwischen Schöpfung und Erlösung im Werk des Heiligen Geistes, Neukirchen-Vluyn 1997 (Neukirchener Beiträge zur Systematischen Theologie; 18), 109-163.

[394] Vgl. *Dalferth*, 279, Anm. 109: „Sonst läßt sich kaum verhindern, die Asymmetrie zwischen der generatio des Sohnes und der spiratio des Geistes in problematischer Weise zu temporalisieren, statt beides als unterschiedene, aber sich wechselseitig bedingende Konstitutionsmomente der in sich dfferenzierten [!] Einheit Gottes zu denken.“ Vgl. a.a.O., 281; *Moltmann*, Antwort, 185; *ders.*, Trinität und Reich Gottes, 194-203. Dort auch weitere Literatur zur ökumenischen Diskussion zum Thema.

rischen Kirchen andererseits hervorgebracht. Der Weg zu einer Verständigung wurde schon seit Ende der fünfziger Jahre durch die herausragenden Studien von Hans Küng, Otto Hermann Pesch und Horst Georg Pöhlmann gewiesen.[395] Auch Balthasars eigene Monographie zur Theologie Karl Barths trug zum besseren gegenseitigen Verständnis bei. In der jüngeren Vergangenheit wurden diese Verständigungsversuche einzelner Theologen durch zwei Dokumente gemeinsamer Kommissionen aus Vertretern der verschiedenen Konfessionen ergänzt, zuerst in den Vereinigten Staaten, dann auch in Deutschland.[396] Diese Bemühungen gipfelten in der Formulierung einer „Gemeinsamen Erklärung zur Rechtfertigungslehre" des *Päpstlichen Rates zur Förderung der Einheit der Christen* einerseits und dem *Lutherischen Weltbund* andererseits, welcher von letzterem im Sommer 1997 auf seiner Vollversammlung in Hongkong angenommen, danach in den Mitgliedskirchen allerdings zum Teil heftig diskutiert und auch durch den Vatikan hinterfragt wurde.[397]

Wir können uns im Rahmen dieses Kapitels nicht mit allen Aspekten der Rechtfertigungslehre beschäftigen, sondern müssen hier nur die für unseren Zusammenhang wichtige Frage nach der Mitwirkung des Menschen im Heilsgeschehen besprechen.[398] Wir werden kritisch zu reflektieren haben, inwieweit die in den verschiedenen ökumenischen Dokumenten konstatierten Übereinstimmungen im Blick auf die Rolle des Menschen im Erlösungsgeschehen für die Theologie Balthasars zutreffen.

Balthasars gesamtes Projekt der Theodramatik baut, wie wir in den vorangegangenen beiden Kapiteln gesehen haben, auf der Überzeugung auf, daß im Weltspiel neben der unendlichen Freiheit Gottes die endliche Freiheit des Menschen engagiert ist. Dem Menschen müsse echte Freiheit gegeben sein, damit Drama überhaupt sein kann. Er partizipiert für Balthasar durch seine Freiheit an dem dreieinigen Sein Gottes, insofern sich dieses durch die Freiheit der göttlichen Personen im Verhältnis zueinander auszeichnet. Es ist diese Freiheit, die dem Menschen von Gott übereignet ist, welche Balthasar als Bedingung der Möglichkeit der Sünde ausmacht. In der Sünde verkennt der Mensch das doppelte Wesen der eigenen Freiheit. Obgleich sie aus sich selbst entspringt, ist sie dem Menschen doch gegeben. Der sündige Mensch verschließt sich der für seine Freiheit notwendigen Selbstverdankung, er kann infolgedessen auch andere endliche Freiheiten nicht neben sich stehen lassen und gerät so in die Gefangenschaft der Sünde. Im Erlösungsgesche-

---

[395] Vgl. neben dem schon zitierten Werk Pöhlmanns zur Rechtfertigung: *H. Küng*, Rechtfertigung: Die Lehre Karl Barths und eine katholische Besinnung, mit einem Geleitbrief von Karl Barth, mit-hg. v. Johann Adam Möhler Institut Paderborn, Einsiedeln 1957 (Horizonte; 2); *O. H. Pesch*, Die Theologie der Rechtfertigung bei Martin Luther und Thomas von Aquin: Versuch eines systematisch-theologischen Dialogs, Mainz 1967 (Walberberger Studien der Albertus-Magnus-Akademie, Theologische Reihe, 4).

[396] Siehe neben dem oben schon zitierten, von K. Lehmann und W. Pannenberg herausgegebenen Band zur Rechtfertigungslehre *H. G. Anderson*, *T. A. Murphy* u. *J. A. Burgess* (Hg.), Justification by Faith: Lutherans and Catholics in Dialogue VII, Minneapolis 1985.

[397] Vgl. zur Diskussion die oben in der Einleitung, Anm. 6, aufgeführte Literatur.

[398] Wichtig wäre insbesondere eine Reflexion auf die Bedeutung des Verkündigungswortes für die Rechtfertigung des Menschen. Siehe dazu das oben schon zitierte Werk O. Bayers.

hen befreit der Gottessohn den Sünder aus dieser selbstverschuldeten Gefangenschaft und ermächtigt ihn zur Teilnahme am freien Liebesaustausch der göttlichen Personen aneinander, welche die Erlösten auch zur Anerkennung und dem Liebesaustausch mit anderen endlichen Freiheiten führt.

Die objektive Erlösung und Befreiung der Sünder ist Balthasar zufolge ausschließlich Gottes Tat. Von einer menschlichen Mitwirkung kann hier keine Rede sein. Balthasar befindet sich mit seiner Position ganz auf der Linie der Konzilsbeschlüsse von Trient, wie sie von katholischer Seite in den ökumenischen Gesprächen im Sinne einer gegenseitigen Verständigung klargestellt wurden.[399] Kennt Balthasar kein menschliches cooperari in der objektiven Erlösung, so gibt es für ihn ein solches jedoch in der subjektiven Erlösung. Der Mensch muß sich die objektiv durch Christus erbrachte Erlösung subjektiv aneignen. Diese Aneignung geschieht im Glauben, wobei Balthasar, wie wir sahen, Wert auf die Feststellung legt, daß die Glaubensaneignung durch den Einzelnen (das opus operantis) keine Voraussetzung für die objektive Gültigkeit der am Kreuz vollbrachten Erlösung (dem opus operatum) darstellt. Der Mensch, der im Glauben und in der Taufe die Erlösungstat Christi für sich „ratifiziert" hat, wird zur cooperatio im Heilsgeschehen ermächtigt. Diese Möglichkeit der Mitwirkung erwächst den Christen Balthasar zufolge aus ihrer Mitgliedschaft am Leibe Christi. Sie sind aufgerufen mit Christus zu leiden, um mit diesem eschatologisch aufzuerstehen. Die cooperatio der Christen dehnt sich bis auf die stellvertretende Qualität des Kreuzesopfers selbst aus. Balthasar will diese Partizipation am „pro nobis" des Kreuzes allerdings als ein Geschenk der Teilhabe verstehen, welche für ihn keineswegs die Unvollständigkeit oder Ergänzungsbedürftigkeit des Kreuzesopfers von Golgatha impliziert. Die Mitwirkung des Menschen im Heilsgeschehen ist für Balthasar zudem immer auf die Wirkung der Gnade im Menschen zurückzuführen, wie das johanneische Bild vom Weinstock und den Reben verdeutlicht, welches Balthasar bei Cajetan und Nazarius übernimmt.[400]

Die menschliche Mitwirkung im Heilsgeschehen nimmt konkret drei unterscheidbare Formen an: Sie ist marianisch, eucharistisch und persönlich. Ihre vollkommene Repräsentation findet die menschliche cooperatio im Jawort der Mutter Gottes zur Menschwerdung des Gottessohnes, welches sich unter dem Kreuz in Marias Geschehenlassen der Heilsereignisse wiederholt. Sodann ist der Mensch am Kreuzesopfer Christi durch die kirchliche Mitwirkung am eucharistischen Opfer beteiligt. Diese ist zwar immer nur eine inchoative Mitwirkung, sie wird aber durch die vollkommene Vorausrepräsentation und Mitwirkung der Kirche durch Maria immer schon untermauert. Durch die Nachfolge des einzelnen Gläubigen im eigenen Leben, die aus der eucharistischen Mitwirkung der Kirche erwächst, ist der Mensch schließlich auch persönlich am Kreuzesopfer beteiligt.

Balthasar liegt ganz auf der Linie der neueren Konzilsinterpretationen von Küng und anderen am ökumenischen Gespräch interessierten Theologen, wenn er betont, daß der Mensch sich immer nur passiv, „geschehen lassend"

---

[399] Vgl. *Küng*, Rechtfertigung, 257f; *Lehmann/Pannenberg*, 53.
[400] Vgl. TD III, 383f. Vgl. *Lehmann/Pannenberg*, 53.59.

am Heilsgeschehen beteiligt.[401] Ein solches Geschehenlassen bringt Balthasar zufolge allerdings höchste Aktivität zum Ausdruck.[402] Das Urbild des geschehen lassenden Glaubens bietet wiederum Maria mit ihrem dreifachen Ja zu Menschwerdung, Kreuz und Hölle.[403] Ihr müssen sich die Kirche in der Eucharistiefeier und die Einzelnen in der Nachfolge anschließen, indem sie die von Christus durch den Heiligen Geist überfließende Gnade in sich wirksam werden lassen. Ist aber die Mitwirkung der Kirche und der Einzelnen durch ein passives An-sich-geschehen-Lassen ausgezeichnet, dann ist das eucharistische Mitwirken der Kirche im Heilsgeschehen nach Balthasar, und Gleiches könnte für ihn auch für die persönliche Nachfolge der Einzelnen gesagt werden, „nichts als ein Echo auf das vorausgehende Gnadenwirken des Herrn, des dreieinigen Gottes durch den Sohn, es ist, paulinisch gesprochen, Glaube, dem ein Wirkendürfen geschenkt wird, und nicht ‚Werk'."[404]

Wenngleich sich im Werk Balthasars reichlich Anhaltspunkte für ein Festhalten an der menschlichen Mitwirkung im Heilsgeschehen finden, sollten angesichts der Ergebnisse unserer Analyse der Balthasarschen Rechtfertigungslehre drei Sachverhalte unzweifelhaft sein: 1. Die objektive Erlösung ist noch im Voraus zur menschlichen Mitwirkung allein durch das Erlösungsleiden Christi geschehen. Wir finden hier bei Balthasar das reformatorische solus Christus bestätigt. 2. Der Mensch eignet sich das Heil allein durch den Glauben an, welcher zwar in die Werke der Liebe bzw. in die Nachfolge mündet, dies aber immer nur in inchoativer Weise, weswegen die Werke der Liebe (das opus operantis) nicht zu einer Bedingung der Gültigkeit der Rechtfertigung (des opus operatum) werden. Wir finden in dieser Feststellung das reformatorische sola fide wieder. 3. Das auf die subjektive Aneignung der Erlösung im Glauben folgende menschliche cooperari der Erlösten ist nicht eigene Tat des Menschen, sondern göttliches Geschenk der Teilhabe am Erlösungsgeschehen. Es wird allein durch die Gnade Gottes gewirkt und äußert sich von Seiten des Menschen entsprechend im passiven (und als solchem doch auch aktiven) „An-sich-Geschehenlassen" der Gnade. Wir erkennen in dieser Annahme das reformatorische sola gratia wieder.

Damit dürfte klar sein, daß der Vorwurf eines pelagianischen oder semipelagianischen Heilssynergismus an die Adresse Balthasars daneben geht. Der

---

401 Vgl. TD III, 383, wo Balthasar diesen Sachverhalt am Bild des Weinstocks verdeutlicht: „Will man von einem den Reben eigentümlichen Wirken sprechen, so liegt ihre Aktivität primär in einem bejahenden Geschehenlassen dessen, was sie sowohl gestaltet wie darüber hinaus zu ihrem Eigenwirken befähigt hat." Vgl. *Lehmann/Pannenberg*, 53.

402 Vgl. *Küng*, Rechtfertigung, 257: „Aber gerade in seiner passiven Empfänglichkeit ist der Mensch durch Gottes Gnade höchst aktiv: Gottes Richterspruch, wirkkräftig in Jesus Christus, macht ihn lebendig zum cooperari, zum assentire (D 797; 814-816). Es ist Mitwirken nicht im Sinne eines Mitwerkens, sondern eines Mitmachens. ‚Werke' sind vom Gerechtfertigten erfordert, vom Zu-Rechtfertigenden ist das Mitwirken im Glauben erfordert: aber eben im vollen lebendigen Glauben …: als assentire: in seiner Passivität höchst aktives Ja-und-Amen-Sagen des von Gottes gnädigem Richterspruch aufgeweckten reuigen Sünders; als cooperari: Mitmachen des von Gott allein ins Werk Gesetzten."

403 Vgl. TD III, 378.

404 Ebd. Vgl. *Lehmann/Pannenberg*, 59.

katholische Theologe führt die objektive Erlösung des Menschen ohne Wenn und Aber auf die Alleinwirksamkeit Gottes zurück. Er betont hinsichtlich der subjektiven Heilsaneignung den von Gott gewirkten Glauben und leitet die Mitwirkung des Menschen im Heilsgeschehen nicht weniger als die reformatorische Theologie aus der Wirksamkeit der Gnade ab. Wir sehen damit für die Theologie Balthasars die Ergebnisse der verschiedenen ökumenischen Studien bestätigt und können etwaige Bedenken hinsichtlich der vermeindlichen Gefahr einer Selbstrechtfertigung des Menschen zumindest für diese katholische Theologie als unbegründet zurückweisen.[405]

Sind mit dieser Entwarnung jedoch alle Mißverständnisse ausgeräumt? Wir werden im Folgenden aus evangelischer Perspektive einige Anfragen an Balthasar formulieren, die unsere Bedenken zum Ausdruck bringen, welche trotz aller bisher konstatierten Übereinstimmung noch verbleiben. Diese Anfragen sind als echte Fragen an die Theologie Balthasars gemeint, möchten eine Antwort also keineswegs schon implizit vorwegnehmen.

Unsere erste Frage zielt auf die *mariologische* Mitwirkung des Menschen im Heilsgeschehen ab. Balthasar begründet die Notwendigkeit dieser Mitwirkung durch die verschiedenen Bundesstiftungen Gottes im Alten Testament. Gott habe im Alten Bund gezeigt, daß er den Menschen als freien Partner im Theodrama wünsche.[406] Der Alte Bund könne deswegen im Neuen Testament nicht ohne Fortsetzung bleiben und habe in Maria diese Fortsetzung und Erfüllung in der Tat auch gefunden. Im Jawort Marias zum Engel trifft die göttliche Einladung auf die vorbehaltlose, vollkommene und sündlose Antwort von Seiten des Menschen, „weshalb aus ihm mit Recht das Freisein Marias von jedem Schatten der Menschheitsschuld erschlossen wird."[407] Diese Antwort ist allerdings selbst noch einmal von der Kreuzesgnade getragen, wenngleich sie im zeitlichen Voraus zur Kreuzigung geschieht.[408] Sie ist eine Form der menschlichen Mitwirkung im Erlösungsdrama, welche nur als „Paradox" zu fassen ist, will man „den Mißverständnissen, die in Worten wie ‚Miterlösung' lauern", entgehen.[409] Mit diesem Verweis auf das Paradox drückt Balthasar aus, daß Maria gerade dadurch am Erlösungsgeschehen partizipiert, daß ihr die passive Rolle derjenigen zugewiesen wird, die aktiv nichts beitragen kann, sondern sich vielmehr vom göttlichen Willen auf den Platz der Sünder versetzen lassen muß, um dort zu bezeugen: „Alles ist unverwendbar für Gott, dessen Wort und Sohn restlos vereinsamt dieser Fruchtlosigkeit gegenübersteht ..."[410] Über-

[405] Vgl. zu den lutherischen Bedenken gegenüber der katholischen Lehre *Anderson* u.a., 53 (§ 106): „Although Catholics maintain that cooperation is itself a gift of grace and that the love which makes faith live is totally God's gift, Lutherans find that thinking in terms of such a process is liable to Pelagian distortions. The Catholic doctrine that faith alone is insufficient, some Lutherans maintain, tempts Christians to rely on their own activity rather than on the saving work of Christ."

[406] Vgl. TD III, 328.

[407] Ebd.

[408] Vgl. a.a.O., 333.

[409] A.a.O., 335.

[410] Ebd. Vgl. ebd.: „Zum Paradox gehört zunächst, daß die Jungfräulichkeit Marias ... hinter der Sterilität und Fruchtlosigkeit aller Sünde steht, ja im Weggeschicktwerden durch den Sohn

nimmt Maria die Rolle der Sünder, so spiegelt sie die Rolle Jesu im Heilsdrama wider, der vom Vater im Heiligen Geist die Sünde der Welt aufgeladen zu bekommen scheint. In dieser Passivität wird Maria dazu befähigt, stellvertretend für die Menschheit Gott zu antworten.

Gegenüber dieser mariologischen Konzeption Balthasars erheben sich für uns eine ganze Reihe von Bedenken. Diese sind zuerst exegetischer Natur. Im Blick auf Balthasars Lesart des alttestamentlichen Zeugnisses muß bezweifelt werden, daß die Bundesvorstellung für eine exegetische Begründung der von Balthasar betonten und in der Mariologie vorausgesetzten Freiheit des Menschen herhalten kann. Die exegetische Forschung hat deutlich gemacht, daß die alttestamentliche „Bundesvorstellung" keineswegs von zwei sich gegenüberstehenden gleichberechtigten Partnern ausgeht.[411] Im b^e^rît sagt Gott dem Menschen seine Gnade zu und/oder verpflichtet ihn mit seinem Gesetz. E. Kutsch schlägt deshalb vor, den alttestamentlichen Terminus b^e^rît besser mit „Verpflichtung" als mit „Bund" zu übersetzen.[412] Der Verpflichtungscharakter ist immer einseitiger Natur. Gott verpflichtet sich entweder selbst oder verpflichtet den menschlichen Empfänger seiner b^e^rît. Von einer gleichberechtigten Freiheit auf Seiten des Menschen kann keine Rede sein. Die alttestamentliche Bundesvorstellung hat somit ein eindeutiges Gefälle von oben nach unten und eignet sich weder dazu, die Zuordnung von göttlicher und menschlicher Freiheit, noch die Notwendigkeit einer vollkommenen Mitwirkung der menschlichen Freiheit im Theodrama zu begründen.

Nun ist Balthasars Vorstellung von der vollkommenen Mitwirkung des Menschen im Erlösungsgeschehen aus exegetischer Warte auch in Hinsicht auf das Neue Testament fragwürdig. Die alttestamentliche Bundesvorstellung findet im Neuen Testament ihre Fortführung keineswegs in der Person Marias. Schon in den späten prophetischen Texten des Alten Testaments selbst, besonders bei Jeremia und Ezechiel, wird ja ein „Neuer Bund" verheißen, da das Volk Israel die ihm von Jahwe auferlegten Weisungen nicht befolgt hatte. Schon für das Alte Testament wird also „Gott selbst in einer heilvollen Zukunft zum Sollen das Vollenden geben".[413] Es überrascht dann nicht, daß sich auch im Neuen Testament nirgendwo Anhaltspunkte für eine Interpreta-

---

ausdrücklich an diesen letzten Platz gestellt wird: hinter den jetzt offenbar gewordenen Bundesbruch des Alten Bundes und die Gottlosigkeit alles Heidentums."

411 Vgl. *E. Kutsch*, Gesetz und Gnade. Probleme des alttestamentlichen Bundesbegriffs, in: ZAW 79 (1967): 18-35; *ders.*, Art. b^e^rît, in: THAT, Bd. 1, hg. v. *E. Jenni* unter Mitarb. v. *C. Westermann*, 4., durchges. Aufl., München – Zürich 1984, 339-352; *ders.*, Neues Testament, Neuer Bund? Eine Fehlübersetzung wird korrigiert, Neukirchen-Vluyn 1980; *ders.*, Verheißung und Gesetz. Untersuchung zum sogenannten „Bund", Berlin – New York 1973 (BZAW 131).

412 Vgl. *Kutsch*, Gesetz und Gnade, 27-34, der im Blick auf die b^e^rît Gottes mit menschlichen Partnern zwischen zwei Verständnissen unterscheidet: zum einen „als göttliche Zusage, als Verheißung, Selbstverpflichtung … b^e^rît ist hier Ausdruck seiner Gnade" (a.a.O., 29); zum zweiten meint b^e^rît eine „fordernde Verpflichtung, ja sogar den Inhalt dieser Verpflichtung, die Tora. Gottes *b^e^rît* erscheint hier nicht als seine gnädige Zusage, sondern als sein *Gesetz*" (a.a.O., 31).

413 A.a.O.., 33. Kutsch verweist in diesem Zusammenhang auf Jer 24,7; 32,38-40; 31,31-34 und Ez 36,26-28.

tion Marias als Repräsentantin der Menschheit, Vorausdarstellung der Kirche oder Fortsetzung und Erfüllung des Bundes Gottes mit Abraham, David oder dem Volk Israel ergeben. Schon gar nicht kann davon die Rede sein, daß Marias Jawort in der Schrift als Mitvoraussetzung der Menschwerdung und damit auch des Erlösungsgeschehens verstanden wird. Maria spielt im Neuen Testament überhaupt keine soteriologisch relevante Rolle. Allein schon von diesem exegetischen Befund her erweist sich Balthasars barock anmutende Ausgestaltung der heilsgeschichtlichen Rolle Marias als zweifelhaft.

Die Problematik der Mariologie Balthasars reicht allerdings über diesen exegetischen Einwand hinaus. Auch aus systematisch-theologischer Perspektive erheben sich Probleme. Wie kann, so fragen wir zuerst, das marianische Jawort als *Mitvoraussetzung* der Menschwerdung und damit des Erlösungsgeschehens gelten? Wie kann Balthasar angesichts seiner Rede von der Mitvoraussetzung daran festhalten, daß die objektive Erlösung allein Gott zuzuschreiben ist? Muß sie nicht ebenso dem Menschen Maria zugeschrieben werden, wenn ohne deren Ja die Erlösung nicht möglich ist? Der Eindruck, die objektive Erlösung ist nicht nur auf Gott, sondern auch auf Maria zurückzuführen, verstärkt sich noch durch Balthasars Aussagen über die Solidarität Marias mit den Sündern, ihre Erniedrigung und Verlassenheit unter dem Kreuz, ihr Stehen und Leiden am Abgrund der Hölle oder schließlich ihr Durchleiden der ihr eigenen Höllenqualen. Alle diese mariologischen Aussagen sind offensichtlich der Christologie parallelisiert. Maria wird hier an die heilschaffende Mittlerfunktion Christi so nahe herangerückt, daß undeutlich wird, daß die objektive Erlösung allein durch Gott erwirkt wird.

Wir sahen zuvor, daß Balthasar Wert auf die Feststellung legt, daß die objektive Erlösung noch ohne Mitwirkung des mystischen Leibes Christi, der Kirche, geschehen ist. Daraus muß wohl geschlossen werden, daß auch die Vorausdarstellung der Kirche in Maria noch nicht am objektiven Erlösungsgeschehen beteiligt ist. Ist nun aber die objektive Erlösung der sündigen Menschheit nicht ohne das Ja Marias denkbar, welches das menschliche Einverständnis repräsentiert, wie kann dann die Erlösung noch allein Werk Gottes sein? Balthasar kann an dieser Stelle zwar darauf hinweisen, daß das Jawort Marias sich der im Voraus an die Gottesmutter verliehenen Kreuzesgnade verdankt. Hier kommt es in Balthasars Theodrama aber zu einem argumentativen Zirkelschluß. Einerseits gibt es ohne Marias Jawort keine Menschwerdung und damit auch keine Kreuzigung, andererseits gibt es ohne das Kreuz kein Jawort Marias. Hier scheint uns aber eine sich ausschließende Alternative vorzuliegen. Wenn Marias Jawort und Christi Kreuzesopfer gleichwertige Heilsprinzipien sind, dann kann nicht mehr von der Alleinwirksamkeit Gottes in der objektiven Erlösung der Menschheit gesprochen werden. Ist Marias Jawort, das durch die Kreuzesgnade getragen wird, eine Folge der Erlösungstat Gottes am Kreuz, dann sollte nicht mehr von einer Mitvoraussetzung der Menschwerdung gesprochen werden.

Letztlich ist Balthasar, wie uns scheint, zu seiner problematischen Annahme von der Mitverantwortung Marias für die Erlösung der Menschheit gezwungen, da er die logische Schlußfolgerung aus der Kombination zweier von ihm an die Schrift herangetragenen, der Schrift selbst aber fremden Theologumena zieht. Er interpretiert erstens die alttestamentliche b^{e}rît unter dem Gesichtspunkt des Aufeinandertreffens der unendlichen und endlichen Freiheit und folgert daraus die Notwendigkeit einer menschlichen Mitarbeit im Erlösungsprozeß. Er konzipiert zweitens eine Inkarnationschristologie von oben, die schon in Hinsicht auf die Frage nach der hypostatischen Union zu Schwierigkeiten führte. Diese beiden Annahmen zwingen Balthasar im Bedenken der Menschwerdung des Gottessohnes, Maria als Vertreterin der Menschheit eine Mitwirkung einzuräumen. Insofern sich beide Voraussetzungen selbst als problematisch erwiesen haben, kann auch diese Schlußfolgerung nicht überzeugen.

In Folge dieser Beobachtung scheint uns auch die Rede von Maria als Repräsentantin von Kirche und Menschheit problematisch, sowohl in exegetischer als auch in systematisch-theologischer Hinsicht. Sie steht in Konkurrenz zu der christologischen Vorstellung von Jesus als dem Repräsentanten nicht nur Gottes vor den Menschen, sondern auch der Menschen vor Gott. Repräsentiert Jesus für Balthasar etwa nur Gott vor den Menschen, ergänzt durch Maria als der entsprechenden Repräsentantin der Menschheit vor Gott? Balthasar verneint zwar ausdrücklich „jene Theorie, die in der neuen Bundesschließung am Kreuz Jesus (dessen Person göttlich ist) den vorwiegend ‚göttlichen Faktor‘, Maria als die Stellvertreterin der zustimmenden Menschheit erblickt.“[414] Gleichwohl betont er, „daß das Jawort Marias als vollkommene Repräsentation des Glaubens des Alten Bundes … nicht einfach im menschlichen Jawort Jesu verschwinden kann.“[415] Wieder, so scheint es, führt die Interpretation des biblischen Zeugnisses unter dem der Schrift fremden Gesichtspunkt der Freiheitsproblematik Balthasar auf dogmatische Abwege. Maria kann für Balthasar „nicht der unpersönliche ‚Ort‘ sein, an dem der Bund der Naturen sich vollzieht, sie ist, weil Gott sein Geschöpf und insbesondere die Vertreterin seines Bundes nicht vergewaltigt, sondern als Person würdigt, vorweg der Inbegriff jener Menschennatur, die Gottes Wort und Sohn annehmen wird, und insofern mitverantwortlich.“[416] Maria muß aus diesem Grunde ihr Jawort im Namen und als Vertreterin der gesamten Menschheit sprechen. Haben wir es also mit einer doppelten Repräsentation der Menschheit zu tun, vorweg durch Maria und später durch Jesus selbst, wobei Maria wiederum „als Magd des durch sie, aber weit über sie hinaus verfügenden Herrn“[417] fungiert, also letztlich nur eine antizipative Er-

---

414 TD III, 329. Balthasar verweist hier zustimmend auf den von Karl Rahner gegen Heinrich M. Köster vorgebrachten Einwand, „daß in der vorausgesetzten Christologie die Menschheit Christi unterschätzt wird, die durchaus befähigt ist, im Namen der Menschheit und von ihrer Seite her den Bund zu bestätigen“ (ebd.).

415 Ebd. Balthasar erinnert daran, daß schon bei den Kirchenvätern und später wieder bei Thomas von Aquin „die aktive Beteiligung der Jungfrau an dieser Einigung [sc. zwischen göttlicher und menschlicher Natur im Schoß Marias] mitbedacht und mitausgedrückt worden ist“ (ebd.). Vgl. *Thomas von Aquin*, S.Th. III, 30, 1 c und 3 d 3, q 2 sol 2, zit. n. TD III, 329.

416 TD III, 329f.

417 A.a.O, 331.

weiterung der Stellvertretungsfunktion Christi darstellt? Balthasars Schlußfolgerungen aus seiner Interpretation des alttestamentlichen Bundes mögen zwar einer inneren Logik folgen, sind aber deswegen keineswegs einsichtiger.

Anstatt im Blick auf die subjektive Annahme der Erlösung durch den Menschen die theodramatische Rolle Marias in unbiblischer Weise auszugestalten, wie dies bei Balthasar geschieht, muß eine evangelische Theologie ein zweifaches Wirken des Heiligen Geistes betonen. Der Heilige Geist wirkt die subjektive Annahme der Erlösung durch die Einzelnen zum einen durch die kirchliche Verkündigung der Frohbotschaft (vgl. 2 Kor 5,17-20)[418] und zum anderen, indem er in den Hörern des Wortes den rechtfertigenden Glauben schafft. Es ist die geistgewirkte Verkündigung des Evangeliums und der geistgewirkte Rechtfertigungsglaube, welche das Neue Testament als Fortführung des Erlösungsdramas in der Welt benennt. Beide Male betont die Schrift mit Blick auf die subjektive Annahme der Erlösung durch den Menschen also gerade nicht das Tun des Menschen selbst, sondern nochmals das göttliche Wirken. Wenn das Neue Testament davon handelt, daß die objektive, von Christus erbrachte Erlösung vom Menschen subjektiv und effektiv angeignet werden muß, so spricht sie im Gegensatz zu Balthasar also nicht von Maria, sondern vielmehr vom Heiligen Geist. Dieser wirkt und trägt für Paulus die Verkündigung des Evangeliums. Er wird dem Johannesevangelium zufolge als Fürsprecher vom Sohn nach dessen Weggang zu den Jüngern gesandt (vgl. Joh 14,17). Er vertritt die Jünger nach dem Matthäusevangelium in Verfolgungen vor menschlichen Gerichten (Mt 10,19f). Und er ist es auch, der nach dem Apostel Paulus für die Kirche und in der Tat die ganze Schöpfung vor Gott eintritt. „Denn ihr habt nicht einen Geist der Knechtschaft empfangen, wieder zur Furcht, sondern einen Geist der Sohnschaft habt ihr empfangen, in dem wir rufen: Abba, Vater! Der Geist selbst bezeugt mit unserem Geist, daß wir Kinder Gottes sind." (Röm 8,15f; vgl. 8,26). Nicht in Maria oder der Kirche, sondern im Heiligen Geist wird die Menschheit demzufolge befähigt, auf Gottes Heilsangebot zu antworten.[419] Nicht Maria, sondern der Heilige Geist vertritt die Menschheit vor Gott. Insofern der Heilige Geist aber selbst göttliche Person ist, entfällt jegliche Notwendigkeit, eine menschliche Mitwirkung am Erlösungsvorgang festzuhalten.

Damit kommen wir zur *eucharistischen* und *persönlichen* Dimension der menschlichen Teilhabe am Kreuzesopfer. Wir haben oben gesehen, daß Balthasar darlegt, daß es sich bei der Eucharistiefeier keineswegs um ein gegenüber dem Kreuzesgeschehen neues und ergänzendes „Opfer" handelt. Sein Festhalten am Opfercharakter der Eucharistiefeier stellt weder die Vollgültigkeit des Kreuzes in Frage, noch redet es einer Verlängerung des Kreu-

---

418 Vgl. dazu den oben schon zitierten Beitrag O. Hofius' zu 2 Kor 5,19.

419 Vgl. *Hübner*, Biblische Theologie, Bd. 2, 304: „Wer den Geist Gottes hat, erkennt also Gott in seinem *Tun*. Der Geist befähigt somit zur Gotteserkenntnis. Wer aber Gott wahrhaft erkannt hat, der tut aus sich heraus, aus seiner gottgegebenen, geistgegebenen Freiheit heraus, was auch Gott will ... Die *confirmitas voluntatis* (Luther) ist also keinesfalls eine *extinctio voluntatis hominis*." Vgl. a.a.O.., 300-304.

zesereignisses in der Geschichte das Wort. Vielmehr geht es Balthasar um eine mit der Realpräsenz Christi in der Eucharistie gleichzeitige Aktualpräsenz auch des Kreuzesgeschehens. Balthasar befindet sich mit diesem Verständnis der Eucharistiefeier ganz auf der Linie der von katholischer Seite im ökumenischen Dialog dargelegten Position zum Thema Abendmahl. An dieser Stelle muß von evangelischer Seite, wie uns scheint, kein Einspruch erhoben werden.

Schwieriger gestaltet sich der Dialog nun allerdings, wenn Balthasar nicht nur behauptet, daß es sich bei der eucharistischen Feier um ein Opfer handelt, welches das Kreuzesgeschehen vergegenwärtigt, sondern um ein Opfer, an dem die Kirche selbst teilhat. Gleiches gilt für die Rede von der Teilhabe des einzelnen Christen am „pro nobis" des Kreuzes.[420] Wir sahen oben zwar, daß diese kirchliche und persönliche Teilhabe für Balthasar immer göttliches Geschenk an die Erlösten bleibt, durch die Gnade getragen wird, und daß sie eine Folge der durch Christus allein vollbrachten objektiven Erlösung der Menschheit am Kreuz darstellt. Die Teilhabe am Kreuzesopfer bedeutet bei Balthasar insofern durchaus keinen Heilssynergismus, wie befürchtet werden könnte. Dennoch fragt sich, ob von einer Teilhabe der Kirche und der Gläubigen an der stellvertretenden Erlösungstat Christi am Kreuz und in der Hölle gesprochen werden sollte.

Wiederum muß zuerst betont werden, daß das biblische Zeugnis auch das Theologumenon von der Teilhabe der Kirche am Opfer Christi kaum hinreichend stützt. Balthasar gesteht sich diese Problematik durchaus ein, wenn er anmerkt, daß das Neue Testament „[n]ur verhalten"[421] von der Mitwirkung des Menschen im „pro nobis" des Kreuzes spricht. Die von Balthasar dennoch zur Unterstützung seiner These angeführten Stellen geben aber nicht her, was Balthasar aus ihnen herauslesen möchte. Jesu Ankündigung an die Zebedäussöhne in Mk 10,39f, daß diese den Kelch trinken werden, den er zu trinken hat und die Taufe bestehen werden, die er zu bestehen hat, ist zwar die Prophezeiung ihres gewaltsamen (Märtyrer-)Todes, kann aber kaum dafür herhalten, daß Jesus die „pro nobis"-Qualität seines bevorstehenden Todes auf die Jünger ausgeweitet wissen wollte.[422] Desgleichen ist die paulinische Rede vom Mitgekreuzigtsein mit Christus (Gal 2,19) mitnichten ein Anhaltspunkt dafür, daß der Apostel seinem Leiden eine (mit-)erlösende Qualität zuschreiben wollte. Balthasar gesteht dies zumindest für 1 Kor 1,13 und 1 Kor 2,2 ein. Aber auch für Gal 2,19 trifft die Balthasarsche Interpretation nicht zu. Hier geht es Paulus darum, daß die Glaubenden – durch Gottes befreiende Tat in Christus – mit Jesus *dem Gesetz* gestorben sind und fortan außerhalb dessen Herrschaftsbereich leben, nicht darum, daß das Mit-Sterben der Christen miterlösende Qualität besitzt.[423] Ähnliches gilt für die

[420] Vgl. TD III, 361.
[421] Ebd.
[422] Vgl. *J. Gnilka*, Das Evangelium nach Markus, 2. Teilbd. (Mk 8,27 – 16,20), Köln u. Neukirchen-Vluyn 1979 (EKK II/2), 101-103.
[423] Vgl. *H. D. Betz*, Der Galaterbrief: Ein Kommentar zum Brief des Apostels Paulus an die Gemeinden in Galatien, übers. u. für die dt. Ausg. redaktionell bearb. v. Sibylle Ann, München

Leidensvoraussagungen an die Jünger Joh 16,1-4 und Mt 10,24f[424] und nochmals wohl auch von der katholischen Kardinalstelle für das Theologumenon von der menschlichen Partizipation im Erlösungsleiden, Kol 1,24.[425]

Es ist eine Sache, daß der Mensch von Gott im Erlösungsgeschehen als Person angesprochen wird, als solche Person im Glauben antwortet, infolgedessen auch mit Christus leidet und in der Errichtung des Reiches Gottes mit Gott kooperiert. Es ist eine andere Sache, daß diese Antwort im Glauben selbst noch einmal Teil des Erlösungswerkes wird und damit *Erlösungsqualität* gewinnt. Balthasar will in der Gemeinschaft der Leiden Christi mit der nachfolgenden Kirche alle Aspekte des Erlösungsleidens eingeschlossen sehen.[426] Sollte hier aber im Anschluß an die biblische Redeweise nicht vielmehr eine klare Trennung zwischen dem solidarischen Leiden und dem stellvertretenden Leiden Christi gezogen werden?[427] Es könnte dann wohl gesagt werden, daß Kirche und Einzelne mit Christi solidarischem Leiden nochmal selbst solidarisch sind, dies bezöge sich aber nicht auf den stellvertretenden Charakter dieses Leidens. Ist eine solche Unterscheidung nicht schon allein deshalb notwendig, um jeglichen Zweifel daran auszuschließen, daß die Erlösung, die objektive wie die subjektive, allein auf die Tat Christi und nicht etwa auf die Tat auch des mystischen Leibes Christi zurückzuführen ist? Reicht es aus, wenn Balthasar zwar eine logische Priorität der Erlösungstat Christi vor der Partizipation der Erlösten an dieser behauptet, dann aber doch das Opfer der Kirche und der Einzelnen, wie zuvor schon das Opfer Marias, sekundär in die Erlösungstat einfließen läßt?

Mit der von uns vorgeschlagenen Unterscheidung zwischen der Solidaritäts- und der Stellvertretungsqualität der Leiden Christi soll weder deren Offenheit für die Leiden der nachfolgenden Kirche und der unschuldig leidenden Menschheit noch die Notwendigkeit einer Nachfolge der Christen im Leiden ausgeschlossen werden. Christi Leiden können auch im Rahmen einer reformatorischen Theologie als solidarisch mit und offen für diese weiteren menschlichen Leiden in der Weltgeschichte gelten.[428] Umgekehrt kann auch von reformatorischer Seite im Anschluß an den Apostel Paulus von ei-

---

1988, 226-235. Siehe für die paulinische Leidenstheologie auch *Stuhlmacher*, Achtzehn Thesen, 199-201; ferner *M. Wolter,* Der Apostel und seine Gemeinden als Teilhaber am Leidensgeschick Jesu Christi: Beobachtungen zur paulinischen Theologie, in: NTS 36 (1990): 535-557.

[424] Vgl. *S. Schulz*, Das Evangelium nach Johannes, 4. Aufl. dieser Fassung, Göttingen [15]1983 (NTD; 4), 202. Zu Mt 10,24f vgl. *U. Luz*, Das Evangelium nach Matthäus, 2. Teilband (Mt 8-17), Zürich – Braunschweig u. Neukirchen-Vluyn 1990 (EKK I/2), 118-121.

[425] Vgl. *E. Schweizer*, Der Brief an die Kolosser, Zürich – Einsiedeln – Köln u. Neukirchen-Vluyn 1976 (EKK), 81-86.

[426] Vgl. TD III, 362: „'Durch Gnade' wird eine Leidens-und Auferstehungsgemeinschaft hergestellt, die nur Sinn hat, wenn auch das *pro nobis* sich auf die Teilnehmenden ausdehnt."

[427] Vgl. etwa für die Theologie des Paulus *Stuhlmacher*, Achtzehn Thesen, 198: „So eng Paulus sich auch (zB in 2Kor 4,10ff; 13,4) an den leidenden Christus heranrückt, so wenig spricht er in seinen genuinen Briefen von einer Sühnkraft seines apostolischen Leidens (vgl. 1Kor 1,13)."

[428] Vgl. etwa *Moltmann*, Gerechtigkeit für Opfer und Täter, 79.

ner Partizipation der menschlichen Leiden an Christi Leiden gesprochen werden. Sollte man aus dieser Solidarität Christi mit den menschlichen Leiden einerseits und der Partizipation der Menschen an den Leiden Christi andererseits aber eine menschliche Partizipation an der *Stellvertretung* Christi ableiten? Ist hier wirklich sichergestellt, daß es menschlicherseits nicht mehr zu dem von Paulus so leidenschaftlich bekämpften „Rühmen" des Menschen kommt (Röm 3,27f; vgl. Röm 4,2; 1 Kor 1,29; Gal 6,14; Phil 3,3)?[429] Bleiben hier Zweifel bestehen, dann empfiehlt es sich doch, so meinen wir, auf die Rede von der kirchlichen und persönlichen Teilhabe am Kreuzesopfer zu verzichten.

[429] Vgl. *Hübner*, Biblische Theologie, Bd. 2, 118.

Ergebnisse und Ausblick

Wir befaßten uns mit der Theologie des Kreuzes bei Hans Urs von Balthasar und untersuchten die Relevanz der Kreuzesoffenbarung Gottes für die menschliche Gotteserkenntnis. Wir fragten nach der Bedeutung des Kreuzesgeschehens für Gott selbst und analysierten die Auswirkungen des Kreuzesereignisses für Erlösung und Rechtfertigung des Menschen.[1] Wo stehen wir am Ende unserer Überlegungen? Können wir für das konfessionelle Gespräch mit Hans Urs von Balthasar Einigkeit in Sachen Kreuzestheologie anmerken?

Wir halten als erstes Ergebnis unserer Untersuchung fest, daß Balthasar ernsthaft bemüht ist, reformatorische Einsichten für die katholische Theologie fruchtbar werden zu lassen. Balthasars Verständnis des Christus- und vor allem des Kreuzesgeschehens als „konkrete analogia entis" für das Sein Gottes stellte sich als Versuch einer katholischen Antwort auf die staurologisch begründete Kritik Luthers an einem rein schöpfungstheologisch fundierten Konzept der Seinsanalogie dar. Im Anschluß an die christozentrisch strukturierte Theologie Karl Barths gesteht Balthasar der reformatorischen Position zu, daß alle menschliche Gotteserkenntnis ihren Ausgangspunkt letztlich in der christologisch fundierten Gnadenordnung nehmen muß, die ihre Begründung und Erfüllung wiederum in der Kreuzesoffenbarung findet. Es gibt daher faktisch kein rein natürliches Wissen um Gott und schon gar kein heilsrelevantes Wissen um Gott allein aus der Naturordnung. Der Mensch ist in der faktischen Heilsordnung auf seine Vollendung durch die unableitbare und unerzwingbare Gnade angelegt. Da Natur- und Gnadenordnung sich jedoch – ähnlich Schöpfung und Bund bei Karl Barth – gegenseitig voraussetzen, ist Balthasar in der Lage, an der Möglichkeit analoger Rückschlüsse von der Welt auf Gott festhalten zu können, ohne an der staurologischen Zentrierung aller theologischen Aussagen Abstriche machen zu müssen.

Damit kommen wir zu einem zweiten Punkt beachtlicher Konvergenz zwischen Balthasar und einer reformatorischen Kreuzestheologie. Balthasars Konzeption einer doppelten Einheit von Enthüllung und Verhüllung Gottes am Kreuz bestätigt Luthers Rede von der Offenbarung Gottes am Kreuz sub contraria specie. Auch für Balthasar hat sich Gott am Kreuz im Gegenteil seiner selbst verborgen, hat sich aber hier tatsächlich auch als Verborgener offenbart. Das Kreuz stellt für Balthasar wie für Paulus und Luther vor ihm das Ende aller weltlichen Wahrnehmungsmöglichkeiten und aller weltlichen Ästhetik dar. Es ist für ihn aber zugleich der Anfang der durch die Gnade gewirkten Wahrnehmung und Ästhetik des Glaubens. In der Formlosigkeit des geschundenen Angesichts Jesu am Kreuz, wo von Schönheit im Sinne der Welt keine Rede mehr sein kann, strahlt für die Glaubenden die erbarmende

[1] Andere Fragen blieben offen. So müßte sich etwa eine Reflexion über die Auswirkung des Kreuzes von Golgatha innerhalb der Welt- und Kirchengeschichte anschließen.

Liebe und darin die transzendente Herrlichkeit des dreieinigen Gottes auf. Gott ist für Balthasar deswegen am Kreuz nicht nur latens, sondern auch apparens sub contrario.

Die Enthüllung der göttlichen Herrlichkeit in der Verhüllungsgestalt des Kreuzes verweist auf die Liebe des dreieinigen Gottes als dem eigentlichen Inhalt dieser Herrlichkeit. Zugespitzt können wir sagen: Herrlich ist nur Liebe. Diese Liebe verweist auf die Trinitätslehre als den Urgrund aller Kreuzestheologie. Hier geht Balthasar in bedeutsamer Weise über die Kreuzestheologie Luthers hinaus, ohne jedoch in einen notwendigen Widerspruch zu Luther zu geraten.[2] Balthasars Lehre von der immanenten Trinität ist nicht zuletzt als ein Versuch zu verstehen, die Problematik in Luthers dialektischer Konzeption einer doppelten Verborgenheit Gottes zu überwinden. Hinter dem am Kreuz sich offenbarenden Gott liegt für den katholischen Theologen kein unergründlicher deus absconditus mehr verborgen. Vielmehr erweist die Gottesoffenbarung am Kreuz Gott von aller Ewigkeit her als die dreieinige Liebe, als die sich Vater, Sohn und Heiliger Geist der Welt offenbart haben.

Hat sich der dreieinige Gott am Kreuz der Welt tatsächlich als Liebe erwiesen, so hat diese Aussage soteriologische Relevanz für den Menschen. In der Ordnung der Erkenntnis geht die soteriologische Einsicht in das Kreuzesgeschehen der trinitätstheologischen Reflexion sogar voraus. Auf dem Gebiet der Erlösungslehre haben wir noch einmal weitreichende Übereinstimmung zwischen der Theologie Balthasars und der reformatorischen Position gefunden. Balthasars „Theologie der drei Tage“ darf als katholische Fortführung der patristischen und vor allem Lutherschen Form der These vom „wunderbaren Tausch“ am Kreuz verstanden werden, wobei Balthasar mit Luther gegen die Kirchenväter und die mittelalterliche Scholastik die *reale* Übernahme der Gottverlassenheit und Höllenerfahrung der Sünder durch den menschgewordenen Gottessohn betont. Balthasar geht jedoch in zweifacher Weise über Luthers Rede von der Höllenerfahrung des „angefochtenen Christus“ (E. Vogelsang) am Kreuz hinaus: zum einen durch eine Unterscheidung von aktivem Kreuzesleiden am Karfreitag und passiver Höllenfahrt des toten Christus am Karsamstag, zum anderen durch eine trinitarische Untermauerung des Erlösungsleidens Christi am Kreuz und in der Hölle. Die stellvertretende Gottverlassenheit Christi am Kreuz und in der Hölle ist größer als sie für den Sünder je sein könnte, denn sie erweist sich als Auswuchs der dreieinigen Liebe des Vaters und des Sohnes im Heiligen Geist.

Beachtliche Übereinstimmung fanden wir schließlich auch auf dem Gebiet der Rechtfertigungslehre. Unzweifelhaft war uns hier in Bezug auf die Theologie Balthasars ein Dreifaches. Wir stellten erstens fest, daß die objektive Erlösung allein durch Christus und ohne die Mitwirkung des Menschen geschieht. Hierin sahen wir die reformatorische Rede vom solus Christus bestätigt. Wir fanden zweitens, daß der Mensch sich die objektiv vollbrachte Erlösung allein durch den Glauben aneignet. Dieser Glaube muß für den ka-

[2] Er trifft sich in seinem Anliegen nicht zufällig mit reformatorischen Theologen der Gegenwart, allen voran Jürgen Moltmann und Eberhard Jüngel.

tholischen Theologen zwar in Werke der Liebe münden, die Gültigkeit der Rechtfertigung wird aber durch den immer nur inchoativen Charakter und damit die Unvollständigkeit der Liebeswerke nicht in Frage gestellt. Wir fanden darin die reformatorische Rede von der Rechtfertigung sola fide, allein aus dem Glauben, bestätigt. Wir sahen drittens, daß die der Rechtfertigung *nachfolgende* menschliche Mitwirkung im Erlösungsschehen, von der Balthasar spricht, immer nur Werk der Gnade im Menschen, nie eigenständige Tat des Menschen selbst ist. Wir fanden hier die reformatorische Rede von der Rechtfertigung des Menschen sola gratia bestätigt. Damit konnten wir für Balthasar den Vorwurf des Pelagianismus oder Semipelagianismus abwehren.

Auf allen drei von uns untersuchten Gebieten der Kreuzestheologie, der theologischen Erkenntnislehre, der Gotteslehre und der Soteriologie, stellten wir wichtige Übereinstimmungen zwischen Balthasars und Luthers Theologie fest. Angesichts dieser weitreichenden Konvergenzen dürfen wir zugespitzt formulieren: *Balthasar erweist sich in seiner theologia crucis als katholischer Erbe des Wittenberger Reformators.* Er kann bei aller Ablehnung seine Nähe auch zu anderen reformatorischen Denkern nicht verbergen: Wenn Balthasar trotz aller platonischen, antihegelschen Anleihen auf dem Gebiet der Trinitätslehre daran festhält, daß das Kreuz eine neue Dimension in das Verhältnis der ewigen Trinität bringt, erweist er sich nolens volens als Schüler Hegels. Wenn er die gesamte Heilsordnung christologisch begründet, erweist er sich unverhohlen als Schüler Barths. Und wenn er schließlich die Trinitätslehre im Kreuzesgeschehen entspringen läßt, erweist er sich als Gleichgesinnter Moltmanns.

Wenn Balthasar diese Nähe zur reformatorischen Theologie selbst nicht immer sehen konnte (oder wollte), so ist der Grund dafür in dem Umstand zu suchen, daß er sich ein verzeichnetes Bild der reformatorischen Position zurechtlegte. Er verfiel letztlich dem gleichen Fehler, den er Karl Barth im Blick auf den Katholizismus ankreidete: „Um ihn als schlüssig erscheinen zu lassen, mußte Barth den Katholizismus auf die Systemformel der analogia entis festlegen, diese Formel außerdem in einer sehr vereinfachenden, ja verfälschenden Weise interpretieren. Er mußte sich durch dieses Vorgehen den Gegner, gegen den es sich mit so ernsthaftem Geschütz zu schießen verlohnte, erst konstruieren."[3] Nicht anders macht es Balthasar selbst, wenn er die Dialektik zum reformatorischen Strukturprinzip stilisiert und in weiten Teilen verfälschend interpretiert.[4]

---

3 KB, 390.

4 An dieser Stelle rächt es sich insbesondere, daß Balthasar trotz seiner sonst so intensiven Beschäftigung mit den Quellen der theologischen Tradition gerade bei Luther eine große Ausnahme macht. Balthasar verdankt sein Bild der Lutherschen Theologie, wie wir oben anmerkten, fast gänzlich der reichlich umstrittenen Darstellung Th. Beers. Hätte sich Balthasar statt mit Beers Werk zur Theologie Luthers anderen, besseren Quellen, etwa der Studie Otto Hermann Peschs zur Rechtfertigungslehre bei Martin Luther und Thomas von Aquin, zugewandt, so hätte sein Urteil über die eigenen Konvergenzen und Divergenzen mit der reformatorischen Theologie durchaus anders ausfallen können.

Wir haben an verschiedenen Stellen aufgezeigt, daß die Balthasarsche Charakterisierung der Theologie Luthers als eine *eigengesetzliche* „Dialektik aus Methode" an der Sache vorbeigeht. Diese These erwies sich uns sowohl für die theologische Erkenntnislehre als auch für die Christologie und schließlich die Soteriologie als falsch. Luther macht die Dialektik keineswegs zu einer philosophischen Weltformel, derzufolge sich Gott grundsätzlich nur in Verbergung unter dem Gegenteil offenbart. Der Reformator unterscheidet vielmehr, wie wir sahen, zwischen zwei Formen der göttlichen Verborgenheit. Der „präzisen" Verborgenheit Gottes in der Offenbarung sub contraria specie steht die „absolute" Verborgenheit Gottes außerhalb der Offenbarung in der göttlichen Weltregierung gegenüber. Beide Arten der Verborgenheit Gottes werden von Luther in unterschiedlichen Zusammenhängen entwickelt und dienen verschiedenen theologischen Zwecken. Geht es beim ersten dieser beiden Theologumena um den spezifischen Modus der Kreuzesoffenbarung, so beim zweiten darum, Gott der Weltgeschichte gegenüber als den allmächtigen Weltenherrscher zu erweisen. Entgegen Balthasars Vermutung kann keine Rede davon sein, daß der Reformator aus der Verborgenheitsgestalt der göttlichen Offenbarung unter dem Kreuz die absolute Verborgenheit Gottes in sua maiestate et natura ableitet. Ebenso unzutreffend ist Balthasars Unterstellung, daß es in Luthers Christologie zu keiner wirklichen Einheit der beiden Naturen in der Person Christi komme, die Menschheit Christi im Erlösungswerk völlig passiv bleibe und nicht von einer organischen Verbindung von Mensch- und Sühnewerdung gesprochen werden könne. Unzutreffend ist auch die These, daß Luthers Unterscheidung von der gratia der Rechtfertigung und dem donum des Heiligen Geistes zu einer dialektischen Doppelung der Vorstellungen von Sünde und Gerechtigkeit im Menschen führt, welche die Identität des Menschen als eines Subjekts auflöst. Es zeigte sich schließlich, daß bei Luther das christologische und das anthropologische „simul iustus et peccator" keineswegs innerlich miteinander verquickt sind, so daß auch hier nicht von einer dialektischen Weltformel gesprochen werden kann.

Für die Theologie Karl Barths hat Balthasar selbst nachgewiesen, daß die Methode der Dialektik beim Barth der *Kirchlichen Dogmatik* der Glaubensanalogie weicht, also für eine reformatorische Theologie durchaus verzichtbar ist. Ein ähnlicher Nachweis könnte auch für das theologische Denken Jürgen Moltmanns geführt werden, etwa durch einen Vergleich zwischen *Der gekreuzigte Gott* einerseits und *Trinität und Reich Gottes* andererseits. Eberhard Jüngel wiederum spricht gar nicht von einer Dialektik, sondern von einer „evangelischen Analogie". Nein, im konfessionellen Gespräch mit Balthasar kämpfen in der Tat nicht Formeln miteinander – Analogie gegen Dialektik –, sondern es finden gleiche Anliegen verschiedenartigen Ausdruck in unterschiedlichen theologischen Sprachen, die bei noch so vielen Unterschieden immer noch mehr Gemeinsamkeiten bieten.

Trotz aller Übereinstimmungen mit der Kreuzestheologie Balthasars war es uns allerdings nicht möglich, in den behandelten Punkten sämtliche Bedenken aus reformatorischer Sicht auszuräumen. Dies ist das zweite Ergebnisse unserer Untersuchung. Wir formulierten diese Bedenken bewußt als Anfragen, die nicht schon eine negative Antwort implizieren wollen.

Im Blick auf die *theologische Erkenntnislehre* hinterfragten wir zuerst, ob Balthasars Betonung der menschlichen Ausrichtung auf Gott in der durch die Gnade faktisch überhöhten Naturordnung auch nach dem Sündenfall als positiver Anknüpfungspunkt für die Gnade im Menschen gelten darf, oder ob demgegenüber mit Paulus nicht vielmehr daran festgehalten werden muß, daß diese bestehen bleibende Gottesorientierung dem Menschen angesichts seiner faktischen Abkehr von Gott in der Sünde nicht gerade zum Gericht dient? Wir fragten infolgedessen zweitens, ob die Integration der Gottesoffenbarung am Kreuz sub contraria specie in die umfassende Dialektik eines grundsätzlich mit den Kategorien von Enthüllung und Verhüllung arbeitenden Offenbarungsschemas dem spezifischen, der menschlichen Sünde zuzuschreibenden Gerichtscharakter des Kreuzes gerecht würde. An dieser Stelle gewannen wir den Eindruck, als verfalle Balthasar selbst dem Verdikt, welches er gegen Luther fällt, wenn er diesem vorwirft, aus der Dialektik der Kreuzesoffenbarung sub contraria specie eine philosophische Weltformel abzuleiten.

Erweist sich das Kreuz Christi mit Paulus und Luther tatsächlich nicht als dialektisch vertiefende Krönung, sondern vielmehr als unterbrechende Krisis aller menschlichen Gotteserkenntnis, so mußten wir drittens Bedenken gegenüber Balthasars Glaubensverständnis anmelden. Der Glaube, so meinen wir, ist ein durch den Heiligen Geist im Menschen gewirktes und je neu aktualisiertes Geschenk der Gnade, das nie in die Gefahr geraten darf, zu einem Besitzstand des Menschen zu mutieren. Wo dies der Fall ist, und Balthasars Lehre vom universal ausgegossenen Glaubenslicht schien uns in der Tat einer solchen Auslegung gegenüber offen zu sein, dort besteht die akute Gefahr, daß das Geschenk Gottes selbst zur Forderung an den Menschen, Evangelium also in Gesetz verkehrt wird. Dies gilt auch ungeachtet der unbestrittenen Tatsache, daß der Glaube natürlich auch aus reformatorischer Sicht in Werke der Liebe münden muß, um sich als wirklicher Glaube zu erweisen.

Auch im Zusammenhang der vom Kreuz aus entfalteten Anthropologie, Christologie und Gotteslehre Balthasars stellten sich uns aus reformatorischer Perspektive Fragen. Wir gaben zu bedenken, daß der Anthropologie Balthasars, die auf der alt- und neutestamentlichen Sendungsbegrifflichkeit aufbaut, ein elitäres Moment zu Eigen ist, welche nicht nur die neutestamentliche Vorstellung des Charismas überfrachtet, sondern darüber hinaus den Eindruck erweckt, daß der Mensch erst durch sein eigenes Mit-Tun zur Person wird. Demgegenüber legten wir Wert auf die Feststellung, daß die einmalige Personalität eines Menschen ganz und gar ein Geschenk der göttlichen Gnade ist, welches bedingungslos gegeben wird und als solches weder von der individuellen Fähigkeit noch Willigkeit abhängen darf, die göttliche Sendung zu hören oder ihr Folge zu leisten. Dem Menschen ist von Gott eine persönliche Identität verliehen, ganz unabhängig von der Frage, ob und wie der Einzelne in der Lage ist, diese Personalität im eigenen Leben zu verwirklichen. Wir schlugen ob dieser anthropologischen Unklarheit bei Balthasar im Anschluß an eine Überlegung I. Dalferths vor, zwischen einem Werden zur Person und einem Werden als Person zu unterscheiden. Der Mensch wird *zur* Person allein aus Gnade, aber er entwickelt sich *als* Person nicht ohne die eigene, jedoch nochmals von der Gnade getragene Mitwirkung.

Im Zusammenhang der Balthasarschen Christologie stellten sich uns Fragen sowohl im Blick auf die hermeneutische als auch die dogmatische Explikation des Zweinaturenproblems. Unter hermeneutischem Gesichtspunkt erschien es uns fragwürdig, wenn Balthasar einige neutestamentliche Bilder, nämlich die johanneische Sendungsvorstellung und die paulinische Kenosiskonzeption, isoliert und in real-ontologischer Weise zur Explikation des christologischen Problems interpretiert. Die neutestamentlichen Bilder schienen sich uns in ihrer metaphorischen Eigenheit einer solchen Verwendung zu entziehen. Auch unter dogmatischen Gesichtspunkten stellten sich uns gegenüber Balthasars Christologie Bedenken ein. Mythologisch und unverständlich mutete uns das Bild der „Hinterlegung" seines göttlichen Wissens, Macht und Herrlichkeit durch den menschwerdenden Sohn im Moment der Inkarnation an. Wir fragten, ob die Balthasarsche Kenosisvorstellung in der Lage sei, die Identität zwischen dem zu inkarnierenden und dem menschgewordenen Gottessohn zu wahren. Es schien uns, daß Balthasars christologischer Ansatz „von oben" in unvermeidliche konzeptionelle Schwierigkeiten gerät, insofern es ihm letztlich nicht gelingt, die Integrität der göttlichen und menschlichen Natur im menschgewordenen Gottessohn zu betonen und gleichzeitig eine echte Einheit der beiden Naturen in der Person Jesu einsichtig zu machen. Wir warfen angesichts dieser Schwierigkeit die Frage auf, ob ein christologischer Ansatz nicht, anstatt in der Menschwerdung des Präexistenten anzusetzen, von den Ereignissen in Kreuz und Auferstehung ausgehen, also selbst kreuzestheologisch begründet werden müsse.

Unsere trinitätstheologischen Anfragen waren, ähnlich schon unseren christologischen Überlegungen, nicht spezifisch kontroverstheologischer Natur. Im Blick auf Balthasars analoge Ableitung der Wesenstrinität aus der Offenbarungstrinität gewannen wir den Eindruck, daß Balthasar sich auf eine partikulare und somit keineswegs auf die einzig mögliche Beschreibung der Offenbarungsdaten stützt, was zu einer einseitigen Konzeption der Trinitätlehre führt. Wir machten demgegenüber auf die Kontextualität seiner Lesart des Offenbarungsgeschehens aufmerksam. Diese Kontextgebundenheit aller theologischen Rede ließ es uns als ratsam erscheinen, keiner einzelnen Perspektive auf die Offenbarungstrinität Alleingültigkeit zuzuschreiben. Wieder stellte sich hier für uns wie schon im Kontext der Christologie die Frage nach der angemessenen Bestimmung biblischer Rede von Gott. Ist diese als real-ontologische oder vielmehr als metaphorische Sprache zu verstehen?

Wir fragten im Zusammenhang der Trinitätslehre Balthasars weiter nach der Unumgänglichkeit der Annahme eines immanent-trinitarischen Ur-Dramas: Handelt es sich dabei um ein Produkt platonischen Denkens und damit um eine spekulative Verdoppelung der Wirklichkeit? Führt die von Balthasar vehement gegenüber allen vermeindlich hegelschen Positionen vertretene Notwendigkeit eines immanent-trinitarischen Ur-Dramas nicht zu einer mit dem biblischen Zeugnis nicht zu vereinbarenden Relativierung des Liebeserweises Gottes für die Welt? Setzt die Annahme des Ur-Dramas in Gott mit anderen Worten nicht die Bedeutung der Heilsgeschichte für Gott selbst herab? Trotz offensichtlicher Bemühungen Balthasars erschien es uns zweifelhaft, ob Balthasar hier der Wahl zwischen Hegel und Platon wirklich entkommen ist. Wir konstatierten bei Balthasar vielmehr eine in sich widersprüchliche Verbindung hegelscher und platonischer Vorstellungen.

Letztlich sahen wir die Notwendigkeit einer protologischen Absicherung der Freiheit Gottes im Rahmen eines Ur-Dramas dann als überflüssig an, wenn die Theologie nur konsequent von der biblischen Offenbarung aus denkt. Wir schlugen deshalb mit Moltmann und Pannenberg vor, von der immanenten Trinität nicht als einer protologischen, sondern als einer eschatologischen Wirklichkeit zu sprechen. Hier ging es uns nicht darum, einer „prozeßtheologischen" Abhängigkeit Gottes von der Heilsgeschichte das Wort zu reden, sondern vielmehr zu betonen, daß die von menschlicher Warte aus vollzogene *begriffliche* Unterscheidung zwischen ökonomischer und immanenter Trinität letztlich nur eine eschatologische sein kann. Damit stellte sich für uns abschließend die Frage nach der angemessenen Wesensbeschreibung der göttlichen Freiheit, die für Balthasar ja zum Ausgangspunkt seiner Annahme des Ur-Dramas geworden war. Gegenüber Balthasars Verständnis der göttlichen Freiheit als Wahlfreiheit schlugen wir vor, diese als *Freiheit zur Liebe* des Anderen zu verstehen, wobei das Andere für Gott biblisch als die Welt verstanden werden muß.

Damit kommen wir zuletzt zu unseren kritischen Anfragen in Bezug auf Balthasars Erlösungs- und Rechtfertigungslehre. Diese waren im Blick auf die Frage nach der objektiven Erlösung wiederum nicht in engerem Sinne kontroverstheologischer Natur. Es stellte sich für uns vielmehr im Anschluß an kritische Überlegungen Ingolf Dalferths die grundsätzliche Frage nach der theologischen Angemessenheit einer Explikation des Erlösungsgeschehens mithilfe der biblischen Opferbegrifflichkeit. Muß Balthasars Erlösungslehre, so fragten wir, notwendigerweise unter Zuhilfenahme der Vorstellung vom alttestamentlichen Sühnopfer begriffen werden?

Obwohl bei Balthasar immer wieder vom Opfer Christi die Rede ist, stellten wir fest, daß sich seine Stellvertretungslehre nicht primär auf die alttestamentliche Vorstellung vom Sühnopfer gründet, sondern vielmehr auf die Vorstellung von der Mittlerfunktion des Propheten zwischen Gott und dem Volk Israel. Wir konnten unter Rückgriff auf christologische, soteriologische und trinitarische Überlegungen für Balthasars Theologie die Einwände Dalferths gegen eine Stellvertretungssoteriologie abweisen. Es zeigte sich, daß bei Balthasar Christus weder als eine persona privata vorgestellt wird, die anderen Menschen äußerlich bleibt, noch daß es sich bei Christi Erlösungsleiden um ein nur äußerliches Werk der Genugtuung handelt. Durch die Einbindung seiner Erlösungslehre in den umfassenden Horizont der

Trinitätslehre wird bei Balthasar zudem deutlich, daß in Kreuz und Auferstehung tatsächlich der dreieinige Gott zu unseren Gunsten handelt. Wir sahen, daß sich die Opferbegrifflichkeit bei Balthasar im Rahmen der Vorstellung der Hinterlegung ergab. Im Moment der Menschwerdung hinterlegt der Sohn sein göttliches Wissen beim Vater und muß fortan den väterlichen Willen im Gehorsam von Moment zu Moment immer neu annehmen. Balthasar spricht christologisch, dann aber auch mariologisch, ekklesiologisch und anthropologisch vom Opfer selten im Sinne des Sühnopfers, sondern zumeist im Sinne des alttestamentlichen Lobopfers, welches aber das Leben des Opfernden selbst betrifft. Opfer ist Balthasar letztlich Ausdruck einer Liebe, die sich selbst für den Anderen hingibt. Damit zeigte sich, daß die Dalferthschen Bedenken gegenüber der Verwendung der Opferbegrifflichkeit für Balthasars Theologie nicht zutreffen.

Im Zusammenhang der Erlösungslehre stellte sich für uns aber ein anderer Einwand ein. Wir fragten, ob sich das stellvertretende Leiden Christi am Kreuz allein auf die Stellvertretung des Menschen als eines Sünders beschränken lassen darf. Es erschien uns notwendig, in der phänomenologischen Beschreibung des menschlichen Leidens zumindest drei Arten zu unterscheiden: das Leiden der Sünder, das Leiden der Unschuldigen und das Leiden der Christi Nachfolgenden. Balthasars Beschränkung auf die erste und letzte Form der hier genannten Leidensarten erschien uns als unzureichende Analyse der conditio humana, die sich in seiner Soteriologie in einer unzureichenden Beschreibung des Erlösungshandelns Gottes widerspiegelt. Wo Balthasar das Erlösungsleiden Christi allein als stellvertretende Übernahme der Gottverlassenheit des Sünders begriff, fragten wir, ob der Gottessohn nicht auch mit den Menschen als Opfern der Sünde solidarisch werde, sich nicht auch deren Form der Gottlosigkeit zu Eigen mache. Wir schlugen deswegen vor, die Stellvertretungschristologie Balthasars durch eine Solidaritätschristologie zu ergänzen.

Diese kritische Anfrage zu Balthasars Interpretation des göttlichen Erlösungsleidens am Kreuz führte uns nun noch einmal zur Trinitätslehre zurück. Es stellte sich uns hier die Frage, ob Balthasars theodramatische Konzeption des göttlichen Leidens tatsächlich eine trinitarische ist. Wo Balthasar nur vom Leiden des Sohnes und vom Mit-Leiden des Vaters, ausdrücklich aber nicht vom Leiden des Heiligen Geistes spricht, fehlte uns in seinem Theodrama eine wirklich trinitarische Dimension. Diese Betrachtung bestätigte sich uns im Blick auf Balthasars Verständnis der immanent-trinitarischen Identität des Heiligen Geistes, der bei Balthasar im Anschluß an die westkirchliche Tradition lediglich als vinculum amoris zwischen Vater und Sohn vorgestellt wird. Dieses nur binitarische Verständnis sowohl des ökonomischen als auch des immanenten Theodramas findet sich auch in Balthasars Rede von der göttlichen Selbstentäußerung: Balthasar gesteht nur dem Vater und dem Sohn, nicht aber dem Geist eine Kenose zu. Hier forderten wir, dem Heiligen Geist ein eigenständiges Werk zuzuschreiben. Im Anschluß an biblische Überlegungen schlugen wir vor, von einem kenotischen Leiden und Mitleiden des Geistes im Leiden der unschuldigen Opfer der Weltgeschichte zu sprechen.

Waren unsere Einwände gegenüber der „objektiven" Erlösungslehre Balthasars nicht im engeren Sinne kontroverstheologisch motiviert, so stellten sich abschließend im Blick auf die Frage nach der subjektiven Aneignung der objektiv vollbrachten Erlösung doch noch einmal Bedenken gegen Balthasars Theologie aus spezifisch reformatorischer Warte ein. Wir fanden in Balthasars Lehre von der menschlichen Mitwirkung im Erlösungsgeschehen nicht alle Mißverständnisse ausgeräumt. Fraglich blieb uns, ob bei der Rede von der Mitwirkung das von Paulus bekämpfte menschliche Rühmen der eigenen Werke gegenüber Gott definitiv ausgeschlossen werden kann.

Die Frage nach dem Selbstruhm konkretisierte sich für uns exemplarisch vor allem im Blick auf die Mariologie Balthasars. Gegen Balthasars Konzeption der Person Marias im Gottesdrama ergaben sich für uns zuerst grundlegende exegetische Einwände. Weder die alttestamentlichen noch die neutestamentlichen Texte schienen uns geeignet, die Begründungslast einer mariologischen Mitwirkung im Erlösungsgeschehen zu tragen. Der alttestamentliche Bund stellt keineswegs einen Bund gleichberechtigter Partner dar und erfordert deswegen auch keine positive Fortführung in dem Sinne, daß ein sündloser Mensch in Stellvertretung Israels das Jawort zur Menschwerdung geben müsse, ohne welches das Erlösungsgeschehen nicht hätte stattfinden können. Das Neue Testament räumt Maria denn auch in keinerlei Weise eine soteriologische Bedeutung für die Erlösung der Menschheit ein.

Schwerwiegende Bedenken stellten sich uns gegen Balthasars Mariologie auch aus systematisch-theologischer Sicht ein. Wie kann noch behauptet werden, so fragten wir, daß Gott in objektiver Hinsicht dem Menschen ganz alleine das Heil schaffe, wo gleichzeitig von Marias Jawort als einer Mitvoraussetzung der Menschwerdung und damit notwendigerweise auch der Erlösung gesprochen wird? Balthasars Hinweis auf die Vorauswirkungen der Kreuzesgnade auf Maria konnte uns hier keine befriedigende Lösung dieser theologischen Schwierigkeit anbieten, da diese Annahme lediglich in einen logischen Zirkelschluß zu führen schien. Balthasars Mariologie erwies sich uns letztlich als falsche Schlußfolgerung zweier falscher Prämissen. Balthasar interpretiert zum einen, wie wir zeigten, die alttestamentliche Bundesvorstellung im Lichte der dem Alten Testament selbst fremden Problematik des liberum arbitrium und sucht dadurch die Notwendigkeit der menschlichen Mitwirkung im Heilsgeschehen biblisch zu begründen. Er versteht zum anderen die neutestamentlichen Inkarnationsvorstellungen in einem real-ontologischen Sinne, wodurch es ihm nötig wird, das Jawort Marias zum Engel in einem soteriologischen Sinne als notwendig zu behaupten, um so der abwegigen Vorstellung entgehen zu können, Gott habe Maria in der Menschwerdung vergewaltigt. Beide Prämissen stellten sich uns als Fehlinterpretation der biblischen Texte unter vorgefaßten dogmatischen Gesichtspunkten dar, welche in Balthasars Rechtfertigungslehre zu einer Betonung der menschlichen Mitwirkung im Erlösungs- und Rechtfertigungsgeschehen führte, die u.E. bedenklichen Mißverständnissen gegenüber offen ist.

Ähnliche Beobachtungen machten wir auch im Hinblick auf die eucharistische und persönliche Mitwirkung des Menschen im Erlösungsgeschehen.

Hier zeigte sich für uns zwar, daß Balthasar mit seiner Rede vom Meßopfer der Kirche und vom persönlichen Opfer der Christen weder die Vollgültigkeit des Kreuzesgeschehens in Frage stellt noch die Notwendigkeit von dessen Verlängerung in der Geschichte behauptet. Dennoch erschien uns die Rede von der Teilhabe am Kreuzesopfer in der Eucharistie und dem gemeinschaftlichen Leben der Gläubigen als mißverständlich. Sie ist biblisch nicht ausreichend fundiert und dogmatisch fragwürdig. Muß biblisch von der Teilhabe der Christen an Jesu Leiden gesprochen werden, so doch kaum von der Teilhabe an der erlösenden Bedeutung dieser Leiden. Wir schlugen deshalb vor, eine klare Trennung zwischen dem stellvertretenden und dem solidarischen Leiden Christi zu ziehen. Es wäre dann durchaus möglich, von einer Teilhabe an Jesu solidarischem Leiden zu sprechen, nicht aber auch an dessen stellvertretender Qualität.

Anstatt die Bedeutung der freien menschlichen Mitwirkung Marias, der Kirche und der Gläubigen an der Erlösung in unbiblischer Weise hervorzuheben, schlugen wir abschließend vor, sich im Blick auf die Frage der subjektiven Aneignung des objektiv am Kreuz vollbrachten Heils mit Person und Funktion des Heiligen Geistes in der Verkündigung der Frohbotschaft und dem Entstehen des rechtfertigenden Glaubens in den Gläubigen zu befassen. Dieser wirkt dem Neuen Testament zufolge in den Gläubigen, in der Kirche und letztlich auch in Maria das „Fiat" zum göttlichen Heilswillen. Nur durch eine Betonung des Wirken des Heiligen Geistes im Zusammenhang der subjektiven Heilsaneignung und Heilsmitwirkung schien es uns theologisch möglich, dem Rühmen des Menschen eine zweifelsfreie Absage zu erteilen.

Einig also in Sachen Kreuzestheologie? Obgleich wir wichtige Konvergenzen zwischen der reformatorischen und der katholischen Kreuzestheologie bei Hans Urs von Balthasars feststellen konnten, mußten wir dennoch auch einige gewichtige Bedenken gegenüber der Position Balthasars anmelden. Hier scheint uns ein weiterer klärender Dialog notwendig, aber auch möglich zu sein. Dieser muß sich, wie wir eingangs feststellten, zuerst und vor allem an der Frage nach der Wahrheit des Evangeliums orientieren. Falls dabei auch jener „rätselhafte Riss, der seit 400 Jahren durch die Kirche geht"[5] verkleinert, ja zugeschüttet werden kann, ist dies umso begrüßenswerter.

[5] *Barth*, KD I,1, zit. n. KB, 15.

BIBLIOGRAPHIE

I. Veröffentlichungen Hans Urs von Balthasars

Bibliographie 1925-1990. Neu bearb. u. ergänzt v. *Cornelia Capol*. Einsiedeln – Freiburg 1990.

Der antirömische Affekt: Wie läßt sich das Papsttum in der Gesamtkirche integrieren? Einsiedeln – Trier. 2., erw. Aufl. 1989 [AA]. Darin enthalten:
– „Der antirömische Affekt als Selbstzerstörung der katholischen Kirche". A.a.O. 1-9.

Apokalypse der deutschen Seele: Studien zu einer Lehre von letzten Haltungen. 3 Bde. Salzburg – Leipzig 1939 [Apokalypse]. Der erste Band dieses Werkes wurde neu hg. unter dem Titel: Prometheus: Studien zur Geschichte des deutschen Idealismus. Heidelberg 1947.

Apokatastasis. In: TThZ 97 (1988) 169-182.

Christlicher Universalismus. In: Antwort (FS K. Barth). Zollikon-Zürich 1956, 237-248.

Cordula oder der Ernstfall. Einsiedeln – Trier 41987 (Kriterien; 2).

Einsame Zwiesprache: Martin Buber und das Christentum. Einsiedeln – Freiburg 21993.

Einsamkeit in der Kirche. In: *H.U.v. Balthasar.* Pneuma und Institution: Skizzen zur Theologie IV. Einsiedeln 1974, 252-287.

Epilog. Einsiedeln – Trier 1987.

Erster Blick auf Adrienne von Speyr. Einsiedeln – Trier 41989 [Erster Blick].

Das Ganze im Fragment: Aspekte der Geschichtstheologie. Einsiedeln – Freiburg. 2., verb. Aufl. 1990.

Gelebte Kirche: Bernanos. Einsiedeln – Trier 31988.

Glaubhaft ist nur Liebe. Einsiedeln 51985 (11963) (Christ Heute, Fünfte Reihe; 1).

Die Gottesfrage des heutigen Menschen. Wien – München 1956.

Henri de Lubac: Sein organisches Lebenswerk. Einsiedeln 1976 (Kriterien; 38).

Herrlichkeit: Eine theologische Ästhetik. Bd. I. Schau der Gestalt. Einsiedeln – Trier 31988 (Einsiedeln 11961) [H I].

Herrlichkeit: Eine theologische Ästhetik. Bd. II. Fächer der Stile. Teil 1. Klerikale Stile. Einsiedeln 31984 (11962) [H II,1].

Herrlichkeit: Eine theologische Ästhetik. Bd. II. Fächer der Stile. Teil 2. Laikale Stile. Einsiedeln 31984 (11962) [H II,2].

Herrlichkeit: Eine theologische Ästhetik. Bd. III,1. Im Raum der Metaphysik. Teil 1. Altertum. Einsiedeln 21965 [H III,1,1].

Herrlichkeit: Eine theologische Ästhetik. Bd. III,1. Im Raum der Metaphysik. Teil 2. Neuzeit. Einsiedeln 21965 [H III,1,2].

Herrlichkeit: Eine theologische Ästhetik. Bd. III,2. Theologie. Teil 1. Alter Bund. Einsiedeln – Trier 21989 (Einsiedeln 11967) [H III,2,1].

Herrlichkeit: Eine theologische Ästhetik. Bd. III,2. Theologie. Teil 2. Neuer Bund. Einsiedeln – Trier 21988 (Einsiedeln 11969) [H III,2,2].

Karl Barth: Darstellung und Deutung seiner Theologie. Einsiedeln 41976 (Köln – Olten 11951) [KB].

Katholisch: Aspekte des Mysteriums. Einsiedeln ³1993 (Kriterien; 36).
Kleiner Diskurs über die Hölle. Ostfildern 1987.
Kosmische Liturgie: Das Weltbild Maximus' des Bekenners. Einsiedeln – Trier ³1988.
Mein Werk: Durchblicke. Einsiedeln – Freiburg 1990.
Merkmale des Christlichen. In: *H.U.v. Balthasar.* Verbum Caro: Skizzen zur Theologie I. Einsiedeln – Freiburg ³1990, 172-194.
Mysterium Paschale. In: Mysterium Salutis: Grundriss heilsgeschichtlicher Dogmatik. Bd. III,2. Hg. v. *J. Feiner* u. *M. Löhrer*. Einsiedeln – Zürich – Köln 1969, 133-326 [MP].
Nochmals – Reinhold Schneider. Neuausgabe von *H. U. v. Balthasar*, Reinhold Schneider. Sein Weg und sein Werk. Vom Verf. überarb. u. erg. Einsiedeln – Freiburg 1991.
Origenes: Geist und Feuer: Ein Aufbau aus seinen Schriften von Hans Urs von Balthasar. Einsiedeln – Freiburg ³1991 (¹1938).
Zur Ortsbestimmung christlicher Mystik. In: *W. Beierwaltes*, *H. U. v. Balthasar* u. *A. M. Haas*. Grundfragen der Mystik. Einsiedeln 1974, 37-71 (Kriterien; 33).
Schleifung der Bastionen: Von der Kirche in dieser Zeit. Mit einem Nachwort v. C. Schönborn. Einsiedeln – Trier ⁵1989 (Christ Heute, Zweite Reihe; 9).
Schwestern im Geist: Therese von Lisieux und Elisabeth von Dijon. Einsiedeln ⁴1990 [Schwestern].
Theodramatik. Bd. I. Prolegomena. Einsiedeln 1973 [TD I].
Theodramatik. Bd. II. Die Personen des Spiels. Teil 1. Der Mensch in Gott. Einsiedeln 1976 [TD II,1].
Theodramatik. Bd. II. Die Personen des Spiels. Teil 2. Der Mensch in Christus. Einsiedeln 1978 [TD II,2].
Theodramatik. Bd. III. Die Handlung. Einsiedeln 1980 [TD III].
Theodramatik. Bd. IV. Das Endspiel. Einsiedeln 1983 [TD IV].
Theologie der Geschichte: Ein Grundriß. Neue Fassung. Einsiedeln ⁵1959 (Christ Heute, Erste Reihe; 8).
Theologik. Bd. I. Wahrheit der Welt. Einsiedeln 1985 [TL I].
Theologik. Bd. II. Wahrheit Gottes. Einsiedeln 1985 [TL II].
Theologik. Bd. III. Der Geist der Wahrheit. Einsiedeln 1987 [TL III].
Theologische Besinnung auf das Mysterium des Höllenabstiegs. In: *H. U. v. Balthasar* (Hg.). „Hinabgestiegen in das Reich des Todes“: Der Sinn des Satzes in Bekenntnis und Lehre, Dichtung und Kunst. Freiburg – München – Zürich 1982, 84-98.
Die Tragödie und der christliche Glaube. In: *H.U.v. Balthasar.* Spiritus Creator: Skizzen zur Theologie III. Einsiedeln 1967, 347-365.
Unser Auftrag: Bericht und Entwurf. Einsiedeln 1984 [Unser Auftrag].
Was dürfen wir hoffen? Einsiedeln – Trier ²1989 (Kriterien; 75).

II. Übrige Literatur

Albertz, R. Religionsgeschichte Israels in alttestamentlicher Zeit. 2 Bde. Göttingen 1992 (Grundrisse zum AltenTestament; 8).
Albrecht, Barbara. Eine Theologie des Katholischen: Einführung in das Werk Adriennes von Speyrs. Bd. I: Durchblicke in Texten. Einsiedeln 1972. Bd. II: Darstellung. Einsiedeln 1973.

Albus, M. Die Wahrheit ist Liebe: Zur Unterscheidung des Christlichen nach Hans Urs von Balthasar. Freiburg 1976.

Althaus, P. Die Theologie Martin Luthers. Gütersloh ^{6}1983.

Anderson, G. H., T. A. Murphy u. *J. A. Burgess* (Hg.). Justification by Faith: Lutherans and Catholics in Dialogue VII. Minneapolis 1985.

Badcock, G. D. The Anointing of Christ and the *Filioque* Doctrine. In: IThQ 60 (1994) 241-258.

Balz, H. R. Heilsvertrauen und Welterfahrung: Strukturen der paulinischen Eschatologie nach Römer 8,18-39. München 1971.

Bandt, H. Luthers Lehre vom verborgenen Gott: Eine Untersuchung zu dem offenbarungsgeschichtlichen Ansatz seiner Theologie. Berlin 1958 (Theologische Arbeiten; VIII).

Barth, K. Die Kirchliche Dogmatik, Bd. I. Die Lehre vom Wort Gottes. Prolegomena zur Kirchlichen Dogmatik. Erster Halbband. Zollikon-Zürich ^{5}1947 [*Barth*, KD I,1].

Barth, K. Die Kirchliche Dogmatik. Bd. I. Die Lehre vom Wort Gottes. Prolegomena zur Kirchlichen Dogmatik. Zweiter Halbband. Zollikon-Zürich ^{4}1948 [*Barth*, KD I,2].

Barth, K. Die Kirchliche Dogmatik. Bd. III. Die Lehre von der Schöpfung. Erster Teil. Zollikon-Zürich ^{4}1970 [*Barth*, KD III,1].

Barth, K. Die Kirchliche Dogmatik. Bd. IV. Die Lehre von der Versöhnung. Erster Teil. Zollikon-Zürich 1953 [*Barth*, KD IV,1].

Barth, K. Die Kirchliche Dogmatik. Bd. IV. Die Lehre von der Versöhnung. Dritter Teil. Erste Hälfte. Zollikon-Zürich 1959 [*Barth*, KD IV,3/1].

Bayer, O. Promissio: Geschichte der reformatorischen Wende in Luthers Theologie. Göttingen 1971.

Becker, W. M. The Historical Jesus in the Face of His Death: His Comprehension of its Salvific Meaning in the Writings of Edward Schillebeeckx and Hans Urs von Balthasar (Internal, Historical, and Systematic Perspectives). Rom 1994.

Beer, Th. Der fröhliche Wechsel und Streit: Grundzüge der Theologie Martin Luthers. Einsiedeln 1980 (Sammlung Horizonte, Neue Folge; 19).

Beintker, H. Besprechung von Beer, Theobald: Der fröhliche Wechsel und Streit. Grundzüge der Theologie Martin Luthers. In: ThLZ 107 (1982) Sp. 767-771.

Beintker, H. Die Überwindung der Anfechtung bei Luther: Eine Studie zu seiner Theologie nach den Operationes in Psalmos 1519-21. Berlin 1954 (Theologische Arbeiten; 1).

Die Bekenntnisschriften der evangelisch-lutherischen Kirche. Hg. im Gedenkjahr der Augsburgischen Konfession 1930. 5., durchges. Aufl. Göttingen 1963.

Bernhardt, R. Der Absolutheitsanspruch des Christentums: Von der Aufklärung bis zur Pluralistischen Religionstheologie. Gütersloh 1990.

Betz, H. D. Der Galaterbrief: Ein Kommentar zum Brief des Apostels Paulus an die Gemeinden in Galatien. Übers. u. für die dt. Ausg. redaktionell bearb. v. Sibylle Ann. München 1988.

Bindemann, W. Die Hoffnung der Schöpfung: Römer 8,18-27 und die Frage nach einer Theologie der Befreiung von Mensch und Natur. Neukirchen-Vluyn 1983.

Biser, E. Theologischer Kategorienwechsel: Zum Eingangsband von Hans Urs von Balthasars „Theodramatik“. In: ThRv 72 (1976) Sp. 441-450.

Biser, E. Dombau oder Tripthychon? Zum Abschluß der Trilogie Hans Urs von Balthasars. In: ThRv 84 (1988) Sp. 177-184.

Blaumeiser, H. Martin Luthers Kreuzestheologie: Schlüssel zu seiner Deutung von Mensch und Wirklichkeit. Eine Untersuchung anhand der Operationes in Psalmos (1519-1521). Paderborn 1995 (Konfessionskundliche und kontroverstheologische Studien; 60).

Boethius, Liber de persona et duabus naturis contra Eutychen et Nestorium, ad Ioannem diaconum Ecclesiae Romanae. In: Patrologia Cursus Completus Series Latina acc. *J.-P. Migne* [PL]. Bd. 64. Paris 1891, Sp. 1337-1354.

Boulgakof, S. Du verbe incarné (Agnus Dei). Übers. v. C. Andronikof. Paris 1943 (La sagesse divine et la théanthropie; 1).

Buckley, J. J. Balthasar's Use of the Theology of Aquinas. In: The Thomist 59 (1995) 517-545.

Bultmann, R. Das Evangelium des Johannes. Göttingen [21]1986 (KEK 2).

Casarella, P. „Repräsentation". Zum Barockverständnis bei Hans Urs von Balthasar (1905-1988). In: *Regina Pleitner* (Hg.). Reisen des Barock: Selbst- und Fremderfahrungen und ihre Darstellung. Beiträge zum Kolloquium der Arbeitsgruppe Kulturgeschichte des Barockzeitalters an der Herzog-August-Bibliothek Wolfenbüttel vom 10. bis 12. Juli 1989. Bonn 1991, 1-24 (Abhandlungen zur Sprache und Literatur; 45).

Chapp, L. S. The God Who Speaks: Hans Urs von Balthasar's Theology of Revelation. San Francisco – London – Bethesda 1996.

Chapp, L. S. Who is the Church? The personalistic categories of Balthasar's ecclesiology. In: Communio. International Catholic Review 23 (1996) 322-338.

Chéné, J. Unus de trinitate passus est. In: RSR 53 (1965) 545-588.

Chia, R. Theological Aesthetics or Aesthetic Theology? Some Reflexions on the Theology of Hans Urs von Balthasar. In: SJTh 49 (1996) 75-95.

Comblin, J. Cry of the Oppressed, Cry of Jesus: Meditations on Scripture and Contemporary Struggle. Übers. v. R. Barr. Maryknoll, N.Y. 1988.

Comblin, J. Der Heilige Geist: Gott der sein Volk befreit. Übers. v. H. Goldstein. Düsseldorf 1988 (Bibliothek Theologie der Befreiung).

Cone, J. H. God of the Oppressed. New York 1975.

Conway, E. The anonymous Christian – a relativised Christianity? An Evaluation of Hans Urs von Balthasar's criticisms of Karl Rahner's theory of the anonymous Christian. Frankfurt u.a. 1993 (European University Studies, Reihe XXIII, Theologie; 485).

Dabney, D. L. Die Kenosis des Geistes: Kontinuität zwischen Schöpfung und Erlösung im Werk des Heiligen Geistes. Neukirchen-Vluyn 1997 (Neukirchener Beiträge zur Systematischen Theologie; 18).

Dalferth, I. U. Der auferweckte Gekreuzigte: Zur Grammatik der Christologie. Tübingen 1994.

Danet, Henriette. Gloire et croix de Jésus-Christ: L'analogie chez H. Urs von Balthasar comme introduction à sa Christologie. Paris 1987 (Collection „Jésus et Jésus-Christ"; 30).

Denzinger, H. Enchiridion symbolorum definitionum et declarationum de rebus fidei et morum. Quod post C. Bannwart et I. B. Umberg denno ed. C. Rahner. Freiburg [31]1958 [Dz]. Neu herausgegeben als: *Denzinger, H.* Enchiridion symbolorum definitionum et declarationum de rebus fidei et morum. Quod primum ed. H. Denzinger et quod funditus retractavit auxit notulis ornavit *A.*

Schönmetzler, Freiburg ³²1963 [DS]. Neu herausgegeben als: *Denzinger, H.* Kompendium der Glaubensbekenntnisse und kirchlichen Lehrentscheidungen – Enchiridion symbolorum definitionum et declarationum de rebus fidei et morum. Verb., erw., ins Dt. übertragen u. unter Mitarbeit v. H. Hoping hg. v. *P. Hünermann*. Freiburg ³⁷1991 [DH].

Disse, J. Metaphysik der Singularität: Eine Hinführung am Leitfaden der Philosophie Hans Urs von Balthasars. Dt. Erstausg. Wien 1996 (Philosophische Theologie; 7).

Ebach, J. Die Welt, „in der Erlösung nicht vorweggenommen werden kann" (G. Scholem) *oder*: Wider den „Trug für Gott" (Hi 13,7). Thesen zum Hiobbuch". In: *W. Oelmüller* (Hg.). Leiden. Paderborn – München – Wien – Zürich 1986 (Kolloquium Religion und Philosophie; 3), 20-27.

Elert, W. Der Ausgang der altkirchlichen Christologie: Eine Untersuchung über Theodor von Pharan und seine Zeit als Einführung in die alte Dogmengeschichte. Aus dem Nachlaß hg. v. *W. Maurer* u. *Elisabeth Bergsträßer*. Berlin 1957.

Evdokimov, P. L'Esprit Saint dans la tradition orthodoxe. Paris 1971.

Flogaus, R. Theosis bei Palamas und Luther: Ein Beitrag zum ökumenischen Gespräch. Göttingen 1997 (Forschungen zur systematischen und ökumenischen Theologie; 18).

Foley, G. The Catholic Critics of Karl Barth. In Outline and Analysis. In: SJTh 14 (1961) 136-155.

Freitag, J. Geist vergessen – Geist-Erinnern: Vladimir Losskys Pneumatologie als Herausforderung westlicher Theologie. Würzburg 1995 (Studien zur systematischen und spirituellen Theologie; 15).

Gawronski, R. Word and Silence: Hans Urs von Balthasar and the Spiritual Encounter between East and West. Edinburgh 1995.

Gerrish, B. A. „To the Unknown God": Luther and Calvin on the Hiddenness of God. In: JR 53 (1973) 263-292.

Gerstenberger, G. S. u. *W. Schrage*. Leiden. Stuttgart – Berlin – Köln – Mainz 1977 (Kohlhammer-Taschenbücher; 1004: Biblische Konfrontationen).

Gese, H. Die Sühne. In: *Ders.* Zur biblischen Theologie. Alttestamentliche Vorträge. München 1977 (BEvTh; 78), 85-106.

Giuliodori, C. Intellegenza teologica del maschile e femminile: Problemi e prospettive sulla base di una lettura tematica di Hans Urs von Balthasar e Pàvel Evdokimov. Rom 1990.

Gnilka, J. Das Evangelium nach Markus. 2. Teilband (Mk 8,27 – 16,20). Köln u. Neukirchen-Vluyn 1979 (EKK II/2).

Göbbeler, H.-P. Existenz als Sendung: Zum Verständnis der Nachfolge Christi in der Theologie Hans Urs von Balthasars (unter besonderer Berücksichtigung der „Gestalt" des Priestertums und von Ehe und Familie). St. Ottilien 1997.

Goppelt, L. Theologie des Neues Testaments. Hg. v. *J. Roloff*. Enthält: Erster Teil: Jesu Wirken in seiner theologischen Bedeutung. Zweiter Teil: Vielfalt und Einheit des apostolischen Christuszeugnisses. Göttingen ³1980.

Greinacher, N. u. *H. Küng* (Hg.). Katholische Kirche – wohin? Wider den Verrat am Konzil. München – Zürich 1986 (Serie Piper; 488).

Greiner, M. Die Johannesgemeinschaft. Ein Gespräch mit Cornelia Capol und Martha Gisi. In: *K. Lehmann* u. *W. Kasper* (Hg.). Hans Urs von Balthasar: Gestalt und Werk. Köln 1989, 133-151.

Greiner, Susanne. Die Würde der Frau. Ihre Bedeutung in der Theologie Hans Urs von Balthasars. In: *K. Lehmann* u. *W. Kasper* (Hg.). Hans Urs von Balthasar: Gestalt und Werk. Köln 1989, 285-297.

Grillmeier, A. Der Neu-Chalkedonismus. Um die Berechtigung eines neuen Kapitels in der Dogmengeschichte. In: *Ders*. Mit ihm und in ihm: Christologische Forschungen und Perspektiven. Freiburg 1975, 371-385.

Guerriero, E. Hans Urs von Balthasar: Eine Monographie. Übertr. v. C. F. Müller. Durchgesehen v. F. Pitschl u. Cornelia Capol. Einsiedeln 1993.

Gutiérrez, G. Von Gott sprechen in Unrecht und Leid – Ijob. Übers. v. H. Goldstein. München – Mainz 1988 (Fundamentaltheologische Studien; 15).

Gutiérrez, G. Theologie der Befreiung. Mit einer neuen Einl. d. Autors u. einem neuen Vorwort v. J. B. Metz. Übers. v. H. Goldstein. 10., erw. u. neubearb. Aufl. Mainz 1992 ([1]1962) (Welt der Theologie).

Haas, A. M. Hans Urs von Balthasars „Apokalypse der deutschen Seele". Im Spannungsbereich von Germanistik, Philosophie und Theologie. In: *K. Lehmann* u. *W. Kasper* (Hg.). Hans Urs von Balthasar: Gestalt und Werk. Köln 1989, 62-77.

Heinz, H. Der Gott des Je-mehr: Der christologische Ansatz Hans Urs von Balthasars. Bern – Frankfurt 1975 (Disputationes Theologicae, 3).

Held, H. J. Ein neues Miteinander: Zur Einordnung der Gemeinsamen Erklärung zur Rechtfertigungslehre. In: EvTh 58 (1998) 161-168.

Henrici, P. Erster Blick auf Hans Urs von Balthasar. In: *K. Lehmann* u. *W. Kasper* (Hg.). Hans Urs von Balthasar: Gestalt und Werk. Köln 1989, 18-61.

Hofius, O. Der Christushymnus Philipper 2,6-11: Untersuchungen zu Gestalt und Aussage eines urchristlichen Psalms. 2., erw. Aufl. Tübingen 1991 (WUNT; 17).

Hofius, O. Paulusstudien. Tübingen 1989 (WUNT; 51). Daraus:
– „Gott hat unter uns aufgerichtet das Wort von der Versöhnung" (2 Kor 5,19). A.a.O. 15-32.
– Wort Gottes und Glaube bei Paulus. A.a.O. 148-174.

Holl, K. Die Geschichte des Worts Beruf (1924). In: *Ders*. Gesammelte Aufsätze zur Kirchengeschichte. Bd. III. Der Westen. Tübingen 1928, 189-219.

Holzer, V. Le Dieu Trinité dans l'histoire: Le conflit des raisons ‚esthétique' et ‚transcendentale' comme accès aux logiques christologiques de Hans Urs von Balthasar et de Karl Rahner. Rom 1994. Neu erschienen als: Le Dieu Trinité dans l'histoire: Le différend théologique Balthasar – Rahner. Paris 1995 (Cogitatio Fidei; 190).

Hübner, H. Biblische Theologie des Neuen Testaments. Bd. 2. Die Theologie des Paulus und ihre neutestamentliche Wirkungsgeschichte. Göttingen 1993.

Hübner, H. Biblische Theologie des Neuen Testaments. Bd. 3. Hebräerbrief, Evangelien und Offenbarung: Epilegomena. Göttingen 1995.

Hülsbusch, W. Elemente einer Kreuzestheologie in den Spätschriften Bonaventuras. Düsseldorf 1968 (Themen und Thesen der Theologie).

Hunzinger, G. How to Read Karl Barth: The Shape of His Theology. New York – Oxford 1991.

Ide, P. Être et mystère: La philosophie de Hans Urs von Balthasar. Préface de *J. Doré*. Bruxelles 1995 (Présences; 13).

Ignatius von Loyola. Die Exerzitien. Übertragen von Hans Urs von Balthasar. Einsiedeln – Freiburg [11]1993 (Christliche Meister; 45).

Iserloh, E. Der fröhliche Wechsel und Streit: Zu Theobald Beers Werk über Grundzüge der Theologie Martin Luthers. In: Catholica 36 (1982) 101-114.

Janowski, J. Christine. Apokatastasis panton – Allererlösung: Annäherungen an eine entdualisierte Eschatologie. Tübingen. Univ. Habil.-Schrift. 1992.

Jöhri, M. Descensus Dei: Teologia della croce nell'opera di Hans Urs von Balthasar. Rom 1981 (Corona Lateranensis; 30).

Jüngel, E. Quae supra nos, nihil ad nos. Eine Kurzformel der Lehre vom verborgenen Gott – im Anschluß an Luther interpretiert. In: *Ders*. Entsprechungen: Gott – Wahrheit – Mensch: Theologische Erörterungen. München 1980, 202-251.

Jüngel, E. Gott als Geheimnis der Welt: Zur Begründung der Theologie des Gekreuzigten im Streit zwischen Theismus und Atheismus. 5., durchges. Aufl. Tübingen 1986.

Jüngel, E. Gottes Sein ist im Werden: Verantwortliche Rede vom Sein Gottes bei Karl Barth: Eine Paraphrase. 3. Aufl. Um einen Anhang erweitert. Tübingen 1976.

Jüngel, E. Um Gottes Willen – Klarheit! Kritische Bemerkungen zur Verharmlosung der kriteriologischen Funktion des Rechtfertigungsartikels – aus Anlaß einer ökumenischen „Gemeinsamen Erklärung zur Rechtfertigungslehre". In: ZThK 94 (1997) 394-406.

Jüngel, E. Die Offenbarung der Verborgenheit Gottes. Ein Beitrag zum evangelischen Verständnis der Verborgenheit des göttlichen Wirkens. In: *Ders*. Wertlose Wahrheit: Zur Identität und Relevanz des christlichen Glaubens: Theologische Erörterungen III. München 1990, 163-182.

Kalinna, H. E. J. Einig in der Rechtfertigungslehre? Zur Gemeinsamen Erklärung des Lutherischen Weltbundes und des Päpstlichen Rates zur Förderung der Einheit der Christen. In: EvTh 58 (1998) 156-161.

Kannengiesser, Ch. In der Schule der Väter. Balthasars Beschäftigung mit der patristischen Theologie. In: *K. Lehmann* u. *W. Kasper* (Hg.). Hans Urs von Balthasar: Gestalt und Werk. Köln 1989, 78-84.

Kapp, V. Ästhetik und Dramatik. Zu den Prolegomena der ‚Theodramatik' von Hans Urs von Balthasar. In: Literaturwissenschaftliches Jahrbuch (Neue Folge; 15). Im Auftrag d. Görres-Gesellschaft hg. v. *H. Kunisch*. Berlin 1974, 260-272.

Kappes, C. Freiheit und Erlösung: Überlegungen zu den Grundlagen der Soteriologie in den Entwürfen von Hans Urs von Balthasar, Karl Rahner und Jürgen Moltmann. Bielefeld 1986.

Käsemann, E. Exegetische Versuche und Besinnungen. Erster und zweiter Band. Göttingen ^{6}1970. Daraus:
– Begründet der neutestamentliche Kanon die Einheit der Kirche? A.a.O. 214-223.
– Kritische Analyse zu Phil 2,5-11. A.a.O. 51-95.

Käsemann, E. An die Römer. Tübingen 1973 (HNT; 8a).

Kasper, W. Der Gott Jesu Christi. Mainz ^{2}1983 (Das Glaubensbekenntnis der Kirche; 1).

Kehl, M. Einführung. Hans Urs von Balthasar. Ein Portrait. In: *M. Kehl* u. *W. Löser* (Hg.). In der Fülle des Glaubens: Hans Urs von Balthasar-Lesebuch. Freiburg 1980, 13-60.

Kleinknecht, K. Th. Der leidende Gerechtfertigte. Tübingen 1984 (WUNT, 2. Reihe; 13).

Krause, B. Leiden Gottes – Leiden des Menschen: Eine Untersuchung zur Kirchlichen Dogmatik Karl Barths. Stuttgart 1980 (Calwer theologische Monographien: Reihe B, Systematische Theologie und Kirchengeschichte; 6).

Kreck, W. Analogia Fidei oder Analogia Entis. In: Antwort (FS K. Barth). Zollikon-Zürich 1956, 272-286.

Krenski, Th. R. Hans Urs von Balthasar: Das Gottesdrama. Mainz 1995 (Theologische Profile).

Krenski, Th. R. Passio Caritatis: Trinitarische Passiologie im Werk Hans Urs von Balthasars. Einsiedeln 1990 (Sammlung Horizonte, Neue Folge; 28).

Krobath, Evi. Art. Sünde/Schuld III. Feministisch-theologische Diskussion. In: Wörterbuch der Feministischen Theologie. Hg. v. *Elisabeth Gössmann* u.a. Gütersloh 1991, 387-390.

Küng, H. Menschwerdung Gottes: Eine Einführung in Hegels theologisches Denken als Prolegomena zu einer künftigen Christologie. Freiburg – Basel – Wien 1970 (Ökumenische Forschungen, II. Soteriologische Abteilung; 1).

Küng, H. Rechtfertigung: Die Lehre Karl Barths und eine katholische Besinnung. Mit einem Geleitbrief v. Karl Barth. Mit-hg. vom Johann Adam Möhler Institut Paderborn. Einsiedeln ^{3}1957 (Horizonte; 2).

Kutsch, E. Gesetz und Gnade. Probleme des alttestamentlichen Bundesbegriffs. In: ZAW 79 (1967) 18-35.

Kutsch, E. Art. b^{e}rît. In: THAT. Bd. 1. Hg. v. *E. Jenni* unter Mitarb. v. *C. Westermann.* 4., durchges. Aufl. München – Zürich 1984, 339-352.

Kutsch, E. Neues Testament, Neuer Bund? Eine Fehlübersetzung wird korrigiert. Neukirchen-Vluyn 1980.

Kutsch, E. Verheißung und Gesetz. Untersuchung zum sogenannten „Bund“. Berlin – New York 1973 (BZAW 131).

Kuschel, K.-J. Theologen und ihre Dichter. Analysen zur Funktion der Literatur bei Rudolf Bultmann und Hans Urs von Balthasar. In: ThQ 172 (1992) 98-116.

Laak, W. van. Allversöhnung: Die Lehre von der Apokatastasis: Ihre Grundlegung durch Origenes und ihre Bewertung in der gegenwärtigen Theologie bei Karl Barth und Hans Urs von Balthasar. Sinzig 1990 (Sinziger theologische Texte und Studien; 11).

Lamadrid, L. Anonymous or Analogous Christians? Rahner and von Balthasar on Naming the Non-Christian. In: MoTh 11 (1995) 363-384.

Leahy, B. The Marian Principle in the Church according to Hans Urs von Balthasar. Frankfurt 1996 (Europäische Hochschulschriften, Reihe XXIII, Theologie; 558).

Lehmann, K. u. *W. Pannenberg* (Hg.). Lehrverurteilungen – kirchentrennend? I. Rechtfertigung, Sakramente und Amt im Zeitalter der Reformation und heute. Freiburg – Göttingen 1986 (Dialog der Kirchen. Veröffentlichungen des Ökumenischen Arbeitskreises evangelischer und katholischer Theologen unter dem Protektorat von Bischof Hermann Kunst und Hermann Kardinal Volk; 4).

Lochbrunner, M. Analogia Caritatis: Darstellung und Deutung der Theologie Hans Urs von Balthasars. Freiburg 1981 (Freiburger Theologische Studien; 120).

Lösel, S. Murder in the Cathedral? Hans Urs von Balthasar's New Dramatization of the Doctrine of the Trinity. In: Pro Ecclesia 5 (1996) 427-439.

Löser, W. Im Geiste des Origenes: Hans Urs von Balthasar als Interpret der Theologie der Kirchenväter. Frankfurt 1976 (Frankfurter Theologische Studien; 23).

Löser, W. Die Ignatianischen Exerzitien im Werk Hans Urs von Balthasars. In: *K. Lehmann* u. *W. Kasper* (Hg.). Hans Urs von Balthasar: Gestalt und Werk. Köln 1989, 152-174.

Löser, W. Ein katholischer Versuch zu Luther: Bemerkungen zu Theobald Beer, Der fröhliche Wechsel und Streit. Grundzüge der Theologie Martin Luthers. In: ThPh 56 (1981) 565-573.
Loewenich, W. v. Luthers Theologia Crucis. Bielefeld [6]1982.
Lossky, V. In the Image and Likeness of God. Hg. v. J. H. Erickson u. Th. E. Bird. New York 1985.
Lossky, V. Die mystische Theologie der morgenländischen Kirche. Übers. v. Mirjam Prager. Graz – Wien – Köln 1961 (Geist und Leben der Ostkirche; 1).
Lubac, H. de. Surnaturel: Études Historiques. Paris 1946.
Lubac, H. de. Ein Zeuge Christi in der Kirche: Hans Urs von Balthasar. In: IKaZ 4 (1975) 390-409.
Luther, M. Acta Augustana. 1518. In: *Ders.* Werke. Kritische Gesamtausgabe [WA]. Bd. 2. Weimar 1884, 1-26.
Luther, M. Dictata super Psalterium. 1513-16. In: WA 3. Weimar 1885.
Luther, M. Dictata super Psalterium. 1513-16. In: WA 4. Weimar 1886, 1-462.
Luther, M. Disputatio Heidelbergae habita. 1518. In: WA 1. Weimar 1883, 350-374.
Luther, M. Operationes in Psalmos. 1519-1521. In: WA 5. Weimar 1892.
Luther, M. Der Prophet Habakuk ausgelegt. 1526. In: WA 19. Weimar 1897, 337-435.
Luther, M. Ein Sermon von der Bereitung zum Sterben. 1519. In: WA 2. Weimar 1884, 680-697.
Luther, M. De servo arbitrio. 1525. In: WA 18. Weimar 1908, 551-787.
Luther, M. Vorlesung über 1. Mose von 1535-45. In: WA 43. Weimar 1912.
Luther, M. Vorrede zu „Die Weissagung Joh. Lichtenbergers deutsch zugericht“. 1527. In: WA 23. Weimar 1901, 1-12.
Luther, M. Der 127. Psalm ausgelegt an die Christen zu Riga in Liefland. 1524. In: WA 15. Weimar 1899, 348-379.
Luz, U. Das Evangelium nach Matthäus. 2. Teilband (Mt 8-17). Zürich – Braunschweig u. Neukirchen-Vluyn 1990 (EKK I/2).
Maas, W. Unveränderlichkeit Gottes: Zum Verhältnis von griechisch-philosophischer und christlicher Gotteslehre. München – Paderborn – Wien 1974.
MacKinnon, D. Some Reflections on Hans Urs von Balthasar's Christology with Special Reference to Theodramatik II/2, III and IV“. In: *J. Riches* (Hg.). The Analogy of Beauty: The Theology of Hans Urs von Balthasar. Edinburgh 1986, 164-179.
Martinelli, P. La morte di Cristo come rivelazione dell'amore trinitario nella teologia di Hans Urs von Balthasar. Vorwort v. R. Fisichella. Mailand, 1994 (già e non ancora; 301). Neu veröffentlicht unter dem Titel: Il mistero della morte in Hans Urs von Balthasar: Il mistero paschale come rivelazione dell'amore Trinitario di Dio. Rom 1996.
Maurer, E. Tendenzen neuerer Trinitätslehre. In: VF 39 (1994) 3-24.
McCool, G. A. The Explosion of Pluralism: The „New Theology“ Crisis. In: *Ders.* (Hg.). From Unity to Pluralism: The Internal Evolution of Thomism. New York 1989, 200-233.
McCool, G. A. (Hg.). A Rahner Reader. New York 1975.
McGrath, A. E. Luther's Theology of the Cross: Martin Luther's Theological Breakthrough. Oxford – Cambridge, USA 1990.

Metz, J. B. Theologie versus Polymythie oder Kleine Apologie des biblischen Monotheismus. In: *O. Marquard* (Hg.). Einheit und Vielheit (XIV. Deutscher Kongreß für Philosophie Gießen 1987). Hamburg 1990, 170-186.

Metz, J. B. Theologie als Theodizee? In: *W. Oelmüller* (Hg.). Theodizee – Gott vor Gericht? München 1990, 103-118.

Meuffels, H. O. Einbergung des Menschen in das Mysterium der dreieinigen Liebe: Eine trinitarische Anthropologie nach Hans Urs von Balthasar. Würzburg 1991 (Bonner Dogmatische Studien; 11).

Meyendorff, J. Eastern Christian Thought. Washington – Cleveland 1969.

Moltmann, J. Antwort auf die Kritik an „Der gekreuzigte Gott". In: *M. Welker* (Hg.). Diskussion über Jürgen Moltmanns Buch „Der gekreuzigte Gott". München 1979, 165-190.

Moltmann, J. Der Geist des Lebens: Eine ganzheitliche Pneumatologie. München 1991.

Moltmann, J. Der gekreuzigte Gott: Das Kreuz Christi als Grund und Kritik christlicher Theologie. München ^{5}1987 (Kaiser-Traktate, Neue Folge; 16).

Moltmann, J. Gerechtigkeit für Opfer und Täter. In: *Ders.* In der Geschichte des dreieinigen Gottes: Beiträge zur trinitarischen Theologie. München 1991, 74-88.

Moltmann, J. Gott in der Schöpfung: Ökologische Schöpfungslehre. München 1985.

Moltmann, J. Das Kommen Gottes: Christliche Eschatologie. Gütersloh 1995.

Moltmann, J. Trinität und Reich Gottes: Zur Gotteslehre. München ^{2}1986.

Moltmann-Wendel, Elisabeth. Art. Liebe III. Feministische Diskussion. In: Wörterbuch der Feministischen Theologie. Hg. v. *Elisabeth Gössmann* u.a. Gütersloh 1991, 249-251.

Mozley, J. K. The Impassible God: A Survey of Christian Thought. Cambridge 1926.

Nandkisore, R. Hoffnung auf Erlösung: Die Eschatologie im Werk Hans Urs von Balthasars. Rom 1997 (Tesi Gregoriana, Serie Teologia; 22)

Niewiadomski, J. u. *W. Palaver* (Hg.). Dramatische Erlösungslehre: Ein Symposion. Innsbruck – Wien 1992 (Innsbrucker Theologische Studien; 38).

Nnamani, A. G. The Paradox of a Suffering God: On the Classical, Modern-Western and Third World Struggles to Harmonise the Incompatible Attributes of the Trinitarian God. Frankfurt 1995 (Studien zur interkulturellen Geschichte des Christentums; 95).

Oakes, E. T. Pattern of Redemption: The Theology of Hans Urs von Balthasar. New York 1994.

O'Donnell, J. Hans Urs von Balthasar. London 1992 (Outstanding Christian Thinkers Series).

O'Donnell, J. The Trinitarian Panentheism of Sergej Bulgakov. In: Gregorianum 76 (1995) 31-45.

Oeing-Hanhoff, L. Hegels Trinitätslehre: Zur Aufgabe ihrer Kritik und Rezeption. In: ThPh 52 (1977) 378-407.

O'Hanlon, G. F. The Immutability of God in the Theology of Hans Urs von Balthasar. Cambridge u.a. 1990.

O'Regan, C. Von Balthasar and Thick Retrieval: Post-Chalcedonian Symphonic Theology. In: Gregorianum 77 (1996) 227-260.

Pannenberg, W. Zur Bedeutung des Analogiegedankens bei Karl Barth: Eine Auseinandersetzung mit Urs von Balthasar. In: ThLZ 78 (1953) Sp. 17-24.

Pannenberg, W. Grundzüge der Christologie. Gütersloh ^{6}1982.
Pannenberg, W. Religion und Religionen: Theologische Erwägungen zu den Prinzipien eines Dialoges mit den Weltreligionen. In: *A. Bsteh* (Hg.). Dialog aus der Mitte christlicher Theologie. Mödling 1987, 179-196.
Pannenberg, W. Systematische Theologie, Bd. 1. Göttingen 1988.
Peelman, A. Hans Urs von Balthasar et la Théologie de l'Histoire. Bern u.a. 1978 (Europäische Hochschulschriften, Reihe XXIII, Theologie; 107).
Pesch, O. H. Die Theologie der Rechtfertigung bei Martin Luther und Thomas von Aquin: Versuch eines systematisch-theologischen Dialogs. Mainz 1967 (Walberberger Studien der Albertus-Magnus-Akademie, Theologische Reihe; 4).
Pesch, O. H. Das Zweite Vatikanische Konzil: (1962-1965) Vorgeschichte – Verlauf – Ergebnisse – Nachgeschichte. Würzburg 1993.
Pöhlmann, H. G. Analogia entis oder Analogia fidei? Die Frage der Analogie bei Karl Barth. Göttingen 1965 (Forschungen zur systematischen und ökumenischen Theologie; 16).
Pöhlmann, H. G. Hans Urs von Balthasar. In: *Ders.* Gottes Denker: Prägende evangelische und katholische Theologen der Gegenwart. Reinbek b. Hamburg 1984, 229-248.
Pöhlmann, H. G. Rechtfertigung: Die gegenwärtige kontroverstheologische Problematik der Rechtfertigungslehre zwischen der evangelisch-lutherischen und der römisch-katholischen Kirche. Gütersloh 1971.
Przywara, E. Um die analogia entis. In: *Ders.* In und Gegen: Stellungnahmen zur Zeit. Nürnberg 1955, 277-281.
Przywara, E. Der Grundsatz „Gratia non destruit, sed supponit et perficit naturam". Eine ideengeschichtliche Interpretation. In: Scholastik 17 (1942) 178-186.
Quash, J.B. „Between the Brutely Given, and the Brutally, Banally Free": von Balthasar's Theology of Drama in Dialogue with Hegel. In: MoTh 13 (1997) 293-318.
Rad, G. v. Das Erste Buch Mose: Genesis. Göttingen ^{11}1981 (ATD 2/4).
Rahner, K. Die anonymen Christen. In: *Ders.* Schriften zur Theologie. Bd. VI. Neuere Schriften. Einsiedeln – Zürich – Köln 1965, 545-554.
Rahner, K. Anonymer und expliziter Glaube. In: *Ders.* Schriften zur Theologie. Bd. XII. Theologie aus Erfahrung des Geistes. Bearb. v. K. H. Neufeld. Einsiedeln – Zürich – Köln 1975, 76-84.
Rahner, K. Bemerkungen zum Problem der „anonymen Christen". In: *Ders.* Schriften zur Theologie. Bd. X. Einsiedeln – Zürich – Köln 1972, 531-546.
Rahner, K. Im Gespräch. Bd. 1. Hg. v. *P. Imhoff* u. *H. Biallowons.* München 1982.
Rahner, K. Hörer des Wortes: Zur Grundlegung einer Religionsphilosophie. Neu bearb. v. J. B. Metz. München ^{2}1969.
Rahner, K. Jesus Christus – Sinn des Lebens. In: *Ders.* Schriften zur Theologie. Bd. XV. Wissenschaft und christlicher Glaube. Bearb. v. P. Imhoff. Einsiedeln – Zürich – Köln 1983, 206-216.
Rahner, K. Natur und Gnade. In: *Ders.* Schriften zur Theologie. Bd. IV. Einsiedeln – Zürich – Köln ^{5}1967, 209-236 [*Rahner*, Schriften, Bd. IV].
Rahner, K. Über das Verhältnis von Natur und Gnade. In: *Ders.* Schriften zur Theologie. Bd. I. Einsiedeln – Zürich – Köln ^{8}1967, 323-345 [*Rahner*, Schriften, Bd. I].
Ratzinger, J. Salz der Erde: Christentum und katholische Kirche an der Jahrtausendwende: Ein Gespräch mit Peter Seewald. Stuttgart ^{3}1996.

Ratzinger, J. Schauen auf den Durchbohrten: Versuche einer spirituellen Christologie. Einsiedeln 1984.

Reichenberger, K. Caldérons Welttheater und die *autos sacramentales*. In: *F. Link* u. *G. Niggl* (Hg.). Theatrum Mundi: Götter, Gott und Spielleiter im Drama von der Antike bis zur Gegenwart. Berlin 1981 (Sonderband des Literaturwissenschaftlichen Jahrbuchs), 161-175.

Rondet, H. Essais sur la théologie de la grace. Paris 1964.

Rondet, H. Gratia Christi. Esquisse d'une histoire de la théologie de la grâce. Paris 1948.

Roten, J. G. Die beiden Hälften des Mondes. Marianisch-anthropologische Dimensionen in der gemeinsamen Sendung von Hans Urs von Balthasar und Adrienne von Speyr. In: *K. Lehmann* u. *W. Kasper* (Hg.). Hans Urs von Balthasar: Gestalt und Werk. Köln 1989, 104-132.

Roten, J. G. Im Zeichen der Liebe: Ein Beitrag zur theologischen Anthropologie Hans Urs von Balthasars, unter besonderer Berücksichtigung seines marianischen Denkens. Dayton, Ohio 1992-95 (Marian Library Studies, New Series; 24).

Sachs, J. R. Spirit and Life: The Pneumatology and Christian Spirituality of Hans Urs von Balthasar. Tübingen. Univ. Diss. 1984.

Saward, J. Mary and Peter in the Christological Constellation: Balthasar's Ecclesiology. In: *J. Riches* (Hg.). The Analogy of Beauty: The Theology of Hans Urs von Balthasar. Edinburgh 1986, 105-133.

Scheuer, M. Die Evangelischen Räte: Strukturprinzip systematischer Theologie bei H. U. von Balthasar, K. Rahner, J. B. Metz und in der Theologie der Befreiung. Würzburg 1990 (Studien zur systematischen und spirituellen Theologie; 1).

Schermann, R. (Hg.). Wider den Fundamentalismus: Kein Zurück hinter das II. Vatikanische Konzil. Mattersburg – Bad Sauerbrunn 1990.

Schlier, H. Der Römerbrief. Freiburg 1977 (HThK 6).

Schmid, J. Im Ausstrahl der Schönheit Gottes: Die Bedeutung der Analogie in „Herrlichkeit" bei Hans Urs von Balthasar. Münsterschwarzach 1982 (Münsterschwarzacher Studien; 35).

Schnackenburg, R. „Der Vater, der mich gesandt hat". Zur johanneischen Christologie. In: Anfänge der Christologie (FS F. Hahn). Hg. v. *C. Breytenbach* u. *H. Paulsen* unter Mitwirkung v. Christine Gerber. Göttingen 1991, 275-291.

Schönborn, C. Hans Urs von Balthasars Beitrag zur Ökumene. In: *K. Lehmann* u. *W. Kasper* (Hg.). Hans Urs von Balthasar: Gestalt und Werk. Köln 1989, 334-348.

Schönborn, C. v. Immanente und ökonomische Trinität: Zur Frage des Funktionsverlustes der Trinitätslehre in der östlichen und westlichen Theologie. In: FZPhTh 27 (1980) 247-264.

Schrijver, G. de. Le merveilleux accord de l'homme et de dieu: Étude de l'analogie de l'être chez Hans Urs von Balthasar. Leuven 1983 (Bibliotheca ephemeridum theologicarum lovaniensium; 63).

Schulz, S. Das Evangelium nach Johannes. 4. Aufl. dieser Fassung. Göttingen ^{15}1983 (NTD; 4).

Schwager, R. Jesus im Heilsdrama: Entwurf einer biblischen Erlösungslehre. Innsbruck – Wien 1990 (Innsbrucker theologische Studien; 29).

Schwager, R. Der wunderbare Tausch: Zur Geschichte und Deutung der Erlösungslehre. München 1986.

Schwarzwäller, K. Theologia Crucis: Luthers Lehre von Prädestination nach De servo arbitrio, 1525. München 1970 (Forschungen zur Geschichte und Lehre des Protestantismus, 10. Reihe; XXXIX).
Schweizer, E. Der Brief an die Kolosser. Zürich – Einsiedeln – Köln u. Neukirchen-Vluyn 1976 (EKK).
Scola, A. Hans Urs von Balthasar – ein theologischer Stil: Eine Einführung in sein Werk. Übers. v. Friedl Brunckhorst. Paderborn 1996.
Servais, J. Théologie des Exercises spirituels: H. U. von Balthasar interprête saint Ignace. Bruxelles 1996 (Ouvertures; 15).
Simon, U. Balthasar on Goethe. In: *J. Riches* (Hg.). The Analogy of Beauty: The Theology of Hans Urs von Balthasar. Edinburgh 1986, 60-76.
Sindoni, P. R. Adrienne von Speyr (1902-1967): Storia di una esistenza teologica. Torino 1996.
Spangenberg, V. Herrlichkeit des Neuen Bundes: Die Bestimmung des biblischen Begriffs der „Herrlichkeit“ bei Hans Urs von Balthasar. Tübingen 1993 (WUNT, 2. Reihe; 55).
Stinglhammer, H. Freiheit in der Hingabe: Trinitarische Freiheitslehre bei Hans Urs von Balthasar. Ein Beitrag zur Rezeption der Theodramatik. Würzburg 1997 (Bonner Dogmatische Studien; 24).
Stuhlmacher, P. Biblische Theologie des Neuen Testaments. Bd. 1. Grundlegung: Von Jesus zu Paulus. Göttingen 1992.
Stuhlmacher, P. Versöhnung, Gesetz und Gerechtigkeit: Aufsätze zur biblischen Theologie. Göttingen 1981. Daraus:
– Achtzehn Thesen zur paulinischen Kreuzestheologie. A.a.O. 192-208.
– Zur paulinischen Christologie. A.a.O. 209-223.
Thomas von Aquin. Summa theologica. Vollständige, ungekürzte deutsch-lateinische Ausgabe (Die Deutsche Thomas-Ausgabe = DThA). Bd. 3. Gott der Dreieinige. Salzburg – Leipzig 1939.
Thompson, J. Barth and Balthasar: An Ecumenical Dialogue, In: *B. McGregor* u. *T. Norris* (Hg.). The Beauty of Christ: A Introduction to the Theology of Hans Urs von Balthasar. Edinburgh 1994, 171-192.
Toniolo, A. La theologia crucis nel contesto della modernità: Il rapporto tra croce e modernità nel pensiero di E. Jüngel, H.U. von Balthasar e G.W.F. Hegel. Mailand 1995.
Tossou, K. K. J. Streben nach Vollendung: Zur Pneumatologie im Werk Hans Urs von Balthasars. Freiburg – Basel – Wien 1983 (Freiburger Theologische Studien; 125).
Vogelsang, E. Der angefochtene Christus bei Luther. Berlin – Leipzig 1932 (Arbeiten zur Kirchengeschichte; 21).
Volf, M. Trinität und Gemeinschaft: Eine ökumenische Ekklesiologie. Mainz u. Neukirchen-Vluyn, 1996.
Wallner, K. J. Gott als Eschaton: Trinitarische Dramatik als Voraussetzung göttlicher Universalität bei Hans Urs von Balthasar. Heiligenkreuz 1992 (Heiligenkreuzer Studienreihe der Philosophisch-Theologischen Hochschule Heiligenkreuz; 7).
Welker, M. Gottes Geist: Theologie des Heiligen Geistes. Neukirchen-Vluyn 1992.
Welker, M. (Hg.). Diskussion über Jürgen Moltmanns Buch „Der gekreuzigte Gott“. Hg. u. eingel. v. M. Welker. München 1979.
Wendebourg, Dorothea. Person und Hypostase. Zur Trinitätslehre in der neueren orthodoxen Theologie. In: Vernunft des Glaubens (FS W. Pannenberg).

Hg. v. *G. Wenz* u. *J. Rohls*. Göttingen 1988, 502-524.
Werbick, J. Gottes Dreieinigkeit denken? Hans Urs von Balthasars Rede von der göttlichen Selbstentäußerung als Mitte des Glaubens und Zentrum der Theologie. In: ThQ 176 (1996) 225-240.
Wicks, J. Revision des katholischen Lutherbildes? Zu Theobald Beers Grundzüge der Theologie Martin Luthers. In: ThRv 78 (1982) Sp. 1-12.
Williams, R. Balthasar and Rahner. In: *J. Riches* (Hg.). The Analogy of Beauty: The Theology of Hans Urs von Balthasar. Edinburgh 1986, 11-34.
Wittschier, S.-M. Kreuz, Trinität, Analogie: Trinitarische Ontologie unter dem Leitbild des Kreuzes, dargestellt als ästhetische Theologie. Würzburg 1987 (Bonner Dogmatische Studien; 1).
Wolter, M. Der Apostel und seine Gemeinden als Teilhaber am Leidensgeschick Jesu Christi: Beobachtungen zur paulinischen Theologie. In: NTS 36 (1990) 535-557.
Yeago, D. S. The Drama of Nature and Grace: A Study in the Theology of Hans Urs von Balthasar. Ann Arbor, Mi. 1992.

Alle nicht in Klammern angegebenen Abkürzungen sind zu entschlüsseln nach:

Müller, G. (Hg.). Theologische Realenzyklopädie. Bd.: Abkürzungsverzeichnis. 2., überarbeitete u. erw. Aufl., zusammengestellt v. *S. M. Schwertner*. Berlin – New York 1994.

Register